Xinwen Caifang Fangfa Lun

新闻采访方法论

艾丰 / 著

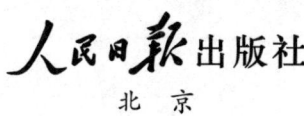
北 京

图书在版编目（CIP）数据

新闻采访方法论 / 艾丰著 . --
北京：人民日报出版社，2019.6
　　ISBN 978-7-5115-6054-4

　　Ⅰ. ①新… Ⅱ. ①艾… Ⅲ. ①新闻采访－方法论
Ⅳ. ① G212.1-03

中国版本图书馆 CIP 数据核字（2019）第 101217 号

书　　　名：	新闻采访方法论
	XINWEN CAIFANG FANGFA LUN
著　　　者：	艾　丰
出 版 人：	刘华新
责任编辑：	林　薇　　梁雪云
封面设计：	春天书装工作室
出版发行：	人民日报 出版社
社　　　址：	北京金台西路 2 号
邮政编码：	100733
发行热线：	（010）65369509　65369512　65363531　65363528
邮购热线：	（010）65369530　65363527
编辑热线：	（010）65369526
网　　　址：	www.peopledailypress.com
经　　　销：	新华书店
印　　　刷：	河北大厂回族自治县彩虹印刷有限公司
开　　　本：	787mm×1092mm　1/16
字　　　数：	384 千字
印　　　张：	26.5
版次印次：	2020 年 5 月第 1 版　2022 年 3 月第 2 次印刷
书　　　号：	ISBN 978-7-5115-6054-4
定　　　价：	56.00 元

第五版　前言

按照惯例，本书每一版都是作者艾丰自己写"前言"。不幸的是，他于2019年5月19日与世长辞，终年81岁。

艾丰原名艾宝元，是我最年长的研究生同学。1978年，他以考试总分（5门400多分）最高的优异成绩被录取为我国首批新闻学研究生。入学时他40岁，我27岁。他不仅是学长，也是平日学习中我们效仿的楷模。马克思主义三门理论课的论文考试，他是80多位同学中唯一获得三个正"优"成绩的，我二正优，一"优-"，跟在他之后，当时已经觉得好荣耀了。1982年，他在同学中最早出版了专著，即本书，因为写的理论与实际结合紧密，文字水平也高，五万多册很快销售一空。那时出版专著，在同学里面他是第一个，凤毛麟角。那时写一本书不像现在用电脑敲敲打打就出来了，几十万字都是一笔一划地写出来的，至少三遍（草稿、改稿、格纸抄定稿），不说构思方面的极为不易、费神，就是机械抄写本身就可以算是一种特殊的体力活了。1981年他的研究生毕业论文即是从本书稿中选取的一章。

本书当年第一版26万字，2009年第四版时，他与时俱进，已经扩展为50多万字的篇幅，积累了自出版以来更多的采访经验和理论材料。

新闻采访属于经验类的话题，艾丰能在这样的话题上写出很实在的理论，需要丰富的采访经验、博览群书的知识底蕴和较高的哲学素养，更需要有心积累自己的和别人的采访经验与教训。这些他都具备了。在改革开放的良好环境下，他获得了学习和写作的绝好机遇，因而成为我国新闻实务研究领域最早的领军人物。

他的研究思路十分清晰。新闻采访，无非就是处理好两大关系——采访与事实、采访与采访对象。前者，要进一步处理好材料与事实、角度与事实、立场与事实的关系；后者，要进一步处理好取与予、生与熟、说与做的矛盾。

（6页）丰富的采访经验必须与深度的学术思考相结合，否则，就是做了一辈子新闻工作，也不一定能架构得如此周全，更不要说详尽的论证了，但艾丰做到了。

那时，可以参考的新闻采访方面的书籍只有几本，从他对材料的使用可以看出，他把那几本书琢磨透了，对作者（中外都有）的新闻实践也了如指掌。由于他当时已经有十几年的新闻工作经验，对于党的新闻工作特点和惯例也很熟悉，因而比一般人在认知水平上要站得高。例如他谈到"新闻记者活动的独立性"，即使现在，相当多的人都会回避或不知如何论证。他那时就能列举出党的新闻工作中的权威例证加以说明。

党中央需要多种渠道的信息来判断具体事实，毛泽东20世纪50年代就说过，"中央也需要有另外一个渠道了解情况"，这个渠道就是新闻记者的采访渠道。习近平2016年2月19日与新华社记者视频对话时说："希望你们继续很好地深入调研，提供真实的、全面的、客观的新闻，这也成为我们各级决策的一个依据"。他与原《闽东日报》总编辑王绍据视频对话时也谈到这个问题，他说："新闻战线的同志也要接地气，深入基层，这样才能了解真实的情况。"这里他谈到的"决策依据""了解真实情况"，讲的就是毛泽东说过的记者为党的工作服务的任务。

36年前，艾丰在这本书里就讲清楚了这个问题。所谓记者工作的独立性，不是向党闹独立，这个"独立性"是指记者完成党的政治任务时采访方式的独立和不受干扰，这不是特权，但需要新闻记者具有独立负责的精神。新闻渠道与党政渠道相比，没有繁多层次和例行公事，传递迅速，不易失真。艾丰强调，"这一切，都离不开记者的独立活动和独立思考"，"记者有职业上的方便条件，走南闯北，见识多广，既可以直接向各级领导和各种专家请教，又可以到基层与工农兵和老百姓交谈。因此，可以接触重大主题，提出独立的见解。"他特意引证了老记者顾雷作为分社领导时的一段话："记者要养成独立思考的习惯，不要遇事老请示……能不能写，还问我，要你干什么？你在那里调查，倒问家里有什么意见？"（29页）

2019年8月22日我们首届研究生聚会，另一位老同学陈祖声谈到，艾丰作为记者，为党的事业敢于担当，仅在创办中国质量万里行活动和主持中国新闻文化促进会工作期间,时任总理朱镕基批示的他提交的新闻内参就有100多份。范敬宜说:"'想总理想的事情',敢于这样'夫子自道',而且能够真正这样去实践的,可能只有艾丰。这正是艾丰的可贵之处、可爱之处。"

艾丰的这本书,不论对准备参加新闻工作的人还是对已经有多年工作经验的人来说,都会给人以启示。例如他概括的记者"五说"特点,既生动又实在:最先说话、说自己不懂事情的话、很快说话、公开说话、必须天天说话。(34页)这种职业风险,社会要体谅,记者要担当。

还有他强调的记者在时效上的工作特点,对网络时代的记者来说更要如此,即"除了睡觉时间以外,应当都在工作"。他说:"凡是从事过采访工作的人都有这样的体会:有价值的线索,不一定在上班时间碰到。重要的情况,不一定在重要场合获得;有时,最妙的采访恰恰是在'非正式采访'的情况下进行的"。记者"应当是一个永不关机的'常设雷达站',一旦外界有什么情况发生,它能够立即发现,立即做出反应。"(387~388页)

再如我们常说的"第一手材料",如果理解不当,很多记者都把获得的文字声像材料,即当事人、目击者、知情人所说的视为"第一手",艾丰指出,这些充其量是第二手材料,不能把"材料"和"实践"混同起来。他认为,第一手材料是指记者不经过任何中转环节直接从他要报道的事实那里得来的材料,包括直观和物证材料(43页)。他就此分析的中国社科院新闻所首任党组书记戴邦在解放战争时期写的人物通讯《射击英雄魏来国》(369~370页)令我印象很深。这篇通讯我很早就读过,但没有像艾丰那样深入分析。当时戴邦是新华社华东总分社采访部主任,他已经看了两位记者写的关于魏来国的稿子,获得了二手材料。获悉魏到三野总政治部办事的信息,他特地来到政治部细致观察了魏与政治部同志的谈话和晚上看戏时的情形,发现了他眼睛的特点,做了一次"一个问题没提"的采访,这次采访就属于第一手材料,从而写出了《射击英雄魏来国》这篇典范人物通讯。艾丰关于"第一手材料"的论证,对现在在网络上传来传去,谁都不到现场的所谓"采访",具有警示意义。

现在有一部分假新闻被揭发后,当事记者往往推给信息源,这就涉及记者的基本职业理念了。艾丰强调："不轻信，在你亲自进行调查之前，不要相信任何人告诉你的任何事情"。（65页）这就是"客观"这一职业理念的具体内涵。

谁都知道，新闻报道需要选择切入的角度，艾丰全面论证了新闻角度问题。（136~151页）他批评的五类乱扭角度的问题，至今仍然有现实意义，即随意变角度——"万能事实"、通用式的角度——"标准件事实"、强加于人的角度——"面团事实"、"只取所需"的角度——"配色盘事实"、美化的角度——"理性化事实"。（148~151页）

艾丰是学者型记者，记者是他的本职，他可能是第一位提出的学术概念得到学界认可的记者，这个概念即"宣传性现象"（82~90页）。这个概念从1988年起，我和其他学者就分别在各种新闻学词典或含有新闻传播学部分的综合性词典里将其列入。他提出的新闻7要素（5W+H+M）（94~95页）里的M，在新闻学界尚没有普及，但提出的问题很有启示意义。M（Meaning）是指"意义"，他把新闻价值的内涵加入到写作的6W（How里也有一个W，故统称6W）里，对于提升新闻的质量会有帮助。

我与艾丰最近一次见面是2015年7月26日，那天我参加在京伦饭店举行的第27届经济新闻大奖颁奖会。我在会上就特等奖和一等奖的经济新闻作品做了一个大会评议发言，老艾出席会议。中午我和他，还有人民日报经济部主任皮树义等一起吃饭，那年他77岁，讨论当前的经济新闻和国家事务问题，他的见地依然尖锐但表达平稳，他笔耕不辍的精神风貌给我留下了很深的印象。老艾是在北郊自己办公的地方，一夜未归后被发现倒在院落车边的，他倒在自己无尽的工作上，令人景仰。

人民日报出版社再度出版艾丰的名著，是对他的最好纪念。老艾的工作精神和治学态度不朽！

陈力丹
2019年8月31日于时雨园

第四版　前言

本书的第一版是1982年出版的，第二版是1989年出版的，第三版是1995年出版的。现在要出版的是第四版。从第一版到现在的第四版，时间跨度已经有将近30年了。

一本书能够穿透近30年的时间隧洞，能够经受住改革开放30年风云变幻的实践考验，实属不易，也不多见。我要深深感谢我的读者的厚爱和不弃！也要感谢人民日报出版社对本书的苦心经营。

这本书让我结交了许多朋友。常常在一些场合，见到一些不认识的人，主要是年轻人，他们开口就叫"艾老师！"然后解释说："我在学校读过你的书！""我没有读过新闻系，但你的采访方法论是我的启蒙读物，是它把我引上了新闻道路！""你那本书写得很好，对我的帮助很大！""……"于是彼此有一见如故之感。

感谢我的母校——中国人民大学新闻学院。1987年，在人民日报老记者柏生的鼓励下，在人民大学我的老师们的支持下，本书获得了"吴玉章奖金"。直到现在，学院还把我的这本书列为新闻学的重要参考书目。他们还在学院的图书资料室为我的著作——包括新闻学和其他方面的著作，开了一个专栏。教育之恩，师生之情，奖掖之力，当永志不忘。

在第三版前言中，我曾斗胆提出过一个希望，那就是本书能够走出新闻界的圈子，为社会各界特别是政界和学术界的人士所阅读和运用。十四五年的时间过去了，这方面的进展，不甚理想，但也尚可聊以自慰。最近，到黑龙江哈尔滨去参加一个活动，活动举办者说，有一个我的"粉丝"一定要见我。及至见面，原来是一位政府官员，他拿出自己珍藏多年已经很陈旧的1982年第一版的《新闻采访方法论》，要求我在这本书上签名。他指着夹在书里的一张一张纸条，说："你看，这是我阅读时的重点部分。"此前我也见过类似这样的同志。当然，本书扩展到新闻界圈子以外还有另一个途径，那就是新闻界出身以后又走出新闻圈子的人。他们做新闻工作时看过这本书，以后做别的工作，也把其中的知识用上了。我希望这个趋势能够继续扩展。

我在第二版前言中曾经做过一个大胆的预言：21世纪，在中国，将是一个"新闻文化"兴起和长足发展的世纪！这个预言已经"应验"了。由于互联网和手机这两种传播工具的普及，出现了两方面的巨大变化：一方面，新闻传播的面越来越广泛，新闻的受众越来越多，接受新闻传播也越来越方便。一方面，广义上的参与新闻工作的人越来越多，采写新闻作品的人越来越多。网上的博客作者的数量难以精确地统计，每个网民都可以同时成为新闻作品的作者，自由地发表自己的意见。每个手机的拥有者都可以成为短讯的作者。于是新闻传媒和整个社会越来越融为一体，它所起的作用也越来越大了。无论是政界、经济界、企业界、文化界以及社会各界，无论是主动地还是被动地，都感受到了新时代新闻传媒的巨大的无孔不入的作用，都不能不以新的目光关注、思考和研究新闻传媒。同时也就必然产生了普及新闻文化的需求。现在对许多人来说，还可能是一种潜在的需求，但随着时间的推移，这种需求会越来越显现化。

本书是新闻学的基础理论，或者说得准确一点，是应用基础理论，是新闻文化的基础部分。新闻传媒体系的巨大变化，需要有新的理论创新。这方面已经有许多人在做，希望能够做得更好。但无论如何，基本规律总是需要了解的，掌握基本规律是创新的基础。这也是我愿意再次修订本书并出第四版的原因。

经过过去三版的实践检验，证明读者对本书是肯定的，再说它又获得过我国社会科学著作最高奖"吴玉章奖金"。因此，在这次修订的时候，我的原则是保留此书的原貌，基本框架、基本内容不变，做"加法"，不做"减法"。只是根据时代的变化和作者本人认识的深化，对个别提法做了修订，增添了一些新的内容，补充了一些新的案例。其中为适应时代的需求，专门增写了第八节，即记者的新闻策划。

书中的一些实例年代过于久远了，是否换成"新鲜"的？经反复考虑，没有换。一是再版书，原书如此，不好更换得太多。一是本书是新闻学著作，选用实例的标准主要是学术价值，而不是新闻价值。年代久远的实例，新闻价值肯定是没有了，但新闻学的价值仍然存在，而且随着时间的推移，它们的历史资料性更显得宝贵。从全书来看，经过这次修订，实例的时间跨度大大增加了。经典案例有20世纪20年代、30年代、40年代的；新中国成立以后，从50年代到60年代、70年代、80年代、90年代，一直到21世纪初这10年的，各个时间段的案例都有了。这不仅可以增加本书的厚重感，而且对于年轻的读者来说，阅读本书，不仅可以得到理论上的启迪，还可以通过这些时间跨度比较大的案例，了解新闻采访的历史沿革，也顺便了解一下历史。我想，这不是为作者的"偷懒"找理由吧？

最后，我想起了一个故事，并说一下我在此次修订后产生的一个担心。故事是：《新闻采访方法论》刚刚出版以后，我把书送给了我的一位研究生同学。有一天，我见到他，他说："你的书我爱人读了，她没文化，小学毕业，是个工人，但她把你的书当小说读了，很快就读完了。"我把这话看作是对本书通俗性的最好肯定。但我这次修订，感觉到他的话可能有些夸张，其中很多内容并不像小说那样通俗引人，读起来确实还要费一些思考。现在比较浮躁的读者有没有耐心认真地读它们并消化它们，真没有把握。但愿我的这个担心是多余的。

此次花了不小的力气做了修订。本书还能"畅销"多少年？不知道。但我希望至少可以坚持到作者版权过期的时候。

作　者
2009年7月1日

第三版　前言

希望这本《新闻采访方法论》能够"冲出"新闻界读者的圈子，为社会各界阅读和研究——这是本书出第三版时刻，我的最大愿望。

《新闻采访方法论》，1982年面世，1989年出第二版，至今大约一共印刷了六七次，现在又要出第三版了。它的持续畅销，表示着读者对作者的最大奖励和鼓舞。一个人的劳动得到社会广泛的承认，我的兴奋的心情是可想而知的。

这本书，和后来出版的我的另一本著作《新闻写作方法论》，形成了新闻业务专著的姐妹篇，出版社用配套的方式销售，也受到读者的欢迎。可惜由于水平和时间的限制，我眼下没有时间再去写一部《新闻编辑方法论》这类的著作了。我很希望我的同事来做这件事情。如果有这样的三部《方法论》，可能会对想学新闻业务的人更方便一些。

借着这次再版的机会，我向我的一些读者，特别是年轻的读者，表达我抱歉的心情。这些年有许多的读者给我写了大量的来信，或求教，或求书，或出于信任请我帮助做一些事情。因为一个人的时间总是有限的，更加上本职工作十分繁忙，大部分信件没有回复。老实说，这成了我心中的一个包袱，但实在是"不能也"，非"不为也"。还请这些同志谅解。

一个人的期望可能总是不断"升值"的。我的老家就有一句俗话，叫作"吃了五谷想六谷"。现在，我大概是属于"想六谷"了。对于本书已经产生的"社会效应"，我有"受宠若惊"的一面，同时也有"尚存遗憾"的一面。我的这本书当然是为新闻工作者、新闻学研究者和新闻爱好者写的。但我的奢望并不止于此。

细心的读者可能会发现，我的第一版的前言里面有这样的一句话："从事一般调查研究工作的同志，也乐于翻它一翻。"这里包含两层意思：

第一层意思，我认为，除了从事新闻工作的同志需要学习新闻学知识之外，其他各行各业，特别是担负一定领导职务的同志，都需要学一点新闻学知识。谁都承认，现代社会是信息社会，而新闻传播是重要的信息渠道。所以，新闻是一种现代社会不能缺少的最重要的工具；而新闻知识则是现代人不能缺少的一种文化素养。就这种意义上讲，新闻应该是像语文、算术一样的基础文化。我曾经向有关部门建议，中学应该有"新闻基础知识"这样的课程；高级党校在培训领导干部的时候，也应该设立新闻课程。

第二层意思，我觉得我的这本《新闻采访方法论》，虽然是新闻学著作，主要是讲如何采访的，但其中提出了一般认识论和一般调查研究方面的一些观点。例如，关于什么是"第一手材料"的论述，如关于现象和本质的对应关系的论述，如关于认识三个阶段的论述，如关于关节点的论述等等，实际上都是一般认识论和辩证法里面的哲学问题。1987年，我为本书申请"吴玉章奖金"的时候，在申报理由栏里，我写了三条：一、是中国新闻采访学的一流水平。二、因为我是用马克思哲学原理研究新闻采访，同时总结了国内外记者的采访经验，并形成自己的学术体系，因而具有世界水平。三、对一般认识论提出了自己若干新观点和新见解。这些说法，看起来近乎"吹牛"。但我也用这样的一句话为自己辩解："在学术领域，对谦虚的理解就是如实地描述事物，除此之外，没有更多的含义"。感谢各位评委对我的理解和支持，他们还是投票给我评了一个优秀奖。今天重新提起这件事，无非是想引起新闻界之外的读者对本书的兴趣。

写在这里，我想做一个拜托：请新闻界喜爱我这本书的朋友，帮忙为它做一点向新闻圈子外面的人的宣传、推荐和介绍工作。这倒不是自私的想法。任何一个研究者都想为他的成果争取更大的社会效益。若此，作揖，作揖！幸甚，幸甚！

作　者

1995年11月10日于北京

第二版　前言

　　尽管写作时，投入了大量的心血；尽管在捧出此书时，心里充满了相当的自信，但我写第一版"前言"的时候，总赶不走忐忑不安、吉凶未卜的那种心情。因为它企图建立一个采访学的新体系，也提出了若干新闻学乃至哲学的新观点。这些能否为大家所接受，其中有无"致命"的错误，都是未知数。

　　没想到，人民日报出版社的编辑，有魄力决定将它很快出版——当时我还是初出茅庐的研究生啊！

　　没想到，第一次印刷，新华书店的征订数字是5万册；印了5.3万册，二三月内销售光了；

　　没想到，第二次印刷，2万多册，又在一个月内售完；

　　更没有想到，本书出版5年之后，即1987年10月，它获得了首届"吴玉章奖金"优秀奖。"吴玉章奖金"是目前我国社会科学著作的最高奖。作者的这部拙作，同方汉奇教授的《中国报刊史》两部新闻学著作，能与其他十部经济学、历史学、语言学的权威作者的权威性著作为伍一起获奖，在我看来，这件事对我国新闻学发展的重要意义，远远超过作者因此而获得的荣誉。此后，一位权威性的评介文章认为，我的这部《新闻采访方法论》，可以作为"新闻哲学"来读。

　　我衷心感谢读者对此书的"欣赏"。

　　我衷心感谢学者、专家对此书的"赞赏"。

　　我衷心感谢在此书写作和出版过程中给予我各种帮助的那些前辈、同事和朋友……

　　那是在前几年，一位省报的青年记者对我说："看过你方法论的前言，觉得口气很大，这倒使得我产生了非要看看这本书怎么样的心理。"我笑了：

"你中了我的计了。"不过我接着向他说明,任何新东西刚刚出来的时候,总先是"自吹自擂"的。等到别人承认了它,称赞它的时候,那时候再谦虚一番,连说几个"不行,不行",或者说,"我的作品还有许多不足",也为时不迟。

也许,对于《方法论》这本书,现在是该说谦虚话的时候了。实在说,它确实有许多不足之处。况且,它成书于1979—1981年间,作者受思想水平所限,加上改革刚刚开始,更使它不能不带有一些不足之处。

因此,我借这次再版的机会,对它做了一次修改。改革的大潮,不能不对新闻学,包括采访学,产生深刻的影响。但愿这不是我最后一次修订。当然,为了尊重历史,我当然是基本上保留了一版时书的原貌,即使有"落伍感",也只好如此了。

就整个新闻学来说,我认为它现在仍处在应该"自吹自擂"的阶段。"新闻无学"的说法,虽已大大减弱,但对新闻学的认识还远远不够。新闻学的研究,新闻学的基础理论,都还显得相当薄弱;新闻学的普及,普及到决策层,普及到全社会,更是个艰巨的任务。

既然我们承认现代社会是"信息社会",那么把担负信息传播的现代新闻媒介称为"现代社会的骄子",恐怕并不为过。

我在此做这样一个大胆的预言:21世纪,在中国,将是一个"新闻文化"兴起和长足发展的世纪!借此序言,提出这个论点,录以备考。

新闻作品、新闻学研究、新闻事业,都必然有大的突破。让我们为创立有中国特色的社会主义新闻学而努力!

这里,最重要的,不是要求我们像歌星们那样,轻轻地说上一句:"希望大家喜欢。"而是靠我们的艰苦的、创造性的、科学的工作和奋争!

作 者

1989年1月15日于北京

第一版　前言

有人说采访是一种艺术。那么，采访学应该是一门科学。

本书所做的努力就是把马克思主义的哲学原理运用于采访学的研究，分析采访活动中所包含的矛盾并找出解决这些矛盾的基本方法。

这是在新闻学应用基础理论范围内探索采访活动规律的尝试。

作者的奢望是：本书不仅对新闻系学生、初做记者的人和新闻教学工作者有一定参考价值，就是那些做过相当长时间记者的人，读了以后也不觉得是纯属浪费时间；从事一般调查研究工作的同志，也乐于翻它一翻。

在写作过程中，作者得到了田流、商恺、黄钢、戴邦、林里、高集、钱辛波、金凤、柏生、马鹤青、孙世恺等许多同志的指导和帮助。

颜景政等同志为本书出版做了不少工作。

在此，向他们表示感谢！

当然，他们对本书可能有的缺点错误并不负责。

作　者
1982 年 5 月

目录 Contents

1 第一章 概 论

第一节 新闻采访方法论概述 —— 001
- 渴求与苛求 —— 001
- 什么是新闻采访方法论 —— 003
- 新闻采访方法论的内容 —— 005
- 新闻采访方法论的研究方法 —— 007

第二节 新闻采访是一种特殊的调查研究 —— 009
- 对采访性质的基本认识 —— 010
- 采访的目的——传播 —— 012
- 采访的基本任务 —— 016
- 采访的基本方式——社会活动 —— 020
- 采访的难点 —— 031
- 记者采访活动的风险性 —— 033

2 第二章 采访与事实

第三节 材料与事实 —— 036
- 记者的劳动对象是材料 —— 036

一场没有打清的"官司" ———————————— 038
　　　按照材料来源和传递过程进行分类 —————— 041
　　　从认识阶段上分类 ———————————————— 075
　　　其他分类 ———————————————————————— 090
　　　材料加工的基本要求 —————————————— 093
　　　材料加工的基本方法 —————————————— 102
　　　对材料认识的归纳 ———————————————— 110
　　　记者要做观察家 ————————————————— 111
　第四节　角度与事实 ————————————————— 116
　　　新闻价值是选择事实和材料的重要标准 —— 117
　　　什么是新闻价值 ————————————————— 119
　　　新闻敏感 ———————————————————— 130
　　　新闻角度 ———————————————————— 136
　　　新闻角度与事实本质 —————————————— 147
　第五节　立场与事实 ————————————————— 164
　　　尊重事实才能尊重真理 ———————————— 165
　　　记者的双重任务 ————————————————— 177
　　　关于客观、公正 ————————————————— 186
　　　"干预生活" ———————————————————— 197

3 第三章　记者和采访对象

　第六节　记者社会交往的特点 ———————————— 208
　　　采访对象·消息来源 —————————————— 209
　　　记者和采访对象关系的特点 ————————— 218
　第七节　记者和采访对象之间的矛盾 ——————— 229
　　　"取"和"予"的矛盾 —————————————— 230
　　　"生"和"熟"的矛盾 —————————————— 254
　　　"说"和"做"的矛盾 —————————————— 266

四类采访对象 ——————————————————— 280
　第八节　记者的新闻策划 ————————————— 292
　　　策划和策划业的兴起 ————————————————— 292
　　　什么是新闻策划 ——————————————————— 294
　　　新闻报道策划 ———————————————————— 296
　　　社会活动策划 ———————————————————— 300
　　　企业新闻策划 ———————————————————— 303
　　　新闻策划的协同性和独创性 ————————————— 309

4　第四章　基本采访方法

　第九节　十条基本采访方法（上） ————————— 311
　　　点面结合——基本采访方法之一 ——————————— 312
　　　三个阶段——基本采访方法之二 ——————————— 323
　　　两面挖掘——基本采访方法之三 ——————————— 328
　　　寻找镜子——基本采访方法之四 ——————————— 333
　　　抓取特点——基本采访方法之五 ——————————— 338
　第十节　十条基本采访方法（下） ————————— 349
　　　抓关节点——基本采访方法之六 ——————————— 349
　　　"协同作战"——基本采访方法之七 ————————— 359
　　　体验感受——基本采访方法之八 ——————————— 373
　　　短仗长打——基本采访方法之九 ——————————— 380
　　　常备不懈——基本采访方法之十 ——————————— 387

5　结束语

　　　世界观同方法论的一致性 ——————————————— 392
　　　借鉴外国记者的采访方法 ——————————————— 395
　　　采访方法的多样和发展 ———————————————— 399

第一章　概　论

第一节　新闻采访方法论概述

内容提要：什么是新闻采访方法论？新闻采访方法论是研究新闻采访活动中所包含的矛盾以及正确处理这些矛盾的科学。作为"方法论"它不是经验集成，而是学术体系。

这个陌生的名词是怎样提出来的？它是适应新闻采访实践需要加强理论指导的要求提出来的，也是新闻采访学研究的历史必然发展。

它的内容、任务、研究方法怎样？逻辑很简明：主要是两条线索，一条线索，采访是了解事实。一条线索，采访是社会交往。从研究了解事实和社会交往的矛盾中找出规律。然后合并为一点——基本采访方法。

渴求与苛求

还是从实际工作中的情况说起吧：

有一位年轻记者，为了提高业务水平，当他跟老记者一起采访的时候，拼命地做记录：不光记采访对象的话，也记老记者的提问和谈话。采访回来，他认真捉摸这些记录，想从中学习老记者的采访技巧。遗憾的是，他收效不大。

有相当多的老记者，他们在采访第一线奔波劳碌几十年，总想把自己用血汗换来的经验加以总结提高。但是，繁重的工作，一个接一个的紧迫任务，使他们不能坐下来，冷静地做全面的思考。

立志做新闻工作的青年，包括广大的业余通讯员，他们苦于找不到足够"解渴"的新闻业务书籍。

正在做记者的同志，也不同程度地存在着这样的焦虑：为什么我的业务不能提到更高的水平？为什么有些错误一再出现？为什么有的纠缠不能加以摆脱？……

——实际工作在提出这样的渴求：必须加强新闻采访的理论研究。

当然，也存在着一些苛求，它们以两个极端出现：要么，你的理论必须"包医百病""立竿见影"；不然，你的理论就毫无用处。

"我没学过理论也同样可以搞好采访。"这是事实。从我国新闻事业史上看，许多老一辈新闻工作者确实不是"科班出身"，不是学好了再干的。他们确实在新闻采访的舞台上演出了威武雄壮、丰富感人的活剧，留下了许多动人的篇章。但是，历史的道路并不等于理想的境界。他们当初不是尝过缺乏理论的苦楚吗？前人付出的代价，应当成为后人的财富。自发不等于朴素，实践不能代替科学。具体经验不上升到理论，不仅是杂乱的，而且是易腐的；上升到理论的经验才便于为别人吸收和掌握。斯大林同志说过："不以革命理论为指南的实践是盲目的实践。"[①] 没有理论的指导，仅仅依靠个人狭窄的实践，只是反映工作上的不成熟。

"精通理论也不见得会采访。"这也是事实。在生活中，这类理解并不是个别的。文艺批评家，不见得会编戏、写小说；舞蹈设计家、声乐理论家，未见得能跳舞、唱歌；最好的体育教练，也不总是这个项目的世界冠军……这些能够说明理论的无用吗？显然不能。这些能说明从事文艺批评等工作的人"理论脱离实际"吗？恐怕也不能。术业有专攻。作家研究的是生活，写的是小说；文艺批评家研究的是小说，写的是评论。文艺作品就是文艺理论家的重要实际。采访理论之必要同文艺理论之必要是一样的。

应该承认，采访这项活动，的确具有实践性强的特点，仅仅纸上谈兵是无济于事的。但实践性强并不能否定理论的重要作用。任何一种工作实践，

---

① 引自斯大林：《论列宁主义基础》，载《列宁主义问题》一书，人民出版社1964年版第16页，全句是："当然，离开革命实践的理论是空洞的理论，而不以革命理论为指南的实践是盲目的实践。"

都是有它自身规律的。按照规律的自觉实践与不了解规律的盲目实践是有很大差别的。体育比赛，应该说是比采访实践性更强的活动了，但近年来，体育科学正方兴未艾。可以随便举出一个事例：1976年蒙特利尔奥运会前几个月，美国一位著名运动员铁饼成绩是66米，离世界纪录还差3米。生物力学专家通过计算他的四肢各部位用力情况，分析他的投掷动作图解，找出了问题。三天以后，运动员按照科学家的要求，刹住了膝盖，一下子竟以70.66米成绩刷新了世界纪录，比自己原来的成绩提高了将近5米！[①] 当然，采访不同于体育。但上述事例起码可以破除实践性强的活动不需要理论的误解。

满足对新闻采访理论的渴求；"拒绝"对它的苛求。这才是应该采取的正确的思路。

实践呼吁着理论，采访需要科学指导。这是确定无疑的。

什么是新闻采访方法论

对这个问题，不急于下定义，让我们先做一个采访理论研究的最简要的历史回顾吧：

新闻采访，是随着近代报刊的出现和发展，而逐渐单独分立出来的一种社会实践。采访，作为新闻工作的一种最基础的活动，自然就成为新闻学研究的重要内容。只要翻阅一下美国新闻学著作，就可以看到，从20世纪初休曼著的《实用新闻学》到40年代朱利安·哈里斯等人写的《全能记者》（初版），再到70年代后期麦尔文·曼切尔著的《新闻报道与写作》等书，都是把新闻采访（与写作）当作他们新闻学研究的主要内容的。在我国，1923年邵飘萍所写的《实际应用新闻学》，主要是讲述采访活动的。此后许多学者的新闻学著作，包括台湾省现在出版的某些新闻学著作[②]，大都是依据美国新闻学的体系写成的。这些新闻学著作，主要是总结了西方记者的采访经验，

---

① 见谢环：《积极发展体育科学的研究》，载《人民日报》1980年7月29日第三版。
② 例如1967年台湾商务印书馆出版的郑贞铭所著《新闻采访的理论与实际》。

提出了较为系统的采访原则，积累了较为丰富的资料，对我们有一定的借鉴意义。但是，它们都存在着时代、社会等等方面的局限性。从学术角度看，这些新闻学著作，一般都较缺乏理论色彩，多是侧重于介绍采访的具体方法、具体的注意事项，而很少对采访当中的矛盾及其规律进行深入探讨，更缺乏系统的科学分析。

这些新闻学著作，今天虽然也还有一定的参考价值，其中提出的许多一般原则仍有意义，但其理论深度，已不能适合我们今天读者的需要了。

在我国，较大规模的新闻学研究，应该说早在20世纪40年代延安整风时期就开始了。新中国建立以后，对于新闻采访的研究，虽不甚红火，可也一直没有间断过。它已经结出两类成果：一类，主要作为新闻教育用的一些大学新闻系的讲义；另一类，实际从事新闻工作的人写的采访经验和体会。这些，无疑都是我国新闻学研究的宝贵财富，对我国新闻工作和新闻教育，都起了重要的作用。但从新闻学的发展和实际工作的渴求看，目前的研究状况还是相当不能令人满足的。新闻教材，按其本身的任务看，只是侧重于使人对新闻采访有一般的了解；采访经验中虽到处闪亮着晶莹的珍珠，但从总体看，这些宝贝毕竟是散布于各处的，既不便于"收藏"，又不便于"佩戴"。

因此，必须提出这样的要求：对采访，不仅要有感性的了解，而且要有理性的了解；不仅要有程序性的了解，而且要有规律性的了解；不仅要有对规律的局部的、个别的了解，而且要有对规律的全面的、系统的了解。这就是新闻采访方法论所要完成的任务。

事物的规律主要是由这个事物所包含的矛盾所决定的。所以，我们可以说：

新闻采访方法论是研究新闻采访活动中所包含的矛盾以及正确处理这些矛盾的科学。

已有的新闻学研究成果，中外记者们极其丰富的实践，为新闻采访方法论的研究创造了必要的条件。

马克思主义哲学是新闻采访方法论研究的理论基础。

我国老一辈新闻工作者、曾任人民日报社社长的邓拓同志，在20世纪50年代就提出过："新闻工作的经验应该怎样来总结？这就是运用马克思主义哲学，按照唯物辩证法来总结它。"

所以，新闻采访方法论不是介绍或集成具体的采访经验，而是着重阐述这些经验所包含的规律性东西，并形成一个学术体系；不是直接告诉你"做什么"和"怎么做"的具体方法，而是在系统阐述"为什么"的基础上，加深理解"做什么"和"怎么做"。采访的具体方法，因人而异，因时空而异，但采访的基本规律是贯穿的。懂得了基本规律，既便于向别人学习，又便于自己创新。总之，新闻采访方法论是一个学术体系。

新闻采访方法论在新闻学中的地位可以做这样的理解：在自然科学中，人们常把各种科学分成三类——基础理论、应用基础理论、应用技术。新闻采访方法论是新闻学中的应用基础理论。

应该承认，新闻采访学是一门独立的科学，而新闻采访学的真正独立，又需要在坚实的哲学基础上建立自己的学术体系。

本书所做的就是这样的一种努力。

新闻采访方法论的内容

本书的内在逻辑可以这样简述：

采访，实质上是人的一种认识客观事物的活动。贯穿于采访活动的主要矛盾，是认识主体——记者同被认识的客体——事实之间的矛盾，简言之，即主体同客体之间的认识与被认识，反映与被反映的矛盾。

记者不是一般的人，他是被组织在一定的新闻机构之中的、担负着向广大传播对象报道新闻这样特定任务的人。被认识的事实也不是一般的事实，它应该是新近发生的有传播价值的那些事实。这是在采访活动中，认识主体和认识客体的特殊性。

记者要想在如此复杂、如此广阔的世界中收集新闻事实，只靠单枪匹马是决计不行的。他必须在社会活动中，同采访对象发生一定的交往，才能完成这个任务。因此，采访不仅是记者认识事实的思维活动，同时更是记者同采访对象发生联系的人与人之间的社会活动。这是记者在这种认识事物活动中所采取的方式的特殊性。

基于上面的分析，我们的新闻采访方法论自然分成四个部分：

第一部分，着重分析新闻采访作为认识客观事物的一种特殊形式，它的矛盾特殊性表现在哪些方面。这是我们对新闻采访性质的最基本的概括。

第二部分，着重从认识论上对采访活动进行分析，即研究记者的认识和新闻事实之间的矛盾。这是最基本的、最关键的问题。这个矛盾又具体表现在这样三个关系上：材料和事实的关系，角度和事实的关系，立场和事实的关系。

第三部分，着重从社会交往上对采访活动进行分析，即研究记者和采访对象之间的矛盾："取"和"予"的矛盾，"生"和"熟"的矛盾，"说"和"做"的矛盾。

——通过从认识论上和从社会交往上这两方面的分析，新闻采访中所包含的各种矛盾基本上被概括进去了。当然，这两方面的矛盾又是互相渗透、互相制约的。

第四部分，着重研究正确处理上述矛盾的基本方法。这些方法是综合的，既考虑到哲学的原理，又要从新闻采访的实践出发，不能等同于一般认识论。

新闻采访方法论，虽然较多地运用了一些哲学原理，带有某些边缘学科的味道，但它基本上仍然是新闻学。因为它的主要任务是解决新闻采访实践中的问题。当然，采访实践是一种认识活动，对采访的深入研究，也必然会涉及认识论当中的若干重要问题。本书在这方面也力图做出自己的贡献。相信一些认真的读者，会发现其中若干认识论方面的新见解的。

这并没有什么奇怪，新闻记者是同认识论打交道最多、最频繁的人，新闻采访学理应对认识论有所贡献。

本书的目录就是新闻采访方法论的内容概要。为了醒目，也可以把它的结构简化如下表：

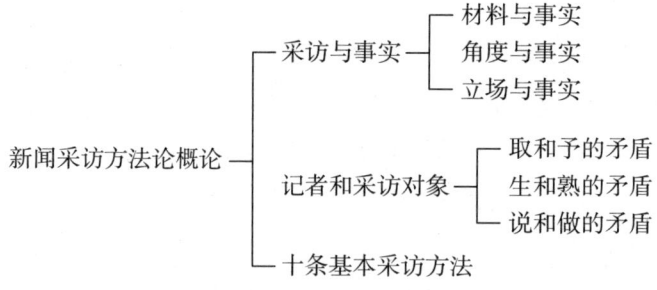

新闻采访方法论的研究方法

在新闻采访方法论的写作中，总体来说，作者是努力把马克思主义哲学的唯物辩证法应用于新闻采访学的研究。但具体说来，关于本书的研究方法，还需要着重说明下述四个问题：

一、记者在实际采访活动中，需要认识和掌握两个方面的规律：一方面是要报道的事实或事物的规律；一方面是新闻手段本身的规律。这两方面的规律，又是交织在一起，互相制约、互相影响的。新闻采访方法论，是研究新闻手段之一——采访本身的规律的，所以只能用科学抽象的方法，把上述两方面的规律相对区分开，而单独研究这一方面的规律。例如，我们提出在记者和采访对象之间存在着"取"和"予"的矛盾，这就是"抛弃"掉任何具体记者和具体采访对象所取予的具体内容而抽象出来的。正如在生活中虽然不会遇到抽象的数量关系，但仍可以研究数学一样，在采访中虽不存在抽象的"取予"矛盾，但仍可以把这种关系相对分离出来加以研究。

不采用科学抽象，几乎不能进行任何社会科学研究。不懂科学抽象，也不会弄懂社会科学。如果有人提出，你说记者和采访对象存在着共同的几对矛盾，那么记者的不同倾向又表现在哪里？这将是令人啼笑皆非的。当我们说，任何社会的基本矛盾是生产力和生产关系的矛盾的时候，并不是否认资本主义社会和社会主义社会的区别，它只是抽象出一个科学的概括而已。也应该承认，新闻是一个独立的社会范畴，因而它也必然存在着不特定属于某个社会、某种制度、某个阶级、某个集团的独立的规律和规范。在经济领域，人们如今弄懂了，市场经济是一种经济形态，它并不特定属于某一种社会制度，不特定属于资本主义，也不特定属于社会主义。无论是资本主义，还是社会主义，虽然各有其特殊性，但市场经济的基本规律都要遵循。在新闻领域，这类东西也为数不少。硬把某些"通用"的东西归结为属于某个特定阶级或特定的制度的东西，是一种狭隘的偏颇。

记者面对的两方面的规律，在工作中所起的作用是不同的，所要报道的新闻事实（或事物）的规律，在目前进行的这次采访中，它是非常重要的。一般说，不懂得某事物的规律，是不能报道好某事物的（不可绝对化）。但在记者转而报道另一事物时，对这一事物的规律性认识，一般就不会再起什么作用了（也不可绝对化）。但是新闻手段本身的规律却贯穿于一切采访活动中，它对任何采访都是起作用的。

二、新闻手段的规律，又可以用科学抽象的方法，分成两类规律，一类是新闻手段的普遍性规律，即任何社会、任何阶级、任何样式的新闻媒介都受其制约的那些规律；另一类是新闻手段的特殊性规律，即在一定的社会条件下，为一定阶级或集团所掌握的某种新闻媒介所具有的规律。共性寓于个性之中，普遍性规律是通过特殊性规律表现出来的。新闻要报道有传播价值的事实，这是普遍性规律。而在实际生活中，不同社会中的不同倾向的记者在这方面的实践和理论又有很大的不同。记者和采访对象之间存在着情况的"取"和"予"关系，这是普遍性规律。而在记者和采访对象的具体关系中，又不能不带有他们所处环境的具体色彩，这种具体的人与人之间的关系，又是特定社会、特定背景的新闻活动中所要研究的特殊规律。很明显，西方的新闻记者，同处于社会主义社会的中国新闻记者，他们的采访活动的背景和具体方式是有很大区别的。

我们的新闻采访方法论的研究重点放在这样两个方面：着重研究新闻采访的普遍性规律，以加深对采访活动本质的理解；着重研究在社会主义条件下我国记者新闻采访活动的特殊规律，以加强同实际的联系。这两方面是结合的。西方新闻记者采访活动的特殊规律，这里只是作为研究的借鉴，不做全面分析。

三、表述的方法同研究的方法基本上是一致的。先从基础的东西开始，逐步深入。贯穿全书的思路顺序是这样的：记者要通过材料了解事实，他需要了解的是有新闻价值的事实，记者了解事实时是有立场的；记者要通过采访对象了解事实，记者和采访对象是一种特殊的社会交往关系，这个关系中包含着某些矛盾，……我们的分析从最基础的元素——材料开始，由浅入深，循序渐进，直到复杂的记者和采访对象之间的关系，最后讨论处理采访中各种矛盾的综合性方法。全书的章节就是按照这个逻辑安排的。读者在阅读此书时，亦请注意这种情况。

四、在研究和表述中，力求做到观点和材料的统一，论述与事例并重。

一些新观点的确立，往往需要提出一些新概念，订正一些概念。例如，"第一手材料"等概念，就是需要加以廓清、订正的概念。"传播价值"，就是这里第一次提出来的概念，它不同于"新闻价值"，因为在"传播价值"中，除了新闻价值的因素，还可能包括宣传价值、政治价值、科学价值、娱乐价值等等多种因素。这些概念当然不是作者凭空杜撰的，它是根据新闻实践抽象出来的。有些概念是为了叙述简便而使用的，如"传播对象"，它的外延包括报纸的读者、电视的观众、广播的听众这样三种对象，现在还应该加上"网民"这个新的群体。与此相当的，现在有"受众"这样的一个概念。使用这样简练的概念，有助于我们的叙述。

新闻采访方法论在研究和表述中是十分重视实例的。兵书要有足够的战例，医书要有足够的病例，采访方法论同样必须有足够的采访事例。这不仅是为了便于读者理解的"举例说明"，典型事例首先是我们研究的重要材料。道理从实践中来，而不是用例子证实先验的框框。

本书选择和引用实例的原则是：一、着眼于新闻学价值，而不主要着眼于新闻价值。年代久远的事例，别人引用过的事例，我们在新的意义上使用它，也就可能变得新鲜了。二、在不致过分烦琐的情况下，尽量多引用一些实例。三、尽量做到原原本本，引者不多加删节和概括。之所以实行这后两条原则，不仅是为了表示对原作者、原实践者的尊重（事例和引文，一般在"注释"中写明出处），也是因为这些实例本身就具有"事实胜于雄辩"的力量；这样，引文还可以作为一种资料，供别人做进一步的研究。

第二节 新闻采访是一种特殊的调查研究

内容提要：采访是调查研究活动，但它是一种特殊的调查研究活动——采访是新闻记者（包括业余报道者）为进行新闻报道所做的了解客观情况的活动。

这个定义纳入了采访活动的四个要点：

采访的主体是谁？记者和各类新闻报道者。

采访的目的是什么？传播。传播新闻和各类信息。

采访的基本任务是什么？了解事实。

采访的基本方式是什么？社会活动、社会交往。

对采访性质的基本认识

我们对采访下的定义是：采访是新闻记者（包括业余报道者）为进行新闻报道所做的了解客观情况的社会活动。这个定义容纳了采访的四个要点：谁——主体，为什么——为新闻报道，做什么——了解客观情况，范畴——社会活动（区别于私人活动）。四个要点缺一不可。

要理解这个定义，首先要对采访的性质有个基本的认识。

关于这一点，可以从不同角度，有许多种说法，但是，最基本、最重要的概括，应该是从哲学的最基本问题——也是世界观的最基本问题来做出：新闻采访究竟是记者认识客观事物的活动，还是借助于客观表达主观意向的活动？前者是唯物主义路线，后者是唯心主义路线。新闻采访中的所有问题，都同这个基本问题密切相关；任何新闻采访理论的正确与否，都将在这个最基本的标准面前受到检验。

直观看来，采访就是记者了解、认识客观事物的活动。这样看，当然是对的。但是，有些失之笼统。因为了解、认识客观事物的活动是极其广泛的。一个人生活在世界上，工作在社会里，可以说他是在每时每刻地了解、认识着客观事物，但不能说他每时每刻都在进行着"采访"。采访与一般的了解事物显然就有很大的区别，它是一种有目的、有组织、有计划、有具体任务和要求的、自觉认识客观事物的活动。这类认识事物的活动我们称之为"调查研究"。

毛泽东同志说过：没有调查就没有发言权。[①] 在社会上，新闻记者是发言最多、听者最广的一种"专职发言者"。采访就是产生他们"发言"——

---

① 引见毛泽东：《〈农村调查〉的序言和跋》，载《毛泽东选集》四卷本，第791页，原文是："'没有调查就没有发言权'，这句话，虽然曾被人讥为'狭隘经验论'的，我却至今不悔；不但不悔，我仍然坚持没有调查是不可能有发言权的。"

报道的基础，它当然必须是一种严肃认真的调查研究工作了。刘少奇同志也曾经明确地这样说过："报纸工作人员是什么人？是调查研究的专业工作人员。报上的一切文章都应当是调查研究的结果。调查研究是一门学问。"① 在所有新闻媒介工作人员中，更侧重于深入实际，进行调查研究的就是记者；记者最经常的调查研究方式，就是采访。

采访是调查研究。这是对采访性质的唯物主义的概括说明。它划清了对采访认识的唯物主义和唯心主义界限。一切记者，包括那些反对这个说法的记者，如果他要写出真实的报道的话，那么，他就非把采访变成调查研究过程不可。不然，他自己还没有认识新近发生的某个事实，又怎样报道它呢？

但是，"采访是调查研究"这种说法，仍嫌笼统。因为调查研究所包括的范围要比采访广泛得多。政府研究部门要经常下去搞调查研究，为制定和修改政策提供依据；公安部门搞侦破，是调查研究；法院审理案件，也是调查研究；甚至搞历史研究的人，也必须搞调查研究。总之，人们为了认识客观世界，总要从自己的业务要求出发进行必要的调查研究。

但是，正如记者萧乾所说："新闻记者同坐在沙发上的沉思的政治家或历史学家毕竟不一样，他是个哨兵，甚至是个侦察兵。他要耳聪目明，机警灵活。"②

长期领导过我国新闻工作、也是新闻理论专家的胡乔木同志在20世纪50年代就曾经明确地提出过这样的看法：

> 我们有些同志是有经验的，应该培养自己成为写新闻的专家。要有一些真正的新闻记者，而不是党委的研究员。现在有些记者的工作方法就是相同于党委的研究员。③

显然，记者就是记者，记者是新闻工作者。采访毕竟是新闻工作；它作为一种调查研究，毕竟不同于一般的调查研究，不同于其他工作的调查研究。

---

① 引自刘少奇同志1961年5月1日关于《人民日报》工作的谈话。
② 见萧乾：《老报人随笔》，载《新闻研究资料》第一辑。
③ 见《人民日报》编辑出版的《谈谈报纸工作》，第78页。

采访是一种特殊的调查研究。用一般调查研究的规律来代替新闻采访的规律，显然是不行的，还必须对新闻采访的特殊规律进行研究。"科学研究的区分，就是根据科学对象所具有的特殊的矛盾性。因此，对于某一现象的领域所特有的某一种矛盾的研究，就构成某一门科学的对象。"①

那么，采访作为一种调查研究，它的特殊性究竟表现有哪些地方呢？

采访的目的——传播

采访，作为一种特殊的调查研究，首先表现在它具有特殊的目的——传播，或者说，是为了进行报道。

这里说的不是政治目的，而是业务目的。

政府研究部门调查研究的目的是为了制定和修改政策；

公安人员调查研究的目的是为了破案；

法院法官调查研究的目的是为了判案；

历史学者调查研究的目的是为了了解历史真相；

哲学家、理论家调查研究的目的是为从中抽出事物发展变化的最一般的规律和某一领域的规律……

记者采访的目的显然与上述种种目的不同，他的目的是传播，不仅"传"，而且"播"；他的传播对象（读者、听众、观众、网民）是极其广泛的人。西方新闻学，从20世纪40年代开始，就把报刊、广播、电视等等，统称为"大众传播"。这是个可以引进的概念。记者采访的业务目的，也可以说是：向大众传播。

周恩来总理1958年7月在广东视察的时候，有一次对记者说：

"你们记者，要像蜜蜂，到处采访，交流经验，充当媒介，就像蜜蜂采花酿蜜，传播花粉，到处开花结果，自己还酿出蜜糖来。"②

---

① 引自毛泽东：《矛盾论》，载《毛泽东选集》四卷本，第297页。
② 转引自孙世恺：《要像蜜蜂那样工作》，载《光明日报通讯》，1980年第5期。

——这是对记者的形象比喻，也是对记者采访目的的生动描述。记者要把广大群众欲知、应知而未知的事实告诉他们。把群众的情况和意见，反映给领导；把领导的意图传达到群众。把世界的大事告诉给本国人民；把本国的大事告诉给世界。把一个单位的有价值的情况介绍给全社会，把社会的形势呈现给每一个人。总之，结合上下，联系左右，沟通中外。每个记者都会因他的调查研究的成果广泛传播而高兴；越广泛，越高兴。把呕心沥血寻找到的宝物珍藏起来供自己欣赏的古董收藏家，正好是记者的"对立面"。

向大众传播——一个目的包含两个要素：大众和传播。它们制约着记者采访这种特殊的调查研究的内容。

为了向大众传播，新闻采访就要猎取那些内容上重要的、涉及最迫切问题的、大众关心的、有一定趣味的事实。那些内容上无足轻重的、大众不关心的、本身也毫无趣味的事实，是无论如何也传播不开的，这类材料对某些专门研究也许是极其宝贵的，但对记者，一般用处不大。就是对同一问题，记者调查的侧重点也与其他工作不同。

请看这样一个实例：

1978年，石油部一位给部长开小轿车的司机李本东，把一个从东北来的女知识青年骗上汽车，开到北京郊区强奸以后杀害了。

这一惨无人道的凶杀案，激起了广大人民群众的愤怒。此案的审讯，自然引人注目。人民日报记者马鹤青参加了审讯的采访，他有这样一段回顾：

> 对李本东的审判，我参加旁听了。一场审讯有二十几个程序，法庭调查、法庭辩论、合议等等。我看了两本预审记录，我在这几万字的供词中找出了这句话："我给首长开车，谁能怀疑到我？"——他是工人、党员、大庆人，为什么犯了大罪，一个重要原因就是有恃无恐。这句话就反映了他这个思想。把它写进报道发表以后，法院同志来电话表示感谢，认为这句话摘得好。①

---

① 引自马鹤青1979年10月在中国社会科学院新闻研究所对研究生的讲课。

从这段叙述中,我们可以看出记者的调查同法院调查的区别。对于法庭来说,犯罪全部事实和情节必须清楚,必须有确凿的物证、旁证,对于那些影响判刑轻重的关键地方,都要一清二楚。因此,对于法院调查来说,预审的几万字的内容不仅是必要的,而且还需进一步调查。但是,记者若把这样长的材料公之于众,有谁会愿意看它呢?除了弄清基本案情以外,记者从中要调查的是广大群众关心的东西,是这个案件与其他同类案件不同的地方。于是,记者抓住了犯罪嫌疑人的这句供词,揭露了封建特权思想在犯罪当中所起的恶劣作用,自然,这样的报道就容易传播了。

(顺便说一句:从这个事例中,我们也可以看到法院调查同记者调查在具体形式上是很不相同的。法院调查采取的是极其严肃、正规的法律程序,它有一套严格的规定。而记者的调查则要灵活得多,方式也是多种多样的。在这里主要是采取"附属"于法院调查,以旁听的方式进行的。)

为了向大众传播,记者不仅要在采访中"沙里淘金",把那些没有新闻价值的,大众所不关心的东西筛选掉,而且,有时还要做更加广泛的调查,"旁征博引",向传播对象提供更多的材料,以便他们能够更好地理解新闻事件本身的意义。20世纪50年代,宝成铁路通车的时候,人民日报记者纪希晨前去采访,他不仅调查了铁路本身的情况和铁路建设者们的英雄事迹,而且,沿着铁路步行了一个月,广泛了解沿途的地理和历史情况,包括诸葛亮六出祁山的故事,等等。这些材料,后来都写进了报道之中。记者提供给读者的不是简单的情况和干巴的数字,而是展示了一幅"蜀道难,难于上青天"的历史画卷和这个历史在今朝的终结。[①] 没有一种工作的调查可以像记者采访这样"东拉西扯"。

为了向大众传播,记者的采访有极大的伸缩性和灵活性,这是它与其他工作的调查研究有着显著区别的地方。他可以对大量的社会现象做广泛的调查研究,也可以对一个完整的事件做全面的调查研究,同样也可以对某一事物或事件的某一侧面、某一片段、某一现象做极其简单的调查。记者为剖析经济形势,要从各方面调查各类材料,这当然是一种较为复杂的采访;同

[①] 引自纪希晨1979年9月25日在中国社会科学院新闻研究所对研究生的讲课。

样，记者通过电话向气象部门查询昨日雨情，虽然非常容易，也可以称为"采访"。一个群众关切的事件，当它正在发展的时候，记者就可以采访，并发表"调查结果"。公安部门的侦破是绝没有这样大的灵活性和伸缩性的。案情是否清楚、能否破获，是没有什么伸缩性的。有时仅仅差一个很小的细节，就不能下最后的结论；而不能下最后的结论，就不能算是解决了问题。公安部门调查研究的严密性和完整性，正同记者采访的灵活性和伸缩性形成显明的对照。允许灵活和伸缩，这无疑是为了便于传播。它给了记者以较多的主动和较大的自由。

为了向大众传播，记者必须考虑他的报道的主动性。因此，他在采访中，必须注意调查了解那些形象的、有趣味的材料。去农村调查的党委研究人员，对农村的景色并不一定感兴趣，对谈话对象的衣着、表情、动作也无须做细致的观察，许多生动曲折的情节，他们也许愿意听，但并不会直接有用，因为他们要解决的是政策界限的问题。但是，这一切对于记者来说，却是相当宝贵的。凡做过记者的，都体验过获得生动情节的喜悦心情，也都曾如获至宝地把那些精彩的语言记在小本子上。

总之，为了向大众传播这一目的，记者的调查研究——采访，在内容上必须注意"沙里淘金""旁征博引""灵活伸缩""形象生动"这样几个特殊的要求。

在这里需要说明的是："调查研究"这个概念人们常常在广义的或狭义的两种意义上使用它。广义上说，凡是人们有计划地、有目的地收集材料、认识事物的活动，就可以称为"调查研究"。"没有调查就没有发言权"，指的就是广义的调查研究。还有一种是从狭义上说的调查研究，除了包括广义的意思以外，它还有这样一些意思：这种收集材料、认识事物的活动，必须是较为系统的，目的是寻找事物的一些规律性的东西。最后的成果往往写成某种调查报告。

从狭义的调查研究来说，记者的采访不等于调查研究，因为采访有时收集的材料很难谈上什么"系统"，其目的有时也并非是寻找"规律"。调查研究更不等于采访，因为许多调查研究所涉及的范围、所研究的问题，已远远超出新闻的领域。因此，记者除了进行日常的采访活动以外，还应当做适当的调查研究工作，以解决记者对某些事物的基本的、系统的、规律性的认识问题，当然，这种调查研究，仍然带有"新闻工作者"的特色。

人民日报记者田流同志认为，记者的调查研究，一要从当前最迫切的问题入手，二要讲求实效。因此，他提出：

> 专题调查是我们大量采用的一种调查方法。但专题调查要讲求时效，得到预期的目的，又必须以系统的全面的调查研究为基础。所以，一方面，专题的、短时间的调查研究，是新闻工作应该大量采用的调查研究形式；另一方面，也不能放松对基本情况的全面系统的调查。正确的做法是把两者结合起来，在不影响完成宣传任务的情况下，编辑部应该抽出时间有计划地对国家生活和人民斗争的各个主要方面进行系统的全面的调查研究，每个记者、编辑也应该结合自己的业务做系统的全面的调查研究。①

新华社穆青同志也认为，新闻工作者的调查研究，重点"主要应该放在当前最新的情况，最新的问题上面"。这种调查研究，应该为报道工作服务，应着重于：一、抓思想；二、抓矛盾；三、抓萌芽状态的问题；四、抓典型。②

应该说，这些都是比较全面的看法。

"采访是一种特殊的调查研究"，这种说法不应该被误解为记者不再需要做调查研究了，也不应抹杀记者调查研究的特点。

采访的基本任务

采访的基本任务是什么？怎样判断一个记者的采访活动是否得到基本的成功？

从理论和实践的结合上，所做的回答是：

---

① 见田流:《新闻工作者是专业的调查研究人员》，载《新闻业务》，1961 年第 8 期。
② 见寄晨（穆青）:《对调查研究的一些具体问题的看法》，载《新闻业务》，1964 年第 6 期。

采访的基本任务就是要迅速地了解到典型的、有新闻价值的、真实的事实。这里面包含着5个要素，可以把它们分开写成：

采访任务是：

①迅速地了解到

　②典型的（或足以说明问题的）

　　③有新闻价值的

　　　④真实的

　　　　⑤事实

5个要素是缺一不可的，试想，缺少了哪一个要素可以构成"顺利地完成采访任务"呢？5个要素，当然也不是平列的，之所以按照上面的次序列出，是因为越到下面的要素，越要"基础"一些。

最基本、最重要的要素，自然是事实。如果说哲学家靠论理说服人，文学家靠形象感染人，那么，新闻记者主要是靠事实作用于人。记者采访，最主要的就是同事实打交道，虽然他也会"遇"到论理、"碰"到形象，但是，他总是把它们归到事实中去，一般不单纯"接待"它们。可以说，记者目不转睛地盯着事实，他发现事实、了解事实、选择事实、核实事实、参加（体验）事实、追踪事实，最后报道事实。记者采访的哪一种、哪一步可以离开事实呢？没有。著名的俄国科学家巴甫洛夫曾经说过："鸟的翅膀无论怎样完善，要是没有空气的支持，它是不能使鸟体上升的。事实就是科学家的空气。没有事实，你们也永远飞腾不起来。没有事实，你们的理论就是枉费苦心。"如果说，科学家研究的出发点是事实、归宿点是客观规律的话，那么，新闻记者的出发点是事实，归宿点也是事实。事实对于记者显得双倍重要。一个记者在采访中受到了冷遇、吃尽了苦头，但他拿到了事实，应该说，他取得了很大的成绩。假若一个记者受到了贵宾般的款待，和采访对象打得火热，走了许多新鲜的地方，但是，就是没有结结实实地拿到任何事实，那么，我们把它称为"参观""会客""旅游"都可以，反正不能称为"采访"。

另一个要素是"真实"。把"真实的"这个定语放在"事实"前面，似乎是不妥当的。因为事实本身是客观存在的，无所谓真实与不真实的问题。这里之所以提出"真实"要作为一个要素，是因为：一、在采访当中，真实性成为一个经常性的重要问题。有时，记者以为拿到了事实，但拿到的是虚假的情况，"口中的楼阁"。如果不把真实的问题明确地提出来，记者很容易把"假材料"当成了真事实，而不自知。二、一个完整的事实，是现象和本质的统一。提出真实，也可以避免把确实存在的假象和"不合理宣传性现象"当成事实。（这个问题，将在下一章详细讨论。）记者必须牢记：采访不能只考虑拿到有用的"事实"，而应首先考虑拿到的事实是否真实，在这个基础上才能考虑其他。

当然，并不是任何事实都是记者需要的。记者在采访中所要获得的是有新闻价值的事实。这个要素使记者的采访同其他工作的调查研究区别开来了。因为，任何一种调查研究都要求必须首先得到真实的材料，但只有记者采访，才使用新闻价值这个标尺。

"典型的"（或足以说明问题的）这个要素是考虑到新闻传播的需要。有新闻价值的事实，应该说也是很多的，不是所有的这样的事实都能够获得传播。因此，还要从中选取更典型的事实，更能说明问题的事实，这样才能以一当十，传播得更广，收到更显著的效果。"足以说明问题的"，还有必须考虑到表达的意思。记者在选取事实时，不能不考虑吸引人、容易被人们理解这些因素。这里不要误解，我们这里说的"选取"，不是按记者主观意愿的取舍，而是鉴于对广泛事实了解的一种更能全面反映客观的"选择"。

"迅速地"是指记者了解事实的过程必须尽量简短。这同样是新闻采访中非常重要的因素。虽然有的采访时间性不那么强烈，但就大多数采访来说，恐怕没有任何一种工作的调查研究像新闻采访这样要求严格的时间性了。其他工作的调查研究，当然也不能无期限地拖下去，但是，它必须在保证质量的前提下求速度；而记者采访，时间性本身就是调查质量的一个重要指标，贻误时机，不仅会降低采访的质量，甚至可能使记者的全部劳动报废。

引申一步说，时间和事实的关系，始终是记者特别注意的。它不仅要求记者迅速地了解已经发生的事实，选择适当的时机采访事实，还要求记者预见将要发生的事实，选择适当的时机采访事实，洞悉时间的因素将会怎样影响一个事实的价值，等等。

上述5个要素有机地组合在一起，就构成了记者采访的基本任务。之所以把它称为"基本任务",是因为它是从新闻学的角度对记者采访任务的最基本的概括,是普遍的规律。之所以把它称为"基本任务",还因为只有这个任务完成了,才能完成其他任务。记者的具体任务,是不断变化的,而基本任务是稳定不变的。例如,人民的记者要担负宣传政策、检验政策,做党和人民耳目喉舌的任务,但是,基本任务不完成,能完成这些任务吗?每个记者必须牢牢树立起这样的观念:只有完成采访的基本任务,才能完成其他任务;如果没有完成基本任务,甚至破坏了这个基本任务,而去完成其他任务,那就必然走入歧途。

请读一下胡乔木同志在20世纪40年代所做的这样一段精彩的论述:

> 记者出去采访,上级规定任务是应该的……但是,有些同志把这个"任务"解释错了。他为了证明什么东西是对的或者错的,叫记者去收集材料。记者找来找去,材料总归是找到了,不管怎么找到的吧。这就是说,有些同志给记者提出了一些不适当的任务,限制了记者的活动,使他难于坚持真理。有些同志不管记者碰到什么东西,而只向他要什么东西。比方说,反右倾的时候,就专门让记者去找右倾的材料,等到反"左"了,又让记者去找"左"倾的材料了。这样一来,记者就不能按照客观本来的样子进行报道……
>
> 现在应该把记者的手足耳目解放开,让他们按照实际事物去报道,按照实际去追求真理,所谓唯物论,就是按照世界的本来面目认识世界。我们要求记者,也应该是这样子的。①

70多年过去了,回顾我国的新闻史,我们可以很清楚地看出,有一种与此相反的唯心主义的、实用主义的、短视的"原则",几乎始终在干扰这个正确原则的执行。"欺负"事实的结果,是受到历史的惩罚。惨痛的教训足以使我们认识到正确理解记者采访基本任务的重要。

---

① 见《谈谈报纸工作》一书,第72~73页。

采访的基本方式——社会活动

调查研究的方式，同样是个很重要的问题。不同的调查研究应该采取不同的方式。调查研究的方式，往往成为某种工作的重要特征。法院的调查研究采取审问的方式，行政的调查研究采取听汇报的方式，公安的调查研究往往采用秘密侦破的方式，作家的调查研究采用体验生活的方式……这些方式往往是某些工作所特有的，不可随意调换。作家不能采用审问的方式去体验生活，法官也不能用体验生活的方式去审案。

那么，记者采访——一种特殊的调查研究，它的基本方式是什么呢？

记者——社会活动家

斯大林同志在《论工人通讯员》这篇文章里这样说过：

"主要的在于使工人通讯员和农村通讯员在自己的工作进程中学习，并锻炼出新闻记者——社会活动家的敏感，没有这种敏感，通讯员就不能完成自己的使命，而这种敏感是不可能用人工训练的技术方法培养出来的。"[1]

虽然斯大林在这里讲的是另外的问题，但他"顺便"提出了一个重要的思想或提示：

新闻记者——社会活动家。

这是对记者的社会地位、职业特点，也是对记者的活动方式的精辟的概括。

记者采访的基本方式是社会活动方式。

什么是社会活动方式呢？

显然，这里的社会活动是在狭义上说的（不然，人类社会的任何活动都

---

[1] 引自斯大林：《论工人通讯员》，载《斯大林全集》第六卷，第228页。

可以称为"社会活动"了），即指那些非行政的、非法律的、又非纯属私人的活动，指那些人与人之间平等地、自由地进行的社会交往。参加某一社团、出席某一会议、进行某次学术交流，结交某些人士，等等，都可以称为"社会活动"。所谓社会活动，有以下几个特点：

一、社会活动区别于纯私人的活动，又常常采取个人交往的方式。交朋友、谈恋爱、家庭生活等等，完全是私人的事情，这些都不能称为"社会活动"。记者采访，虽然也常常采取交朋友、与人交谈这种方式，但它是社会活动。因为前者，双方仅仅代表个人、为个人而活动；活动的结果，也只影响到他个人至多包括他的家庭。后者则不同了，记者代表的决非仅仅是他个人，他直接地代表着他所在的新闻单位，更进一步，他甚至在一定意义上代表着主办这个新闻媒介的主体，采访对象所代表的也不仅仅是他个人，他是作为某一方面的社会现象的代表而被采访的，——记者感兴趣的是他的社会联系，而不是他那些纯属私人方面而无社会意义的情况。他们的活动，不仅是为他们个人，而是为了社会。他们活动的结果，也必然超出他们的圈子，在社会上产生广泛的影响。

二、社会活动区别于"行政的"活动，尽管有些记者是由"官方的"新闻单位派出的。行政活动、法律活动，具有行政的、法律的约束力，有一定的强制性。社会活动虽然有时也有一定的规范作为约束，但它是建立在大家自愿承认和遵守的基础上的；人与人之间的这种社会交往，也完全是两厢情愿的。一般情况下，在社会活动中，是不允许一部分人或某个人，使用行政或法律的权力强迫另一部分人或某个人的。记者同采访对象之间，绝不能像上级对下级、法官对罪犯那样，以行政命令、法律权力来强迫对方接受采访，谈出某方面的情况。

西方的某些人士，总好把我国的主流媒体称为"官方的"新闻机构。当然，在他们的词汇中，"官方的"是个贬义词儿。其实，即使是社会主义国家的"官方"新闻机构、国家通讯社、执政党的机关报，都不是行政机关、法律机关，尽管它是由"官方"（姑且用这个词儿）主办的，但它的实质仍然是——起码应该是社会舆论机关。由这样的新闻单位派出的记者，同样不是行政官员，他没有代表上级领导机关发号施令的权力。他仍然是记者而不是"官员"。防止"官化",也许是我国新闻记者应该注意的问题。

三、社会活动区别于其他活动的另一个特点,是在这类活动中,人与人之间的关系是平等的、结合是自由的。在行政活动中,县长是省长的下级,县长必须服从省长。在法律活动中,罪犯连人身自由也没有,更谈不上同法官讲平等。甚至在经济活动中,企业的一般的工作人员或生产人员,必须服从居于领导岗位人的指挥。记者和采访对象之间却不是这样,双方都有选择和拒绝自己对象的自由。(当然,担任公职的人员,他有发布公众信息的义务,而没有隐藏应该发布的公众信息的权力。我国已经制定了相关的行政信息公开的法规。)不管本人的社会地位和身份如何,双方在采访这种社会活动中,地位是平等的。美国亨特新闻学院教授阿伦森说:"作为一个有自尊心的记者和教员,我认为,记者和采访对象之间应当是平等的。等级观念应当扫除干净。"[1] 记者的地位是"浮动"的。记者采访总统,那么他与总统是平等的,并不是他的下属;记者采访普通的清洁工人,那么,他与清洁工人也是平等的,并不是他的"上司"。采访对象的社会地位有多"高",记者的地位也就有多高。这不是由于记者是个"酷爱平等派",而是记者这种工作本身所要求的。如果总统像训斥他的下级那样同记者谈话,谁愿意读这样的报道呢?没有平等的地位,许多情况是挖掘不出来的。

请看这段记叙:

> 例如已故名记者邵飘萍氏生前,曾于段祺瑞当权时代,某晚11时半,段氏由津来平,邵氏急赴车站访晤。及至车站时则段已由站归宅,往迎者均已散去。一般访员或以为时已晚,无法当夜晤段,然邵氏乃做最后奋斗,急换乘汽车,奔赴府学胡同段邸。当时该胡同西方栅门已闭,守卫森严,邵仍令车夫鸣笛前进,门者疑系某要人有要事来看,大开栅门。邵入,门者见系记者,谓段途中劳顿业已就寝,请明日再来。邵称有要事,坚请传达。适段正值得意之时,急邀邵入,自12时半畅谈至

---

[1] 见阿伦森:《新闻采访和写作》,第22页。

次晨3时。邵探明政局变化后,急赴印刷所制稿刊出,第二日报遂售罄。①

这段情节,自然反映出记者邵飘萍的进取精神。但从中可以明显看出记者社会活动的特点。记者同政府首脑是平等的,双方交往是自由的。

记者的社会活动方式,对记者获取情况来说,自然存在着有利的一面,也存在着不利的一面。总的来说,是利大于弊。而且,不管有利有弊,这种方式是新闻工作本身的性质和任务所决定的。记者要研究的是:怎样充分发挥社会活动有利的一面,避免和克服它的不利的一面,为完成采访的基本任务而努力。

记者活动的独立性

从新闻学的角度看,记者采访的社会活动方式的意义,还在于它能够使记者的活动、新闻媒介的活动具有一定的独立性。新闻单位不是行政机关、法律机关,不应只成为某业务和行政单位机构的"发言人",它本来应该是"社会舆论机关"。即使在阶级社会中,报纸和整个新闻事业的阶级性并不能取代社会舆论机关的性质,正如不管什么国体、什么政体的国家,人们都承认它是国家一样。

在西方,新闻事业、新闻记者活动的独立性,在一般活动方式上——从同政党、行政、法律等机关或组织的关系而言,似乎比较表面化,也容易理解。在社会主义国家,特别是在国家通讯社、党报的体制下,似乎这种独立性就不好理解了。有的同志认为,我们的党是全国人民的领导核心,我们的政府是人民的政府,各级党委和政府都是为人民服务的,难道还允许记者向党、向国家"闹独立性"吗?其实这是一种误解。不错,人民的新闻记者,应该是党和人民的忠诚的"宣传战士",但这同我们所说的独立性并不矛盾。这里要说的是,新闻记者在采访方式上独立活动的必要性。这种"独立性"恰恰是完成记者的政治任务所必须的。20世纪50年代,有些省委对新华社

---

① 见王文彬:《采访讲话》(1938年版),第5页。

的内参有不同意见，认为记者通过内参向中央反映情况，有时使他们很被动。毛主席当时就反驳了这种意见，他说："这不是对你们不信任。你们有你们反映情况的渠道，中央也需要有另一个渠道了解情况。"其实，毛主席在这里谈的就是记者活动方式的独立性问题。

请看这样的事实吧：

"文革"期间，1974年秋至1975年秋，我国云南省发生了震动全国的"沙甸事件"。起初是一个回民村寨沙甸的村民，要求把"文化大革命"期间被占用做仓库的清真寺腾出来做礼拜，后来矛盾激化，发展到上昆明请愿，卧轨拦截火车，并酿成全省性的事件。

怎样认识这个事件的性质，这是能否正确处理这次事件的关键。当时，省、州、县的多数领导人都认定这次闹事是一小撮反革命分子煽起回民的宗教情绪、民族情绪搞起来的。但是，这些机关的领导同志从事件开始到矛盾激化，很少直接同回民群众接触，他们根据某些道听途说的情况，向中央做了片面的反映，因而受到批评。

在这种情况下，一个尖锐的问题摆在新华社云南分社记者们的面前。当时，他们可以做出三种选择：一种，置之不理；一种，人云亦云；一种，亲自调查。置之不理，是不负责任。人云亦云，后果可能更坏，如果"人云"错了，那么，记者的"亦云"等于给错误的东西做了旁证，而且是以新华社的名义。这时，正是最需要记者发挥独立作用的时候，记者应该到发生事件的现场去，同事件参加者直接接触，拿到第一手材料，提出自己的看法，检验有关机关的认识和报告是否正确。云南分社的记者选择了第三种态度。他们投入采访以后，查阅了与事件有关的全部文件档案，对历史现状做了全面的调查，听取了各方面的意见，特别是认真听取了回民群众的意见，弄清了事件的来龙去脉。然后，记者对事件的性质做出了独立的判断：事件主要是由于路线不端正、政策不落实造成的。记者了解全面情况后，于1975年1月、6月，两次向中央汇报，并建议政治解决为上策，军事解决为下策。记者提供的情况对中央正确处理云南沙甸事件，起了重要作用。

当然，记者这样做是非常不容易的。首先，必须坚持党性，坚持实事求是的态度。尽管新华社分社在组织上是双重领导，就是说，也要接受省委的领导，但在采访活动上却要有相对独立性，敢于如实地向中央反映情况。在这次事件的调查中，记者仅把省州县各级组织的意见，作为一方面的情况和意见来对待。对于这些组织的说法不是轻信，而是必须找到证据加以证实。

所谓"独立性"，并不是什么特权，它是新闻记者独立负责的精神，为此，记者应有为党和人民负责而不惜付出巨大代价以致牺牲生命的精神。请看云南分社记者的回忆：

> 1975年7月上旬，沙甸已被武装包围，回民进京代表团即将返回。这时省委工作组报告说，沙甸留守班子准备抛弃在京头头，搞武装暴动，秘密行动的时间定在8月初"开斋节"期间，沙甸发难，全省响应。省委酝酿武装平叛，正请示中央。为了弄清情况，一位记者提出只身进沙甸采访。工作队和部队都说去不得，无法保证记者安全，甚至连死因、死尸都找不到。记者向工作队说明了现在进去虽然危险，但不能保证安全不是不去实地调查的理由。要求记者进村后，部队不要有任何行动。工作队党委同意了。
>
> 记者进村后，直奔沙甸大清真寺礼拜楼，因为据说这里是暴动指挥中心，有两挺机枪监视外界。记者爬上礼拜楼，立即被回民头头包围盘问多时。后来，这些头头还领着记者去看了他们的巷道、街垒、地雷阵、监狱、武器制造作坊，在村头应记者要求开了群众座谈会。记者在村内采访了一天，得到了第一手真实材料，写成了目击记，澄清了工作队报告中的许多虚假情况……①

---

① 见新华社云南分社李世义：《当好人民的耳目喉舌》，载《新闻业务》（活页版），1980年3月5日一期。

1979年1月，经中央批准，云南省委已正式决定为沙甸事件平反，记者的调查经受住了大反复的考验。

记者之所以能够比较客观、真实、公正，在处理这次事件当中发挥了重要作用，当然，同云南分社记者的思想作风有很大关系；从新闻学的角度考察，它生动地证明了记者独立活动的重要意义。为什么当地党委、政府，那么多的人和机构，反而掌握的情况不够客观、全面呢？因为，闹事一开始，闹事的群众就把矛头指向有关领导，直至省委领导；从历史发展上看，这次闹事又同当地领导机关不正确执行政策有关。因此，当地领导机关在这类事件中，是处于矛盾的一方的地位，而作为社会舆论机关的中央新闻单位派出机构，则处于比较超然的地位。非执行者、"非当局"，这种地位，给记者的活动带来了很大的方便。云南分社的记者，正是以其大无畏的精神，发挥了这种优势。

这个事件，无疑含有一些偶然性因素，但上述从新闻学角度的分析，却绝非建立在偶然性事件上的结论。只要用心观察，在实际生活中，这类现象是的确存在、时有发生的。我们今日社会的党和国家已与旧社会的当权者根本不同，它是为人民服务的。但在生活中，也绝非是一种"无差别境界"。掌权者（指直接掌权的人）与非掌权者向群众做调查遇到的情况是不同的。这是因为对直接掌权者说来，政策和措施都出自他手，要批评这些政策，要反对这些措施，就会直接涉及他。这就不能不造成被调查者的各种顾虑——以致隐藏真心话，歪曲实情，曲意迎合等等。而掌权者自己，往往是当事人、主持人，有强烈的倾向性和感情色彩，他们常常不具有"旁观者清"的优势，容易先入为主，失去客观。而这种局限性，对于非直接掌权者的记者是不存在的。——当然，这只是一种可能性，我们不能绝对化，以致不恰当地贬低别人，夸大记者的作用。

新闻渠道与党政渠道相比，没有那些繁多层次，例行公事，官样文章，它传递迅速，不易失真。而且，这个渠道与社会舆论相通，在传递的过程中，就可以治疗某些社会弊病，宣扬好的东西。但这一切，都离不开记者活动的独立性和记者的独立思考。

独立性和舆论监督

记者活动的相对独立性，是发挥舆论监督作用的基础。

我国要建设一个民主与法制的社会，一个现代的和谐的社会，就必须建立一个有效的监督体系。首先它要监督执政者——各级党委和政府，保证它们的高效和清廉，也要监督司法执法机关，保证它的公正性，还要监督各种社会主体，包括各种单位、企业和掌握公众权力的个人，防止他们违法违规。监督体系应该包括党的监督、行政的监督、法制的监督、群众的监督等等。

舆论监督是一种特殊的监督。它的特点和优点是：

一、是一种弹性比较大的监督，大事小事，严重的事，一般的事，都可以进入监督的范围，因而监督的面可以更广、更灵活。同时舆论监督往往是有分寸地有弹性地提出问题，并不直接负责解决问题，所以它也为某些问题的最后处理"蹚了路"。

二、是一种群众监督的有效方式。群众监督有许多渠道，但最重要的渠道其实就是舆论监督。新闻媒介把某事公布出来，必然引起社会的广泛注意，这就为群众监督提供了最良好的条件。有些人之所以怕舆论监督，实质是因为他害怕群众监督。

三、是各种监督的增效剂。党的、行政的、法律的监督，通过舆论监督的形式公布出来，就大大增强了这些监督的效果，可以起到"杀一儆百"的作用。

四、是一种成本很低的监督形式。不像其他形式的监督要动用那么多的人，要经过那么多的程序。

五、是一种本身接受监督的监督。这种监督不是个别的暗箱操作。所有的监督内容都要公之于众，如果媒介滥用监督权力，别人（包括被监督的对象）马上可以指出来。

中国共产党历来重视舆论监督。在中华人民共和国成立初期的50年代，党中央就专门做出了《关于在报纸上开展批评》的决定。"文革"后，新闻的舆论监督对"拨乱反正"发挥了巨大的作用。1992年首都新闻界筹划"中国质量万里行"活动的时候，原本是准备请政府部门的领导同志担任此活动的组委会主任，后来朱镕基同志在方案上做了明确的批示：活动还是采取群众监督、舆论监督的形式。并明确让发起此活动的新闻界同志艾丰担任主任。"万里行"活动这种舆论监督、群众监督和行政监督结合的方式取得了巨大的成功。后来中央电视台每年的《3·15消费者权益日》节目，《焦点访谈》节目，都显示了舆论监督的优势和巨大作用。

值得特别注意的是，腐败现象的滋长和蔓延，是我国政治生活中一个最令人担心和最难解决的问题。谁来监督权力？舆论监督被提到更加重要的位置。而要想充分发挥舆论监督的作用，核心问题仍然是记者工作的相对独立性的问题。

2009年3月18日，《北京青年报》发表了一篇很有见地的"今日社评"，题目是《舆论监督纳入官员问责是一场重要的考验》。现将该文摘要如下：

> 广州市委、市政府近日联合发布《广州市党政干部问责暂行办法》，从7个方面对党政官员不履行或不正确履行职责应予问责的情况进行了规定，其中明确规定，官员不接受或不配合舆论监督属于问责范围。……
>
> 具体而言，公权机关和官员受到来自舆论监督的第一个考验，就是需要摆正自己与新闻媒体、舆论监督的关系。一些官员之所以不接受或不配合舆论监督，除了少数情况下他们知道自己有问题，担心接受和配合舆论监督，会使问题暴露，更多的情况是，他们认为自己和新闻媒体是一种"主仆关系"，从来都是媒体由我支配为我所用，岂有让我接受并配合舆论监督的道理？在此观念的主导下，某些官员非但不能自觉接受、主动配合舆论监督，反而百般阻挠、公然抗拒舆论监督。乃至频频闹出"县委书记派警察进京抓记者"之类骇人听闻的事情来。
>
> 公众机关和官员受到来自舆论监督的第二个考验，是他们需要转变工作作风，转变执政观念，以适应新形势、新体制对公共管理和公众服务提出的新要求。以前新闻媒介不发达，舆论监督软弱乏力，一些公众机关和官员养成了"我说什么就是什么"的权力习惯，但是，现在涉及公众机关和官员的许多问题，媒体再也不会"你说什么我就信什么，你

怎么说我怎么报",而是一定要问一个"为什么"了。

……

应该说这些观点都是很正确很精彩的。

舆论监督是一个重大问题,需要有专门的文章和著作加以论述。这里只是"顺便提到"而已。

独立性对记者提出更高要求

要坚持记者活动的独立性,记者必须正确认识自己,善于独立思考。正如有的记者所说,记者既不应妄自尊大,也不要妄自菲薄。总揽全局、权衡轻重,记者不如党政领导同志;在各个专门问题上,记者不如专家;在实际情况的了解上,记者不如业务部门和第一线的人。因此,必须谦虚谨慎。但是,记者有职业上的方便条件,走南闯北,见多识广,既可以直接向各级领导和各种专家请教,又可以到基层与工农兵和老百姓交谈。因此,可以接触重大主题,提出独立的见解。

关于记者的独立思考,人民日报记者顾雷同志说了这样一段颇有个性的话:

记者要养成独立思考的习惯,不要遇事老请示。记者老请示,我最讨厌这个了。我当分社社长的时候,记者打电话问我能不能写?我就把电话挂上了,根本不接。能不能写,还问我,要你干什么?你在那里调查,倒问家里有什么意见?①

笔者有一段经历也可以说明这个问题:

1995年4月,我到山东潍坊参加当地举行的风筝节。风筝节有一个研讨会,是《人民日报》经济部、《求是》杂志经济部和当地政府共同

---

① 引自顾雷1980年5月21日在中国社会科学院新闻研究所对研究生的讲课。

举办的,主要是研讨当地的"农业产业化"的经验。对于"农业产业化"的提法,我事先知道,政府机关部门和学术界是有争议的,有人持反对态度。但从会上了解的情况,使我感到,这个提法不仅可以成立,而且还应该是我国农村工作的一个大战略。于是,会后我和一位记者潘承凡又到当地做了深入的采访,通过实际调查,更坚定了我的看法。我们连续写了三篇关于潍坊农业产业化经验的报道,同时我还撰写了一篇人民日报社论《论农业产业化》,把它作为一个大战略向全国推广。报道和社论都在《人民日报》上发表了,引起了很大的轰动。

1996年,我到《经济日报》任总编辑。一天,一位副总编辑从中宣部开会回来说,上面传达了一个文件,说,"农业产业化"的提法不科学,以后不要再用了。我很奇怪,我写的人民日报社论是经过中央审过的,社论发表不久,江泽民同志写给全国供销合作社的信里面也肯定了农业产业化的提法。那封信还借用了社论中的一句话。社论说,"农业产业化"就是把千家万户的农民和越来越大的市场相衔接。江泽民的信说,农业产业化就是把千家万户的农民和千变万化的市场相衔接。怎么现在又说不对了?我找到中宣部一位领导同志,要来会上传达的文件看了看。一看,原来是社会科学院一位研究人员给中央领导写了一封信,提出有几个提法不科学,其中提道:农业本身就是第一产业,还有什么产业化的问题?中央领导同志只是在这个材料上画了圈,并没有表态同意。我回来以后,觉得应该尽到一个记者的责任。于是,我找到一些有关的资料,还特别认真阅读了权威的经济学著作《产业经济学》。在此基础上,又写了一篇内参《关于农业产业化的提法》,论证这个提法的正确性、必要性和现实意义。

一位主管农业工作的中央领导同志对这份内参很快做了批示:这篇文章把农业产业化的问题讲得很明确很正确,希望能够公开发表,但不要争论。这篇内参经过改动公开发表了。第二年,召开党的十五大,十五大文件正式写进了"农业产业化经营"的字样和内容。今天,"农业产业化"的提法已经成为全国普遍使用的词汇了。

应该说,笔者采访和写作农业产业化的报道、社论、内参等,从头至尾都是独立思考的过程。

采访的难点

调查研究是一种困难的工作。不同的调查研究,有不同的难点。

从整体来看,新闻采访,是较为困难的一种调查研究。初步入门,也许并不十分困难,但是真正掌握起它的全部"艺术",做到精于此道,却是一件极其复杂、极其困难、需要投入极大劳动的事情。说记者的工作是最紧张、最繁重的脑力劳动之一,绝非夸张之词。

新闻采访的难点表现在哪里呢?

一、既要在很短的时间内迅速完成任务,又要对客观事物有真实、深刻的认识,这是记者首先感到的困难。

记者到了一个新的单位,从当地自然环境,到周围的社会情况,都是生疏的;特别是在极短的时间内,一下子要结识许多人,在一般人也许连他们的名字和面孔都来不及记清楚的时间内,记者却要熟悉他们,并从他们那里了解到反映事物本质的真实情况。

任何人认识任何事物都必须经过一个过程:由片面到全面,由表面到纵深;有时还要经过几次乃至多次反复。记者采访,当然也必须经过这样的过程。但他必须做到把这个认识过程尽量缩短而不发生弊病。

曾经从事过相当长时间记者工作的作家刘白羽说:

"在最短的时间作最深入的采访,是记者工作的最大特点。作家可以在一个地方住很长时间,慢慢了解生活。新闻工作则不许记者这样做。这就要求记者训练在最短时间做最深入采访的本领,要有非常敏锐的辨认事物的能力。如果说记者要具备什么修养的话,这就是重要的一个。"

他认为,一个作家未必就能当好一名记者。[1]

---

[1] 见刘白羽:《谈报告文学》,载《新闻业务》,1964 年第 7 期,第 27 页。

二、记者采访的题材是极其广泛的、多变的，同时，他的每一个调查结果——报道，又需要适应广泛对象的需要，有普遍的指导意义。这里是两个"广泛"：广泛的题材，满足广泛的需要。困难就在这里。

在社会上，有这样两类工作：一类工作，它的工作内容虽然是广泛的，但它所要满足的对象却是特定的。比如教师，需要各种修养和知识，但他们只要满足自己任教的那些学生的需要就可以了。他可以集中精力研究他的对象，从各方面想办法来达到他的比较固定、比较集中的目的。这类工作的特点可以称为"以万变应不变"（以万变的内容和方法应大体不变的对象）。也还有另一类工作，它的工作内容是极其单纯的，但它的满足对象却是非常广泛的。比如医师就是这样，也许他只精通治一种病，但他只凭"这一手"就能为广泛的对象服务。他可以集中一切精力于他的狭小的领域，而这一领域他钻研得越深，他就能服务得越广。这类工作的特点可以称为"以不变应万变"（以大体不变的内容和方法应万变的对象）。那么，记者采访、记者的工作属于哪一类呢，它是第三类："以万变应万变"——必须向多变的采访对象索取广泛的题材和内容去满足广泛的、多变的传播对象的需要。这种"两头大"的工作显然要比"一头大、一头小"的工作要困难得多。他既要熟悉广泛的采访对象，选取广泛的题材，又要熟悉广泛的传播对象，满足广泛的需要，而且，还要把两者结合起来。这当然就成了最难做好的工作了。

不错，新闻本身就是一种"专"，采访本身也是一种"专"。但这种"专"与其他"专"不同，它在实现的时候，寸步也离不开"广"和"博"。一个社会知识贫乏的人，并不妨碍他成为演奏专家、医疗专家、建筑专家……但是，他能成为一名合格的记者吗？

难怪人家说记者是最耗费精力而不易见成就的工作。因为他要向两个广阔的"海洋"里投放劳动。从事这项工作的，不仅应是精力充沛的勇敢者，还应是善于思考的聪明人。

三、报道既要形象生动，又不允许有一点虚构。这虽然是在写作过程中表现出来的困难，却向采访提出了相当严格的要求。

生活里的实际情况，并不总像文艺作品里那样巧合、完整、有趣味，不然文学艺术家们也就没有令人钦佩的地方了。为了吸引人，为了提高传播效果，记者的报道也应该是形象、生动的。在堵住虚构门路的情况下，全部的分量就都压在采访身上了。例如，作家和记者都感到细节的重要，也都感到寻找细节的困难。短篇小说作家沙汀就曾经说过，情节好找，细节难寻。如果说作家找细节难的话，那么记者就是难上加难了。因为作家尚可借助于想象，记者却丝毫没有这个权力。

苏联记者兼作家波列伏依曾闹出过"秃顶梳头"的笑话。他采访一个厂长，回来写报道的时候，有一段描写这位厂长参加一个活动的细节，他写这位厂长如何换上新衣服，如何梳洗打扮，"在镜子前面用梳子梳了梳头发"……报道发表以后，他又见到了这位厂长，厂长把帽子一摘，愤怒地对他吼起来："请你给我梳梳头发！"记者这时才发现厂长原来是个秃子，头上一根头发也没有。记者的报道发表后，周围的人都取笑他，让他梳头给大家看。记者采访的时候，厂长是戴着帽子的，根本没留意有没有头发，写稿时就按照"合理想象"写了那样一句，结果铸成大错。

这在新闻界已成为尽人皆知的典故了。①

采访时，为了从采访对象口中挖出一个有用的细节，并核对其真实性，记者所下的功夫，简直如沙里淘金；他们所具有的耐心就像围着食物转来转去的狐狸；他们所做的过细的盘问，有时使双方都感到难为情。

要克服这些难点，捷径无有，规律可寻。而要寻找规律，需要把握住采访中所包含的一些基本关系和矛盾。这便是下面的章节所要讨论的内容。

记者采访活动的风险性

记者的采访活动是风险很大的社会活动。这种风险包括：

一、工作上成败不定的风险。采访能否成功并不取决于记者，而往往取决于记者的工作环境，包括采访的题材，采访对象的状况，采访的时机等等

---

① 见波列伏依的文章：《准确，准确，再准确》，载《时代的报告》，1980年第2期，第126页。

常常是不断变化的，不稳定的。它和工厂的车间操作环境不一样，和编辑部的工作环境也不一样。记者的每一次采访都是从新开始，从零开始，每次采访会遇到怎样的工作环境难以预料，上一次的成功并不意味着本次采访一定成功。

二、报道对错未卜的风险。记者报道的底线是事实不能失真，观点不能错误。但把住这个底线并不容易。因为记者是一个"五说"职业：第一说是"最先说话"。等别人都说过了你再说，那就不是新闻了。第二说是"说自己不懂事情的话"。记者采访的事情大部分都是自己不懂的，但不能因为自己不懂就不采访，不报道。第三说是"很快说话"。不懂，我研究研究，研究懂了再说行不行？不行。必须很快说话。第四说是"公开说话"。研究不透，搞不明白，我内部说说算了，也不行。因为记者的报道是公开发表的，有了错误是公之于世的，大家都会知道的。第五说是"经常这样说话"。如果上面说的"四说"是偶尔为之，也做罢了，但是记者必须天天这样说，月月这样说，年年这样说。这样的"五说"的情况下能不能保住"事实不失真，观点无错误"是风险很大的。

三、风口浪尖上的风险。由于新闻报道的特点，它必须追逐风口浪尖，记者的采访要到风口浪尖上，记者新闻报道的作用也会在风口浪尖上。因此，记者的活动具有很高的敏感性和尖锐性。过去政治运动较多的时候，记者的风险是很大的，一篇稿子不慎或一句话的不慎都会成为政治问题，受到处分甚至打成什么"分子"。现在虽然已经不搞政治运动了，但是"风口浪尖上"的情况并没有改变。同时，"风口浪尖"实际上是矛盾的旋涡，那些与记者观点不同的人，利益受到记者报道影响的人，也会对记者发出无端的攻击。坚持真理有时也是可能付出代价的。

四、记者的人身风险。一些探险式的采访，会有人身安全问题。例如，同登山运动员一起登山，就有可能遇到生命危险。到一些人烟稀少的地方考察，会遇到人身危险。战争年代，记者常常要在战火纷飞的前线去采访，随时都有牺牲的可能。现在，仍然会有这种情况，到世界敏感地区采访，如海湾战争时到伊拉克采访，在阿富汗到塔利班控制地区采访，都有人身安全问题。美国的两名记者在阿富汗被塔利班绑架就是一例。国内也可能发生一些突发事件，如 2008 年 3 月发生的西藏藏独分子搞的打砸抢烧事件，记者去进行现场采访就是有危险的。2009 年 7 月 5 日发生新疆乌鲁木齐打砸抢烧事件时，人民日报记者去采访也遇到了人身风险。下面是简短的报道：

本报讯 8 日零时 15 分，人民日报前方报道组在完成报道任务返回驻地途中，车行至乌鲁木齐市河滩路与新医路立交桥南时，遭到埋伏在路边的上百名手持利斧、砍刀、铁棍的暴徒的袭击。两辆越野车遭到严重损毁。后公安部门出动数批干警增援，大家终于在四时撤出危险地区。
……（后面暴徒袭击的细节本书转载时省略）

认识记者工作的各种风险性，并要有应对这些风险的勇气和意志，是每个记者从事这个职业时必要的思想准备。

第二章 采访与事实

第三节 材料与事实

内容提要: 材料不等于事实。记者的劳动对象是材料。记者采访的"成品"是对新闻事实的认识。从材料来源和传递上可以把材料分为第一手材料、第二手材料、第三手材料、第四手材料等。从认识阶段上可以把材料分为感性认识材料和理性认识材料。记者要善于区分社会六种现象。完整的事实应包括五个"W"一个"H"一个"M"这七个要素。新闻真实性应该是现象真实和本质真实的统一。核实是整个采访过程中都需注意的问题,是采访的重要组成部分。

记者的劳动对象是材料

"采访就是搞到材料"——人们经常这样说。但从理论上看,这句话是不确切的,甚至是有害的。正是这种模糊的认识,往往使记者在不知不觉中犯下错误。

我们说,采访的基本任务是迅速地了解典型的、具有新闻价值的、真实的事实。而上述那种说法,却以"材料"代替了"事实",把材料与事实完全等同起来了。不可否认,材料与事实有不可分割的联系,但两者绝不就是一回事儿。

什么是事实?一般地说,事实是客观事物已经发生和正在发生的较为完整的发展过程。它是客观的、现实的、第一性的东西。(当然,"事实"这个概念具有非常丰富的内涵。人们常常在很不同的角度上来使用它。阐明"事实"，很需要有"事实论"这样的专著。本书不可能完成这样的任务。）

什么是材料？这里当然不是从物质生产和自然科学角度而是从认识论意义上说的材料。那么，所谓材料就是事物和事实的各种形态、各种性质、各种来源的表象、表现、反映和记载的总称。也可以说，材料是各种事情的各种情况和各种情况的反映和记载。它既包括事物的直接表象——我们可以称为"第一性材料"的材料，如物证材料；也包括事实的叙述、转述、记载等这类"第二性材料"，如各类文字材料。（我们这里用"第一性材料""第二性材料"是借用哲学概念来定义的。唯物论哲学把物质作为第一性的，把意识作为第二性的。）这些材料中，不仅那些第二性的材料常常存在不能准确反映事实的情况，就是那些第一性的直接表象材料中，有的也可能是假象。所以，把它们与事实完全等同，显然是不妥当的。

材料不等于事实，但要了解事实，却一步也离不开材料。记者在采访中，并不像摸鱼人在河中一下子抓到完整的活鱼那样，可以直接抓到完整的事实，不是的，他必须通过各种材料，才能了解事实，廓清事实。从总体上来说，材料是记者了解事实的桥梁。农民的劳动对象是土地和农作物，工人的劳动对象是工业原料，那么，记者的劳动对象就是材料。没有劳动对象就不能进行有效的劳动。材料在记者工作中就是占据着这样重要的地位。

曾担任过新华社社长的朱穆之同志说："记者是凭情况工作的，没有事实的情况，记者就不成其为记者了。""记者的问题最多，这是因为他了解的情况最多，发现其中的矛盾多。记者越是发现矛盾多、问题多，他也越能够深入事物，揭发事物的本质。"①

许多有经验的记者都谈到要大量占有材料。他们写作时用的材料一般只占搜集来的材料的10%到20%。②

记者郭超人为采写发表时只有4000多字的通讯《驯水记》，搜集了30多万字的资料，以致后来他可以根据这些资料写成20万字的专著《六亿神州驯水记》。这虽然是比较突出的例子，但是，只有充分占有材料，才能发

---

① 引自朱穆之：《关于深入》，载新华社《我们的经验》，第91页。
② 华山同志说："我采访就是下笨功夫，写作时只用10%的材料。"金凤同志说："许多同志写作时只用采访来的材料的20%。"

现有价值的新闻线索，才能搞清事实真相，才能准确生动地报道事实。这个道理是任何一个有经验的记者都懂得的。有事业心的记者，爱材料如命，表现得十分"贪婪"；只有那些没有经验的生手，才会像手捧清水一样，让许多材料从自己的手指间轻轻流掉。不掌握大量的材料，却希望冷手抓个"热新闻"，不外"守株待兔"而已。

材料的种类繁多。从不同的角度，可以做各种分类。

从传递过程的角度，可以划分为：第一手材料，第二手材料，第三手材料，第四手材料；

从材料内涵的角度，可以划分为：感性认识材料，理性认识材料；

从材料与事实的关系角度，可以划分为：真实的材料，虚假的材料；

从材料的形态角度，可以划分为：物证材料，人证材料；口头材料，文字材料……

材料的复杂性还在于每个材料往往不是单一的，而是各种类型、各种性质的材料掺杂、交织在一起的。例如，基本真实的材料里也可能有虚假的成分，虚假的材料里也许会包含某些真实的因素。还要看到，随着社会的发展，各种类型的材料不断增多。信息量的激增，各类材料的膨胀，可以说是现代社会的一个特点。采访中的记者面对的是烟波浩渺乃至其深难测的材料的海洋。只有熟悉水性、掌握航行技术的人，才有希望胜利地到达预定的彼岸。

从新闻工作实际出发，探讨"新闻材料学"，对材料做出科学的分析和研究，是掌握这种"航海术"的基础。让我们从一个实例分析来开始讨论吧。

一场没有打清的"官司"

新华社内部刊物《新闻业务》1980年5月的一期上，有一场没有打清的"官司"。事情是这样：1980年4月26日新华社发了一位记者采写的《北京饮食业降低部分食品售价》的消息。消息见报以后，4月30日《人民日报》刊登一篇题为《北京市降低部分食品售价了吗？》的读者来信，对消息提出了质疑和批评，用亲身经历的事实说明，北京市饮食业没有降低部分食品的售价。一个说降价了，一个说没降反而涨价了。究竟谁说的是事实呢？在这期《新闻业务》上，消息作者对此做了说明，他谈了采访的经过，得出的结论是："文内（消息内）事实没有问题。"而那封来信，经过核查，"也基本上是实在的"。两种互相对立的说法，竟然都是"事实"，这种奇特的现象究竟是怎么回事儿呢？从这场"官司"中，我们在新闻学上可以得出一些什么样的认识呢？

为了弄清问题，不妨把这篇消息（全文）和读者来信（摘要）抄录如下：

消息全文

新华社北京 4 月 26 日电 北京饮食业根据群众意见，经有关部门批准，自 2 月中旬以来，降低了部分食品的销售价格，据有关部门统计，全市 240 家饭馆经营的 4700 多种炒菜，平均降价幅度为 4.9%；冷拼盘和酱肉售价，平均降低了 2%；饺子、包子的售价，平均降低了 5.8%。

去年年底北京市进行了物价大检查，发现不少饭馆供应的菜肴价格较贵，低档菜少，群众有意见。有关部门对这一情况很重视，他们对炒菜馆的经营情况做了认真细致的调查分析，认为在掌握毛利率时有就高不就低的现象。本着照顾群众利益又使饮食业有适当利润的精神，经市人民政府批准，决定从 2 月 15 日起降低饮食售价。据有关部门最近检查，大多数炒菜馆执行得比较好。很多饭馆在降低售价的同时，还积极增添小盘、低档的经济菜，仅据 168 家饭馆统计，新近增加的 5 角以下炒菜累计有 1391 种，占炒菜总数的 29%。

读者来信

编辑同志：……我们是全年在厂外工作的工人，每天都在街上饭馆或小吃店吃饭……看了报纸的第二天，即 4 月 28 日，我们也对从西四至西单这条街上的 5 个炒菜馆做了一次调查。这几家饭馆共有炒菜 114 种，其中 8 角以上的菜有 91 种（这里很多在 1 元以上），5 角和 5 角以下的菜"累计"共有 9 种，仅占炒菜总数的 8%！而且有些低档菜，菜谱上虽然写着，实际上并没有卖的……

　　至于说降低部分食品售价，我们也可举出一些相反例子。例如，西四小吃店地下餐厅在春节前停业整修，3月恢复营业后，红烧肉面售价从每斤1元变成每斤1.1元，珠市口附近的新春饭馆快餐部炒菜也较元旦时卖得贵了，如辣子肉丁元旦时售价为4.6角，现在为5.8角。这哪里是降低，明明是提价……

北京市东风无线电厂门市部王印儒等六人

　　这两篇东西究竟哪一个真实，实践已经做出了证明。不过我们感兴趣的是为什么会有两个对立的"真实"，也就是为什么会把不真实的东西当成了真实的。现在让我们看看消息作者证明其消息真实可靠的几条理由吧：（一）"北京市各类经营炒菜的饭馆毛利率降低2%……是实实在在的事情。"因为"这是北京市人民政府"，"经过调查研究做出的决定。据测算，仅此一项，国家一年要减少税收150万元，消费者要收益5.8%。"（二）"饮食主管部门还对饭馆经营的低档菜降低售价的比例做出规定"，"据检查，这个规定大多数饭馆执行得比较好，有少数饭馆较差。"于是这两条证明了"文内事实没有问题"。

　　作者在这里所犯的实际上是"自己证明自己"的错误：他把领导机关、主管部门的"决定""测算""规定""检查"不加分析地统统当成了既成事实，加以报道；实际上，这些东西对记者来说，只是材料，记者不加分析地就把它们当成事实，已经出现了失误。然后又用这些材料证明自己报道的是事实这是又一次失误，是新闻理论上的失误。记者至多说明了他的报道有材料依据，但不能证明报道的是事实。

　　生活中许多痛苦的教训告诉我们，把这类材料即当成事实有多么大的危险性。不仅"决定"在实行中会有变化，就是"检查"也常常并不能了解到真实情况，特别是那种一阵风式的、看来轰轰烈烈实则跑马观花式的"检查"，更是如此。与此相对照，写信的读者所根据的是自己亲身观察和体验得来的材料。他们所抓到的一些"现象"，如有的低档菜，菜牌上写着，实际上却没有，不是更真实地揭露了问题的实质吗？

当然不是说任何一条消息都必须（和可能）建立在大量第一手材料的基础上，但是像物价这样敏感的问题，这样的完全可以和应该进行亲身体验和观察的问题，第一手材料是绝不可缺少的。我们不怀疑消息作者努力宣传党的政策的良好愿望，也肯定消息作者不失时机的工作热情，但良好的动机为什么没有达到预期的目的呢？问题在于新闻学上的原因，在于对新闻采访中某些规律的认识和掌握上。它给我们的启发是：必须对我们使用的材料的性质有一个清醒而准确的认识，对各类材料及其相互关系有一个全面的理解。

按照材料来源和传递过程进行分类

记者在采访中处理材料时，首先遇到的是材料来源及其传递的问题。正是从这个角度，通常人们把材料分成第一手材料、第二手材料，等等，但是，必须指出的是，目前，正是在这些经常使用的概念上，存在着严重的混乱，起码也是相当模糊的。这种混乱和模糊已经和正在造成我们工作中的失误。

"第一手材料"等词儿，是近年来才传入我国的外来语。《辞源》《辞海》上，都没有这个条目。只是1979年商务印书馆出版的《现代汉语词典》（中国社会科学院语言研究所词典编辑室编）中，有这样的解释："第一手材料：亲自实践、调查得来的或群众直接反映得来的材料。"

应该说，这个解释本身就是模糊不清的。"亲自实践得来的材料""亲自调查得来的材料""群众直接反映上来的材料"，这是三个不同的概念、三种不同的材料，不可把它们"一锅煮"。而"亲自调查"的材料或"群众反映"的材料，它们所包含的就不是一种材料。"亲自调查"，在调查前面加上了"亲自"二字，仿佛说明了"第一手"的意思。其实，"亲自"这二字放在这里是什么也说明不了的，正像"亲自吃饭""亲自睡觉"的说法一样，"亲自"毫无意义。因为任何调查，都必须亲自，不亲自听，亲自看，亲自搜集材料，还有什么调查可言？

在我们的新闻工作中，有的同志常常这样说："通过调查研究，掌握大量的第一手材料。"而实际做起来，不过是到了事件发生地，找一些人，包括当事人和目击者以及其他知情人，召集座谈会，了解一些情况，就"得胜回朝"了。这样搞到的，充其量是些第二手材料，根本没有什么"大量的第一手材料。"糟糕的是他们却以为是掌握了第一手材料。也有的同志这样说："要把第一手材料作为检验第二手、第三手材料的标准。"他们又把"第一手材料"和"实践"这两个概念混同起来了。

这些情况说明：确实有必要弄清这些概念的明确的范围（外延）和准确含义（内涵）。

那么这些词儿的外文原文是怎样解释的呢？查阅权威的英美辞典，我们看到——

英国《朗曼现代英语辞典》：

"第一手：直接来自原始发源地。"

"第二手：来自原始地点或个人以外的其他某处。"

"第二手、第三手、第四手：通过一个，两个，或三个人。"

美国《韦布斯特新大学辞典》：

"第一手：直接来自原始来源。"

"第二手：通过或从一个中间环节得到的。"

"第三手：通过或从两个中间环节得到的。"

这些解释，特别是韦氏辞典的解释，基本上是清晰和准确的。说它们是"基本上"，是因为从严格的科学意义考察，特别是如果从新闻学研究的要求来考察，它们还存在着两个不可忽视的缺陷：

（一）有的解释，把第二手同第三手混同了。《朗曼现代英语辞典》关于"第二手"的注释就是这样。

（二）所有的解释中，"来源""发源"（source）一词，在英文中是不确定的，既可能是指"事实"，又可能是指"人"，这就必然带来混乱。在《朗曼现代英语辞典》关于"第二手、第三手、第四手"的注释中，举了这样的例句："我是第二手听到这个消息的，他的父亲看到了火灾，告诉了我的母亲，我的母亲告诉了我。"由火灾到我，中间经过了两个人（他的父亲、我的母亲），"我"得到的应是第三手了。辞典的解释和举例，自相矛盾了。

在生活和记者的工作中，的确存在着"情况传递链条"，我们可以用图

（一）表示它：

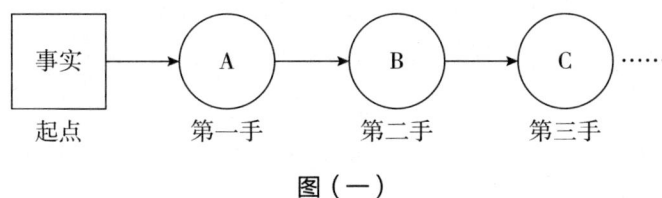

图（一）

首先是"起点"问题。唯物论的认识论认为，记者认识的本源是事实。事实是各类材料的唯一原始来源。确定事实作为材料的来源和传递的起点非常重要，这就使我们判定材料应为第几手时有了客观的标准。这正像测定山的高度不能按照每座山从山脚到山顶的高度来计算，而应该把海平面作为统一的起点一样。情况传递的终点是随着认识主体的变动而变动的。记者获得的是第几手材料，要看记者在这个传递链条上所在的位置而定。记者在 A 点，他获得的是第一手材料；在 B 点，他获得的是第二手材料；在 C 点，获得的是第三手材料……

我们认为应该根据这个链条来下定义。

第一手材料：记者不经过任何中转环节直接从他要报道的事实那里得来的材料，包括记者的直接观察和物证材料。

第二手材料：在记者和事实之间存在着一个中转环节的材料，记者从当事人和目击者那里得来的材料就属于这一类。

第三、第四手以上材料：在记者和事实之间存在着两个以上中转环节的材料，记者从非当事人和非目击者那里得到的情况，总结概括性的材料，都属于这一类。

这样的划分，"第一手"和"第三、第四手"的概念都是清晰的，比较好理解的。问题常常发生在对"第二手材料"的理解上。有人从概念上把它笼统地归为间接性材料之中，抹杀第二手同第三、第四手之间的区别。其实这个区别是很重要的。谁都知道，现身说法、目击者叙述，比纯属是转述听来的话，具有更多的感染力和可信性，起码读者心理上是如此。在实际工作中，也有人又把第二手材料错误地当成为第一手材料。其实，即使是当事者谈自身的经历，对记者来说，也不是第一手材料，而是第二手材料。不错，当事者是事件的参加者,是事实的组成部分。但是,当他向你介绍事实时,他的身份已经起了变化,已经变成了情况传播者(或传递者)。就是说,这时,在事实与记者之间已经存在着当事人这个中转环节了。这与记者直接观察到这个事实有很大不同。例如,张三说:"我昨天工作到深夜十二点。"他可能只工作到九点,夸大成十二点;也可能工作一个通宵,却谦虚地说成十二点;还可能当时根本没有看表,只是蒙着说的。

之所以会出现把"第二手"当成"第一手"的情况,很可能是由于这样的错觉:记者把自己在采访中可能找到的最初的材料来源,当成了实际上的最初的本源。因为事实已经过去,记者已不能再直接观察其经过,这时,记者可能找到的最初的来源就是当事人和目击者了。——但是,如果记者清醒的话,也还是可以拿到真正的第一手材料的,那就是物证材料。

现在,我们可以再回到那场没有打清的"官司"上了。消息作者的疏忽是否是这样的:他的消息中,没有记者的第一手材料:直接到饭馆观察和体验;也没有记者的第二手材料:访问吃饭的顾客和饭馆的职工;他根据的全部是第三手以上的材料。记者没加分析地就把间接性的材料全部都当成了事实。而当有人对此提出怀疑时,作者又用间接性的材料来证实他的报道的真实性。

第一手材料的重要性

认识第一手材料的重要性,对于搞好采访至关紧要。报道中有没有足够的和必要的第一手材料,是一个记者是否进行了独立的、不可替代的、有成效的工作的重要标志。为什么需要记者?从新闻业务角度看,随着社会发展的日趋复杂和社会联系的日益密切,人们迫切需要了解本地和外地、国内和国外发生的各种事情。怎么了解呢?绝大多数事件他们是不能亲自到现场去耳闻目睹的,因此,就需要让他们的"代表"去当场了解,然后告诉给大家。记者是读者的"耳目"。虽然这个"耳目"往往有自己的倾向性,但他们终归是耳目。记者如果不注意抓到充分的第一手材料,也同其他人一样,只凭一些现成的材料写报道,那么他实际上就是忘记了记者的一个重要职责。县委书记的好榜样焦裕禄同志说过的一句话,"吃别人嚼过的馍没有味道",也应该成为新闻记者的座右铭。汉语中"采访"这个词儿是造得好的,"采访"者,不仅要"访问",从别人那里获得第二和第三手材料;首先是"采集",主要通过自己的观察、体验、搜集,掌握充分的第一手材料。

通观中外成功的新闻报道性的作品,无一不是运用了大量的第一手材料。恩格斯的早期作品《英国工人阶级状况》,也可以认为是一部报道性的作品,它的副题就是:《根据亲身观察和可靠材料》。① 列宁说:"这部著作是对资本主义和资产阶级的极严厉的控诉","不论在1845年以前或以后,都没有出现过一本书把工人阶级的穷苦状况描述得这么鲜明、逼真"。②

恩格斯在《致大不列颠工人阶级》一文中曾经这样谈到《英国工人阶级状况》的写作:

"我曾经在你们当中生活过一个相当长的时期,对你们的状况有足够的了解。我非常认真地研究过你们的状况,研究过我所能弄到的各种官方的和非官方的文件,但是我并不以此为满足。我寻求的并不仅仅是和这个题目有关的抽象的知识,我愿意在你们的住宅中看到你们,观察你们的日常生活,同你们谈谈你们的状况和你们的疾苦,亲眼看看你们为反抗你们的压迫者的社会的和政治的统治而进行的斗争。我是这样做了。我抛弃了社交活动和宴会,抛弃了资产阶级的葡萄牙红葡萄酒和香槟酒,把自己的空闲时间几乎都用来和普通工人交往;对此我感到高兴和骄傲。"③

恩格斯的这些话对新闻工作者也应该是有很大教益的。

美国记者约翰·里德记述俄国十月革命情景的名著《震撼世界的十天》也是用大量的第一手材料写成的。作者在序言开头就说:"这本书是我亲眼所见的历史的一个片段。"十月革命爆发的时候,里德正在彼得格勒,他在街头观察,到斯莫尔尼宫采访,当阿芙乐尔号巡洋舰发出历史新纪元的炮声的时候,又和起义者一起冲进冬宫。总之,许多激动人心的历史典型事件,他都身临其境,并把所见到的情景随时随地记载下来,这些后来就成为他写作的

---

① 见《马克思恩格斯全集》第二卷,第269页。
② 引自列宁:《弗里德里希·恩格斯》,载《列宁选集》第一卷,人民出版社1972年版,第90页。
③ 见《马克思恩格斯全集》第二卷,第273页。

基本材料。例如，该书第四章《临时政府的末日》是描述 11 月 7 日这一具有伟大历史意义的一天的。从早晨写到深夜，作者用了 2.5 万多字，共写了 40 多个事件、场面、情节等等，完全都是用记者亲眼所见、亲耳所闻的材料写成的，没有一件是靠第三、第四手的传闻材料写成的。我们不妨摘录两段：

> 我们裹在波涛般汹涌的人群里，从右边的入口跑到冬宫里，右边的入口正对着一个巨大的拱形空房间，这是一个右侧的地下室，从这里连接着通向各处的曲折迂回的走廊和楼梯。在这里放着许多箱子。赤卫队和士兵们猛烈地向这里扑了过来，用枪托把箱子打破，从里边拖出了一些地毯、窗帘、桌布、瓷器和玻璃器皿……但抢夺刚一开始，就有人喊道："同志们！什么也不要动！什么也不要拿！这是人民的财产！"立刻就有不下 20 个人的声音支持他："站住！把所有拿走的东西都放回原处！什么都不许动！这是人民的财产！"有几十只手指着那些抢东西的人……于是他们匆匆忙忙地把东西又放回到箱子里，在那些箱子旁边有人自动地站岗看守着这些东西。一切维持秩序的事情都是自发的。在各走廊和楼梯上可以听出一些喊声："革命的纪律！""人民的财产！"……①

再请看记者走进临时政府会议室所见到的情景：

> 最后我们走进了一个孔雀石建筑的房间，房间门口有金色的装饰品和红缎制的门帘，临时政府的总长会议，最后几天曾经连日连夜地在这里开过会……一条铺着绿呢绒的长桌，仍旧像政府官员们在被捕前那样放着。在这个桌子上，每一只空椅子的前面都摆着墨水瓶、纸张和钢笔。纸张上写满了各种行动计划的片段，文告和宣言的底稿。所有这些底稿，差不多全被涂抹了，仿佛执笔者自己逐渐认识到自己这些计划是完全没有希望了……在空白的地方画着一些毫无意义的几何图形的线条……②

---

① 见《震撼世界的十天》，第 117～118 页。
② 见《震撼世界的十天》，第 120 页。

可以看出，这些第一手材料是多么宝贵呀！它们不仅在当时有力地粉碎了对十月革命的种种歪曲丑化的谣言，而且在后来也成为研究历史的珍贵资料。这些情景如果当时不通过记者的直接观察记录下来，事后是很难补救的。

约翰·里德1887年生于美国太平洋沿岸的波特兰城。写《震撼世界的十天》时，年仅30岁。他作为记者，总是要到事件爆发的地点，亲自去目睹事实。他曾投身于工人罢工的风暴，曾同起义的农民骑马并进；第一次世界大战时，哪里炮声响，他就奔向哪里。法国、德国、意大利、土耳其、巴尔干，都留下了他的足迹。他不怕危险，常常潜入禁区和前线战壕里。正是由于具备那种敢于深入"虎穴"看个究竟的记者的优秀素质，他才能描绘出《震撼世界的十天》这样的历史画卷。①

我国著名记者范长江谈到报道所用的材料时曾经说过："报道的时候，别人提供的材料要尽量少用，只能占1/3，其2/3应该是记者自己的积累和观察。"② 积累的不见得都是第一手材料，而观察所得都是第一手的。范长江同志在1935—1936年写的《中国的西北角》就是实现他自己这一说法的范例。以人们经常摘引的《"金"张掖的破产》一节来说，这一节共12个自然段，其中开头4段，不到700字，是历史资料，介绍了张掖的来历及其发展过程，然后的8段，约1500多字，完全是记者观察到的第一手材料，主要是张掖破产的现象，诸如衣不蔽体、寒夜童嚎、女孩被卖、商店萧条等等。为了到第一线去获得第一手材料，作为记者的范长江是不怕冒任何风险的。1936年12月12日"西安事变"发生以后，他听到消息，立即从绥远转至宁夏，从宁夏转至兰州，又从兰州赶往西安。当时政局极不安定，沿途之上，有西北军、东北军、胡宗南的部队，还有土匪散兵，安全很难保证。有人劝他不要到西安，他没有动摇。他说："我们当新闻记者的人，有将各种关于国民的政治问题，及早详细公正向读者报道的责任，只要我们自己的目的纯正，态度公平，我想不难得各方之谅解，万一有什么不幸的话，也是做记者的职务所应当。"果然，他一到西安城外，就被某部军队扣留，险些被当成"奸细"

---

① 约翰·里德简历见《震撼世界的十天》第408页的附录：威廉斯的《约翰·里德小传》。
② 转引自彭家杰：《不避艰险，敢于探索》一文，载《光明日报通讯》，1980年第2期。

丧命，幸亏那个军的军长认识他，才得以幸免，进了西安。进西安后第二天，周恩来同志接见了他，他又访问其他各方面人士，亲自观察了当时的局势和各方的态度。他的《动荡之中的西北大局》这篇文章，以他自己在事件发生地亲自收集的各种材料说明："双十二事件之发生，实以东北军为主体，陕西为附庸，共军以事后参加之地位，而转成为政治上之领导力量。"澄清了事实，抵制了亲日派的谣言，对和平解决"西安事变"起了不可忽视的舆论上的作用。①

第一手材料的价值还在于它具有很强的实证性。俗语说，"耳听为虚，眼见为实"。这句话虽然尚须从认识论上加以全面分析，不是那样绝对，但是，在许多情况下确实如此。特别从读者心理的角度看，更是如此。记者是根据亲眼见到的事实进行报道，还是根据间接听来的情况进行报道，两者在权威性和说服力方面，相差很多。在众说法不一的情况下，读者最需要的是事实，尤其希望记者报道亲自目击的事实。1948年年底，解放战争的淮海战役期间，有一天，新华社军事记者阎吾同志刚刚完成一个采访任务回到指挥部，听见某师政委说："南京电台宣传徐州蒋军主动实行战略转移，实际上是杜聿明向徐州西南方向逃跑，我们的任务是不惜一切力量抓住他！"记者马上意识到这是个大新闻，要迅速发出报道，打破国民党的欺骗宣传。他到伙房拿了两个窝窝头，从下午5点到第二天上午11点，急行军180里，赶到前哨阵地，登上一个小山包，观看敌军溃败的情景。很快写成了《徐州匪军西逃时的狼狈相》的报道，用亲眼见到的铁的事实，揭穿国民党的欺骗宣传。虽然报道只有300字，但因为使用的是第一手材料，所以就有无可辩驳的力量。②

第一手材料，虽然不能说是检验第二手以及第三、第四手材料的标准，这一点我们在后面将加以说明，但是订正、检验这些材料的重要手段和途径。报道要运用第一手材料，同时，第二手、第三、第四手材料也是不可少的。于是，判断这些材料的真实、准确程度，就成为一个重要问题。某些现成材

---

① 这段历史情况是作者综述了彭家杰同志文章《不避艰险，敢于探索》和人民日报高集同志同作者的谈话中有关情况写的。

② 见阎吾：《在火热的战斗中》。

料之所以不准确，不外两种原因，一种是当初形成材料时就不准确，做了错误的观察和记述；一种是时过境迁，原来记录虽准确，但已不符合现在情况了。无论哪种都要求记者溯本求源，弄个究竟，而后决定对原来的那些材料采取什么态度。这个道理，古人就已懂得。苏东坡写的《石钟山记》[①]，就是人们常提及的例子：

> 江西鄱阳湖口有一石钟山。为什么此山得了这个名字呢？北朝郦道元的《水经注》解释是："下临深潭，微风鼓浪，水石相搏，声如洪钟。"但后人对这个说法常有怀疑，因为把石钟盘放在水中，就是很大的风浪撞击它，也不发声，何况"微风鼓浪"！唐朝有一李渤，他说到了这个地方，拿起两块石头，用鼓槌敲敲，发出宏大的声音。苏轼不信李渤之说，于夜间乘小舟亲自沿溪流而上，发现原来是在两山之间的港口地方，有一块大石挡在中流，这石中间是空的，而且有很多孔窍，与风水相吞吐，发出了弘亮的响声。弄清了石钟山得名之缘由，于是，在《石钟山记》这篇文章的末尾，苏轼发表了如下的感慨："事不目见耳闻，而臆断其有无，可乎？"并且评论道："郦元之所见闻，殆与余同，而言之不详；士大夫终不肯以小舟夜泊绝壁之下，故莫能知；而渔工、水师，虽知而不能言，此世所以不传也。而陋者乃以斧斤考击而求之，自以为得其实。余是以记之，盖叹郦元之简，而笑李渤之陋也。"苏轼分析的这几种情况：不详、不知、不达、不实，在记者的工作中，不是更经常、更大量地遇到吗！因此，更加不能"事不目见耳闻，而臆断其有无"了。

穆青、陆拂为同志 1979 年所写的通讯《一篇没有写完的报道》，其采访过程就很能说明这个问题。早在 1965 年秋，穆青同志访问过通讯的主人公"老坚决"潘从正，后来形势变化，报道没有写成。1979 年春天，要报道一些林业战线上的先进人物，他们设想，潘从正是普通社员，"文化大革命"中不会受到多大冲击，这些年凭他的坚决劲儿，一定做出很大成绩。记者到

[①] 见《历代文选》（下册），第 153 页。

河南郑州以后,给潘从正所在的县打电话,得到的回答却是:"他工作成绩不大,年老了,又有病,在家休息,多年不搞林业了。"如果轻信此话,通讯自然没法写了。但是记者没有死心,还是亲自到村里去看,结果发现潘从正多年来一直坚持搞苗圃工作,与电话所说有很大不同。当记者了解到潘从正造林三起三落的经过时,立即被他的悲剧性的命运所打动,并从中挖掘出代表全国人民心声的主题:"不能再折腾了!"正因为记者坚持拿到第一手材料,才有了这篇感人肺腑的新闻作品。①

应该说,他们遇到的问题是带有普遍性的。新闻线索不详,甚至不确,这是常见的。追踪线索中,遇到"不知""不达""不实"的回答,更是常见的。造成这种现象的原因是复杂的。我们不能单纯责怪提供情况的人。那是过高要求了别人,降低了记者的责任。俗话说"不读哪家书,不识哪家字"。一般人对并非切身之事,往往是不求甚解的。有些考虑也是从自己的工作和业务出发的多,不会也不可能代替记者从新闻的角度加以考虑。所以,对于那些确有新闻价值的线索,必须有"打破砂锅问到底"的精神,到"底"——到第一线、到现场、到事件发生地,取得第一手材料,然后做出独立的判断。有的记者常常埋怨自己没有碰到好的新闻题目,因而使自己的才能没有显露的机会。其实,好线索并不会专对某部分人施以"最惠国"待遇的,需要自问的是:有没有因为缺乏"问到底"精神,而让有价值的东西跑掉了?

从获取第一手材料入手来展开和深入自己的采访活动,是许多有经验的记者经常使用的方法。尚未掌握半点第一手材料,就把人叫到办公室谈上一气,记者就可能完全失去主动和判断能力。如果已拿到一些第一手材料,那么你在同对方谈话时,就已经有了一些"资本",你可以用第一手材料同他的材料加以对照,可以据此发问,可以迅速理解对方的谈话,总之,第一手材料可以成为你撬出其他材料的有力的杠杆。

1978年,新华社四川分社的记者喻权域、黄廷骏采访宜宾县下食堂大队的时候,脑子里装着这样的疑问:这个粮食亩产千斤,劳动日值2

---

① 见陆拂为:《谈谈两篇人物通讯的采写经过》,载新华社《新闻业务》,1980年2月10日一期。

元的大队，成就是真的还是吹的？是自己干的还是上级"喂"的？他们到这个队，首先看庄稼，看库房，广泛走访本队和邻队的社员，并且要查账（物证），不仅查当年的，而且要查十几年的陈年老账。经过这样一番工作，拿到相当丰富的第一手材料之后，他们才开始找干部和群众进行较长时间的座谈。正是这样的采访使他们摸到了比较实在的东西，摸到了这个单位的"真经"："珍馐美味离不开盐，走遍天下离不得钱，发展农业不能忌讳一个'钱'字。要搞副业、工业，理直气壮地去搞钱，用钱来买化肥、改造农业。"从而在农业报道思想上有了新的突破。①

《人民日报》的一位记者，到某县一个农业先进村去采访。他进村以后，也没有急于召开什么座谈会，而先花了半天的时间到村里村外转一转。晚上，他到会计的办公室翻了翻账本。由于有了白天转时获得的印象，村里村外没有多少树木（第一手材料），于是他发现了账面上做的林业收入过高。记者问会计说："你们村没有多少树木，怎么林业收入会这么高？我四清时查过账，你要给我说实话。"会计说，队里为了多做收入多分配，就把林业收入做得很高，然后又把"高价"树木盖了猪圈，做了虚假的积累。果然他们在林业收入上做了手脚。接着记者又顺藤摸瓜进一步查了查他的账，发现了粮食亩产计算上的问题——总产量包括自留地，计算亩数减去了自留地。这个弄虚作假的账目，是物证材料，也是第一手材料。后来记者和村干部座谈的时候，首先就根据自己掌握的第一手材料向村干部提出了虚报林业收入和粮食亩产量的问题。村干部看记者是个内行，并且掌握了确实的材料，就只能实话实说了。这就保证了这篇报道的真实性。试想，如果记者不重视第一手材料，不就乖乖上当了吗！

与此相关的一个重要问题是对"开调查会"的认识问题。毛泽东同志在《"农村调查"的序言和跋》一文中说，"开调查会，是最简单易行又最忠实

---

① 见喻权域：《为农业现代化贡献一份力量——下食堂大队采访记》，载新华社《新闻业务》，1978年11月28日一期。

可靠的办法"。①应该说，只是在一定的条件下如此。在过去相当长的时间，有人却把它绝对化了，认为唯一的调查方法、最可靠的调查方法，就是开调查会，因而上当受骗，抓不到真实情况。在1958年到1960年三年自然灾害和农村共产风刮得很厉害的期间，有相当一些记者通过开调查会的方法收集了不少材料，宣扬农村食堂的优越性和重大意义，农民如何拥护办食堂等等。事实证明，统统是假的。后来刘少奇同志到湖南，亲自观察了食堂的情况，看到了食堂给农民带来的种种不便利甚至让人饿饭的情况，掌握了许多第一手材料。再开调查会的时候，他首先摆出了这些材料，一下子把农民的话匣子真正打开了，许多真心话才掏出来。这说明，开调查会虽然是重要的调查方法，也是重要的采访方法，但是，我们在使用的时候，不要忘记它的局限性，就是说，在调查会上我们所得到的至多是第二手材料——当事人或目击者谈的情况。而相当多的是座谈者辗转听来的，到我们手里已经是第三、第四手以至于经过更多中转环节的材料了。而当事人和目击者由于各种原因有可能不说实话。因此不可搞"单打一"。就是开调查会，也要事先注意搜集第一手材料，同时在会上也要注意收集第一手材料——发言人的表情、态度就是一种，这样才能了解到真实的情况。

从新闻写作的角度看，记者采访到的第一手材料往往是最形象生动、因而也是最引人的材料。请看这样的一段西北风沙的描写：

> 4月10日……路上突然遇到了大风雪。刮过来的雪成了黄色，白雪世界眨眼间变成了"黄海"。黄色的风暴把我们的小车刮得像怒海上的小舟……第三天赶到火焰山下的吐鲁番县时，发现这里的风灾比北疆还要严重。公路两旁的高压线杆，有的刮斜了，有的竟刮断了；遇灾的汽车，窗玻璃、车灯全被飞沙走石打光，车身的漆皮也被飞沙擦掉，村庄房屋的土墙，好像被锉刀来回锉过的一样……②

---

① 见《毛泽东选集》四卷合订本，第790页。
② 见黄正根、傅上伦：《新闻的"新"与现场观察》，载新华社《新闻业务》，1980年2月5日一期。

不是记者经历和目击,是写不出这样的句子的。特别是汽车身上的漆皮都被飞沙擦掉,如果不身临其境,再丰富的想象力,也很难想得出。从写作上看,第一手材料还可以使一些死材料变活。例如,范长江在《中国的西北角》通讯集中,把自己的观察和古诗词结合起来,有时甚至直接用这些诗词描绘自己看到的情景,这就使那些几百年乃至上千年的东西获得了新的生命力。

第一手材料的重要意义,还不限于新闻工作本身,它与其他部门工作和科学研究也有密切联系。有人说,新闻是"易碎品",生命是短暂的。从新闻这个角度看,这是对的。错过了时机,便不称其为新闻了;报道以后,人们知道了某件事,它也很快就变得不是新闻了。但是,新闻里面所记述的材料并不会完全"死亡",它只是失去了"新闻生命",而其他"生命"却仍然存在。新闻是今天的历史,历史是昨天的新闻。新闻在历史中获得永生。从这种意义上看,新闻报道中的材料,对其他工作,如历史研究等,又是原料或半成品。而这个原料或半成品的质量和价值在很大程度上取决于第一手材料的数量和质量。记者是站在历史浪潮的第一线来观察和记录历史的,记者是在事情刚刚发生和正在发生的时候来记录它们的。他们是"优先者"。这是记者的责任,也是记者的幸福。记者没有第一手材料,没有高质量的第一手材料,不仅是新闻上的过失,而且可以视为对历史的失职。历史和其他方面的研究,可能会因为新闻留下来的材料不足和质量不好而遇到阻碍,甚至会犯错误。解放军开进北京城和开国大典的新闻报道,成为研究新中国历史的必不可少的材料。美国记者埃德加·斯诺写的《西行漫记》对研究中国共产党的历史是一部极有价值的材料,其中记述的我党的优良传统和作风,至今对人们仍有教育意义。如果抽掉其中记者的第一手材料,又会是什么样子?新闻之必需,历史之必需,科研之必需。任何一个有成就的记者,为获取第一手材料,都是不惜流汗、不怕流血的!

这里还要补充说明的是,人们很容易把第二手材料和第一手材料混同起来。比如,记者问某人:"你昨天晚上几点钟睡觉?"对方回答说:"十点钟。"一些人就认为记者获得了第一手材料。其实,记者获得的只是第二手材料。因为在"睡觉"这个事实和记者之间已经经过了第一个传递环节,那就是行为者本人。只有记者的直接观察——那人睡觉时记者在他旁边看见了；或者是物证——那人在睡觉时把旁边的闹钟打翻了，而且那钟掉在地上停在十点钟上，这才是第一手材料。

我们的许多报道失实的原因，常常都是当事人提供了失实的材料，而记者把它们都当成第一手材料毫不怀疑地就使用了。记者不知自己受了骗，又去不自觉地骗别人。

第一手材料的局限性

认识到第一手材料的意义、作用、长处和价值，这还不够，对第一手材料的局限性，也要有一个清醒的估计，不能过分迷信它。即使第一手材料中的物证材料，也有去伪存真的问题，而记者直接观察的材料，"水分"和误差往往更大。"眼见"并不总是"为实"。绝不能把第一手材料都简单笼统地归为真实可靠的材料。

《论语》上记载的《颜回煮食》的故事，是一个给人启示的典故。孔子周游列国，在去陈国和蔡国的路上断了粮。弟子颜回出去讨了些米给孔子煮饭吃。快要煮熟的时候，孔子看见颜回从锅里抓了一把放在嘴里吃。饭熟以后，孔子故意说："我梦见死去的父亲，饭如果干净的话，我要祭奠他。"颜回说："不行，刚才灰尘掉进锅里，我觉得扔掉可惜，就把它抓起来吃了。这饭是不干净的。"孔子听了，才知道错怪了颜回。那么，孔子为什么错了呢？他虽然直接看到了颜回抓饭，却没有看到颜回抓的是带灰的饭。也就是说，他的第一手材料是不准确、不全面的，遗漏掉了最反映本质的部分。

《颜回煮食》这种情况，在观察中并不是偶然的。在西方新闻学著作上，就举出过这样一个实例：某年，在德国举行心理学大会，有一天，一个男子突然冲进门来，后面紧跟着追进另一个持枪的男子，于是两人在会场中央进行格斗，一个人放了一枪以后，二人又跑出场外，前后经过20秒钟。这是预先准备好的一场把戏，格斗过后，就请到会者把当时的情形如实写出来。当时写好的共有 40 份材料。这些材料当然都是目击者根据自己的现场直接观察写出来的材料，在事实和他们之间并没有什么中转环节，可以说他们获得的都是第一手材料，但真实准确的程度并不"美妙"：

重要之点上出现错误在二成以下的只有 1 份；

二成以上四成以下的 14 份；

四成以上五成以下的 12 份；

五成以上的 13 份。

从另一个角度统计，这 40 份材料中，使用捏造的细节占一成的计 24 份，一成以上的 10 份，一成以下的仅有 6 份。[1]

这说明，虽然是第一手材料——直接观察，也会出现两方面的偏离事实的成分：重要的客观事实没有掌握，同时又加进了若干的主观因素。

1960 年初，在西方新闻界还发生这样一个大笑话：当时非洲的刚果发生内战，联合国秘书长哈马舍尔德去刚果进行调停。在哈马舍尔德将要到达的那个黄昏，记者们等候在北罗得西亚的恩多拉机场。他们站在警戒线 100 码以外的地方，突然他们看见一架飞机着了陆，并发现一个身材修长的美发男子露面，于是记者们赶忙跑去向通讯社发出哈马舍尔德到达非洲并将同卢蒙巴总统进行会谈的消息。第二天，许多报纸刊登了这个消息。但实际上，当时哈马舍尔德已经不在人世了。就在记者们发出报道的时候，哈马舍尔德乘坐的飞机已经在恩多拉北面 10 公里的森林地带坠毁了，哈马舍尔德和飞机上的其他人都死了。记者们在机场上看到的只是一位长得同这位秘书长很相像的英国外交官。[2]

这个事例，尖锐地反映了第一手材料的局限。直接观察在这里受到了主客观两个方面的影响：从主观上说，记者急于发稿、抢新闻；从客观上说，

---

[1] 见杉村广太郎《新闻概论》第 12 页。
[2] 见麦尔文·曼切尔：《新闻报道与写作》1978 年第三版，英文版第 237 页。

当时已是黄昏，光线不好，又离得较远，看不清楚。看来，直接观察常是难以完全摆脱这两方面的局限的。

第一手材料的局限性还表现在记者观察时间的局限性上。记者往往是急急忙忙赶到某地，看了以后，又急急忙忙离去。来去匆匆，时间短暂，所看到的往往是极其有限的时间内的现象，来龙去脉并没有了解到。1958年"大跃进"的时候，有的地方放"高产卫星"，把十几亩乃至几十亩的稻子紧紧地排到一亩地里去，硬说亩产多少千斤。那时记者也深入到现场，也做了直接的观察，看到几个小孩站在稻子上面，稻子都支撑得住。（见1958年8月15日《人民日报》第一版）记者明明看到的场面还会是不真实的吗？场面是存在的，但他因为时间的关系，没有看到来龙去脉，不知道这些稻子是用很多亩的稻子堆在一起的。记者拿到的是受了骗的第一手材料，又用这种第一手材料去"骗人"。完全不符合事实的"浮夸风"有相当大的程度竟是在这样的"事实"的宣传上刮起来的；它们是记者目击的、拍了照片的、在现场是经过检验的。这就不能不具有很大的讽刺意味。

第一手材料的局限性还表现在记者的观察和某些物证材料的本质含义的不确定性上。同样的"不修边幅"，可能是作风懒散，也可能是因为喜爱西方的"颓废派"风格，还可能是工作太忙，无暇料理。20世纪70年代，《解放军报》某记者去采访某海岛部队，发现那里的干部同硬骨头六连等先进连队的做法不一样；在硬骨头六连，干部家属到连队，一律不开小灶，和战士吃一样的饭；而这里的干部却自己起灶，和战士分开吃。从这个第一手材料看，很可能得出这里干部搞特殊化的结论。但深入一了解，原来海岛每月伙食费18元，一个排级干部每月薪金是50多元。家属来探亲，干部本人再加老婆孩子三四个人，都在部队食堂吃，三四个18元，每月伙食费就要超过他的全部工资。他们自己起伙，是为了吃得简单点、节省点。这样一来，问题的性质就完全不同了。① 事物常常是这样：现象相同，本质不同；现象不同，本质相同。第一手材料当然不能"逃脱"出这个规律，因为直接观察，看到的只是事物的现象。把现象和本质联系起来，有时还需要更多的材料，再加上思索。

---

① 见王建国：《新闻采访的几点体会》，载《解放军报》的《新闻训练班学习材料之十一》。

第一手材料的局限性是不可避免的客观存在。魔术这种游艺活动就是利用了人们直接观察的局限性，制造出种种离奇的假象，对观众进行善意的、有趣的欺骗，而观众也乐于接受这种欺骗。

第一手材料的局限性之所以不可完全避免，这是由这种材料本身的性质决定的。第一手材料是记者本人直接得到的材料。一个是"本人"，一个是"直接"，它的长处在这里，它的局限也就在这里。因为作为认识事物主体只限于"本人"，同更多的人，同群众比较起来，不能不带有很大局限性；而且同材料的关系又只限于"直接"，这又不能不带来很大的局限性。记者应该明确，对于复杂的事物，自己直接获取的第一手材料，无论是广度（数量）、深度（质量）都是有限的，不可盲目自信。

具体说，这种局限要受到以下几方面情况的影响：
①事物本身的发展阶段，事物现象的复杂程度；
②记者采访观察时客观环境和条件（包括记者使用的观察工具）；
③记者的立场；
④记者观察的角度；
⑤记者的知识水平；
⑥记者的思想方法、认识方法；
⑦记者的心理状态；等等。

认识了第一手材料的局限性，在使用它的时候，就可以谨慎起来，防止以点代面、以偏概全、以假当真。根据第一手材料判断现象上的有无，一般是较为容易的，做出原因、后果、联系上的推断，则要谨慎；根据第一手材料做出否定的回答，一般说来比较容易，而根据第一手材料做出肯定的回答则要谨慎。在使用第一手材料时，不仅需要把各种各样的第一手材料加以分析比较，而且需要把第一手材料同第二手、第三、第四手材料加以联系对照，防止孤立地、武断地使用第一手材料。

全面认识第二手材料和第三、第四手材料

间接得来的材料（包括第二手和第三、第四手材料）容易失真，这一点早为人们普遍地认识到了。人们常说,"东西越捎越少,话越传越多"。口头材料,尤其如此。古书《吕氏春秋·察传》上有这样一段话:

> 夫得言不可以不察。数传,而白为黑,黑为白。故狗似玃,玃似母猴,母猴似人,人之与狗则远矣。此愚者之所以大过也。闻而审,则为福矣;闻而不审;不若无闻矣。

应该说,这段话是相当深刻的。它指出:传闻可以发生根本性质上的颠倒,黑白易位,狗人相混。而这个颠倒是一个量变到质变的过程。在每一步中的偏差,看来又是那样"自然"的,可以理解或可以谅解的。有一句外国谚语也说,"听的人不少,听到的人不多。"我们还可以补充一句:"听懂的人更少。"很多情况下,在传播的链条上,"站"着的就是这样的人。

间接性材料,在事实与记者之间,存在着至少一个以至几个和多个中转环节,由这些传递环节组成了一个情况传递链条。从"保真系数"来看,这个链条是相当脆弱的。这种脆弱表现在:(一)如上面所说,每一个环节上发生较小的偏差,积累起来,可能发生一个性质上的颠倒。而每个环节上的较小偏差几乎是难以完全避免的。(二)在这个链条上的每一环节对传递的最终结果都握有否决权。就是说,在传递过程中,只要有一个环节出了毛病,那么最后得到的情况就是不真实的。

下面是每个环节偏离"一点",最后造成原则差错的例子:

新华社 1980 年 1 月 30 日播发了一条 200 字的消息《法国取消苏军一歌舞团的访法演出》。导语是:

> 据法国方面今天在巴黎宣布,苏联军队基辅歌舞团原定于 2 月 3 日至 3 月底在法国的访问演出已被取消。

消息说的是"法国取消"这次演出。但实际情况是:苏军基辅歌舞团自己主动取消了这次访问,而不是法国方面取消的。

那么这个错误是怎样造成的呢?

先看法新社的原稿导语：

法新社巴黎 1 月 29 日讯 苏联军队基辅歌舞团取消了原定于 2 月 3 日至 3 月底在法国的访问演出，这是这次访问的组织者星期一宣布的。这次访问被取消是"鉴于国际形势"……

新华社巴黎分社向国内发稿时，做了改动。把导语中的主动语态改成了被动语态，省略了主语，这样这个行为是谁做出的就模糊不清了。这个导语是：

苏联军队基辅歌舞团原定于 2 月 3 日至 3 月底在法国的访问演出，已被取消。

新华总社国际部在编译分社来稿时，又把导语改成了这个样子：

举办人今天在巴黎宣布，苏联军队基辅歌舞团原定于 2 月 3 日至 3 月底在法国的访问演出已被取消。举办人指出，"鉴于国际形势"，取消了这次访问演出。他还说，这样的访问演出，不宜在巴黎举行。

这时，"打马虎眼"的地方已经发展成为"明确的"错误："宣布取消访法演出消息"的人，在这里变成了"宣布取消这次演出"的人。也就是说，"消息来源"被当成了新闻事实中的行动主体。

到了审稿人那里，又做了一些修改。把"举办人今天在巴黎宣布"改成"据法国方面今天在巴黎宣布"。导语中的最后一句改为："他认为，在当前形势下，在巴黎举行这样的访问是不适宜的。"于是，基辅歌舞团自己取消演出成了法国取消了这次演出，这个事实被颠倒的错误，终于最后完成了。①

请注意：这个差错仅仅是在新闻单位内部的各层手续中出现的，若是在社会上，在一般人中间的传递中，这种差错就更加容易发生了。

---

① 见李延宁：《事实是怎样被颠倒的》，载新华社《新闻业务》，1980 年 3 月 31 日一期。

间接材料既然"保险系数"比较小,那么,记者是否应该对它们采取拒绝和排斥的态度呢?不,决不应该。相反,应该尽自己的力量,大量搜集这样的材料,为我所用,只是在使用时,时刻记住它们的弱点就是了。

不可避免地要使用大量的第二手材料和第三、四手材料,这是记者调查研究的重要特点之一。科学家搞科学实验,主要靠自己取得的第一手资料;医生的调查研究——给病人诊病,也必须靠第一手材料:医院规定,不见病人不能开药方;公安和司法部门,在侦破和判案时,每一项都要有充分的第一手材料——物证材料。与这些工作相比,记者的采访不可能也不必要用那么多的第一手材料,有的时候,不能不主要依靠第二手、第三手材料。

记者与事实的关系,从时间和空间的角度看,不外这样四种情况:

(一)事情已经过去,记者当时未在现场;

(二)事情正在进行,记者不能目击或参与;

(三)事情已经过去,记者曾参与其中;

(四)事情正在进行,记者身临其境。

前两种情况,即记者未能和不能参与或目击的,在记者采访的事件和事实中,所占的比重很大,因为往往是新闻事件发生以后,甚至已经结束了一个相当长的时间之后,记者才闻讯赶到现场;后两种情况,即记者曾经和正在参与或目击的,所占的比重是很小的。显然,在第一、第二种情况下,记者要描绘事情的发展过程,就得主要依靠第二手和第三、第四手材料。即使在第三、第四种情况下,要想完整准确地描绘事物的发展过程,仅仅依靠记者的第一手材料也是远远不够的,必须同时使用第二手和第三、第四手材料。

1956年11月,我国鹰厦铁路完工的时候,人民日报记者商恺到这里采访。当时,施工已经结束,动人的劳动场面已成过去,如果记者仅仅是坐着火车沿着建成的新线走一趟,如果记者仅仅是依靠自己目击的第一手材料,那么,可以肯定,记者的报道给读者提供的东西,不会比一个细心的乘客所看到的更多。但我们读到的通讯《鹰厦铁路记行》[①]内

---

① 见1956年12月10日《人民日报》。

容要丰富得多。粗略统计,通讯中使用的第一手材料约15件,而使用的第二手材料和第三、第四手材料——主要是铁路建设者介绍建路的情况、全面的概括性情况、鹰潭名字的由来、石达开过铁牛关等沿途各站的典故、红军在这一带进行游击战的事迹、50年前漳厦铁路修建失败等等历史资料——近30件。从件数上看是1与2之比,从字数看,后者比重更大些。这样,读者所能了解的就不仅是建成后的铁路本身的情况,还了解了当时建设的情况,了解了铁路沿线的地理、经济、政治、历史等各方面的情况,从而也就从大量的材料中,真正了解到这条铁路的重要意义。记者劳动的意义不仅表现为代替读者(或听众观众)去看、去参与,而且表现为代替读者去广泛搜集各方面的情况。商恺同志回忆当年采访情况时说:除了现场观察以外,要花很大气力收集各种资料,沿途各县,凡有县志的,都翻阅了,从中找到一些有用的资料。当然要注意把这些材料同自己的直接观察结合起来。

"宁可我不用,不可我不知。"有的记者把它当作座右铭。应该说,在材料问题上,这是个很精辟的、满不坏的信条。问题不在于应不应该和需不需要用第二手和第三、第四手材料,而在于如何正确认识、收集和使用它们。

新华社有关部门在谈到收集资料时曾经提出要注意如下事项:

(一)发布文件的机关、文章的作者是谁,谈话的是什么样的人(是内行还是外行,是负责人还是普通人等等)。

(二)登载在什么报刊上面,或是什么地方出版的。

(三)什么时间(年、月、日)发表或出版的(新中国成立前还是新中国成立后,今年还是去年,初版还是再版)。

(四)正式文件还是草案,初稿还是修订本,正式谈话还是随便谈天。

(五)直接资料还是间接资料,第一手还是第二手,是原著还是转引的。

(六)资料是在什么条件下产生的,由于哪种原因产生的。①

虽然"资料"同"材料"这两个概念相近而不相同,上述条目,在记者

---

① 见新华社总社资料组:《记者的手头资料》,载《我们的经验》,1963年版,第518页。

收集和处理材料时，仍然是不可忽视的。也就是说，必须认真考察和考虑材料的来源、性质、条件等方面，要区别情况，不同处理，不可"一刀切"。

记者采集材料时，要像搞商业那样，尽量减少中间环节，减少到可能做到的最低限度才为理想。记者了解情况，收集材料，要尽量到"产地"去，如果不可能，也要设法到接近"产地"的地方去。

> 作家黄钢同志在采写我国地质学家李四光生平事迹的时候，曾遇到这样一个似乎只是细枝末节的问题：中华人民共和国成立后，李四光冲破国民党政府的威胁利诱从英国回国，究竟是从哪个港口出发先到法国的？当时有两种说法，一是说从普里茅斯出发，一是说从南安普敦出发。黄钢同志决定到更接近"产地"的地方去挖掘。直接记载李四光从何港上船的第一手材料，没有，李四光本人已经逝世，获得第二手材料的可能性也已经不存在。于是，作者就查阅了早年收藏的英国地理书和世界地理书（这类资料是属于第一手材料中的"物证"范围内的），了解到，从伦敦到朴次茅斯或到普里茅斯，火车都只有慢车，李四光是前半夜出发，后半夜乘船的，他如果乘车到比较远的普里茅斯，时间是来不及的。另外，朴次茅斯是造船工业中心，李四光早年学过造船，是熟悉这个港口的情况的……根据这些更直接的材料，黄钢同志做出了自己的判断，排斥了普里茅斯和南安普敦，肯定地写上了朴次茅斯。后来又有多方面的材料证实这种写法是正确的。①

从上面这个事例，也可以看到，记者采访中还可以借鉴商业工作中的另一个原则："广开门路。"不仅要广泛收集各种材料，而且对同一个问题要注意收集不同的材料。有了不同的材料才能进行比较，有比较才能有鉴别。

上面谈到了间接性材料（第二手、第三、第四手材料）的局限性和记者大量使用间接性材料的不可避免性，如果只谈到这里，那么就很可能给人一

---

① 见黄钢：《采写"亚洲大陆的新崛起"的回顾》，载复旦大学新闻系编《采写经验选》，第412页。

个消极的结论：间接性材料是记者不可摆脱的累赘。这样看待间接性材料就太不"公平"了！间接性材料有其弱点，但也有其优点，有其优于记者直接性材料的方面。我们之所以议论它的弱点，其理由可以借用这样一句话："正是因为非常重视他，所以才严格品评他。"

记者华山同志曾谈过这样的情况：在抗美援朝战争期间，有的记者一过江就跟上了穿插作战的部队，一连3个战役，都是插到敌人中间，猛追猛打，耳闻目睹，差不多都是敌人在我们战士面前狼狈逃窜、一败千里的情景，于是他就说美国军队"不堪一击""比国民党军队还好打""打美国好比吃烧饼""从北到南，一推就完"，诸如此类的报道都出现了。也有的记者，在朝鲜总是跟着狙击部队，俘虏见得不多，炸弹却挨得不少，于是有人对胜利前途怀疑起来，说："美国是纸老虎？我看还是钢的哩！"①

如果这两种记者不是局限于自己的直接材料，而是互相交流一下情况，即获得一些第二手材料，或者，他们有机会认真阅读了志愿军总司令部全面战况的报告（对记者说可能是第三、第四手材料），这些间接性材料都有可能矫正记者由于直接材料的局限所做出的片面性认识。间接性材料相对于直接性材料的优点，在这个事例中表现得很明显了。

具体地说，间接性材料的长处有哪些呢？为什么会有这些长处呢？

首先，间接性材料——主要是那些正式形成文字的材料，往往是（注意：不都是！）经过了相当多的人的劳动，综合了相当多的各类材料写成的。对于记者自己的直接性材料来说，这里有两个"多"：一、认识主体的人数多，是各种形式的集体或集合。二、认识的材料多。因为它并不限于某个人的直接观察。这两"多"加在一起，总体来说，就形成了间接性材料对直接性材料的数量上的优势。

第二，间接性材料同直接性材料相比，一般说离事实更"远"一些，更容易失真，但这只是问题的一方面；还有另一方面，材料经过中间环节的加

---

① 见华山：《抓住特点，具体地说明特点》，载复旦大学新闻系编《采写经验选》，第225页。

工，如果这种加工是科学的话，那么这种间接性材料会更精粹、更全面、更能反映事物的本质。只相信直接性材料，不相信任何间接性材料，既不会产生科学，也不会相信和运用科学，只会陷入狭隘经验论的泥潭。作为记者一定要估计到间接性材料对直接性材料在这方面可能（不是一定！）存在的某种质量上的优势。

第三，有些间接性材料比记者的直接性材料具有更大的权威性，读者和听众、观众宁可相信这些材料，而不愿把记者的直接观察作为依据。例如，关于科学技术新成果的报道，科技成果水平的鉴定，记者只有引用间接性材料——有关权威人士的评价，而绝不应使用记者直接观察代替科学的评价，因为有许多科技成果是不便于直接观察的，就是观察到了，记者也弄不懂。不仅科学技术方面，有些带有特技性质的工作，也是如此。比如品茶，记者未尝不能品出茶叶的味道（可以取得第一手材料），但是，如果记者引用善于品茶人的评价（这是记者的间接性材料），就会更有权威，更能使读者信服。不应该有这样的错觉：似乎在任何时候，任何情况下，记者的第一手材料都比间接性材料更有价值。

现在流行着这样一句话："不要根据第二手材料写报道。"这句话认真考察起来是不科学的。（一）"第二手材料"这个概念用得不准确。它的实际意思是指第三手以上的、经过转述的材料。（二）实际上做不到。在多数情况下，完全不用间接性材料是不可能的，理由前面已经说过。（三）若改为"尽量不要只根据间接性材料写报道"，就较为准确了，但是也不能绝对化。

西方新闻学谆谆告诫记者：不要轻信！特别不要轻信官方发布的现成的宣传材料，诸如新闻通报、声明、演说、记者招待会发布的东西，等等。美国哥伦比亚大学教授麦尔文·曼切尔所著《新闻报道与写作》一书，把记者采访挖掘材料，分成三个层次，根据声明、通报等现成材料写的报道称为"第一层报道"或"表层报道"，被认为是可靠性最差、挖掘真相最少的。"第二层报道"指的是自发性事件和记者自己搞到的材料。"第三层报道"是指对事实和事件做出阐明和解释。[①]他们为什么要这样进行划分？应该说包含着两

[①] 见麦尔文·曼切尔：《新闻报道与写作》（1978年英文第三版）第8节采集事实。

方面的因素，一方面他们认识到了某些间接性材料容易失真这一带有普遍性的情况；另一方面，这也是资本主义制度及其人与人之间的关系在新闻上的反映。正像来华讲学的美国亨特学院新闻学教授詹姆斯·阿伦森所说的："在美国，每个政府官员都想利用报纸来美化自己，只有少数正直人士例外。""政府官员或公司经理有好多办法去影响新闻界以及如何把新闻公之于众。""这是我在美国从事新闻工作35年所得出的一条不容置疑的结论。"① 所以他认为做一个优秀记者的四项基本条件之一是："不轻信：在你亲自进行调查之前，不要相信任何人告诉你的任何事情。"② 不光美国，其他西方国家也是如此。随着所谓"公共关系"事业的发展，更大量的现成的宣传材料、供新闻报道使用的材料，以各式各样的形式炮制出来，这些东西在相当大的程度上，充斥着这些国家的报纸、电视、广播。以日本为例，当局是通过记者俱乐部向报界发布新闻的。现在，日本报纸70%的消息是这样来的，真正自己采访的并不多。所以人们看到报纸上的消息大同小异，甚至有时标题都差不多。③

在我国，各级党政机关、研究机关、群众团体、企事业单位等所搞的调查、总结、报告、典型以及新闻报道等现成的材料也日益增多。一般地说，这些材料同那些"公共关系"的材料是不同的。当然，对公共关系工作和材料，我们也不应抱着简单的否定的态度。应该说，这些材料为记者搞好新闻报道创造和提供了比较好的条件，记者常常可以利用这些材料，或者同这些材料的作者合作，比较迅速、顺利地完成采访报道任务。不看到正常情况下的这个基本的和主流的方面，笼统认为除记者搞的材料以外都不可信，记者就很难开展工作，就会犯错误。但是，同时也要估计到，党内也有正确观点和错误观点的斗争，官僚主义者、"一言堂"可能让材料的写作者去按照他的观点去剪裁事实，隐恶扬善，成为某些领导者的偏好，主管单位的地位上的局限使材料带有片面性，写作者的本位主义，认识上的种种局限，以及某些捏造、夸大和歪曲的材料等等，这些"暗礁"时时在威胁着采访的"航船"。

---

① 见詹姆斯·阿伦森：《新闻采访与写作》，新华社对外部出版，第12页。
② 同上，第6页。
③ 见刘德有：《日本的新闻记者》，载中国人民大学新闻系编《国际新闻界》1980年第二期，第32页。

新中国成立以来大量的事实证明，主要危险倒是我们的记者躺在这个"好条件"上，把相信群众相信党简单地等同于无条件地相信任何组织搞的任何材料，迟钝了自己的敏感，退化了自己的观察，放弃了自己的分析，因而不仅不能发现并纠正别人的错误，反而因自己的报道扩大了这些错误。

再者，新闻界还要担负舆论监督的任务。那么，新闻记者，作为执行监督任务的"哨兵"，他就应该使自己的目光更加敏锐，对有关的材料要更加地不轻信，并勇于同假材料、假报告进行建立在实事求是基础上的斗争。

材料的相对性和双重性

按材料来源对材料进行分类还存在着这样两个常被人们忽略、然而却是很重要的问题，即材料的相对性和材料的双重性问题。

所谓材料的相对性，是指第一手材料、第二手材料、第三、第四手材料这种分类，都是相对于记者而言的，离开由事实到记者这样一个"情况传递"链条，是无所谓第几手可言的。第几手的问题并不是材料本身的客观属性，而是从认识主体出发，对于材料进行的分类。在记者为第二手材料者，在被采访的对方可能是第一手材料；在记者为第三手材料者，也可能是材料写作者的第一手材料和第二手材料结合而成的。这种相对的关系，可以由图（二）来表达：

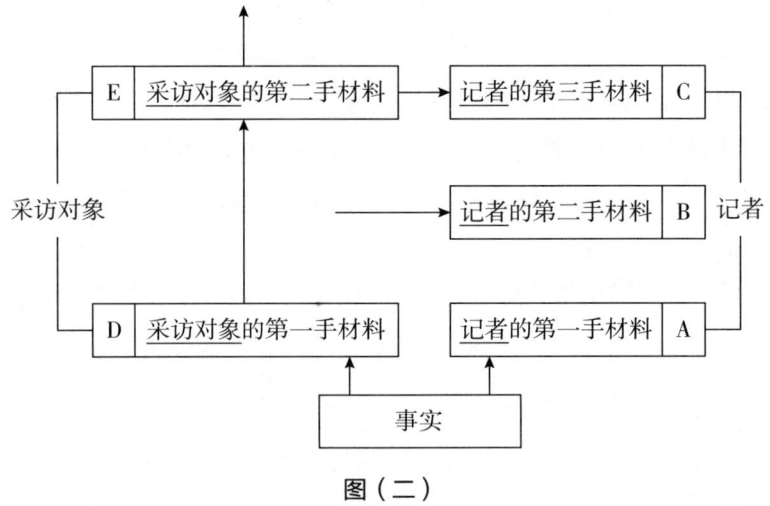

图（二）

从图（二）中我们可以看到：以事实为一端，以记者为另一端，情况传递可以有三个（以上）的途径。（一）事实→A。记者直接观察，得到第一手材料。（二）事实→D→B。记者得到采访对象的第一手材料而成为自己的第二手材料。（三）事实→D→E→C。记者得到采访对象的第二手材料而成为自己的第三手材料。以下可以依此类推。A、B、C各点，实际上都归为一点——记者。图右侧所谓第一手材料、第二手材料、第三手材料等等，都是"记者的"；图左侧的所谓第一手材料、第二手材料等等，都是"采访对象的"。因此，在谈论第几手材料时都是相对于认识主体（或情况传递中与事实相对的另一端）而言的，这个主体是不能忽略的，忽略了就会造成混乱。如图所示，假若我们去掉认识主体，笼统地说"第一手材料"，那么究竟是指记者的第一手材料A，还是指采访对象的第一手材料D，就不清楚了。所以，我们在运用"第一手材料"这类概念的时候，必须明确认识的主体，即对谁来说是这样；在表达的时候，除了不可能发生歧义的情况下，前面的限制词"记者的""采访对象的"等等，不要随意省略。

材料的相对性还告诉我们，由于我们研究的是记者的采访，所以把事实的情况传递的终点定为记者，其他的认识主体（各种人和团体）都作为记者的认识对象或情况传递的媒介而存在的。但是，记者不要造成一种错觉，把自己当成"中心"，当成"客观标准"。从客观来看，记者和其他人在这里完全是平等的关系。别人的第一手材料对记者来说是第二手材料，同样，记者的第一手材料，对人家也是第二手材料。在图（二）中，如果我们把左侧的"采访对象"换成"记者"，把右侧的"记者"换成"读者"，此图照样完全成立。事实上，从整个社会来看，记者正是处于新闻事实、采访对象和读者、听众、观众中间的中转环节，他从前者"取"来材料，经过"加工"又传递给后者。

有的同志说，通过调查研究，掌握大量第一手材料，用这些材料去检验那些第二、第三手材料，是了解真实情况的唯一有效的方法。这种说法是不周密的，不科学的，是不理解材料相对性的表现。

"第一手材料是检验第二手和第三、第四手材料的标准。"——在理论上能不能这样说呢？

为了回答这个问题，我们不妨"复习"一下人们早已熟知的一个寓言：六个瞎子摸象。

第一个瞎子摸到象的身体，他说："象的样子跟墙一样。"

第二个瞎子摸到象的牙齿，他宣布："象的样子与长矛差不多。"

第三个瞎子摸到象的鼻子，他认为："象的形状很像蛇。"

第四个瞎子摸到象的大腿，他判断："象的长相与树干没有区别。"

第五个瞎子摸到象的耳朵，他以为："象的形状像把大扇子。"

第六个瞎子摸到象的尾巴，他肯定："象的样子就如同一条绳子"。

其中的每个瞎子，都支持自己的说法，反对别人的说法。当然，他们都错了。错在哪里呢？各执一端，以偏概全——片面性。为什么会错了呢？用我们这里要说明的问题来说，他们都是把第一手材料（自己摸到的那一部分情况）当成检验第二手材料（别人摸到的情况）的标准了。于是，公说公有理，婆说婆有理，实际大家都没有全面的理。

有这种认识的人是被表面假象所迷惑了。从字面看，"第一手材料"比"第二手材料"更接近事实，在正常的情况下，前者比后者更具有直接现实性的成分。但实际上并非如此，从图（二）中我们可以看得很清楚，"记者的第二手材料"实际就是"采访对象的第一手材料"，它也是采访对象直接从事实那里观察得来的。从客观来看，它所具有全部直接现实性的成分，距离事实的"远近"，都和记者的第一手材料是同等的。有什么理由拿记者的第一手材料作为对采访对象的第一手材料的检验标准呢？唯物主义认识论并没有发给记者的认识以特别权威的证书。

前面我们曾经说过，使用记者的第一手材料，是检验间接性材料的一种途径而不是标准，其道理就在于此。用记者的第一手材料同记者获得的间接性材料加以对照、比较，这确实是记者常使用的一种分析、辨别的方法。但是，为了保证这种方法更有效而不误入歧途，必须在理论上明确，它只是"途径"而不是"标准"，只是"一种"途径，而不是"唯一的"途径。辩证唯物主义的认识论认为：实践是检验真理的唯一标准。我们在新闻采访中运用这个原理的时候，一定要采取严格的科学态度。实践是检验认识真理性的唯一标准，不能换成其他"标准"；实践又是指群众的发展着的实践，不是指某个人的一次行动或观察。"记者的第一手材料"与"实践",这两个概念相去甚远。以前者代替后者,是非常危险的!

材料的双重性也是一个需要加以廓清的重要问题。这里用"双重性"这个词儿,是为了区别于"二重性"这个哲学概念。双重性的意思很简单,它是说:同一个材料,对记者来说,可以当两种材料用,既可以当作第一手材料,也可以当作第二手材料。一份材料有双重"身份",这种现象我们称为"材料的双重性"。

记者访问采访对象,对方发表一番谈话,如果谈的是他亲身经历的事情的话,这个谈话就有双重性。就谈话所反映的事实来看,它是记者的第二手材料,因为记者不是直接看到事实,而是通过谈话者来了解事实的;但就谈话本身来说,它是记者的第一手材料,因为记者亲自耳闻目睹对方发表了这番谈话。在发表谈话这个事实和记者之间是没有中转环节的。

例如,穆之在解放战争期间采写的访问记《刘伯承将军纵谈战局》中,有这样的片段:

> 鄄城大捷后,记者趋赴前线某地访晤刘将军,并转达新华社总社之祝贺及敬意。刘将军精神焕发,当为记者纵谈目前战争之形势。将军议论精辟深邃,而谐趣横生。
>
> "3个多月来,我们以冀鲁豫17座空城换得蒋介石6万多人,"刘将军微笑地说,"据说蒋介石认为这是一个好买卖,还要坚持做下去,好罢,让他做下去吧,在不久的将来,就会算出总账来的!"……①

在这段引文中,刘伯承将军的谈话,是记者亲耳聆听的第一手材料,但是对鄄城大捷和蒋介石的态度这两个事实来说,谈话又是记者的间接性材料。

再如1979年10月23日,伊朗扣留美国人质之后不久,意大利女记者奥琳埃娜·法拉契访问了利比亚领导人卡扎菲。她发表的访问记中有这样的

---

① 见中国人民大学新闻系与解放军报合编《新闻通讯选》,第208页。

片段：

　　卡扎菲：我已经向你说过，你必须对扣留人质的动机有所理解。

　　法拉契：动机是勒索。诚然，这种勒索起源于美国人总是庇护巴列维。尽管如此，这仍然是勒索。霍梅尼要把他的敌人巴列维弄回来，处决他。请告诉我，上校先生，如果乌干达要你交出阿明，你会不会照办？

　　卡扎菲：如果阿明在这儿，我会考虑怎样回答你的问题。可是他不在这儿，因此，这种对比没有什么意义。

　　法拉契：阿明在这里，上校先生。我们知道得很清楚……[①]

　　这个片段中，卡扎菲的谈话，他的态度，是记者亲自耳闻目睹的第一手材料，但就阿明是否在利比亚这个事实来说，它又是记者的间接性材料。

　　在这类人物访问中，材料的双重性得到了充分的体现和利用。它的优越性就在于：它是记者直接听到的某权威人物（或重要人物）关于某新闻事件的谈话。"记者直接听"——第一手，"某权威人物谈某事"——第二手，这两者紧密结合起来了。没有"记者直接听"，或者不是"权威人士谈"，报道都不会有这样大的价值。当然，就上面的两个片段来看，记者在利用这两方面也是不平衡的。第一个片段，重点在于使用权威人物的间接材料，突出的是刘伯承将军纵谈战局，更有说服力。第二个片段，重点是在第一手材料的意义上使用它。记者提出阿明的问题，并不是想从卡扎菲的口中获得关于此事的间接性材料，而是用这样的问题逼迫他，使对方在记者面前更充分地暴露其虚伪的态度。

　　在更多的采访中，记者只是侧重于材料的一个方面。记者接触的采访对象无非两类：一类对象，记者只把他当作"知情人"来看待，当作情况传递的"媒介"来看待。记者采访他，是为了通过他了解有关事实的情况；另一类对象是把他当作报道对象来看待的，采访他，就是为了描述他。采访这类

[①] 法拉契的访问记发表在西德《明镜》周刊1979年12月10日第50期，中文译稿刊登在外文局出版的《编译参考》，1980年第6期。

对象，记者当然也要从他的口中了解他本人的一些情况（间接材料），但更重要的是记者进行当面观察和感受，取得这些将被描写的人物的第一手材料。

认识材料的双重性，在采访和写作中，自觉地根据材料的这种性质办事，确实是搞好报道、少犯错误的一个不可忽视的问题。

1980年10月6日，《人民日报》刊登本报记者丛林中、江绍高的报道《应该解决条条块块之间的矛盾》。报道揭示了云南山区开发和建设中亟待研究解决的问题，涉及了有关部门对这个问题的分歧，并提出了记者自己的建议。应该说，这篇报道在材料双重性方面给予了足够的注意，做法是相当聪明的。作者在"几种不同意见"一段中写道：

> 林业部要以林为主，农垦部要以橡胶为主，地方要以粮食为主，各有各的想法，各有各的难处，并且各有自己的系统和领导。这样西双版纳如何能规划得好呢？1978年12月，由林业部一位副部长牵头的一个规划组，在西双版纳工作了两个多月。1979年2月，又来了一个规划组，由农垦部一位副部长牵头。两个规划组在昆明相遇，却很难坐在一起来讨论讨论。有一位两个规划组都参加过的科学家幽默地对记者说：这两个规划组的分歧就在三个动词的排列组合上，第一个主张保护、开发、利用；第二个主张开发、利用、保护。排列组合的不同可以引起事物的质变，这在自然科学和社会生活中是屡见不鲜的。

接着，作者报道了各执一端造成的后果，报道了科学家的建议，最后一段是作者的结论："上述问题长期不得解决，重要原因之一，就是存在着条条、块块之间以及条条与条条、块块与块块之间的矛盾。形成这种局面，不是哪一个部门哪一个人的责任，而是表明我们经济体制中存在着严重缺陷。"并提出四项建议。

引起我们注意的是结束的几句话：

> 以上，只是我们的一些粗浅之见。文中提到的一些具体问题，本文

也无意去评论其是非，而是想借用这些粗浅的见闻，说明经济体制、经济结构、领导和管理经济的办法，急需改革。因为我们了解的情况有限，难免有不妥之处，提出来以供参考。

如果把这几句话只当作是记者的谦虚，那就过分粗心了。这篇报道涉及两方面的事实：第一个事实，云南山区的实际及其经济的客观发展规律，对这个问题的不同认识反映在"三个动词的不同排列组合上"；第二个事实，上述问题形成争执，各执一端，长期不得解决，造成了严重后果。记者把自己报道的任务规定得非常明确而严格：主要反映第二个事实，并由此得出必要的结论。虽然这两个事实在客观上是紧密地联系在一起的，但作者为了自己的目标，还是清醒而巧妙地把它们划分开了。上面我们摘录的第一段文字以及报道中其他类似的材料，记者可以从两个角度来使用它：用它们来说明第一个事实，即使说明云南山区建设的实际，那么，它们只是记者的间接性材料，至多是第二手材料；而作者由于各方面条件的限制，对山区建设的具体搞法又不可能取得丰富的第一手材料。在这种情况下，如果从这个角度使用这些材料，记者对山区建设的具体方针做出自己的判断，或者明确地支持一种观点、反对另一种观点，显然是有些冒险了。作者没有这样做，而是选择了第二种角度，用它们来说明第二个事实，即说明各执一端，长期争执不下。这样，这些材料，相当大的部分都变成了记者的第一手材料了：记者亲耳听到不同的议论、亲眼见到反映不同观点的文件、亲自遇到了那位两个规划组都参加过的科学家。就这个事实来说，记者的第一手材料就丰富起来了。因此，人们便感觉，记者对第二个事实所做的报道是有充分根据的。材料的双重性，确实有其"奥妙"的。许多细心的记者，早已体察到这个奥妙，他们懂得自己手中材料的性质，发挥其特长，躲避其特短，把自己的报道建立在坚实可靠的基础上。

再分析一篇报道，看记者是怎样运用第一手材料和怎样把间接性的材料变成记者的第一手材料的。

2009年7月初，中国国家安全部门以涉嫌盗窃国家机密拘捕了力拓矿业公司（世界三大铁矿石公司之一）驻中国的首席代表胡士泰。这是一个大家很关注的新闻，但同时又是采访难度较大的新闻。这是间谍案本身的特点。作案者当然是秘密的，查案在一定期间当然也是秘密的。记者采访到真实情况是很难的。

7月20日，《中国经营报》在"一线调查"的栏目发表了记者索寒雪、叶文添的报道《力拓案导火索曝光》。现摘录该报道的片段，笔者并用楷体字做一些点评。

7月15日下午，上海淮海中路300号香港新世界大厦51层，面对络绎不绝的记者的种种疑问，力拓工作人员有些不耐烦。

这里是力拓上海办事处所在地，现场安静异常，员工们几乎没有交流，顾自看着电脑，但表情有些烦躁不安。

（以上两段都是记者的第一手材料——直接观察。）

10天前的上午，胡士泰们就是当着他们的面被带走的。

胡士泰们的被拘，堪称2004年铁矿石谈判以来的最大新闻，当然更是力拓公司自晚清末年把第一船硼砂运到上海、在中国市场上耕耘100多年以来最大的丑闻。（这是历史的回述。记者运用历史资料写成。）

"7月5日这天，调查人员出示证件后，带走了他们，还包括他们使用的笔记本电脑和一个纸箱子文件。这些文件涉及公司的销售计划和客户详情，甚至有些是报账的开支。"一位不愿意透露姓名的力拓员工谨慎地告诉《中国经营报》记者。（从调查当天的事实来说，记者得到的最多是第二手材料，但记者通过"员工说"把它变成了第一手材料——因为记者直接听到了员工是这样说的。）

定调：涉及国家机密，不止商业秘密。

胡士泰被拘以后，其所涉及的中国经济安全的准确内容一直显得十分神秘。

"其实，胡士泰窃取的内容中，最核心的是一位政府高层针对铁矿石谈判的一次保密性讲话。其中表明了政府对铁矿石谈判的态度。"知情人士向记者透露。

（这段是本篇报道最重要的新闻，记者仍然采取的是二手、三手变一手的办法。用引号把知情人士的谈话写出来,表示是"原话"。)

"其实,窃取各大钢厂的商业秘密和生产状况,甚至铁矿石谈判的态度和底线,都还不至于上升到国家机密和触动安全部门神经的程度。"前述知情人士透露,"但是,现在涉及了政府高层的谈话内容,案情就变得复杂了,定性为窃取国家机密。"

(这段仍然是二三手变一手。)

在该人士看来,涉及政府高层的谈话内容,正是把胡士泰的间谍案从简单的商业间谍推向窃取国家机密高度的"导火索"。

(这个分析,记者仍然是直接援引了消息来源的看法。也属于第一手材料。)

……

请注意:记者就是用这样的方法,使很难采访到第一手材料的报道似乎用了大量的第一手材料。这就属于善于运用材料相对性的采访和写作方法。

材料多重性的交织

在现实生活中,特别是在经济生活中,材料呈现着多重性交织的情况。需要记者根据实际情况全面综合利用上面的论述来正确对待。

例如股市,在中国大陆有上证指数、深证指数,在香港有恒生指数,在美国有道琼斯指数等等。记者看到这些指数,对记者来说是第一手材料,因为在指数这个事实和记者中间没有经过任何中转环节。但这些指数是这些证券交易所计算出来并发布的,交易所计算有其自己的公式,它只是从特定角度反映了股市的变化,并不能全面反映股市的变化,更不能全面反映每一支股票的变化。再往下说,股票市盈率的变化,有的反映了企业经营的变化,有的也并不反映企业经营的变化。所以,记者在股市上看到的材料是逆向的:

——股市指数,记者亲自看见,是第一手材料。

——股市全面情况,证券交易所计算出来的,对记者说最多是第二手。

——每个股票的情况,上市企业公布的材料和股民的认识决定的,对记者来说是第三、第四手了。

为什么说是逆向的呢？因为按照顺向情况的话，第一手应该比第二、第三手更接近事实。而上面这个顺序可以看出，第一手比第二手、第三手更远离事实。

为什么会出现这种情况呢？这是因为经济有实体经济和虚拟经济之分。那些经营实业的企业，都属于实体经济范畴，而它的股票一旦上市，股市就属于虚拟经济范畴了。

国家统计局发布的各种统计数字也是类似的情况。例如，记者直接听到的 GDP 增长速度，这对记者说是第一手材料。但记者一定要记住，这个第一手材料只是就这个数字和记者的关系来说的，而对于整个国民经济的状况这个事实来说，则至少是第三手以上的材料了。

所以，在实际工作中，记者不仅要懂得新闻学上的第几手材料的关系，还要懂得这些材料在实际生活中特别是在实际的经济生活中所处的地位，有生活知识特别是经济知识，才能正确对待这些材料。这是需要特别说明的。

从认识阶段上分类

我们也可以把材料分为感性认识材料和理性认识材料。让我们先来看一个具体的采访事例：

人民日报一位记者随着中央某专业会议的代表们到某地参观社队企业。当他们乘车来到某个队办工厂的时候，看到墙上贴着标语，门上挂着红布横幅："欢迎各位首长光临指导。"在办公室，厂长向他们介绍了队办企业的发展过程、成绩和经验；在各个车间，他们看到机器飞转、工人们在紧张地劳动，这生机勃勃、紧张热烈的场面，的确是很鼓舞人的，相当多的代表点头赞许。但是一个很小的细节引起了记者的怀疑：墙上的统计图表都是新画新填写的，墨迹还未干。参观团走后，记者一个人又来到这个队办工厂，他所看到的景象完全不同：机器全都停止转动，鸦雀无声。细一追问，看门的老头露了底：原来这个厂原料不足，

经常不能开工,刚才是为了应付参观者"表演"一通……①

这样的现象许多记者都碰到过。但结果不尽相同。有的人,粗心轻信,把"机器飞转"的场面和"办厂经验"的报告,"原原本本"地做了报道;有的人,细心观察,先是发现墙上报表的马脚,后又发现了"鸦雀无声"的景象和"原料不足"的问题,触及了事情的本质。

当然也还有比这更复杂得多的事情。

这类事例给我们提出了什么样的新闻学课题呢?

注意三个方面的联系与区别

上面这个事例,涉及了三个方面的问题:

(一)事物的现象和本质。

(二)采访对象的感性认识材料和理性认识材料。

(三)记者在采访中的认识过程。

现象和本质,是辩证唯物主义哲学的基本范畴之一。现象和本质是构成客观对象的统一不可分的两个方面,任何事物都具有现象和本质这样的两个方面。

什么是现象?现象是指直接被我们感官所感知的事物的外表形态。现象是事物的外部联系,其中每个现象都只是本质的某个侧面的表现。现象是较为表面的、片面的、局部的、多变的、易逝的。

什么是本质?本质是事物的性质及此一事物和其他事物的内部联系。本质决定于事物的内在矛盾。本质是带规律的东西。它是内在的、隐蔽的、深刻的、稳定的、贯穿的。

尤其值得我们注意的是现象和本质之间的对立统一辩证关系:

任何事物的本质都要通过一定的现象表现出来;现象又是从某一特定方面表现事物的本质。

---

① 引自人民日报记者黄际昌同志对本书作者谈话。

同时，现象和本质之间总是存在着差别和矛盾，存在各种复杂关系。正如马克思所指出的："如果事物的表现形式和事物的本质会直接合而为一，一切科学就都成为多余的了。"①

正是由于事物是现象和本质的对立统一体，所以，人们认识事物的过程才相应地分成为感性认识阶段和理性认识阶段。现象是认识的起点，本质是认识的目的。感性认识只能解决现象问题，理性认识才能解决本质问题。感性认识有待于发展为理性认识，理性认识依赖于感性认识。

这些唯物辩证法和认识论的原理是人所共知的。问题在于，记者在采访当中，常常把两种不同的感性认识和理性认识混淆起来。

一种是采访对象的感性认识和理性认识，他们向记者提供的感性认识材料和理性认识材料。在开头提到的那个事例中，厂长领着代表们参观工厂的生产情况，即兴做些介绍，可以说是采访对象提供的感性认识材料。厂长在会议室向人们做的"经验介绍"，可以说是采访对象提供的理性认识材料。也就是说，这里是指记者面对的材料内容的形态：反映事物现象的是感性认识材料，概括事物本质的是理性材料。

另一种是记者的感性认识和理性认识。记者的每次较为完整的采访活动都应该是一次完整的认识过程，即从感性认识发展到理性认识，甚至包括几次这样的反复的过程。但无一例外，记者对它们采访的事实（包括人物）来说，都是从感性认识开始的，在这个阶段，他们面对的一切材料，包括采访对象提供的理性认识材料（例如一些文件等等），统统都是作为记者的感性材料而存在的。毛泽东同志在《实践论》中有过这样一段论述：

> 原来人在实践过程中，开始只是看到过程中各个事物的现象方面，看到各个事物的片面，看到各个事物之间的外部联系。例如有些外面的人们到延安来考察，头一二天，他们看到了延安的地形、街道、屋宇，接触了许多人，参加了宴会、晚会和群众大会，听到了各种说话，看到了各种文件，这些就是事物的现象，事物的各个片面以及这些事物的外

---

① 见马克思：《资本论》第三卷，载《马克思恩格斯全集》第二十五卷，第923页。

部联系。这叫作认识的感性阶段，就是感觉和印象的阶段。①

值得注意的是，他在这里提到了"各种文件"，并且把它们同样归入"事物的现象"。很显然，文件，绝不是只记述一些现象的材料，主要内容当然是对事物的理性的概括，甚至有些文件纯粹是抽象的理性的东西。但是，文件本身，开始同样是作为记者的感性材料存在的。就是说，记者开始只是知道存在着这样一些文件、知道它们说些什么，至于它们说得是否正确，这些文件的制定和发布说明什么，由此可以得出一些什么本质的认识，仍然是有待于解决的。厂长对他的工厂发展史和他们的经验做了介绍，报告本身虽已上升到"理性"了，但记者开始并没有理解它，还是感性的，只是了解了更多的情况以后，才对整个事实有了正确的了解，对报告本身也才有了正确的理性的认识——这是一份带有很大虚夸成分的、报喜不报忧的报告。

记者容易犯的毛病是把采访对象的或者采访对象提供的理性材料，简单地、直接地就当成自己的理性材料，甚至把对方的判断和推理也简单拿来作为自己的判断和推理。这是很容易出问题的。不可否认，记者在相当一些新闻报道中，接受了采访对象的理性材料并把它作为自己理性认识的一部分，有时，甚至直接引用对方的论述来代替自己的论述。但，这只是记者采访的结果，而不是它的开头；是在记者对对方的理性材料做了一番分析和消化之后，即经过自己的理解之后，才做出的。表面上看仍是同一个理性材料，但实际上它已经经历了记者的感性认识发展到理性认识的飞跃过程。

采访对象提供的感性材料同采访对象提供的理性材料，自然是不相同的。打个形象的比喻，就好像是"生米"和"熟饭"之间的区别。虽然它们之间有个加工与未加工的区别，但开始都是记者尚未消化的东西。如果对方是个做饭能手，那么记者不仅会欢迎"生米"，而且会喜欢"熟饭"的，在尝过香喷喷的"熟饭"之后，还要请教他加工的方法。如果对方是个"力笨头"，根本不会做饭，再好的大米，到他手里不是夹生，就是烧焦，那么，

---

① 见《毛泽东选集》四卷合订竖排本，第273~274页。

记者就不会愿意吃"现成饭",而宁愿费点事,亲自动手了。因此,不好笼统地评论"生米"和"熟饭"的优劣。但一般地说,懒惰的记者、"时间来不及的记者"、不相信自己"做饭手艺"的记者,喜欢面前摆的是"熟饭";而勤奋的记者、手艺高强的记者、力求上进的记者,往往更喜欢采购一些"生米",他担心别人把饭做"变了味儿",宁可自己费事也要"露一手"。他们首先着眼于采购"生米",大量的"生米",足够的"生米"。如果遇到别人已做好的"熟饭",当然也要买一些,但只是拿来作为参考。

对感性认识材料的要求主要是两条:一条,要十分丰富或足够丰富;一条,感觉要真实,不是错觉。

拿到感性认识的材料,了解事物各方面的现象,然后,还必须深入到事物的本质。从感性认识到理性认识的飞跃,这是个相当复杂的思维过程。研究现象和本质之间的联系,是正确掌握这一进程的非常重要的课题。

就记者采访工作来看,事物的现象和本质之间有哪些基本联系形式呢?

两类、六种现象

记者面对的现象和现象性材料是各种各样的。但是,如果从便于记者在新闻采访中了解事物本质上划分,它们可以分为两类、六种。它们的关系可以用图(三)表示:

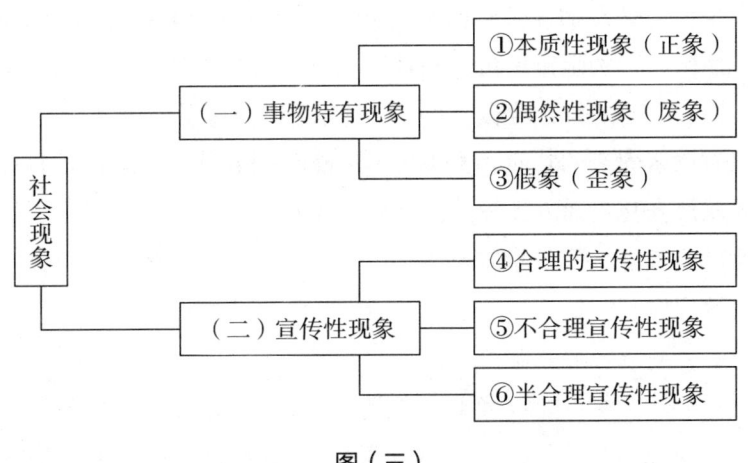

图(三)

一类现象称为"事物特有现象"。它是事物在一般情况下自身呈现出来的现象。所谓"一般情况"主要是指没有宣传和采访的影响或干扰的情况。所谓"自身呈现",就是由其本身的矛盾所决定。我们之所以提出"事物特有现象"这个概念,是基于这样的事实:随着各种宣传和传播事业的发展,各种事物受到传播的影响和干扰也越来越大,事物的现象由于这些影响和干扰而改变了它原来的形态,或者出现了纯粹是为了宣传和传播而组织或制造的一些现象。在这种情况下,记者如果不善于排除干扰性因素,便常常不能真正了解客观事物的本来面目。

既要了解某事物,又要避免由于这种了解本身而改变了事物的原有状态,无论是对自然的研究中,还是对社会的研究中,都是值得注意的问题,它本身就成为研究课题。一个本来血压正常、心脏健康的人,可能因为在测量血压时精神紧张而变得心动过速和血压升高。这种"心动过速""血压升高"的现象正是由于"了解"引起的,并不是一般情况下呈现的。有时,这种了解还必须破坏对象本身。例如,要确诊癌症,现在还必须做切片。医学上的无破坏性诊断,工业上的无破损性探伤,无干扰性的测量,是人们努力研究的课题。在社会现象中,我国自古就有的一种调查方式——"微服私访",就是为了避免大官的权位在了解民情过程中造成的干扰。

宣传和采访对于客观事物的影响,每个记者都会亲身体验到。由于应付记者采访,一个"事件"、一个场面可以有计划地被设计、制造出来;由于知道记者采访,平日动辄吵架的售货员可以变得笑容满面;由于面对记者的笔记本、话筒、特别是摄像机,平日挥洒自如、口若悬河的采访对象可能忽然变得拘谨、口吃、手足无措起来……因此,记者为了了解事物的本来面目,深入了解事物所固有的本质,便不可不注意和研究这个问题,把宣传性现象和特有现象区分开。

事物特有现象分为三种:正象——本质性现象,歪象——假象,废象——偶然性现象。

为什么把本质性现象称为"正象"?因为它是直接地、正面地、典型地显现事物本质的现象。如:"面色红润",是"身体健康"的本质性现象;"粮食增产"是"政策对头"的本质性现象;"笑容满面"是"心情舒畅"的本质性现象。这种现象的特点就是它和本质的一致性——不是重合、不是等同，而是方向的一致。

为什么把假象称为"歪象"？因为它是歪曲以致颠倒地表现事物本质的现象。如：由于结核病引起的"面色绯红"，对"身体健康"来说，是一种假象；由于损害了经济作物或不惜成本的粮食增产，对政策对头来说，是一种假象；有的人越怒越笑，这种笑也是一种假象。这种现象的特点是它和本质的方向往往是相反的。同本质性现象相比较，它是一种"反常"现象，"面红"不是健康的表现而是病态之一；增产不是政策对头而是局部利益损害整体利益，眼前利益损害长远利益的表现；笑是气恼和愤怒的表现。这些不都是违反"常态"的现象吗？但是，这种假象本身也从某一侧面显露了事物的某些本质。例如，在"文化大革命"中群众对林彪的概括，"语录不离手，万岁不离口，当面说好话，背后下毒手"，其中前三句，就是对林彪给人们造成的假象的概括。但这些假象，也正反映了他利用封建思想大搞两面派的本质。

为什么把偶然性现象称为"废象"？因为它是对显示事物本质无关紧要的、纯属偶然出现的现象。（这里说的不是现象的偶然性，而是偶然性现象。）如：脸被火烤得通红，对于身体是否健康来说，是个无关紧要的偶然性现象；由于风调雨顺而粮食增产，对政策是否对头这个问题来说，是偶然性现象；迎接客人时的满面笑容，可能是出于礼貌，并不一定代表本人心情舒畅。这种现象的特点就在它和我们所探求的本质并没有内在的、必然的联系，常常是由于外界偶然性因素的刺激而产生的短暂即逝的表现。在我们探求某个事物本质的时候，这类现象往往成为鱼目混珠式的干扰因素。

顺便提一下，"假象"这个词儿，现在大家都这样用了，但从严格的意义上考察，是不够确切的，因为，被称为"假象"的那些现象本身并不是虚假的，它不仅是确实存在的，而且是客观事物自身所特有的，它同事物本质的关系也不能用真与假来简单概括。那些非假象的现象也不能称为"真象"，"真象"是另有含义的，准确地说，"假象"这个词应该改为"歪象"（歪曲反映本质的现象）。"本质性的现象"应称为"正象"（正面反映事物本质的现象）。"偶然性的现象"应称为"废象"（不能反映事物本质的现象）。在新闻学上，我们完全可以使用"正象""废象""歪象"这些概念。

另一类现象称为"宣传性现象"。宣传性现象是一种特殊的社会现象，它是在一定情况下，由于宣传和传播的影响和干扰而产生的，或者是为了满足某种宣传目的而人为制造的一类现象。在前面所举的参观山东某地社队企业的例子中，记者开始看到的就是宣传性现象。假如无人参观，厂子会挂出横幅、贴出标语吗？假如不为宣传自己的"成绩"，厂子会赶绘那些"墨迹未干"的图表吗？……一句话，如果不是考虑到宣传上的需要，这一切现象都不会出现。

"宣传性现象"同上面说的"假象"是不同的。（一）"假象"是事物本身特有的，宣传性现象则是为了宣传目的或者受宣传影响由某些人从外面加给事物的。（二）假象是事物本质的"歪象"，而宣传性现象则不尽然。一部分宣传性现象同本质的关系的确近于假象同本质的关系，即制造一些虚假的现象来掩盖与其相反的本质。如：明明不健康，却要搽胭脂抹粉，乔装打扮；明明政策不对头，却要布置五谷丰登的场面以哄骗别人等等。但也有一部分宣传性现象是"正象"，即把反映该事物本质的现象加以突出、集中，从而使人们比较容易对事物的本质有更鲜明的认识。

不应把"宣传性现象"不加分析地一概同"弄虚作假"等同起来。宣传性现象，可分为三种：合理的宣传性现象，不合理宣传性现象，半合理宣传性现象。

所谓合理的宣传性现象，是指那些虽然是为了宣传目的而安排的、但并未歪曲和改变事物本质的现象。这类现象有些还更集中突出地表现了事物的本质。在社会上就是有这样一些事件、活动、安排，它们的出现就是为了达到某种宣传目的。比如游行示威、庆祝或抗议集会、记者招待会、各种展览会；开业庆典、各种宣传品以及广告等等。如果把它们称为"合理的"，就是说这种现象和它的本质是一致的。而且：（一）正常的社会生活特别是现代生活本身需要这种宣传性的活动作为沟通社会、交流情报的重要手段。通过示威或集会，广大群众或某个人数众多的集团的意愿才能集中、充分地表达出来，为社会普遍了解。通过记者招待会、消息发布会，人民群众就能更经常、更及时地了解政府、领导人、有影响的人士的政策、意图和活动等等。人类进入市场经济特别是信息社会以来出现的并且一直得到发展的这些宣传性方式，是社会联系日益密切的产物，也是人类社会日益发展和成熟的标志。从总的作用看，它们的出现对社会的发展是起着促进作用的。作为新闻记者，我们不应该像西方新闻学者那样，把"宣传"二字不加分析地一概认为是贬义词，宣传还有正当宣传与不正当宣传、宣传真理与宣传谬误之分嘛。真善美的东西、新生的东西、人民的正当要求、正确的方针政策，难道不应该宣传吗？有的西方学者在贬低"宣传"的同时推崇"传播"这个词儿。就注意新闻工作以及其他宣传工作的客观性、真实性来说，就针对那种以宣传剪裁实际生活的主张来说，这个意见是应该借鉴的，但不应绝对化。如果我们不是做概念游戏，而是面对生活，我们就会发现：宣传是传播的重要组成部分；传播总是带有某种宣传因素。（二）"合理的宣传性现象"之所以"合理"，是因为它的宣传和传播的意图是公开的、采取的形式是郑重的。也就是说，这种现象本身不是伪装的假象，宣传就是宣传，并不伪装成别的什么自发性的现象。例如，邓小平植树，就是合理的宣传性现象。从年龄来说，他老人家已经可以免除体力劳动了。从经济角度来说，他植一棵树的成本也太高了。但是，从他身体力行提倡和宣传全民植树的角度说，这个宣传性现象就是合理的。

——当然，所谓"合理"指的是从新闻学角度来观察这种现象，并不涉及从政治上评价这种现象在实际生活中所包含的具体内容。新闻发布会这种形式是合理的宣传性现象，但并不等于说任何新闻发布会上发布的任何内容都是合理的。

所谓不合理宣传性现象，是指那些纯属为了达到某种宣传目的人为设计制造的，用来掩盖或歪曲事物本来面目和固有本质的现象。比如山东那个社队企业的"机器飞转"，就是这种现象。这种现象的不合理表现在：（一）它们本来是人为制造的宣传性现象，却被用来冒充事物特有现象，不敢亮出宣传性现象的本来面目。（二）这种现象一般都是用来掩盖和歪曲某些事物的本质的。这种现象的制造者是有意识地这样做的。在我们的生活里不是有一种擅于应付上级领导参观检查的能手吗？他们可以被称为不合理宣传性现象的设计和制造专家。1958年"大跃进"时，把十几亩稻子移栽到一亩地里假冒密植高产，是这种现象；70年代初，东方红炼油厂的未处理好的污水池内在外国人参观时赶忙放上鸭子,也是这种现象。制造这种现象的"生活化妆师",可以说是记者职业上的"天敌",有时记者采访简直就是要进行一场"施展幻术"和"识破幻术"之间的"战斗"。

所谓半合理宣传性现象,是指那些既含有合理成分,又含有不合理成分的宣传性现象。这种现象,往往是合理的宣传性现象和一些不合理的宣传性现象的综合。例如,美国总统候选人,通过电视演说进行竞选,他们采取的这种形式是公开的宣传方式;但是,每个候选人在公众面前公开露面时所"采用"的形象,却是经过公共关系专家们精心设计的,含有一些不合理的宣传性现象成分。美国公众通过电视看到的那些总统候选人的形象,并不完全是候选人的本来面目。半合理宣传性现象是最难防范的了。首先,因为它是合理和不合理混杂的,合理与否常难以划清界限;其次,它采取的是"合理"的形式,如果说不合理宣传性现象类似"非法斗争"的话,那么半合理宣传性现象更类似"合法斗争"。第三,这种现象的不合理成分也并不都是(甚至主要不是)由弄虚作假构成的。它主要是通过对材料的选择和组合进行的。也许分开来看,单个材料都是真的,但由于它有目的地突出了某部分、隐藏了某部分,按自己的设计进行组合,因而事物整个形象(或现象)是被人为地改造过了。

例如,1953年艾森豪威尔和杜鲁门竞选美国总统。艾森豪威尔的公共关系专家分析,朝鲜战争以后,美国人处于矛盾心理形态,一方面朝鲜战争没有取胜,美国第一次打了一场没有胜利的战争,所以希望新总统是一个强有力的人物,使美国能够恢复曾有的强大。一方面朝鲜战争使美国死了不少人,所以,他们希望新总统能够给他们带来和平。根据这样的美国人的心理分析,专家们设计,艾森豪威尔每次在电视台露面,必须穿上将军服装,让人们想起他是第二次世界大战欧洲盟军总司令的历史功绩,给人一个"强有力"的印象。同时,每次露面又必须出现一个碧眼金发的小女孩,给他献花,然后艾森豪威尔抱起女孩,亲吻女孩,以表现他的"慈祥的外祖父"的形象。艾森豪威尔最后竞选成功了。

我们再用一例说明两类六种现象。

脸红是一种现象。但脸红有六种：

1. 由于健康而脸红——事物特有现象中的正象。
2. 由于肺结核而脸红——事物特有现象中的歪象。
3. 由于天气寒冷冻得脸红——事物特有现象中的废象。
4. 上台演戏化装的脸红——合理的宣传性现象。
5. 为掩盖病态化装的脸红——不合理的宣传性现象。
6. 正常人为美化自己的脸红——半合理的宣传性现象。

记者要搞清楚，自己看到的究竟是哪一种脸红。

通过上面的分析，我们已经能够得知一个新闻记者对这两类六种现象应该采取什么态度：

1. **本质性现象（正象）**：它是记者在采访中所要收集的最主要的感性材料，在数量上，一定要足够反映事物本质的各个侧面；在质量上，一定要精彩，使用起来，既简练，又容易被人理解。

2. **偶然性现象（废象）**：它是记者在采访中要逐步筛选掉的感性材料。记者最容易犯的毛病是，为了证明自己头脑里的主观框框，把偶然性现象当作本质性现象来看待。（在后面论述真实性问题时还要较详细谈到。）

3. **假象（歪象）**：它是考验记者洞察力的材料，当它被记者识别清楚的时候，可以成为表现事物某些本质方面的极其珍贵的材料。因为有些本质，脱离开假象（歪象）是很难表现出来的。试想，没有"语录不离手，万岁不离口，当面说好话"这些假象，林彪的两面派本质又怎样表现出来呢？我们平时所说"去伪存真"是指分析问题的方法，不是说假象材料一律抛弃，特别对新闻采访更是如此。因为它的成果不是表现为抽象的理性的概括，而是要报道活生生的事实。

4. **合理的宣传性现象**：它是记者经常借助和使用的材料，但要防止满足于这种材料和单纯使用这种材料。例如，仅仅根据室内陈列的东西报道一个展览会，就不如同时使用较丰富的背景材料。

5. **不合理宣传性现象**：它是记者需要十分警惕以免受其骗的危险材料，记者应该像"眼里不揉沙子一样"，把它们"清洗"出来。识别不合理宣传性现象的能力，是记者阅历的重要表现。

6. 半合理宣传性现象：它是记者需要谨慎、仔细地加以对待的复合材料。要对这种材料中所包含的两种成分进行实事求是的分析，防止笼而统之，大而化之。

总之，采访中的记者应该：重视"正象"、抛弃"废象"、洞察"歪象"，利用合理的宣传性现象，警惕不合理宣传性现象，分析半合理宣传性现象。

当然，在现实生活中，这六种现象并不是平列地摆在那里，它们总是互相交织、互相渗透、互相混合的。唯其如此，如果我们在头脑中没有这六种不同现象的明确划分和基本分析，就会使我们识别和区分它们更加困难。记者在采访时，往往是在仓促之中接触陌生事物的，稍不谨慎，即会失足。

注意识别宣传性现象

1979年1月，随邓小平副总理访美的中央电视台记者曾经访问一个美国中产阶级的家庭，并通过卫星转播，向国内介绍了美国人的生活情况。当许多中国人对美国的高级物质享受为之感叹的时候，1979年2月10—11日的美国《国际先驱论坛报》却刊登了一篇题为《中国宣传工具把美国说得过于美好》的文章，对报道提出异议，文章说：

> 美国商人保罗·洛佩尔兹在中国逗留的几个月当中，他的中国朋友向他提出了许多问题……洛佩尔兹先生说，中国电视工作人员访问了华盛顿郊区的一个家庭，"中国广播员声称那个美国家庭是中等收入的家庭，年薪3.4万美元，扣除税款以后是3.2万美元。我倒想进一步了解一下，那个家伙的税款是怎么扣的。（按照美国的税法，只扣2000美元的税款是太少了。——译者注）可是，无论如何，中国人已经认为我们阔得不得了"……这里的（指香港）一位美国居民说："电视反映的美国生活是令人难以置信地夸张和美化了的。"[①]

---

① 原载1979年2月10—11日美国《国际先驱论坛报》，此文的译文载于《编译参考》1979年第4期第25页。

为什么会发生这种情况呢？用我们上面讨论过的概念说，记者恐怕是未加分析地把宣传性现象当成事物的特有现象了。电视摄像机虽然不会夸大或隐瞒什么，但是，电视摄像机前的人们，当他们意识到镜头正在对准他们、并且他们的言行此刻正被传播于各地的时候，却很有可能夸大或隐瞒些什么的。（电视的形象性常常给人以比文字报道更真实的感觉，但是也不要忽略，"招摇过市"的摄像机，常常没有"不露声色"的文字记者更能看到事物的原本面目。）

再看另一个例子：

1980年6月13日《人民日报》国际副刊上登了一张照片，照片上是一个人拉洋车，车上坐着一个人（见右图）。照片的说明是"纽约市行路难，各种代步工具应运出世。这是一个人乘一辆人力车上班。据说车夫是个穷音乐家"。

这幅图片，再加上这样的说明，告诉人们什么呢？恐怕是这样：美国的交通很糟糕，糟糕到要退回到人力车时代；在美国有些人很穷，穷得连有的音乐家也不得不靠拉洋车度日。

这幅照片刊登以后，有人指出：记者搞错了。原来照片上的这两个人是以恶作剧的形式对"能源危机"表示不满，坐车人和"穷音乐家"都是青年装扮的。也就是说，它实际上是一个宣传性现象，而记者却把它当成了特有现象，做出了错误的判断。

在西方国家采访，这类问题的确是个很突出的问题，那里的"公共关系"事业很发达，造成了宣传性现象的膨胀，而且，它们常常和其他现象被有意地搅和在一起。尼克松在他的回忆录中写下的这段话，对我们有相当的参考价值：

  1967年6月间,鲍勃·霍尔德曼给了我一份备忘录,谈了在近代总统竞选中使用新闻工具的问题。他强调在如何使用电视方面应有创见……霍尔德曼在备忘录中最重要的建议是研究采用哪些使用电视的新途径。

  在纽约,我的顾问小组花了一个下午的时间,观看过去几年里我在各种各样正式和非正式场合拍摄下的旧电视新闻剪辑。目的是要看看我这个候选人与这种新闻工具配合得如何,然后定出究竟哪种拍摄方式更为见效。他们分析了每一个镜头,认为场面越自然我应付得越好。在这一见解的基础上,决定我应广泛利用问题解答的形式,不仅在记者招待会以及有学生们参加的公开提问会要用,而且,在我出钱买下的政治节目中也要用。

  在竞选运动中,逐步形成了所谓"舞台人物"手法:让我一个人独自站在舞台中心,四周没有摆设,外围则是层层听众。我就在这种舞台设计的场面中接受普通公民的提问,有时候提问者里也有一些地方报刊的记者。[①]

  这段话无须再加分析,意思已经说得相当坦白而清楚了。

重点防范不合理的宣传性现象

  这里我们要提出:重点防范不合理的宣传性现象,它可以说是记者了解事实或了解事实真相的"天敌"。

  不仅在西方国家,就是在我们社会主义国家,不合理宣传性现象同样存在,不合理的宣传性现象欺骗了记者,记者又去欺骗受众,确实危害新闻事业和整个社会主义事业,这也是确定无疑的。1958年大刮浮夸风,十年动乱制造现代迷信,不合理宣传性现象的恶性膨胀,两次给我国带来灾难性的后果。这当然有更深刻的历史和政治原因。但这并不是说,没有那

[①] 见商务印书馆出版的《尼克松回忆录》上卷,第391~392页。

类原因不合理的宣传性现象就不存在了。不合理的宣传性现象的出现，有深刻的传播原因和社会原因，它是传播原因和社会原因结合的结果。从新闻传播角度考察，是传播与被传播矛盾的一种表现。既然传媒对社会生活有极大的干预作用，那么社会中的某些主体也必然会对传媒进行干预和利用。制造不合理的宣传性现象可以看作是一种有效的干预和利用。从社会原因看，总是存在着某些主体，或者由于观念上的错误，或者想用不正当的手段达到不正当的目的，干弄虚作假的事。有的人出于虚荣心，在接待外人或外国人参观时，总好制造一些不合理的宣传性现象，为自己涂脂抹粉；有些地方和部门的干部，为了夸大和制造政绩，为骗取荣誉，制造不合理宣传现象蒙蔽记者，然后利用记者的报道达到欺骗上级和群众的目的；更有甚者，中央领导同志到一些地方考察或视察的时候，当地官员，有的是为了美化现实，有的是为了掩盖问题，有的是为了迎合领导，精心策划了不合理的宣传性现象蒙骗党和国家领导人。中央领导同志看到的听到的情况根本不是实际情况，而是他们制造的宣传性现象，不仅使深入实际走了形式，而且很可能误导中央的决策。我们的随行的记者如果不加分析地把这种情况报道出去，更造成了恶劣的社会影响。市场经济的负面作用也刺激了不合理宣传性现象的发展。搞假冒伪劣，把自己的劣质产品贴上人家的名牌商标，就是典型的不合理的宣传性现象。虚假广告，是不合理的宣传性现象。卖各种东西，找各种所谓的"托儿"，让这些人夸产品，夸疗效，都是不合理的宣传性现象……

不合理的宣传性现象的出现，也有传媒自身的原因，记者自身的原因。错误的宣传路线和记者的不正之风，都可能忽视、默认、欢迎，甚至和采访对象共同制造不合理的宣传性现象。记者为了获取自身不正当的私利，常常帮助采访对象粉饰事实，这并不是很少见的。记者采访过程中，由于业务或技术上的原因，也会导致不合理的宣传性现象的出现。例如，提问的不恰当或者镜头前的紧张，一位很能讲话的人可能变得结结巴巴、不知所措。

不合理的宣传性现象，有其相当的顽固性。可以说像杂草一样，有庄稼苗，就会长杂草。2008年陕西农民周正龙拍摄虚假的华南虎照片，说发现了野生的华南虎，当地的林业主管部门为此专门开了新闻发布会。网民指出照片是假的，最后还是一位网民找到了与照片中的虎完全一样的年画虎的图形，才最终证明了弄虚作假的真相。但是，当地主管部门还迟迟不认账，迟迟不纠正。更令人深思的是，就在这个事件还在炒得火热的时候，湖南一个旅游部门的领导为了吸引游客，把动物园喂养的老虎放到野山里，让一位记者拍摄录像，也说他们那里发现了野生老虎。制造不合理的宣传性现象者可谓"前仆后继"。

真实性是新闻的底线，是新闻的生命。记者必须首先维护这个底线，维护新闻的生命线，必须在采访中重点防范不合理的宣传性现象。

其他分类

上面已经说过的是这样两种分类：

一、按照材料来源和传递分类：

```
         ┌─ 第一手材料
材料 ────┼─ 第二手材料
         └─ 第三第四手以上材料
```

二、按照认识阶段分类：

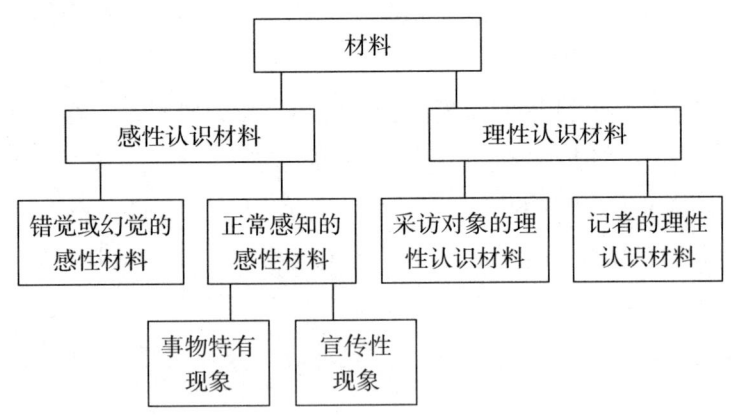

其他的分类还可以有：

三、按可靠性分类：

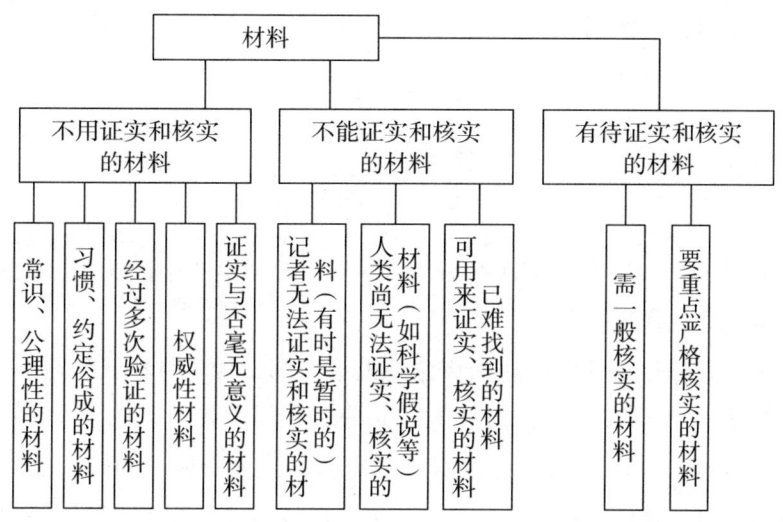

从表中可以看出：除去不用和不能证实与核实的材料以外，都是有待证实和核实的材料。这种材料在采访中是大量的，如果不分主次，平均使用力量，"一律看待"，必然使证实与核实工作变得烦杂浩瀚而不得要领。因此，必须把这类材料再分为两类，首先着眼于那些需要重点、严格证实与核实的材料，这类材料一般应该是事情的焦点、关键点、争执点等等涉及事实的性质、进程、结局、意义等重要材料。有时，一旦这些材料获得证实与核实，那些一般性的材料的证实、核实问题，也就迎刃而解了。关于核实问题，我们要在后面专门讨论。

四、按反映事实的侧面分类：

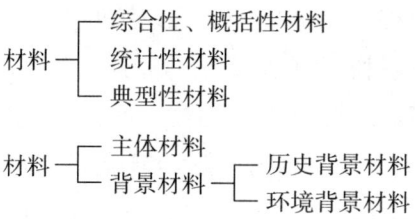

"背景材料"是一个含义相当不固定的词儿。除了与主体材料相对的历史背景、环境背景的意思之外，还有同公开的、正式的、表面的材料相对的内部的、非正式的、隐藏的材料的意思。因此，我们要区分语言环境，注意它在不同情况下的不同含义。

五、按材料的作用分类：

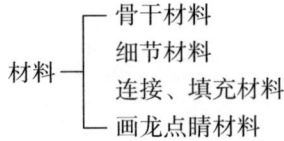

这里说的"作用"包括两个方面：一是在勾勒事实中的作用，二是在表现报道主题中的作用。

如果把一篇报道比作一座房屋建筑的话，那么骨干材料就是它的主要构件，如柱子、大梁、墙体等等；连接、填充的材料，就像是砌墙用的砂子灰、"填馅"的碎砖头等等；那些"高级"的楼堂，还会有雕梁画栋、锦绣屏风、玲珑灯盏等等，这些就是细节材料；殿堂门口的匾额、商店门口的招牌等等，可以称作"画龙点睛的材料"——它们可以把主题思想、事实最主要的含义，一下子鲜明而突出地表现出来。

当然，还可以有更多的分类方法。

这些分类之间的关系不是并列的，而是从不同角度、为了不同的目的进行的。

记者的采访活动是一种有独特目的的劳动，又是一种综合的、复杂的、必须是高效率的劳动。不仅他面对的劳动对象——材料是五花八门的，而且，材料的加工，也是多道"工序"、多种"工艺"的。对材料的各式各样的分类，正是适应这种情况而出现的。当记者考虑通过什么途径获取材料的时候，他必须明了第一手材料、第二手材料、第三、第四手以上材料的分类，必须懂得直接性材料和间接性材料各自的长处与短处，避免任何一种片面性；当记者对他接触的材料进行分析、思考的时候，他必须懂得感性材料和理性材料的区别，必须善于辨别六种不同的现象；当记者在检验自己为报道某事实是否已获得足够材料的时候，也许使用反映事实不同侧面的材料分类方法，更方便，更不易失误；当记者从写作角度要求采访时，按材料作用的分类，对他就是最有用的了。如此等等。

在实际采访中，这些过程并不总是依次而行的，它们常常是交错在一起的。很可能记者刚刚开始采访的时候，碰到一个很好的材料，他就想：这是个画龙点睛的材料，我把它用在报道的开头。或者当他区别六种现象的时候，也要考虑一下如何更多地取得第一手材料……因此，机械地按照这些分类去采访是不现实的；但也正因为如此，脑子很熟悉这些分类，并且在采访的某一小阶段按照这些分类检验自己的材料和工作，将是非常有益的。心中无数是搞不好采访的，这样的记者，就像一个外行的采购员，花了很高的价钱，买来的却是经过多次转手的次货，规格品种也不配套。

材料加工的基本要求

采访不仅是采集各种材料的过程，也是对这些材料进行加工的过程。记者的头脑是材料的加工厂。而且必须是"自负盈亏、独立核算"的加工厂。直觉并不等于感性认识，即使把事物的各种外部现象联系起来，认识事物的外部联系，也是必须经过思考的。感性认识本身也是有一个由低到高、由开始到完成的过程的。认识事物的内部联系，从感性认识飞跃到理性认识，或者不断深化自己的理性认识，则更是必须经过头脑思考的。

头脑是加工厂——这一点，采访中的记者同其他类型的认识者并没有区别。他们之间的区别在于加工后所出的成品不同：艺术家是创作的灵感，法律学家是法律的规范，理论家是对客观规律的抽象，等等，而采访中的记者，他的成品是"事实"——准确地说，是对事实的认识。（这里仅仅说是"对事实的认识"，记者的最后成品是"对事实的报道"，但那已经又加上了写作——表达的功夫。所以，就采访而言，主要是完成这种认识。）

那么，衡量这种产品的标准是什么呢？凭什么判断它是成品、是次品、是废品呢？一般说，这种产品的规格包括三项要求：

一、真实性。认识要符合现实情况，不是虚幻感觉，不是主观臆断。

二、完整性。不是残缺不全，不是割断各个环节、部分之间的有机联系。

三、深刻性。要触及事实的本质，它的实际意义等，不被假象和不合理宣传性现象等所迷惑。

事实的七个要素

为了实现这三项要求，我们必须仔细研究一下事实，分析它究竟是由哪些要素构成的。在数学上，两点可以确定一线，三点可以确定一面，三维构成空间，那么，有几个什么要素可以确定一个完整的事实呢？辩证唯物主义认为，世界归根到底是运动着的物质，时间和空间是物质存在的基本形式。那么，从哲学上说确定事实的基本要素至少要有 4 个：时间、空间、行为主体、发展过程。在新闻学上，前人已经把这些要素具体化为 5 个"W"：何时（When）、何地（Where）、何人（Who）、何事（What）、何因（Why）。后来又加入一个"H"（How）：怎样。此外，还应当加入一个"M"（Meaning 意义），取其"实质意义""本质"的意思。就是说，一个完整的事实，必须包括 5 个"W"一个"H"一个"M"这样 7 个要素。

这 7 个要素之间是怎样的关系？为什么非要加入"M"这个要素不可？对"M"这个要素应该怎样认识？

"何时"（时间）、"何地"（空间）的要素，无须解释。

"何人"是新闻事实的行为主体，分两类：一类是个人主体，一类是"非个人"主体，诸如社会的某团体、某机构、某会议、某军队等等。

"何事"在这里是"何事物"的意思，即哪一类事情，而不是"何事实"的意思，因为整个 7 个要素才解决"事实"的问题。

"何因"是事实各要素之间的内部联系，也包括事实之间的因果联系，如事实 A 导致了事实 B。例如，经过春天和夏天的辛勤劳动，导致了秋季获得了丰收。

"怎样"（H）是指事物发展过程采取的形式，主要指其特殊的形式。例如，今年从种到收都是在联产承包责任制下进行的；企业如何实施质量战略、品牌战略和营销战略等等。

"意义"（M），是贯穿于上述 6 个要素之中的，它与上述 6 要素不是并列关系，它是指在发展过程中表现出来的事物的本质，这件事实的实际意义。它与"何因"不同，"何因"是指不同事实要素之间的联系，以及不同事实之间的联系，而"意义"则是指同一事实中现象和本质之间的联系。

为什么必须加入"M"这个因素？因为前6个因素,5个"W"一个"H",主要指的是事物的现象,即事物的外部表象和外部联系,而完整的事实,必须是现象和本质的统一体。本质这种东西,虽然不能直接感觉到,需要经过人们的达到理性的思维才能认识它,但是,对本质的理性认识和本质本身绝不是一回事儿,本质是客观存在,它存在于客观事实之中,是事实的不可缺少的组成因素。某事物之所以呈现这些现象,之所以采取这种形式,走过这样的发展过程,大都同本质密不可分,主要是由本质决定的。事实是由现象组成的,但单纯一些现象绝不就是事实。整体不等于部分简单相加,事实不等于各种现象的罗列堆积。在自然界,同样是碳元素,由于其分子结构不同,可以形成性状极不相同的煤、石墨、金刚石等等,在这里,起作用的是这些碳元素之间的关系。在社会中,1个杀人者,1把刀子,1个被杀者,同样的这3个因素,却因其联系不同,呈现出事件的不同性质。脱离开本质单纯谈论现象,人们常常很难恰切地勾勒这个事实,甚至无法说它究竟是不是事实。

现象和本质的对应性

现象和本质的对应性是一个哲学概念——事实只是现象与其相对应的本质的统一体,不是现象同任何所谓本质的统一体。关键的是要从实际出发,从实际存在的事实出发,要搞清楚眼前的现象是和哪种本质相对应的,绝不可抓住片段的现象就同自己想象出的"本质"挂起钩来。把彼此不对应的现象和本质联在一起等于随意炮制"事实"。

例如,因原料不足而经常停工待料的那个队办工厂,当记者参观的时候,看到的却是机器飞转的紧张劳动场面。请问记者看到的是不是事实呢？如果说不是事实,那么,机器飞转的场面难道不是确实存在吗？如果说是事实,那么,许多记者不正是因为被这种现象所迷惑而写了不真实的报道吗？——离开本质而谈论事实,就会出现这种奇怪的现象。

但是,当我们运用"现象和本质对应才是事实"这个观点来分析,这个问题就立刻迎刃而解了。

例如，前面说到的某家队办企业：

"机器飞转"的现象——该企业欣欣向荣的本质——现象和本质不对应——它只是一种不合理宣传性现象，记者看到的并不是事实；

"机器飞转"的现象——该厂领导弄虚作假的本质——现象和本质两者相对应——记者看到了他们弄虚作假的事实。

再例如，前面说到的东方化工厂：

"鸭子在污水净化池里面游"的现象——该厂污水处理很好的本质——现象和本质不对应——它是不合理的宣传性现象，记者看到的不是事实。

"鸭子在污水净化池里面游"的现象——该厂领导弄虚作假的本质——现象和本质相对应——记者看到该厂领导弄虚作假的事实。

同样一个现象，对一种本质它可以构成事实，对另一种本质它只是宣传性现象，其原因就在于现象和本质之间是否对应的问题。

现象和本质的相对性

某一个事实，固然本身有其特有的本质，但在更大的范围内，它又仅仅是一种现象。也就是说，在一定范围内的本质确定的事实，在另一个范围内则可能成为另一种本质的现象——可能是正象，可能是废象，也可能是歪象。

一个青年持刀行凶，对于构成本人犯罪这个本质来说，这当然是事实，但是，若就我国青年目前状况这一社会问题做出某种本质性的结论来说，它又成了现象，也就是说，对于它所反映的社会本质，这时仍需做进一步的探讨。或者它是带普遍性的问题，反映了社会上值得注意的动向；或者只是一个偶然性现象，等等。这种由于现象与本质相对性而产生出的现象与事实互相转换的情况，记者在采访中是经常遇到的。最容易犯的毛病是把对某种本质只是现象的材料即当成确凿的完整的事实。

人们经常引用列宁的这段话：

在社会现象方面，没有比胡乱抽出一些个别事实和玩弄实例更普遍更站不住脚的方法了。罗列一般例子是毫不费劲的，但这是没有任何意义的或者完全起相反的作用，因为在具体的历史情况下，一切事情都有它个别的情况。如果从事实的全部总和，从事实的联系去掌握事实，那么，事实不仅是'胜于雄辩的东西'，而且是证据确凿的东西。如果不是从全部总和、不是从联系中去掌握事实，而是片段的和随便挑出来的，那么事实就只能是一种儿戏，或者甚至连儿戏也不如。①

很明显，在现象与本质完全对应的有机统一的范围内，事实就是胜于雄辩的；如果现象与本质并不对应，对某种本质来说，某个事实只是一种现象，而你却把这个现象等同于完整的事实，那么，这只能是一种儿戏。

1976年，在所谓"反击右倾翻案风"当中，"四人帮"控制的舆论工具，搞的正是这种"儿戏"。

例如，1976年1月3日《人民日报》头版刊登长篇报道：

文化大革命推动科学技术蓬勃发展

工农兵群众和科技人员沿着毛主席指引的方向，坚持科研为无产阶级政治服务，为工农兵服务，与生产劳动相结合，开门办科研，取得新成果，有力地驳斥了"今不如昔"的谬论。

这篇报道的确还举出了一些事实，如小麦、水稻单倍体育种成功，西藏高原小麦获得高产等等，这些科研项目的进展，就其本身来讲，当然是事实，但是，用它们来说明"文化大革命"的正确和及时，它们就变成了偶然性现象，甚至可能是假象。从这些现象决然得不出标题所标出的"本质"来。"文化大革命"期间我国科技事业遭到的极其严重的摧残，现在已是毋庸置疑的事实了。

---

① 见列宁：《统计学和社会学》，载《列宁全集》第二十三卷，第279页。

现象真实和本质真实

真实是新闻的生命。新闻的真实与文学的真实是不同的。文学的本源是事实（或生活），但其内容却是虚构的。新闻的本源是事实，内容也必须是事实。

新闻真实性，最早是西方新闻工作者提出来的。这是他们对新闻规律正确认识的反映。真实性的原则，我们同样应该坚持。在我国，曾经有人主张用党性代替真实性。他们不懂得不承认真实性原则，实际上也就等于否定了新闻的最基本的原则，也就无所谓新闻是事实的报道了。

但是，在如何认识和贯彻真实性的问题上，在真实性原则的阐述上，一直存在着不同意见的争论。有一种甚为流行的意见，只是笼统地提事实的真实，没有或不愿进一步分析事实的两个方面——现象和本质及其相互关系。但是，我们在新闻实践中看到，不能正确理解和处理现象和本质之间的关系，正是造成新闻不真实的认识论上的一个根本原因。马克思主义以前的哲学和西方哲学，都没有正确解决现象和本质之间的关系问题。康德片面夸大现象和本质之间的对立，否认它们之间的统一。他认为人类只能认识事物的表面现象，而事物的本质是"自在之物"，是根本不可能认识的。现代实用主义、存在主义等哲学流派，则否认自然界和社会中的各种现象之间存在着客观的合乎规律的本质的联系。他们让人们的眼光只停留在、局限在事物的个别方面、表面的现象上面，而不必深入到实质。应该说，这种实用主义哲学观点，对西方新闻学影响极大，这就为某些记者抓住表面现象，歪曲事物本质，打开了方便之门。

马克思主义哲学在人类历史上科学地提出了现象和本质这一对哲学范畴，并正确地阐述了这两者之间的关系。毛泽东据此提出了人们在实践基础上的两个认识阶段，即感性认识和理性认识，从而建立了科学的认识论。为了正确贯彻新闻真实性原则，必须应用马克思主义哲学原理进一步阐明：新闻报道的真实性是现象真实和本质真实的统一。

对于这个问题，新华社林枫同志曾有过一些论述。他认为：

> 新闻报道的现象真实，是指报道符合事物的外部表现。也就是说，报道要确有其事，时间、地点、人物、事情等等，要符合实际情况。

新闻报道的本质真实，是指报道抓住了事物的本质，揭示了内在的实际意义和事物的发展规律。

他还认为：记者采访，第一步是对事物的感性认识，要求做到现象真实；第二步是对事物的理性认识，要求做到本质真实。①

应该说，这些论点是基本正确的，而且把真实性的要求同采访实践紧密结合起来，对如何贯彻真实性原则有切实的指导意义。当然，他关于本质真实的阐明有些绝对化，需要做出一些修正。这一点，后面将加以说明。

对现象真实和本质真实的提法，有人提出否定性的意见。② 这些同志的论点是否正确呢？

一、他们认为，"现象真实""本质真实"这种提法本身就不成立。"本质是事物内部的规律，是抽象的东西，不存在什么真假问题，而是是非问题。""'现象真实'这个提法，本来就是相对于'本质真实'提出来的，'本质真实'不成立，'现象真实'也失去了意义。"

这种论点是不对的。本质、对本质的认识、本质真实，这是三个不同的概念。事物的现象和本质都是认识主体之外的客观存在，不依人的主观意志为转移；本质作为一种客观存在，既无真假问题，更无是非问题。人的认识才有真伪问题，论理才有是非问题。真实与否是指人们认识同客观事物的关系而言，相符合即真实，不符合即不真实。"现象真实"和"本质真实"，即要求记者的认识和报道不仅要符合事物的外部表象，而且要符合事物的本质，这些完全是顺理成章的。"本质真实"不是指客观事物的本质是否真实，而是指人的认识要符合事物的本质。"本质是非"又是什么意思呢？本质自身有什么是非可言呢？它是客观存在呀！因此"本质是非"恰恰是含义不清的。其实，真实是比是非更基本的东西；否定了真实也就否定了是非，因为，真实与否常

---

① 见林枫《关于新闻真实性问题的研究之三》，载新华社《新闻业务》活页版，1980年7月1日一期。

② 见复旦大学《新闻学研究》（油印本）第11期，第13页，《王中教授对研究生的谈话》。见新华社《新闻业务》（活页版），1980年11月17日一期；长辰：《"现象真实"和"本质真实"的提法应当废弃》，第75页。

常就是判断是非的基本的客观的标准。

研究一下新闻工作中的真实性的差错，就可以看出，它们虽然形形色色，但归纳起来，无非两大类：一类，现象上的不真实，造成事实差错，如记者把英国外交官错当成联合国秘书长哈马舍尔德，发出失实的报道，就是这一类；另一类，本质上的不真实，造成事实差错。如果记者没有看破那个队办企业的"机器飞转"是不合理宣传现象，报道那里社队企业的经验，同样也是失实的报道。当然，还可以说有第三类：现象和本质都有不真实。所以"现象真实""本质真实"，是从新闻工作实际中概括出来的概念，不是凭空制造的，而且是用之有效的。

二、他们认为，"本质真实"论的错误，就是按照既定的所谓"本质"去寻找事例以"印证"其"正确性"，所以本质真实这种提法容易被人利用。他们举例，如林彪、"四人帮"横行时期，就经常利用"本质真实"，搞了不少浮夸的东西。也有人利用"本质真实"压制批评，被批评的人常这样问：这难道是我们单位的本质和主流吗？

这些论点也是不妥的。一个理论正确与否，不是按照它被误解、被歪曲、甚至被别有用心地利用以后的情况来判断，而必须按照它的本意来判断。按照框框（所谓的"本质"）找例子，不仅不是"本质真实"的本来含义，恰恰相反，它正是违背"本质真实"的。因为按照正确的解释，本质真实是"来自"现象真实，怎好凭空先捏造一个本质呢？脱离现实既定的"框子"，并不是我们说的"本质"，而是错误的观点和理论。再者，事物的现象都同本质有一定的关系，事实都有自己特定的性质，怎能随意去"证明"某一个"本质"呢？正是抽掉了事实的本质——它本身的性质以及它同周围事物的联系，"事实"才有可能像一个没有"灵魂"的躯壳，任人随意摆布！

三、他们认为，"要求所有的新闻都反映出事物的本质，达到所谓'本质真实'，既不必要，也不可能。""急于或硬要反映事物的本质，往往搞错。20世纪50年代匈牙利发生政变，纳吉上台。新华社第一天报道就是客观地告诉人们世界上发生了这样一件事。第二天报道说纳吉是个好人。第三天又说纳吉是个反革命。"问题就在于急于报道本质。

这个观点恐怕是不全面的。

新闻真实性，作为一个原则，它是个总体的要求，"本质真实"的要求，当然应适用于每条新闻,但是,具体实现,又应当允许有很大的差别。

新闻真实性原则,应该被理解为禁止性原则,即它要求新闻报道不违反现象真实和本质真实,而不是要求每一条新闻都必须完整地反映出事物的本质。这就是我们对林枫同志观点的一点补充和修正。

有一类新闻,它的任务就是只报道现象,至于这些现象的本质,一般读者并不需要它,如天气预报和关于气象的报道(普降喜雨等等),就是这样。

有一类新闻,采取连续报道的方式,它们报道的事实是正在进行之中的,本质尚未充分暴露的。上面说的匈牙利事件,正是这种情况。本质真实的要求对这样的报道是从总体说的,而对其中每篇报道的具体要求应该有所不同:在开头的报道,主要要求它不违反本质真实,即在现象尚不充分,本质尚未充分暴露时不要轻易下结论。新华社在匈牙利事件第二天发出的报道和第三天发出的报道,正是在这方面犯了错误。在随后的逐步深入的报道中,则主要要求它在可能做到的范围内真实地反映事物的本质。如果相当长时间内,事物的本质都暴露不清,那么记者也不能"急于结论"。

有一类新闻,它所报道的是现象和本质之间联系比较直接、比较明显的事实。这类新闻往往只需写出事物的现象,读者自己就可以得出对这个事实的本质的明确认识。例如,交通事故等比较简单的事件,就属这一类。这种情况不应被误解为"本质真实"在这里不起作用。

有一类新闻,它们报道的是比较复杂的事件和非事件性的事实,而且是概括性、综合性的报道,这就必须在本质真实方面提出较高的要求。当然,在同样符合本质真实的情况下,在深刻程度上是允许有差别的,有的肤浅些,有的深刻些,但不能说一个不真实,一个真实。新闻报道同事物的本质有四种关系,怎样使用"本质真实"原则加以衡量,可以用下图表示:

① 报道歪曲了事实的本质	② 在材料不充分的情况下,对事实的本质妄下结论	③ 报道只提供现象,对本质不予涉及或采取很慎重的态度,不下结论	④ 报道对事实的本质做了真实的反映。深刻程度可能有所不同
违 反 区		符 合 区	

图(四)

从图(四)可以看出,如果认为真实性是必须做到什么的肯定性原则,那么第③种情况,就会被认为是不符合真实性了。

如果把真实性理解为不许做什么的禁止性原则,那么,它禁止的只是第①②种情况,第③种情况就可以认为是符合真实性原则的。

材料加工的基本方法

优秀记者,在采访刚刚结束的时候,就可以拿出出色的报道;蹩脚的记者,采访已经结束了好长时间,还在那里消化材料、补充材料,甚至埋在材料堆里爬不出来。这很像管理仓库,好的保管员在货物进库的时候,就做了各种加工,把它们分类,做好标号,需要包装的做好包装,需要洗刷的进行清洗,易腐的装入冰箱……一旦要用,各样材料伸手可得。那些不负责任的或无经验的保管员,进货时只管进货,各种东西,不论是日用百货,还是粮油副食,统统胡乱堆放在一起,仓库成了大杂烩、一锅粥,有时要用个什么材料,找起来比现进货还要难。

材料采集和材料加工两者是密不可分的,必须互相结合、同时进行。这是记者采访工作的一个特点。记者面对的材料是很不确定的:已经收集到的材料是否有价值?已经确定的掘进方向对不对?已经掌握的材料是否充分?等等,都需要对材料做某种加工以后才能确定。

让我们从一个具体事例,来看这个问题。

1979年1月4日《工人日报》发表了《一个女工的申诉》的读者来信,同时发表了该报记者的调查附记,为一位受打击的女工鸣了不平,收到好的效果。根据来信进行调查,一般是比较简单的采访。现在让我们分析一下这次采访的过程,看一看材料采集同材料加工的关系。左侧是记者的叙述,右侧是我们的简要分析:

| 我在调查落实那位女工申诉的时候,各种说法都有。同情女工的,把车间主任说得一无是处;讨好车间主任的,说得仿佛根本没有那么回事。我不管别人怎么说,只有一条老主意:拿事实来。 | 材料各式各样,而且互相对立,不分析怎么行? |

那个车间主任是不是打击报复，其中有一个主要问题是书的来历。车间主任说女工偷了书，女工不承认，说那书是内部卖时买的，还有许多工人证明。如果单凭感情处理，这就够了。因为：第一，在发现所谓女工偷书以前，厂里确实卖过一批同类书籍；第二，女工确实买了，有票证可查；第三，那天女工将书带进车间时，向左右一些工友打过招呼，在场人说明确系事实……可是冷静一想，既然这样简单，厂党委书记（不是打击女工的车间主任）为什么还相信书是偷的呢？

于是我找到党委书记。他告诉我，工人印书是三种纸张，根据三种纸出库进入印刷车间的秩序和时间，到厂里卖书时，那种纸张根本不能成书。我到库房和印刷车间查询记录，三种纸张流动情况，和党委书记说得一点不差。"还是应当相信党委书记。"这在感情上和事实上，都是说得过去的。可是冷静又一想，他是怎么知道那"偷"的书是哪一种纸呢？一问，是化验出来的，且有化验单为证。按照情况，到此偷书是无疑的了。

不想那位女工哭诉道，化验单上捣了鬼。这一下该信谁呢？信女工吧，化验单明明盖着化验单位的戳子。信党委书记吧，女工又说是假的。思来忖去，谁也暂不相信，亲自再化验去。化验结果，那种书三种纸张都有。为了进一步证明这个事实，又请印刷车间和装订车间老工人座谈。原来由于装订中折页和配页等工序的速度不一，纸张赶前错后的情况是经常发生的。到成书时，各种纸张早已混在一起了，这个事实，一下就将党委书记的根据全部否定了。而女工的申诉却是无法否定的。

记者说的"冷静一想"，这就是分析，对已经得到的材料的一种"消化"。在关键的地方，常常需要从两方面想一想，既从正面，又从反面想想。

记者的思考，推动了采访的进一步深入。

又是"冷静又一想"——对已获得的材料进行研究，于是进一步获得了物证材料。至此，两种对立的说法，都有物证。怎么办？

深挖、分析、比较，终于辨认出真伪，从而去伪存真，得到了正确的认识。

最后水落石出，终于得出了公正的结论。[①]

从这个事例看，记者采访每深入一步，获得新的材料，都离不开对已获得的材料的加工——分析、思考、核实、归纳等等，并据以做出某些判断和推理。

材料加工方式是多种多样的，有采访时的思考、每天的笔记整理、阶段性的材料整理和分析、最后的总的组装，等等。

材料加工总的原则，正如毛泽东同志在《实践论》中提出的，即"去粗取精，去伪存真，由此及彼，由表及里。"做起来，可以有这样几个程序：

1. 对所有的已获得的材料进行分类，这个问题，前面已做过论述。这是总体分析。

2. 对单个材料，起码是较为重要的材料，进行分析。这是材料的个体研究。

3. 按照弄清事实的需要，把一些材料加以比较，以识别真伪、粗细、优劣。

4. 按照报道事实的需要，把一些材料彼此联系起来，综合成一个有机的材料整体结构，最后形成报道。

如何在采访活动中体现上述各原则，实现这些过程，我们提出了十条基本采访方法，将在本书第四章专门进行详细讨论。

这里只谈一下材料核实问题。

核实是采访的重要组成部分

材料采集必须和材料加工同时进行，而核实可以说是一种最优先、最重要的加工。如果材料的真实性尚不能判定，那么其他一切加工、分析，都可能成为空中建楼阁。

采访是收集材料和排弃材料的辩证统一的过程。不收集无所谓排弃，不排弃也不能更有效地收集，不排弃粗、伪材料，也达不到收集材料的本来目

[①] 见唐正学：《动之以情始，处之以节终》，载《工人日报通讯》，1980年8月号。

的。相当多的记者把核实只写成是采访写作完成之后，公开发表之前的最后一道工序，这是错误的认识和危险的做法。最后一次的"小心求证"，在许多情况下，并不能尽皆弥补整个"大胆假设"式的采访和写作所留下的漏洞，有经验的记者都知道，有的材料，采访时不核实，事后很难核实，某些很快消逝的、而又可能不被他人注意的现场活动或情况，如约翰·里德随起义者攻入冬宫后见到的临时政府会议桌上的情景，就是这样。若不是记者，谁会仔细注意桌上纸张上画的那些毫无意义的几何图形呢？

需要指出的是，就是这样的最后一道工序式的核实，许多时候还成了不合格的"例行公事"，根本起不到核实作用的"核实"。

例如：

一、向提供消息的本人"核实"。

1980年1月2日新华社播发了消息《表达对台湾同胞和蒋军官兵的深切关怀和节日慰问，福建军民向台、澎、金、马海飘或空飘节日礼品》。消息播发以后，福建部队有关部门赶忙告诉新华社，飘送礼品原曾做过决定，后考虑某种原因，决定推迟进行。所以，新年并没有飘送礼品，报道失实。为什么会出现这种情况呢？原来写稿的是部队的一位干事，他参加了决定飘送礼品的会议，却没有参加改变原决定的后一次会议，而新华社在播送此稿以前，只送给稿件作者本人审查，没有送给部处领导机关审查，于是出现漏洞。①

核实，一般说只能用其他的材料来证实、核实需要核实的材料，绝不能自己证实和核实自己。自己证实自己就等于在法庭上让指控人当证人，把需要证明的东西就当成了证实自身的东西。

二、用更少直接现实性的材料证实或核实更多直接现实性的材料，在情况传递链条上，用远离事实的材料去证实、核实更接近事实的材料。这是"倒行"现象。

---

① 见《新闻业务》，1980年1月27日，《增刊》第3期。

1979年2月16日《人民日报》刊登一篇报道《为实现四化奋发学习——记四川化工厂青工×××的事迹》，不久，该厂工人来信反映，报道夸大、失实，批评记者没有深入调查，"只听本人吹嘘"。

记者这样叙述了他的采写与核实过程：

去年10月中旬，我结束了四川化工厂采访，在返回成都的途中，川化青年工人×××顺路搭车进城。开车司机说，×××是他的侄子。沿途我们广泛地交谈到国家四化的前景，厂里评奖情况，以及青工的思想情况和学习、生活等情况……他还介绍了自己怎样安排好小家庭生活，挤出点滴时间自学微积分，怎样学习技术，搞好设备维修，每月得奖等情况。当时，我感到这个青年人有头脑、有抱负、认识不错，反映了年轻一代的志向。对×××说的话，我深信无疑。因为他说的有思想、有事实，而且是在他叔父面前讲的。（这些绝不能成为记者"深信无疑"的理由。——引者插入。下同）

11月底回到北京以后，有的同志建议把它写出来，但×××本人能不能宣传，我心中无数，于是12月初我给四川化工厂党委宣传科长打了长途电话，（打电话核实一两个细节是可以的，要了解一个人，是"危险"的，况且是长途。）询问了有关×××的一些情况……宣传科长经过了解，给我回了电话，他说，×××可以宣传，属于中上，肯钻研技术，从去年4月评奖以来至11月，一直拿奖金。听到他的这个回答，我心里比较踏实，在写稿期间，我第二次给川化党委宣传科长去电话，就稿子具体内容同他进行了核实。例如，×××说他维修的设备件件优良，我问宣传科长是否可以这样说，科长说，改为件件合格好些。发稿前，我又打电话找科长，没找到，只好打电话给四川分社一位记者，请他代为了解情况。他后来回电话说情况没有变化。①

从记者叙述的过程，我们可以发现几个漏洞：（一）记者在采访时"先天

---

① 见新华社《新闻业务》活页版，1979年10月27日一期。

不足",可谓把"道听途说"信以为真。(二)核实的内容不具体、不全面。先是核实本人表现,并不是核实报道的内容;后来虽核实了部分内容,但电话之中,很难确切详尽。(三)也是我们在本条着重说的,记者用宣传科长的话来核实报道对象谈的情况,常常不容易核实出问题的。因为,一个大的工厂有几千甚至上万名工人,作为领导部门的干部,一般对一个普通工人,特别是他的具体事迹,是很难有直接的、确切的了解的,他的看法本身有多大的可靠性?他当时赶着询问来的材料又是几经转手,又有多大的可靠性?用本身就不甚可靠的材料作为标准,来核实另一个材料,其有效性当然是值得怀疑的。如果向整天和报道对象一起劳动的工人了解,恐怕要可靠的多。材料的可靠程度不是以职位高低来衡量的。

三、把审查当成了核实。记者写好稿子以后,还要送给当地领导机关或领导同志审查。应该说,这会起到一定的核实作用,但也只是"一定的"而已。许多领导同志,虽在当地或本单位工作,但对许多情况的了解,常常并不如身临现场的记者。(这是情有可原的。)让领导同志看稿,只是在全局性的问题上能够得到较为权威的印证,至于细节上的真实与否,十之八九他们是看不出来的。如果记者在采访过程中不注意核实,只是稿子写成之后送给当地(或有关部门)的领导审查,事实出了差错,记者一退六二五,这是不负责任的表现。

四、"同级"材料的彼此"核实"。这种核实,不是莫衷一是,就是不起作用。瞎子摸象,彼此都用片面的第一手材料互相核实,结果争论不休。只有用"全象"来核实他们每个人的认识,才能见个分晓。采访哈马舍尔德到达非洲消息的记者们,在他们看到"秘书长"下了飞机赶忙跑去发电讯的时候,也曾互相"核实",但他们也都是"同级"材料,核实变成了无意义的过程。如果他们有一个人询问一下机场有关工作人员,从那里来核实自己见到的情况,这个大笑话很轻易地就可以避免了。

核实的具体方法因材料不同而千变万化。基本的核实方法有:

(一)溯本求源。记者在采访中了解的材料,常常是经过几次转手的。为了核实这些材料,记者要尽量追到它的源头。例如,引文要看原书、原件等原始材料;要尽量找到具有第一手材料的人,核实几经传递的情况;记者采访时要尽量赶到现场,把采访和核实在现场结合地来,等等。马克思写作《资本论》引用别人的材料和著述时，一律都要找到原著、原出处，以致他的最机敏、最挑剔的论敌，也找不出他在这方面的疏忽。①

（二）寻求物证。就一般情况而论，口头材料的可靠性不如文字材料，文字材料的可靠性不如物证材料，因此，如果有可能，记者就要寻求物证材料，用物证材料核实其他材料。当然，物证材料也存在真伪问题，有时核实工作还要包括对物证材料的考据工作。用仓库里的实物核实会计的账目，用城市里的新起的建筑核实该市领导关于城建的报告，都属于这种方法。

（三）多方证实。如果事实已经过去，也没有留下足以说明问题的物证，这时就需要采取多方证实的方法。各种材料、各种人的材料、各种时间的材料在某一事实上，说法是否一致。若一致，基本上就算得到了证实。几条不同的线相交于一点，这点就是比较确实的了。当然，要注意这种证实中的假象，如证实的各方互相串通，"多方"实为"一方"；证实者受到外界压力，不敢按照事实本来面貌说话等等，特殊情况下，多数人讲了假话也是有的。"四人帮"搞什么"一人供，信；二人供，定；三人供，抓"的方法，造成了大量的冤假错案。这些血的教训，也值得我们新闻工作者引为借鉴。

（四）逻辑判断。核实中，严密地运用逻辑进行判断是决不可少的。光凭外界的材料，而不经过逻辑的推敲，往往搞错，在前面我们引述的那位《工人日报》记者调查女工申诉的过程中，就可以充分看到这种逻辑判断的重要。（例如，只有懂得"书里有这种纸"不等于"书里只有这种纸"这样的逻辑关系，才有可能提出对书籍进行第二次化验，最后弄清真相。）

（五）技术检验。包括对物证材料的化验，成果的鉴定，权威人物的品评，等等。

（六）校正误差。上述种种方法，着重是校正信息接受者方面的误差，即记者的误差。核实有时还包含另一方面的内容，即校正消息来源本身造成的误差。例如，某一采访对象在发表口头谈话时，由于是没有底稿的即兴发言，常常有词不达意或不够恰切的地方。在核实的时候，应该允许对方实事求是地

---

① 见恩格斯的《资本论第四版序言》，那里记述了有关马克思引证的一个故事，《资本论》第一卷，第38页。

加以补充或修改。(当然不是所有的情况下都允许这样做的。)特别是高级领导人的重要谈话，整理好谈话记录以后，应送本人审阅修订。

这些基本核实方法是需要结合使用的，不应该是"单打一"。

在我国，一般情况下，记者的采访工作是受到各方面的支持的，这为记者的核实工作提供了较好的基础。这样，在核实工作中，记者还可以得到各级党组织、政府部门、社会团体和群众的有力帮助，能够完成"单枪匹马"所不能完成的核实任务，保证报道顺利进行。例如，在越南当局迫害华侨的报道中，由于人员流动很大，迫害事件多发生在越南境内，给核实工作带来很多困难。有一次，三四个难侨看到华侨唐十三被越南公安人员拳击棍打，刺了两刀，满身是血。他们对记者说："唐十三是死了。"是不是真的死了呢？尸体在越南领土上，记者无法核实。后来，当地党委组织了20多名干部，用了两天时间，在2000多名入境的难侨中进行调查，结果有一个难侨说他看到越南公安人员把唐十三拖进公安屯，看来可能还未断气。为此，原定举行的追悼大会不开了。记者在报道中也避免了写上不确凿的事实。①

但是，即使精通一切核实方法，对记者来说，都是不够的。因为记者核实工作的难点除了包括一般核实工作遇到的困难以外，更主要的还在于，他要在极短的时间内，核实大量的他们不熟悉的新材料。可以说，没有一种工作像新闻工作这样：记者要在一两小时、一两天，一般最多一两周的时间内，了解大量生疏材料，并且要在很短时间内写出成品。记者如果件件材料核实，那么，等他核实完了，新闻也已经变成旧闻——毫无价值了。也还有这样的情况，记者无法确切核实或证实所用的材料，但还必须报道。例如，关于飞碟的报道，就是这种情况。

为了解决这个看来难以解决的矛盾，新闻工作者们想出了个符合新闻规律的解决方法：注明消息来源，或指出材料出处。某领导人在记者招待会上发布了关于国民经济的许多统计数字，不用说记者必须迅速发稿，就是给再多的时间，记者也是无法核实的。怎么办？在稿件中注明："据某某领导人宣布"就可以了。(他说的，真实性由他负责。)某罪犯的犯罪事实记者是很难

---

① 见陈思《巡边偶记》，载《新闻业务》活页版，1978年12月28日一期。

亲自核实的，怎么办？有时也需要在稿件中写明："经公安部门侦破"，以示记者的根据所在。

当然，记者掌握比较确凿的材料，或者记者本人就是权威性的材料来源，就不需要注明材料出处了。

注明消息来源、材料出处的方式是多种多样的。美国《全能记者》一书曾介绍了几种方式：

  A. 注明消息来源。例如，汤姆市长说，罢工将于明天告终。
  B. 暗示新闻来源。例如，囚犯10名今晨越狱。暗示出处是狱长。
  C. 为了保护某些人或应消息来源的要求，记者不明确地说明出处。例如，记者昨晚从权威方面获悉……
  D. 记者对所有议论性材料务必交代出处。例如，市议员哈克莱宣称，汤姆市长不能胜任他的职务。①

这些意见是值得参考的。我们的记者在报道中，特别是在国内报道中很不注意这个"出处"问题，常常都是记者大包大揽。这种做法，不仅使记者自己有时要承受"不白之冤"，受骗之后还要负担报道失实的责任；也使那些爱讲假话的人有空可钻，讲了假话以后，也可以逃之夭夭。一定要按新闻规律办事。注明材料出处，不仅是增加报道的权威性、可信性所必须，首先是新闻真实性的要求。它既是记者根据新闻工作特点总结出来的"防御手段"，又是"进攻手段"。

对材料认识的归纳

通过以上讨论，我们可以看到：

一、材料是记者采访活动中面对的基本的客观对象。记者的劳动对象是材料。懂得材料的各种分类，懂得各种材料的特性，才能正确地把握和运用它们。

---

  ① 见美国《全能记者》一书。转引自《新闻业务》，1980年5月2日一期。

二、把握材料的特性，关键是认识各种材料中包含着的各种矛盾。矛盾的主线是某种材料和事实的关系。特别要注意的是：

（一）有些材料中包含的材料提供者的主观认识同客观存在的矛盾。采访对象向记者提供的材料，甚至包括一部分物证材料，都是采访对象的认识结果，因而不能不带有这些人主观认识的痕迹。这些痕迹对材料的性质、质量起着重要影响。

（二）各种材料对记者来说也是一种客观存在，只是认识事实的原料，记者能否通过这些材料正确地认识事实，除材料的数量和质量外，记者的认识水平和加工能力也起着重要作用。在这个矛盾中，记者是矛盾的主要方面。客观存在的材料质量很好，但记者不能认识它，也是枉然。相反，材料的质量不好，甚至是虚假的材料，但记者能够洞悉它，也会有所获。

（三）材料存在的缺陷，记者认识的局限，除了由个人的因素造成的以外，常常和社会因素分不开。认识到一定程度上的不可避免性，记者就要谨慎起来。

三、材料是记者了解事实的桥梁，材料是加工对象，成品是对事实的认识。材料是无限丰富的，但采集和加工材料都必须围绕一个目的——廓清事实。完整的事实，总的来说应该具备七个要素：何时、何地、何人、何事、何因、如何、意义，即五个"W"、一个"H"、一个"M"。七个要素又可以分解成两个方面：五个"W"和一个"H"是没有弹性的现象要素，一个"M"是有弹性的本质要素。正确处理现象和本质的矛盾，成为由材料到事实这一"生产过程"的关键性问题。

记者要做观察家

观察家是新闻媒体上的名角

媒体上的观察家分成两类：一类是借用社会上权威人士做媒体的观察家。一类是媒体自己的记者编辑成长起来的观察家。

"记者不要做材料的奴隶，要做材料的主人。""记者要做观察家！"

——这是对记者提出的更高的要求。记者应该怀有这样的追求，树立这样的目标。

什么是观察家？如果说记者主要是报道事实的人，那么观察家主要是发表看法的人。观察家要分析和评价事实，要概括和阐述形势，要判断和预测趋势。受众对记者的要求是把事实说清楚，对观察家的要求是把观点说独到。

报纸上的专栏作家，实际上是专门的观察家。为了给记者做观察家创造条件，许多报纸开辟的某个作者的专栏，如《经济日报》就曾为詹国枢、庹震、阎卡林等人开过专栏。《工商时报》为水皮开过专栏。笔者也在《经济日报》开过《三做谈》的专栏。这些专栏都有相当的影响，也大大提高了记者的知名度。一些报社的总编辑也开过临时性专栏，如两会期间，范敬宜在《人民日报》开过"两会漫笔"的专栏，专谈自己参加两会的观察和感想。笔者在当全国政协委员时，两会期间也曾在《经济日报》开过类似的专栏。这些短小的充满现场感的文章，也很受欢迎。

电视传播和网络传播的发展，更为记者成为观察家创造了良好的条件。许多主持人、特约评论员，实际上也成了观察家。为此许多电视台和网络创办了许多栏目。中央电视台设置了好几档这样的栏目，就直接叫《今日观察》栏目。很受欢迎的《对话》栏目、《面对面》栏目也具有类似的性质。凤凰卫视的《时事开讲》等栏目，也以记者观察的内容很受欢迎。同时这些栏目也使阮次山、石齐平、何亮亮等评论员的知名度大大提高。

一个新闻媒体不仅应该有一般意义上的名记者，还应该有著名的观察家，他们可能像名校中的名教授那样，成为一个学校水平的标志。

当然，一般的记者也应该兼有观察家的本领。许多外国记者的报道中常常有这样的字句："此间观察家认为"。所谓"此间观察家"常常就是记者自己，不过借用了这个名称来客观地发表自己的看法。

观察家的工作方式

观察家的工作方式与一般记者是有区别的，他工作的侧重点并不是了解一个一个具体的事实或事件，而是对重大的事实、事件、形势、趋势在综合研究分析的基础上发表的自己看法。因此，他必须收集研究大量的各种类型的材料,虽然也需要直接的材料,但更多的是依靠间接性的材料,依靠占有材料的丰富和全面,自己做出思考和判断。

美国著名的专栏作家李普曼一般并不做一般记者所做的采访,他花大量的时间和记者们交谈,从这些交谈中获得材料和启示,然后写成专栏文章。

当然,也有一些并非狭义上专栏作家的著名记者,从表面上看,他们的工作方式似乎和一般记者没有区别,但他们具有的从宏观上把握和思考各类材料的功夫,使他们同样具备观察家的水平和能力。后面我们将具体介绍的美国记者斯诺、我国记者范长江等人,就是具有观察家素质和水平的著名记者。

所以,观察家工作方式的关键是两个字:"宏观"——宏观把握材料,宏观思考问题,宏观分析事物。我们也提倡记者要有宏观意识,在这里则必须把宏观意识变成宏观层次的操作。

观察家工作方式举例

笔者在做人民日报经济部主任以后,出去做现场采访的机会减少了,但接触各方面材料的机会增多了,于是根据工作条件的变化,便花更多的时间和精力,有意识地向专栏作家或观察家的工作方式靠拢。试举两例:

例一:1989年1月20日在《人民日报》刊登的《跳出旧思维的圈子——读国家统计局1989年第一号统计报告》。

这篇述评的特点是跳出经济说经济。

它的中心内容就是讲解如何看经济形势的问题,但不是从纯经济的角度,而是从思维方式的角度。

述评开头说:"1988年经济形势到底是好还是不好?相当多的人总是希望在'好'与'不好'的答案中明确地给我一个。而'好'与'不好'在他们的思维中又有着简单化、绝对化的含义。现在,国家统计局今年1号统计报告出来了,它所给的答案以'经济状况喜忧交织'为主题,这似乎使要求明确答案的人感到失望。其实,它正是以更全面地揭示客观实际,突破那种简单化的思维。"

然后作者写了几个段落。第一段"第一印象：比较实在"。突出强调了报告没有用政策剪裁现实。第二段"在牢骚中要确切估计成就"。讲了五年来中国经济增长速度和国际的比较。第三段"毛病出在过热和结构上"。讲了物价上涨是因为东西多了，票子更多了。第四段"判断和宣传不能简单化"。

笔者这篇述评所根据的就是材料——主要是统计局的报告，再加上一些国内外的对比资料，并没有再做什么采访。那么它的价值在哪里呢？就在于它依据这些材料又超出这些材料，提出了人们思维上的问题。所谓必须跳出的"旧思维的圈子"主要是两个：一个，总好以政策剪裁现实，"用形势大好鼓舞人"。一个，要说好就是绝对好，要说坏就是绝对坏。

如果只是重复统计报告的内容，或者主要是讲解统计报告的内容，而没有记者自己的见解，那就没有意思了。

例二：1990年11月10日《人民日报》刊登的述评《从疲软说到房改》。

这篇述评开头便说："房改是说了好几年的老热点，'疲软'是近一年的新热点。把疲软和房改联起来想，是现在的一个时髦的话题。先送上几点观察。"

开宗明义，作者就告诉读者，送给大家的是观察。

再看看文中的三个小标题：

"观察之一：居民的银行存款究竟是'笼中虎'还是'圈中羊'？"

"观察之二：消费在一定意义上也决定生产。研究我国的市场，如果不研究消费，将会抓不住要领。"

"观察之三：作为花钱最多的一种消费，住宅商品化可能成为启动市场的一大动力，房改现在就应加速起步。"

记者观察的三个问题，都是在人们中间存在模糊认识的问题：

很长时间，人们最害怕居民把银行里面的存款提出来买东西，所以把它看作"笼中虎"，虎是不能出笼的，出笼就要伤人。这是片面的，一定情况下它是"圈中羊"，必须把它放出来吃草。

生产和消费的关系也是人们长期没有解决的问题。人们只记住了马克思的一句话"生产决定消费",而忘记了在一定情况下,消费也可以决定生产。当时的市场疲软,就是显示出了消费对生产的决定作用。

对住宅在人们消费中的地位,当时就认识得更加不清楚了。当时,虽然我国正在向市场化迈进,但从消费的角度看,市场化程度很不够。"衣、食、住、行、用、玩"六个方面的生活消费,只有"衣""食""用"三项进入了市场,而花大钱的"住""行""玩"还停留在计划经济状况——住宅是福利分房,汽车没有进入家庭,公款旅游。多半消费没有进入市场,怎么叫商品经济或市场经济?

这篇述评获得了建设部颁发的好新闻奖。其实,更重要的是记者通过观察而形成的这些观点在当时都具有很大的朝前性,它们都为后来我国经济生活的实践所证实。由于种种原因,我国真正推行住宅商品化是在1998年以后,住宅商品化对我国经济的推动成了有目共睹的事实。房地产业成了支柱产业,我国GDP每年9个百分点的增长速度中,至少有1点6以上是房地产的贡献。

笔者写这篇述评,所做的工作是对大量材料的反复分析思考,所用的功夫实际上就是观察家的功夫。这个观察是纵横结合的大跨度的观察。所谓横向的跨度,就是不仅要观察生产,还要观察消费(例如对六种消费的分析),不仅要单独观察生产和消费,还要把生产和消费结合起来观察。不仅要观察实体经济,还要观察金融经济,不仅要单独观察实体经济和金融经济,还要把实体经济和金融经济结合起来观察。所谓纵向的跨度,就是记者的这些观察不是一年半年的观察,而是多年积累的观察,从多年变化比较中的观察。

提倡记者做观察家,有利于记者成材,有利于记者提高。人们把记者分为三类:新闻型记者,专家型记者,文学型记者。有的专家型记者成了专家,有的文学型记者成了作家。而我们有理由认识,著名评论员、著名主持人、著名专栏作家本身就是专家——他们在某一领域有独特的研究,又比一般专家多了一手:善于把自己的见解向大众表达出来。这样把专业研究和新闻传播结合起来的专家,肯定越来越被社会所需要,因而也一定会越来越多地涌现出来。

第四节　角度与事实

内容提要：新闻价值是记者选择事实的重要标准。新闻价值是事实的一种社会属性，它是新近发生的事实给社会人们带来的新的信息的分量。新闻敏感是记者政治和业务水平的集中表现，是发现和辨别新闻价值的能力。所谓角度，是指记者发掘事实和表现事实的角度。好的角度是最便于发掘和发现事实新闻价值的方向或途径。新闻角度包括接触事实的角度、观察事实的角度、解剖事实的角度、截选事实的角度。需要注意的是，选取新闻角度是为了更好地反映事物的本质，不应为"突出"新闻价值而歪曲事物的本质。

职业使记者养成了这样的"本能"：当他听到某件事情的时候，首先考虑的是这个线索有没有新闻价值；确定其有价值之后，记者才深入采访，核实其真实与否。在记者工作程序上，新闻价值是采访中首先需要解决的一个问题。这个问题不解决，其他的努力就可能成为毫无意义的空忙。

但是，确有一些记者对新闻价值的重要性理解不够，在这个问题尚未解决好的情况下就仓促开展工作，造成事倍功半的结果。

曾任《北京日报》总编辑的王立行同志说：

"事件或事物有没有新闻价值，这牵涉记者的选题问题……这个问题我们还没有解决，有些东西没有新闻价值或者价值不高，还拼命在那里写。现在有两种记者：一种记者有用不完的题目，而且是好题目；还有种记者跑来跑去，就是跑不出个好题目来。这里就是有个新闻眼的问题，也有个培养训练记者的问题，要不采访来的事实本身就没有新闻价值，怎么处理也不会有价值的。"[①]

---

① 见王立行 1980 年 9 月 10 日下午在北京新闻学会关于新闻价值学术讨论会上的发言，载于《新闻学会通讯》第 12 期，第 15 页。

新闻价值是选择事实和材料的重要标准

新闻价值是记者选择事实和材料的重要标准。也就是说，记者在所有的事实中要选择的是那些有新闻价值的事实；在一个复杂的事实中，要选择的是那些具有新闻价值的部分。

1978年11月15日，《北京日报》刊登了报道中共北京市委常委扩大会议的消息，在数千字的报道中，包含为"天安门事件"平反的内容，但是，这一具有重大新闻价值的事实被淹没在其他价值不大的材料之中了，因而没有引起人们的更多注意。16日，《人民日报》等报在一版头条位置刊登了新华社发的一条不足300字的消息，专门突出地报道了为"天安门事件"平反的消息，肯定"天安门事件"完全是革命行动，一下在全国引起巨大反响。1976年4月5日前后，首都群众出于对周恩来总理的热爱，自发地在天安门广场进行异常动人的悼念活动。而这一活动，在当时却被定为"反革命事件"。为"天安门事件"平反的消息，无疑成为后来进行的"拨乱反正"的信号。它的意义是非常重大的。这也是此消息引起巨大反响的原因。

这一事例，非常令人信服地说明了，充分考虑到新闻价值进行的新闻报道，同没有考虑新闻价值进行的新闻报道相比，在效果上有多么大的差别！这并不是偶然现象，而是新闻规律所决定的。人们读报纸，并不是读文件、读总结、读法律、读历史、读专著；他们主要为了获得新闻。美国著名专栏作家沃尔特·李普曼曾经说过："新闻首先并不是社会情况的一面镜子，而是一种突出的事实的报道。"① 应该说，这话是有一定道理的。新闻不应像镜子那样事无巨细地反射生活，必须按照新闻规律有所选择。

这种选择，常常是双重的：既要选择有新闻价值的事实，同时，又要选择事实中有新闻价值的部分。

---

① 见李普曼《舆论学》一书，转引自张炳新《新闻分离法》，刊于《解放军通讯》1980年第9期。

下面，我们对比两张新闻照片。1979年1月13、14日，香港《大公报》登了两张照片。一张是新华社的传真照片，一张是美联社的：①

北京百货大楼有服装展览（新华社）

春节快到了，为了满足人民增添新装的需要，北京市32个百货商店举行了新式服装展览。图为人们在王府井百货大楼观看展出的女式服装。

她们第一次见到旗袍（美联社）

北京一间服装店最近举行时装展览。图为不少年轻姑娘正在注视一袭旗袍的神情。在中国大陆，自从"文化大革命"以来，旗袍一直被禁绝，该店展出的旗袍为非卖品。

---

① 这两张照片的对比原载1979年9月8日新华社《新闻业务》。

这两张照片，拍摄的是同一件事情——北京举办新式服装展览。究竟哪一张拍得好？恐怕多数人是要投美联社这张照片的票的。原因很简单，新华社的照片是个全景镜头，努力想把服装展览概括无余，但读者在照片上却看不清一件服装，更不能看出新鲜在何处，美联社的照片则特写了一件旗袍——千百件展出的服装中的一件，但是最有新闻价值的一件。作者在图片说明里，把其中含义点出来了。看了颇耐人寻味。在善于选取有新闻价值的材料这点上，美联社的这张照片不是很值得借鉴吗？文字报道也是同理。

2008年6月，迎北京奥运的火炬国际传递中，在法国站遇到了"藏独"分子的干扰破坏。新闻报道（包括文字报道、图片报道和电视报道）都突出了我国残疾运动员金晶勇敢和机智地保护奥运火炬的细节和场景。无疑这是总体事实中最有新闻价值的一个侧面，一下子把报道的主题——邪不压正——突出出来了。

在2008年"5·12"汶川地震的抢救受难群众的报道中，新闻报道选取了一个小孩在担架上向抢救人员敬礼的细节和镜头，非常生动地反映了灾区人民的精神面貌，使人看了永远难以忘记。

这些案例都说明了按照新闻价值选取材料的重要。

从某种意义上说，记者的职业就是个"喜新厌旧"的职业。他与科研工作者不同，科研人员，一个选题要研究几年、十几年，甚至一生；记者不仅不能在一个选题上花费较长的时间，而且，一旦选题完成，他就必须重新选择新的题目。如此循环往复，记者就是经常处于这种弃旧择新的紧张状态中。几乎没有一种职业像记者那样，在整个工作期间，始终处于如此频繁的选择之中。优秀的记者，首先是优秀的"选手"。而要成为"选择能手"，必须懂得并善于运用选择的重要标准——新闻价值。

什么是新闻价值

新闻价值是新近发生的事实的一种社会属性，是指这个事实可能给社会人们带来的新的信息的分量（包括数量和质量）。

新闻价值的运动过程

首先要把概念本身搞清。新闻价值、新闻价值的挖掘、新闻价值的表现、新闻价值的实现、新闻价值的检验等等，这是些不相同的概念，不应把它们混同起来。

有人认为，新闻价值就是报道效果问题；新闻越受读者欢迎，新闻价值越高；新闻价值是指新闻的意义、有用性、重要性，等等，[①]这就是把这些概念搞混了。

新闻价值不等于新闻的价值。新闻的价值是指记者所采写出的新闻作品的价值。一条新闻的价值是多方面的，它除了这条新闻所包含的新闻价值以外，还应包含它的政治性、思想性乃至一定的文学艺术性等等方面的价值。

而新闻价值是新闻事实本身所具有的某种价值。很显然，一个事物或事实，可以从多方面考察它的意义和价值，有政治价值、思想价值、科学价值、经济价值等等，同样，可以从新闻的角度考察它的意义。这就是它的新闻价值。新闻价值是一种客观存在。又因为新闻是人类社会的一种现象，无人类社会，即无新闻可言。因此，新闻价值不同于事物的那些自然属性，乃是一种社会属性，它包含着人与人之间的关系和人与自然之间的关系。

新闻价值像一种矿藏，存在于某些事实之中，记者只是探明它之所在，并设法将它开采出来，但绝不能凭空制造它。制造新闻价值，就像制造假金子或伪货币一样，一时也可能会蒙骗一些人，但总有一天要被揭露，被判罪的。记者所写的新闻报道中所包含的新闻价值，起码取决于这样三个因素：

一、所报道的事实本身所具有的新闻价值。

二、记者"开采"的情况如何，是充分发掘了，还是浅尝辄止，甚至根

---

① 见《新闻学会通讯》第 11 期甘惜分同志发言和《新闻学会通讯》第 12 期陈国少同志文章。

本没有开采出来。

三、记者的表现能力如何，如他的逻辑思维、形象思维、语言文字能力等等，即能否把他已经挖掘出来的新闻价值在自己的报道中充分地反映出来。由此可见，把新闻价值等同于新闻的价值，起码忽略了后者的形成，至少还要经过"发现""开采""表现"这样三个环节。而经过这样三个环节之后，情形就会出现很大的不同。好的记者写的报道，充分反映了事实的新闻价值；蹩脚的记者写的报道，根本埋没了事实的新闻价值（有的还可能搞假的价值）；在这两端之间，存在着各种程度差别的报道。

记者写好稿件之后，其新闻价值并未实现。如果它被"枪毙"了，或"压死了"，那么它的新闻价值就永远不能实现了。新闻价值的实现，也就是产生报道效果，至少还要经过两个环节：一是对新闻稿件的选编。选中稿件以后，进行删改、加工润色、版面安排（广播电视是节目安排）等。二是新闻的传播，（报纸的出版发行，广播、电视的播出）使新闻达于传播对象的手中。因此，新闻价值的实现，必然受到编排和传播这两个因素的影响。一条好的新闻，可能因为安排在极不醒目的地方而被淹没了；一份好的报纸，可能因为发行工作太差，送不到读者手中，或者送到的时间过迟，而起不到应有的作用。广播、电视的传播，不仅受到发射台功率的限制，而且还要受到听众和观众接收工具（电视机和收音机的数量和质量）的影响。

报纸发行出去，广播和电视播送出去，网络上刊登了，这是新闻价值的初步实现，它还要经过传播对象（读者、听众、观众、网民）的接收（阅读、收听、收看），才能达到新闻价值的最后实现。传播对象的反应，如感兴趣与否，在思想和行动上受新闻影响而发生的变化等等，是对新闻价值的检验。这种检验，对前面的各个阶段也是有反作用的，可以使记者检验自己是否确实挖掘并表现出事物的新闻价值。

由事实的新闻价值到新闻价值的检验，这个过程及其中间经过的各个环节，可以用图（五）来表示，这个过程一般是按照 A→B→C→D 的顺序运行的：

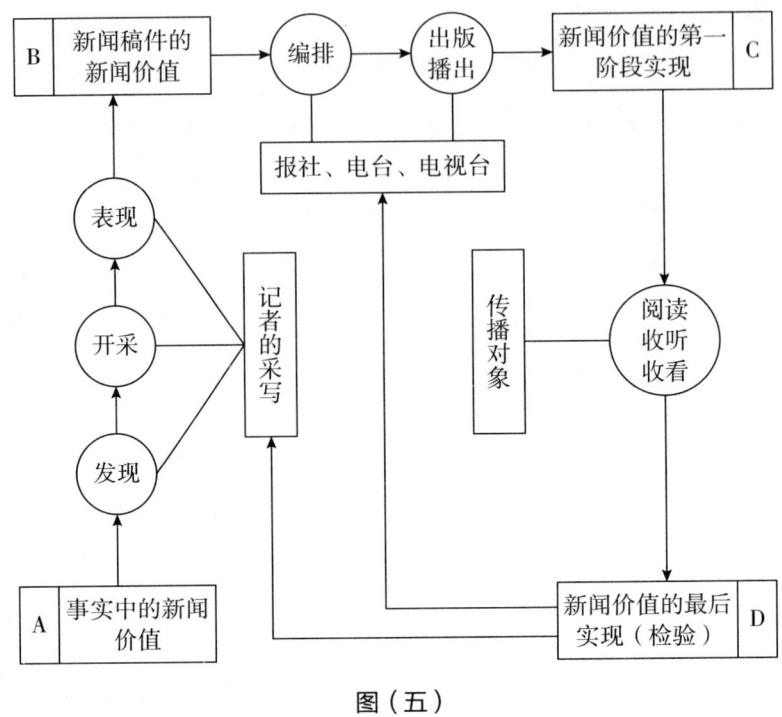

图（五）

从图（五）可以看出：

一、A、B、C、D 各点，性质是不相同的。A 点，事实中的新闻价值，它是第一性的客观存在；到了 B 点，新闻中的新闻价值，它是第二性的东西，是对事实中新闻价值的反映；经过编辑部加工和出版、广播，到了 C 点，仍然是第二性的、意识形态的东西；经过传播对象的接受，并对他们发生影响，产生效果，到了 D 点，又回到实际中去了。同时，实践的检验，又反作用于记者和编辑部（以及发行、技术部门），对他们的工作发生一定的影响。

二、新闻价值的最后实现（D 点）和事实中的新闻价值不是一回事。由后者到前者至少是经过了 3 个方面（记者，报社、电台、电视台，传播对象），6 个环节（发现、开采、表现、编排、出版和播出、阅读和收听、收看）。经过这 6 个环节之后的新闻效果，既包括了事实中的新闻价值的客观因素，又包括了记者和编辑等工作的主观因素，甚至包括了新闻事业的物质、技术等方面的因素，还包括了传播对象的因素。

三、记者在这个新闻价值的运动过程中占据着十分重要的地位，而采访，包括了这个过程中的第一和第二两个环节("发现"和"开采"),就越发显得重要。记者要接受两个方向的"输入":事实和报道效果;进行一个方向的"输出":编辑部。记者的主要精力应向着事实,其次是效果,在输出方向也要认真研究其中的规律。

新闻价值定义的解释

新闻价值是新近发生和发现的事实中,事实的新变动中,所包含的给社会人们普遍感兴趣的新信息的分量。

新的事实、新的信息和普遍兴趣是构成新闻价值的三个基本要素,缺乏其中一个,便不能形成新闻价值。

新闻价值一定是新的事实或新的事实变动的社会属性。离开新的事实和新的变动,谈不上新闻价值。因为事实是新闻价值的载体,没有这个载体,新闻价值无所附着。

新闻价值一定是这个新的事实具有新的信息。不是所有的新的事实都有新的信息。一个婴儿出生,这是新的事实,但一般地说,这并不具有新闻价值,因为,他和以前的婴儿出生相比,并没有带来什么新的信息。但是,一个毛孩出生,这是新的事实,同时,它又带来了别的婴儿出生所未曾带来的新的信息,这就具有新闻价值了。一部教科书,它可以告诉学生新的知识,或者说给学生以新的信息,但是,教科书的内容并不是新近发生的事实,乃是科学常识之类的东西,所以,教科书并不具有新闻价值。

普遍兴趣,是新闻价值中非常重要的因素,甚至是核心要素。所谓兴趣,不只是"趣味"的意思,而是"关心"的意思。也就是说,这个新的事实或变动所发出的信息不仅是新的,而且应该是人们普遍关心的,才有新闻价值。一个人按月领工资,这是"新的事实",但无"新的信息",构不成新闻;某人某月提高工资了,于是有了"新的信息",他可以向家人报告此消息,但它仍构不成真正的新闻,因为这个"新的信息"没有"普遍兴趣",家信中可写,报上却不可登。如果此人提级乃是根据某号文件规定办的,凡符合他那样条件的都要提工资。于是这个人的提工资就有了普遍兴趣了。这样三个基本要素就齐备了，有新的事实（发工资），新的信息（提了资），普遍兴趣（许多人也要提），那么，它就有新闻价值了。

西方新闻学者提出新闻价值的要素包括影响、效果、时间性、显要性（声望）、接近性、反常、变动等6个方面。[①] 在我国也有一些类似的说法。——这种看法是不够确切的。这些"要素"只是在一定情况下可能构成普遍兴趣的原因，本身并不必然具有新闻价值。让我们做一下具体分析：

影响：影响到人们切身利益的事情很多，但并不都是新闻。如上所述，每月例行的发工资，无疑是关系到每个职工生活的"大事"，但它并不是新闻。可见，影响本身并不是新闻价值的要素，只有当它同新的事实和新的信息联系起来的时候，才有可能成为新闻。

接近性：是不是越接近传播对象的事实，新闻价值越高呢？不见得。本地即将发生地震的消息，自然比遥远的地方发生地震的消息具有大得多的新闻价值；但是，有时火星上某个发现要比地球上——你身边的某个发现新闻价值大得多。接近的、司空见惯的东西，甚至可能成为新闻价值的"抵消物"。物价上涨，当它已被许多人感知的时候，你只是简单地报道这个现象，并没有多少新闻价值，虽然它同人们很"接近"，人们还是不满足。但你如果报道了涨价的原因、前景、政府采取的措施，等等，那么，读者将感到这消息有看头，因为你带来了新的信息。

显要性：大人物的每一言行，并不都具有新闻价值。领导人接见外宾的消息，特别是那些礼仪性的会见，往往只具有外交价值，很少新闻价值。报刊登的过多，常引起读者的反感。

反常：不是任何反常都有新闻价值。人体染病，就是反常，但如果是常见病，并不会成为新闻，当然，如果是一种从未见过的反常，一种从未见过的疾病，则可能有新闻价值。

时间性：无疑是新闻价值的重要因素。一般说，时间越近的新闻价值越高。这个因素我们已把它包括进"新的事实"中去了。

变动性：也是如此。生活中的变动太多了。一天分昼夜，一年分四季，

---

① 见美国麦尔文·曼切尔：《新闻报道与写作》一书中，"什么是新闻"一节。

根本谈不上新闻。一位老人自然死亡，和一位老人因交通事故受伤，前者"变动"虽大不是新闻，后者"变动"虽较小，却有可能成为新闻。

那么，这些因素对新闻价值来说都是无关紧要的了？不，不是这个意思。

新的事实、新的信息和普遍兴趣构成了新闻价值。而新的信息的分量，就同这些因素密不可分了。

新的信息的分量包括两个方面：

一、数量方面：新的事实中包含的新的信息数量较大，这一事实的新闻价值越高。

二、质量方面：新的事实中包含的新的信息的质量越高，这一事实的新闻价值越大。

上述因素正是信息质量的具体表现，因为它们在一定程度上决定着"普遍兴趣"的广度和深度。

在新闻价值这一概念中，还必须明确：新的事实、新的信息、新的信息的数量和质量，都是不断运动和发展着的东西，都是随着时间和空间的变动而变动的东西，因此，新闻价值带有相对性，不仅有时间的相对性，也有空间的相对性。

新的事实，新的信息，不断地转化为旧的事实，旧的信息，新闻价值也随之而降低，而消失。这是好理解的。需要进一步分析的是，所谓新的信息是对社会人们来说的，而社会上的人们是不断发展的，人是处于一定历史之中的人；就是在同一时代，社会人们也是分为不同地域、不同民族、不同国家、不同阶级、不同阶层、不同职业、不同年龄、不同兴趣等等的各个部分的。一些新的事实，对这一部分人，新的信息数量大些，信息的质量高些，而对另一部分人，新的信息数量少些，质量差些，还可能对某一部分人，根本没有什么新的信息。（例如，记者写的旅途通讯中，那些记者新发现的事实，对未到过当地的人来说，可能具有新闻价值，而对当地人，则很难说有什么新闻价值可言。至多，它的新闻价值在于：外来人是怎么看我们这里的。）于是，我们可以想见，一个事实的新闻价值，在全社会上分布是不均匀的。我们把新闻价值在社会各部分人中的分布情况列成下面的表格：

人数＼新闻价值	高	一般	较少	无
多数	①	②	④	—
部分	③	⑤	⑦	—
少数	⑥	⑧	⑨	—

⑩

图（六）

注：多数、部分、少数是一个相对的数目，不同的报纸有其不同的读者群，这是对各种不同读者群说的。而通讯社，则是对全国和全世界说的。

从图表中看，新闻价值可以分四等：

一等：对多数人有较高的新闻价值。①

二等：对多数人有一般的新闻价值。②

　　　对部分人有较高的新闻价值。③

三等：对多数人有较少的新闻价值。④

对部分人有一般的新闻价值。⑤

对少数人有较高的新闻价值。⑥

四等：对部分人有较少的新闻价值。⑦

对少数人有一般的新闻价值。⑧

对少数人有较少的新闻价值。⑨

对所有的人几乎没有什么新闻价值。⑩

其中四等，可以看成等外，即在⑦⑧⑨⑩四个区内的等级，被认为新闻价值过小。因而这样的事实常常是不被采访，此类新闻一般是不被刊登的。

在报纸上，具有①②③栏的新闻价值的新闻应占较大的比重。处于④⑤⑥栏的新闻的总和一般不应超过20%。

之所以如此，就是普遍兴趣的标准问题。1956年5月，新华社向中共中央汇报工作的时候，曾经提出新华社新闻的四条基本要求，其中第一条是：

> 新闻应该有普遍兴趣，能引起共同注意。是为广大读者写的，不是为少数专家写的。只讲主要的，不讲细节。

刘少奇同志当时肯定了这个提法。

"普遍兴趣"，也称为"广泛兴趣""共同兴趣"，曾一度遭受批判，说它是抹杀阶级斗争和阶级性的资产阶级新闻观点，这种批判是完全不对的。正如复旦大学王中教授所说的：

> "最早的新闻事业，是书信新闻，代客打听消息，基本上是解决个别特殊需要。后来把大家共同需要的消息印出来，逐渐成为报纸。报纸形成和发展的过程就是发掘探索共同兴趣的过程，'共同'的范围较大，报纸的销路就越广，如果尽是个别人关心的消息，只有个别人愿意看，就不能大量销售，也就不能维持简单再生产，只能关门。报纸就是依赖共同兴趣而生存的，这点不会再有疑问了吧！"[①]

因此可以这样说：越能引起普遍兴趣，新闻价值越高。因为它能给更多的人带来数量更大，质量更高的新的信息，吸引了他们的关注。从某种意义上说，研究新闻价值，也就是研究广泛兴趣。发现和分析广泛兴趣，发现能够满足这些广泛兴趣的事实，报道这些事实——这些具有较高新闻价值的事实，才能使记者的新闻报道受到欢迎，发挥应有的作用。

新闻价值和报道效果

过去，新闻学界也讨论过一个问题：新闻价值有没有阶级性？回答是：新闻价值是客观事实的一种社会属性，它本身没有阶级性。

所谓阶级性，可以被认为是阶级的本质，也可以说是阶级倾向性和代表性。不同阶级有不同的是非标准。从阶级性的角度说，无产阶级认为对的，

---

① 见王中：《论共同兴趣》，刊《文汇报通讯》，1980年第9期。

资产阶级却认为是错的，反之亦然。不过，我们要对阶级性有正确的认识。在"以阶级斗争为纲"的时期，错误的理论把阶级、阶级性、阶级斗争绝对化和庸俗化，首先不承认，当代社会，包括资本主义社会，阶级关系已经呈现了新的复杂的情况，更错误的是把一切事物都归结为阶级性，不承认世界和社会有不带阶级性的东西。其实，世界和社会不带阶级性的东西很多，甚至是主要的社会存在。例如，货币就是没有阶级性的东西，恩格斯说"钱没有臭味"。它为所有的人服务，谁有了钱都好花。资产阶级拿了它好花，无产阶级拿了它也好花。正是因为如此，大家都争这个钱，于是有了斗争。不承认有非阶级性的东西，实际上并不懂得阶级斗争。同时还要认识到，阶级斗争只是人类社会发展到一定阶段的现象，阶级斗争最后要归于消灭，而许多的社会范畴却是永恒的。新闻，其实就是与人类社会永远同时存在的。阶级消灭了，新闻也还会存在。

新闻价值（注意：不是新闻的价值）的高低不是由它的"阶级倾向性"——有利于谁决定的，而是由它的新的信息的数量和质量决定的。我国农业获得丰收——对我国人民有利的消息，有较高的新闻价值；同样，我国农业减产了——对我国人民不利的消息，也有较高的新闻价值。较高的新闻价值，可以使不同阶级、不同政治倾向的人对同一事件发生"共同兴趣"，例如，一次战争爆发，敌我双方都对这条消息投以极大的关注。里根当选美国总统或被刺伤，不仅拥护他的人关注，反对他的人也关注；不仅美国人关注，中国、苏联以及其他一些国家都给予一定关注。至于那些自然界和科技界的事实中的新闻价值，更难谈什么阶级性了。

总之，认为新闻价值本身有阶级性，他就不能回答：一、为什么对某一阶级的利害关系，并不能直接成为该阶级衡量新闻价值高低的标准？二、为什么有时不同阶级对同一事件或事实有相同的或相近的新闻价值评价？

显然，新闻价值的概念是个不涉及阶级性的概念。它是新闻学中的抽象，是从特定角度对事实属性的概括。

那么，新闻价值，在阶级社会中，是否同阶级性、同政治倾向性毫无关系呢？当然，也不是这样。

事实中的新闻价值，经过采掘和传播，必然要产生一定的社会效果，这就是报道效果。报道效果虽然不等同于新闻价值，但它同新闻价值是密不可分的。一般来说，新闻价值高，报道效果大，新闻价值低，报道效果小。更重要的是，新闻价值本身虽然没有阶级性，但它所借以存在的事实总是具体的，这个事实发出的信息所产生的后果和影响也是具体的。对某个阶级、阶层、集团，这种效果可能是有利的，也可能是有害的，也可能是无害的。这种效果究竟如何，常常要经过消息传播以后，才得到确切的证实，但是在传播以前，人们对这个事实发出的信息可能引起的后果，也预先进行种种的推测，并且事先决定对这个事实的情况传播采取什么态度。在这种态度中，常常表现出强烈的阶级性和传播者的主观意图。

执政者为了证明其政绩，可能大肆宣传他们取得的进展，使这部分事实的新闻价值得以充分实现；也可能对他们的失策加以掩饰，使这部分事实的新闻价值不能实现，起码不让充分实现，一般说，为了达到这样的目的，经常采取的手段有：

一、不允许记者采访某些事实，即：使这些事实的新闻价值不能被发现，不被开采。

二、不允许刊登某些新闻，即：使这些新闻价值不能达到第一阶段的实现。

三、控制发行和传播的范围，即：使这些新闻价值在自己允许的范围内充分实现，在另一范围内，不允许其实现，控制它的效果和作用的方向。

四、允许记者采访，但促使他充分开采和表现新闻价值中的某些信息，而控制、削弱、抛弃其中的某些信息。

五、在编排上，突出某些信息，削弱某些信息。

因此，新闻价值虽然没有阶级性，但新闻报道就总体来说，是有倾向性的。新闻报道中的新闻价值是事实中新闻价值的反映，但两者是有差别的。新闻事实中的新闻价值是客观存在的，新闻报道的新闻价值是客观见于主观的。传播工具的控制者、掌握者，在他们进行报道的时候，并不仅仅按照新闻价值大小作为衡量标准的。他们更关心的是报道效果。这是新闻政策要解决的问题。世界上不存在超功利主义。没有一个主体花费巨资兴办新闻事业仅仅是为了用来传播对自己不利的那些信息，造成对自己不利的报道效果。

在今天，人们可能发现在世界各国，无论其社会制度如何，普遍存在着这样的看来似乎奇怪的现象：对某些事实的新闻传播，并不是完全按它的新闻价值大小进行的。这就是因为传播者愿意让更多人知道的事实，并不全是新闻价值高的事实；传播者不希望别人知道的事实，并不全是没有新闻价值的事实。这是政治斗争、经济利益之争、文化思想观念分歧在新闻价值问题上的反映。记者在采访中当然要考虑到新闻价值，但同时，他也不能不考虑到报道效果。现实的新闻报道，往往是新闻价值和新闻政策互相作用的"实现体"。

新闻敏感

做一个好的记者，必须有新闻敏感。有人说，新闻敏感是记者政治水平和业务水平的集中表现，这是很有道理的。但是，具备一般的政治理论水平，并不等于就有新闻敏感。政治理论水平较高，新闻敏感却较低，这样的人也并不少见。新闻敏感是一种新闻素养。它是记者对事实中新闻价值的发现和辨别的能力。较高的新闻敏感，可以使记者在大量的事实中发现那些具有新闻价值的事实，在一个具体事实中，发现那些具有新闻价值的部分，辨别其价值高低，了解这些价值在社会不同范围的分布情况，知道这些新的信息将会引起怎样的社会效果，等等。

从新闻价值的角度看，记者的新闻敏感就是对新的事实中的新的信息的发现和辨别能力。怎样才能及时发现新事实中的新信息呢？具体说起来，当然是十分复杂的。但是，概括起来，也十分"简单"：了解旧的（这里是原有的意思，不是过时的意思），才能发现新的。了解一般的，才能认识个别的。新与旧是对比而存在的，个别是与一般相比而存在的。因此敏感来自精细的比较。

曾在中国社会科学院新闻研究所工作过的戴邦、张德勤二同志提出：

"新闻事实和普遍事实这一个对子，就是我们要寻找的新闻现象（采访、编辑、出版、发行、联系读者等等）所包含的特殊矛盾。"[①]

---

① 见戴邦、张德勤：《新闻规律初探》，载陕西新闻研究所《新闻研究》，1980年第3期。

这个提法是深刻的。新发生或新发现的事实，不等于新闻事实——这一点上面已经讲过。一般地说，判定一个事实是否是新的事实，是容易的，只要了解时间这一个因素就足够了。新近发生的事实，当然可以称为新的事实了。但是，它是否具有新闻价值呢？是否是新闻事实呢？要做出这个判断就必须判定这个新的事实中是否有新的信息，是否有值得传播的新的信息，这些信息的数量与质量，而这就是比较困难的事情了。要在这方面做出准确的判断，不仅要了解原有事实而且还要了解新的事实和原有事实之间的内在联系，了解个别事实同普遍事实之间的联系。

请看下面这条消息：

新华社9月10日讯 今天《人民日报》第3版发表了岳平撰写的《当前党史教学中的几个问题》一文。文中说："对六届七中全会通过的《关于若干历史问题的决议》、党的第八次全国代表大会文献等，应该彻底推翻林彪、'四人帮'强加于它们的诬蔑不实之词，为它们恢复名誉。"①

从这条极其简短的消息看：一、记者把《人民日报》发表岳平文章，看成一个新的事实。发现这样的事实并不难。二、岳平文章全文5600字，其中理论观点不少，但并不都是新的信息，更不都是大家感兴趣的新的信息。记者从中只选取了一句话、65个字，加以报道。记者只有知道有关历史、"文化大革命"中有关情况，知道林彪、"四人帮"曾经批判过这两文件的正确观点，而且还知道至今尚无人在文章里正式提出这个问题，同时也知道这个问题的重要性——许多人在关心这件事情等等，才能够做出这样的选择。这后一点要复杂得多。

可见，记者新闻敏感的形成主要依靠：

一、对现存的（原有的）事实的状况、内在联系（相互的、历史的）有必要的了解。注意，这里说的是事实，而不是事物。这种了解的主要目的在于使记者的头脑里形成一条由已有事实组成的"地平线"。这条线越清晰，

---

① 见1979年9月10日新华社电讯稿。

记者的敏感越强，因为任何一个稍稍超出这条线的新事实、新信息一"冒头"，他就可以发现。

培养新闻敏感却要从研究原有的事实开始，并以此为基础，看来似乎是矛盾的，其实这是相反相成的，事物的辩证法就是如此。有的记者不懂得这个道理，他们以为培养新闻敏感就是只研究新发生的事实，这种孤立的研究常常陷入两种盲目状态：一种，本来不是新闻的东西，他们却当成了天大的新闻；一种，本来是个大新闻，他却漏掉了。原因却是一个：脑子里没有形成原有事实的"地平线"。

二、坚持不懈地、全神贯注地对带有新的信息的新的事实进行搜索和追踪，并对冒出这种事实的"生长点"和"临产状态"进行规律性的探索，以求预测新闻事实的发生。

新的事实是不断涌现的，原有的"地平线"也是不断变动的，记者劳动的艰巨性就在于这种行业很少有一劳永逸的事情，稍有松懈或间断，就会"落伍"，光凭"老本"，在这里是无济于事的。当然，经验还是起作用的，老的记者，往往对可能有新闻价值的新的事实的"生长点"和"临产状态"有较为深切的了解，这样，他们不是平均使用精力，而是把精力集中使用在最易发生新闻的时刻和最易发生新闻的地方。

所谓"生长点"，就是容易"长"出和发现新闻事实的地方。所谓"临产状态"，就是容易"诞生"新闻事实的时刻，或者状态。

新华社上海分社在20世纪50年代写的一篇采访经验曾经这样说：

> 我们在采访《上海市进入社会主义的第一天》时，事先只知道这天的中午政府要批准全市私营工商业公私合营……我们所了解的只有挂牌，此外什么也不知道，也不可能知道会有什么最有意义的事情发生。这样，我们就只有进行分析，预测哪些地方可能出现最动人的景象。我们首先研究工厂挂牌情况，显然最好选择一个有名的大工厂——资本家有名声，工人人数众多，挂牌一定有一番盛况；但考虑结果，发现大工厂早已合营挂了牌，剩下的大多是中小工厂。从中小工厂中挑选，就不能单靠声势。于是我们又考虑，在哪些中小工厂可能出现动人事例。最

后大家选择了铁工厂，因为铁工厂是对国家建设有利的，有发展前途的，几年来生产也发展得很快，最近还接到大量双轮双铧犁的订货。在这样的工厂中，工人和资本家的情绪一定是很高的。我们派出一些记者到这些工厂去，结果终于找到了长阳路一家铁工厂的资本家亲手打开关闭多年的大门迎接社会主义的生动景象。据说这扇大门，因为解放前生意不好，资本家怪它开得风水不利而一直关闭了的。

我们也分析了哪些商店挂牌时可能出现动人的事例，结果决定到生死竞争四十多年的两家都叫"文魁斋"的糖果店去，终于也看到了过去是仇敌的两个资本家互相祝贺并一起出资进货的情况……①

这段文字，生动地叙述了记者们怎样通过分析，抓住了新闻的"临产期"——政府批准合营并挂牌的时刻，同时也找准了新闻事实的"生长点"——那个铁工厂和文魁斋。如果不掌握其中的规律，而是任何时刻都保持高度紧张、毫无目标和重点地漫天搜索。精力自然会耗费不少，效果却不会好的。

我们说的"地平线""临产期""生长点"之类的东西，根据记者报道题材范围不同，其具体内容是不同的。报道农业的记者，自然应该多研究"农业事实"的"地平线"；报道政法的记者，自然对法院、公安局、检察院等容易发生和发现案件新闻的地方给予更多的注意；搞科技报道的记者，对现代科学技术将会在哪些学科、哪些地带出现突破性的进展，有自己的预测；报道体育的记者，在运动会的前夕，总要"探查"一下有可能破纪录的运动员，以便比赛时不漏掉精彩的镜头。

高度的新闻敏感是记者成熟的标志，又是每个记者需要终生努力以求获得和保持的素质。具有高度的这种敏感，那是十分迷人的境界！

请读一下恩格斯为马克思的《路易·波拿巴的雾月十八日》一书德文第三版写的序言中的这段话吧：

---

① 见新华社上海分社：《我们怎样改进采访写作》，载新华社编《我们的经验》一书，1964年版第430~431页。

的确，这是一部天才的著作。紧接着一个事变之后，——这个事变像晴天霹雳一样震惊了整个政治界，有的人出于道义的愤怒大声诅咒它，有的人把它看作是从革命中解救出来的办法和对于革命误入迷途的惩罚，但是所有的人对它都只是感到惊异，而没有一个人理解它，——紧接着这样一个事变之后，马克思发表一篇简练的讽刺作品，叙述了二月事变以来法国历史的全部进程的内在联系……这幅图画描绘得如此精妙，以致后来每一次新的揭露，都只是提供新的证据，证明这幅图画是多么忠实地反映了现实。他对当前活的历史的这种卓越的理解，他在事变刚刚发生时就对事变有这种透彻的洞察，的确是无与伦比。

但是要做到这一点，就需要像马克思那样深知法国历史……马克思不仅特别偏好研究了法国过去的历史，而且还考察了法国当前历史的一切细节，搜集材料以备将来使用。因此，事变从来也没有使他感到意外。①

（楷体字是本书作者引用时改排的。）

恩格斯在这里非常明确地指出了，马克思的"新闻敏感"，对新发生事物的洞察力，来自他对历史的深刻而详尽的了解。

还可以介绍西方记者的一个事例：

1971年9月13日，林彪仓皇出逃摔死在蒙古温都尔汗之后，首先是法新社驻北京记者在15日向世界报道了这一事件。为什么这个记者有这样高的新闻敏感呢？据《林彪的兴起与垮台》一书和其他材料介绍，这位记者用了几年的时间，搜集了林彪的大量资料进行研究，在1969年中国共产党召开第九次全国代表大会的时候，他就判断出林彪并不忠于毛主席，1971年8月，毛主席接见某国领导人，林彪是在场的。但是，《人民日报》却一反常规，在头版上方发表了一张毛主席单独同外宾握手的照片。在同一版下方，发表了林彪单独会见外宾的照片。根据这一

---

① 见《马克思恩格斯全集》中文版第二十一卷，第290～291页。

情况，还有当时报刊上发表的批修整风的报道，这位记者预测出中共党内要出大事了。"9·13"事件发生以后，他根据平日积累的大量材料，再加上他对北京市当时一些"反常现象"的敏锐观察，终于判断出挑起危机的是林彪。①

这个事例也生动地说明了新闻敏感究竟是从哪里来的。
对于形势特别是经济形势的判断，也有一个新闻敏感的问题。

1997年春天，笔者在担任经济日报总编辑的时候，就遇到了经济形势判断的问题。历史背景是这样的：1992年，在邓小平南方谈话的鼓舞下，全国掀起了一个加快发展的热潮。但很快出现了热度过高的问题，特别是"开发区热""工业区热"遍布全国，有条件的上，没有条件的也上，圈了很多土地，各种项目一起上马，引起了供应紧张，物价上涨幅度很大，一度达到了26%。1993年夏天中央发布了6号文件，进行治理整顿，提出了"软着陆"的目标。经过93、94、95、96四年的工作，经济过热的问题基本解决了。这就是"地平线"。1997年年初，经济形势出现了新的苗头，那就是生产能力与市场销售相比出现了过剩，生产资料产品过剩，生活资料产品过剩，农业产品过剩，工业产品也全面过剩，641种主要工业品，绝大部分是供大于求，少数供求平衡，没有供不应求的。全面供大于求，这就是经济形势出现的新情况新问题。笔者发现这一冒出"地平线"的新动向，经研究做出了一个判断：我国经济已经进入一个新的发展阶段，那就是"全面的买方市场"阶段。这个阶段的任务正好同"软着陆"阶段的任务相反，不是控制和压缩需求，而是要扩大需求。于是笔者先把这个观点作为内部讲话，在记者会议上讲了，后来又发了内参。中央领导同志看到这份内参，批示道："讲得很好，很全面。"于是笔者在《经济日报》上发表了《注意经济的阶段性变化》的述评，并同时开展了应对全面买方市场的系列报道。同年年底的中央

---

① 见黎信：《谈西方记者和基本功》，载《安徽日报通讯》1980年第八九期合刊，第101页。

经济工作会议提出了"扩大内需"的问题,第二年3月两会上,政府工作报告更把"扩大内需"作为经济工作的重点。由于敏感地发现了新的动向,《经济日报》关于这方面的宣传报道可以说比其他媒体早了半年的时间。这就是新闻敏感的作用,也反映了新闻敏感是从哪里来的。

2008年,中国的经济形势有一个戏剧性的变化。上半年整个宏观调控还是以防止"从过快转为过热"为主。下半年,从第三季度开始,宏观调控转入了以"保增长,扩内需,调结构"为主。有的人提出来,美国的金融危机实际上在4、5月份已经显露出了端倪,如果及时发现并深入研究,并及时提出应对这个动向,后来就会更主动。这个希望当然主要是对决策部门说的,但作为了瞭望哨的新闻界来说,其实也应该对自己提出这样的要求。

新闻角度

"角度"一词,源于摄影。拍摄人像和景物,都必须选择一定的角度,或正面、或侧面、或仰角、或俯角,等等。角度的确定,取决于拍摄对象的特点和摄影者特殊的要求。

"新闻角度"是指新闻记者挖掘和表现新闻事实的角度,新闻价值在事实内的蕴藏是不"均匀"的,有各种不同的"矿床",选择好的角度,就是为了便于记者更迅速、更顺利地开采这些价值,更准确、更鲜明地表现这些价值。如果说美术摄影的角度在于追求美的价值,那么,新闻角度的选取在于追求新闻价值。

新华社记者黄正根、傅上伦等接受采访"三北"(东北、华北、西北)防护林工程的任务以后,首先遇到的就是角度问题。"三北"地区面积占全国陆地面积的四分之一,东西万余里,该从哪儿跑起?"三北"风沙干旱危害几千年,第一篇文章又从哪儿做起?怎样才能抓住读者的心,引起他们对"三北"林业建设的注意?一句话,怎样才能抓住最有新闻价值的东西？后来，穆青同志给他们出主意说："东西万余里，就从北京跑起；上下千百年，就从眼前北京的风沙写起。"并且说，"现在正是风沙弥漫季节，你们赶快调查，把问题鲜明地提出来，标题要尖锐，要有紧迫感，我看就取它个《风沙兵临城下》或《风沙紧逼北京城》吧"。记者按照这个角度进行了采访，在一个星期之内，稿子就脱手了。《人民日报》《光明日报》和《北京日报》刊登了这篇题为《风沙紧逼北京城》的报道以后，在群众中引起了很大的反响，北京市和中央主管部门进一步研究了"三北"的林业建设工作。连外国记者也为此发了新闻或文章。①

这样大的事情，没有花费很长时间去采访，为什么能够取得较好的效果呢？关键在于新闻角度选得好。"三北"林业建设的意义可以列上若干条，可以举出若干事实，但是有哪一条、哪一个事实，可以像风沙紧逼北京——祖国的首都，这样重要、这样紧迫、这样醒目、这样牵动人们的心呢？！

"三北防护林"的报道的成功，告诉我们，所谓新闻角度，最重要的是选取人们最关心的角度，或者最容易打动人心的角度。

1996年夏天，笔者担任经济日报总编辑的时候，曾经签发了记者姜波写的一篇报道《燕京为什么不合资？》，燕京啤酒厂是北京顺义县发展得很快的一个企业。这个企业应该说有许多成功的经验。但记者却选择了一个争议性的问题来写燕京啤酒的报道。引进外资这是很热门的事情，许多人唯恐不来，而燕京却是"来而不引"。因为这个角度深刻地触及了燕京啤酒发展战略的深层问题，又触及了当时人们关于对合资认识上的有分歧的热点问题，涉及引进外资和发展民族经济的关系这个理论和策略问题。当时一位中央领导也在一篇批示中说，又要对外开放，又要发展民族经济，说起来容易做起来很难。正是因为这篇报道的角度

---

① 见黄正根，傅上伦：《新闻的"新"与记者的革命责任心》，载《新闻业务》活页版，1980年2月2日一期。

独特，当时《经济日报》以这篇报道为开头或引子，专门开辟了一个《提高开放水平，振兴民族经济》的大讨论。这篇报道和这个讨论，在国内外都引起了强烈的反响。一些人叫好，认为点到了对外开放中的一个大问题。也有人反对，认为这是狭隘的民族主义，国外也有记者写了针对性的文章，认为《经济日报》是在提倡"经济民族主义"。应该说，限于当时的条件，这个深层问题并没有讨论清楚，但起码在人们的心目中提起对这个问题的注意。

事过三年，1999年，笔者以经济学家的身份和燕京集团老总李福成做了一次对话，对话在《工商时报》上发了一个整版。其中，李福成回忆到这件事，认为当时没有合资是做对了，燕京集团这些年发展得很快很好。他特别感谢笔者当时所持观点和《经济日报》对他的决策的支持。他说，我有资金，有市场，不缺技术，为什么非要合资呢？这个对话还引起了中央主管部门一个阅评小组的注意，并给予了肯定。

不仅是一个比较复杂的事实，就是一个比较小、比较单纯的事实，也是可以从多种角度去报道的。但是，其中毕竟有一个最佳角度。记者应该反复思索和比较，争取选用最佳的角度去采访和表现它。

《河北日报》记者李乃毅曾经谈过这样一个事例：1980年5月30日中午，记者忽闻街上消防警报声，连忙赶去采访。到达火灾现场时，火已扑灭，三人受伤，财物烧毁不少。记者考虑，对这次火灾的报道，可以有下列几个角度：

①单纯报道这场火灾事件。

②对煤气罐的质量和供气单位的工作质量提出批评。（火灾由煤气罐爆炸引起。）

③对医院的救死扶伤精神进行表扬。

④报道消防人员奋力救火，歌颂大无畏精神。

⑤报道人们对遭受火灾家庭的同情和帮助，反映社会主义的人与人之间的关系。

⑥报道解放军奋不顾身救亲人，反映子弟兵爱人民的高贵品质。

记者对这6个角度进行了分析：

——单纯报道失火，只是报道一件社会新闻，反映不出这件事情中的带本质性的东西；

——没有搞清煤气罐爆炸的原因之前，批评有关单位欠稳妥；

——医院抢救态度积极，但效果如何，尚待观察，马上报道，为时过早；

——消防队员救火是他们的本职工作，没有特殊的意义；

——人们给予失火家庭的同情和帮助，是值得报道的。但由于记者采写的是《昨日新闻》栏里的新闻，而事情刚刚经过一个下午，下一步情况如何，未遭烧伤的小孩如何安置，等等问题，还有待进一步解决，也不好采用这个角度。

——第六种角度则不同。首先，警卫连的40名战士听到爆炸声，没人组织，自动赶来救火，反映了战士的优秀品质。其次，战士们最先搭人梯，从窗户跳进，冲入火海，表现了大无畏精神。最后，当时正进行中越自卫反击战的宣传。从这一侧面，也可以反映我们部队的面貌。

于是，记者决定选取这第六个角度对这场火灾进行报道，收到了比较好的社会效果。①

这个事例更多地说明了选取表现角度的重要，事实上，采掘的角度和表现的角度是互相联系的。在新闻摄影中，拍摄的角度就等于表现的角度。在文字采访写作中，有些时候，采掘的角度即等同于表现的角度，有些时候则不相同。但选择采掘角度时也往往同时考虑表现角度，特别是在深挖的时候。比如，记者选择了第六个角度之后，他就不会再花时间采访消防队了。

从记者采访来说，新闻角度应包括：

---

① 见李乃毅：《试谈发表社会新闻的目的和采写社会新闻的角度选择》，载河北新闻学会编《新闻研究》，1979年第4期。

接触事实的角度

记者从哪里进入采访现场，从什么角度接触事实，有时是关系很大的。新华社上海分社 20 世纪 50 年代写的经验总结中，提到了两个很有说服力的事例：

> 现场选择要恰当。选择不好，没有用处；选择得好，现场本身——地点，就能在新闻中说话，帮助我们更好地表现主题。例如，《访上海资本家荣毅仁》，记者是到荣家去采访的，并且在访问的开头就介绍荣的住宅里有钢琴等陈设。这就回答了许多国外读者的一个疑问：中国资本家是否有自由的物质生活。因为这个记者知道，国外曾有人造谣，似乎中国资本家的财产已经被剥夺了……但另一记者在访问永安公司经理郭琳爽和女资本家汤蒂因时，主要是说明在改造后资本家仍然有职有权，热心于经营自己的企业，因此就决定在经理室中采访，并把资本家在经理室中处理公文、指挥企业的现场情景，写进新闻中去。但也有一个记者在访问运动员时，不在运动场上，而是在旅馆中，因而使所写的新闻大为逊色。①

很显然，采访成功的记者是从最易开采新闻价值的地方去接触事实的。这种地方，它本身就具有新闻价值。在这种地方采访，记者所见所闻的绝大部分材料，都有新闻价值。而在旅馆中采访运动员则不然，旅馆这个地点（记者接触事实、接触采访对象的地点），同运动员的新闻价值一般是没有什么联系的，周围的环境，常会使运动员局促不安，有价值的话也说不出来了。相反，记者在运动场上接触他，即使他一句话不说，有时也能抓到生动的镜头，因为那是他的"用武之地"，有新闻价值的事实就在那里"创造"出来。采煤工业中，人们总是在接近储藏量最丰富的地方开挖的，决不会在远离储

---

① 见新华社上海分社《我们怎样改进采访写作》，载新华社编《我们的经验》，1964 年版，第 433 页。

煤的地方或者向着储量不丰富的地方开掘。采访也是类似的道理。接触事实的角度，并不只是指采访地点。其实质是接触事实的方向，除了采访地点的选择反映了不同角度外，还有采访时间、采访的方式方法、采访的对象乃至所提问题的安排等等选择，都可以构成不同的角度。例如，反映党的十一届三中全会以后，贯彻实行家庭联产承包责任制促进农业生产发展的事实，最好选择秋收季节，记者从丰收的景象开始接触事实，选取"由结果追原因"的角度，不仅更能表现新闻价值，而且更有说服力。在这里，采访时机的选择起了重要作用。报道一家商店服务态度好，记者可以首先以顾客身份到这家商店买货，甚至提出一些难题对售货员的态度做一做试验，选取这种"微服私访"的角度，不仅更能了解到真实的材料，而且更能获得一些有趣的细节，提高报道的新闻价值。在这里，采访方式的选择，起了重要作用，访问某人物，先不采访本人，而是先找他周围的人，选取"侧面"的角度"迂回包抄"，常常可以"攻克"那些不愿谈和不善谈的对象。在这里，采访对象的安排，起了重要作用。如此等等。

观察事实的角度

这里的"观察"是个大概念，既包括直接用眼目的观察，也包括"了解"意义上的观察。在摄影中，拍摄者要确定立足点，并且通过镜头，截取画面。在采访中，记者也要选择最好的观察点，选取最好的"新闻窗"，通过这个窗口去观察事实。好的观察点使记者便于观察；而"窗口"的妙用，就在于把记者和读者的目光集中到最有新闻价值的地方，不让纷杂的事实分散了注意力。

请读这样一条新闻：

开城前线停火情景

新华社开城前线 1953 年 7 月 27 日电　本社记者报道朝鲜停战协定签字后开城前线停火的情景说：1953 年 7 月 27 日晚间，夜光表的指针正指在22时（朝鲜时间）上，具有历史意义的时刻——朝鲜战线全线停火的时刻来到了……顷刻前还是战火纷飞的战线，现在，弥漫空中的硝烟与火药气息，逐渐消失在夏夜的凉风中。

　　光荣的开城保卫者——来自长江两岸、华北平原以及贺兰山麓的中国人民优秀儿女们，在这时都为争取到朝鲜战争停战的实现而欣慰，同时警惕地注视着停火后的战线上的动静。从美、李阵地上，传来一阵阵吵嚷和狂笑的声音，冲破静寂的夜空。月光下隐约可以看见，美、李军的士兵们从泥泞污秽的地堡里钻出来，拼命地喊叫着、跳着、唱着。他们庆幸自己还没有成为这个战争中的最后的牺牲者。

　　记者从汉江北岸我军前沿阵地上回首北望，松岳山远远地矗立在开城背后。3年前，李承晚集团在美帝国主义的唆使下，就在这个山上，向人民的北朝鲜打出了他们的"北伐"侵略战争的第一枪。可是，今天松岳山远远地留在停火线的北方了……

记者采访时观察点选择得好，是这篇报道取得成果的重要原因。记者是站在开城我军阵地最前沿观察停火情景的。先是观察身边——志愿军战士的神态，然后向前望——敌军庆幸活下来的样子，最后是回首——眺望松岳山，把山作为见证和纪念碑，标志着敌人的失败。多么集中，多么自然，又多么耐人寻味！

选择好"新闻窗口"，同样是很重要的。请读一下这则新闻：

从邮局看变化

新华社乌鲁木齐（1980）1月17日电　本社记者顾月忠报道：春节将到，记者在新疆维吾尔自治区邮电管理局里，看到了跟一年前大不相同的情况，过去忙于分拣从内地寄来的大批副食品包裹，而今天却忙于收订大量报刊……

　　前几年，由于林彪、"四人帮"极"左"路线干扰破坏，新疆副食品供应十分紧张，每年春节期间，人们只好把钱寄到关内，委托亲友帮助买吃的东西。于是，从关内邮香肠、猪肉、糖、花生米等包裹猛增。单是花生米一项，最多的时候一天就寄来16吨……

今年，自治区邮电管理局接运包裹的"旺季"突然不旺了……过节需要的副食品，这里大体都有了……

粉碎"四人帮"以后，新疆的经济形势发生喜人的变化，这是一个包括许多方面的事实。如果罗列各种现象，必然会冗长而不生动，采访也会不必要地花费许多精力。现在，记者选择了邮局作为观察形势变化的新闻窗口，从邮局看变化，采访起来就容易多了，而且，写出来的报道也简练、巧妙、有说服力。

这类的"窗口"是不少的，如银行，从储蓄看人民生活；市场，从商品看经济形势；商店的橱窗，从这些橱窗来看社会风气乃至路线的变化。有些"窗口"是"天然"的，有些"窗口"是人工设置的。有些"窗口"是固定的，新闻报道中只有一个画面；有的"窗口"是活动的，类似汽车的窗口，在我们面前呈现的是活动的，电影般的画面。许多旅途通讯，常常是通过这类"窗口"采写成的。

解剖事实的角度

事件性的报道，新闻角度是比较好选择的，有的甚至不会产生角度问题，只要如实把事件的经过写出来就可以了。非事件性事实的报道，新闻角度的选择就比较重要，也比较困难。对于这类事实来说，选择好角度，才能更好地把它们的新闻价值挖掘出来，把事物的本质展示出来。

使用最多的角度是横剖面。在文学创作中，短篇小说经常使用截取生活横断面的手法，这是由它篇幅既短又要反映深刻的特点所要求的。新闻作品，在这点上，与短篇小说是类似的。例如，在我国建立社会主义制度以后，各条战线上的劳动者都表现出了新的劳动态度，这是社会生活中大量存在的事实，怎样采访和报道它呢？记者选取了一个普通的夜晚，把生活剖开一个横断面：在这同一个夜晚，记者访问了守候在孩子床边的保育员，为了明天乘客做准备的公共汽车和电车的司机、售票员，对病人采取急救措施的医生、护士，黎明时送电报的送报员，通宵运蔬菜的农民，连夜赶拍电影的演员，洒扫全城的清洁工，为了千百万读者而长年值夜班的报纸编辑和印刷工人……看来平淡无奇的生活，经这样一剖，它的新闻价值立刻显现出来了。《当你睡熟的时候》既是新华社记者这篇通讯的标题，又是人们生活的一个横切面。横切面必须慎重选择"下刀"之处，要切在最易显露新闻价值的地方，也要选在容易切开的地方。当你睡熟的时候别人究竟做着什么工作，你不知道却很想知道；当你睡熟的时候，别人还在工作，这本身就显出这些人的崇高劳动态度。因此，这样一切，价值就出来了。而且这样切也便于采访，因为夜间坚持工作的人毕竟还是少数，选点比较容易。假如把切面定为"当你上班的时候"，那就不知要跑上多少单位也很难把这个面概括出来，还不必说它本身有多少新闻价值。

我们现在的许多综合新闻，实际上是采取了生活横剖面的办法。例如，庆祝某一个节日，就刊登记者在各地采写的庆祝场景的部分来反映全国的情况。例如，经济报道中的股市分析，也常常采取横剖面的办法，比较世界各地股市的情况，并从中做出自己的分析。许多报纸有年终专稿，大都采取的是世界各地情况的横剖面的组合方法。当然，这一般是集体完成的。

有些事实就不宜搞横切面，而必须纵切，才能看出事情的本质，不然很容易写出片面性的报道。有一年上海《解放日报》在一版显著地位刊登一封读者来信，揭发上海国营食品公司家禽批发部管理混乱，造成十万多只鸡鸭死亡变质的事实。当新华社记者循此线索深入采访的时候，却发现这个公司的职工对这个批评很不服气。[①] 应该说，造成鸡鸭大批死亡变质的原因是多方面的：收购部门、运输部门、批发部门都有一定责任，而总体看来，又是商品流通渠道、经济体制和管理上的问题。因此，这样的问题只有把来龙去脉搞清楚，才能说明事情的本质。不然，只截取批发部门这个片段，把问题的最后爆发点就当成了全部问题之所在，既不符合事实，又无助于解决问题。傻人吃了4个馒头以后饱了，他后悔地说："早知如此，不该吃那头3个馒

---

① 见穆青：《为了备忘》，载新华社编《我们的经验》，1964年版第213页。

头！"作为记者自然不该把第四个馒头的作用等同于4个馒头的作用,不能切断纵的联系——因为纵的联系在这里正反映了事实的本质。

1979年,北京市曾一度出现酱油严重脱销的现象,《市场》报刊登了新闻研究生段心强采写的一篇报道,全文如下:

> 前些天,北京市的街头巷尾都在议论:酱油为啥突然脱销?我们走访了北京第二大酱油厂——宣武区酱油厂。
>
> 宣武区酱油厂多年失修。1974年经有关部门鉴定,应停产修建。厂里立即向商业局报告,商业局又向市级机关打报告,三年之间,写了22次,根本挂不上号,直到1977年年底,市里才批准建新酱油厂,并给50亩地。指示下到区里,一位书记把地转给了产值高的汽车配件厂等单位。经力争,区委才从煤建管理处要出9亩地给了酱油厂。
>
> 计划批准后,只给钱,不拨料。酱油厂上下跑几百趟,二商局打报告13次,结果,划圈的多、办事的少,拖了两年,材料还没凑齐。
>
> 今年9月,老厂房险情严重,被迫切断电流,停止生产。宣武区酱油厂停产,一月少上市100万斤酱油。因而,使全市酱油脱销半个多月,直接影响了居民的生活。
>
> 脱销后,市里有关部门采取紧急措施。日夜修缮老厂,并从郊区调酱油进城,这才使供应情况稍有好转。①

消息的作者正是按照纵切法去挖掘事实的,从破头处(酱油脱销)顺脉剖去,终于把它的真相搞清,触及了事实的本质:酱油脱销是官僚主义造成的;在官僚主义者的头脑中,社会主义生产目的问题并没有解决。从新闻角度看,记者采取了纵切面的方法,才能够由浅而深,由小见大。这篇消息获得了1979年全国好新闻评选中的一等奖。

由上面的分析可以看出,横切便于了解面貌,纵剖适于深挖原因。在一些较长篇的报道中,记者采访和表现的角度是多样的。因此剖开的方法也是

---

① 见1979年12月15日《市场》报。

多样的，有的把两者有机地结合起来，比如，以横切为主，穿插以纵切；或以纵切为主，穿插以横切。多种角度的切割，使记者了解到生活的各个侧面，使报道更加立体化。

截选事实的角度

在生活中，有些庞杂的事实，并不全具有新闻价值，有价值的只是其中的一部分，或其开头，或其结尾，或其片断，或其枝节。记者必须善于把这些有价值的部分截取下来加以报道。这就好像有价值的药材是麝香而不是整个麝，是牛黄而不是全牛。提取药材时，必须把两者分开。分开时，下刀的角度和地方一定要准，既不要揽得太宽，因非药材成分过多，降低了它的价值，也不要严格过分，把有价值的也切掉，造成药材不完整，也降低了价值。像《上海最后两辆人力车进了博物馆》①《英军最后一个士兵撤出苏伊士运河区》，②是截取大事实中有新闻价值的尾巴，像《战后凉山》③《蒋贼致长春守军手令落入我军手中》④则是截取大事实中有新闻价值的片段或枝节。

为了提高新闻报道中含有的新闻价值，记者的采访有时采取类似采茶的方法，他从各个庞杂的事实中，掐取同类的"茶尖""嫩叶"，并把它们按照一定的方法炮制——集纳、提炼出来。

新华社记者李峰、余辉音采写通讯《一厘钱精神》，就是这样。通讯作者之一李峰是这样回顾的：

> 来采访以前，余辉音同志和我听说北京墨水厂经济核算工作做得好，在瓶盖上也力争节约一厘线。因此，企业由亏转盈。我们想，一个企业由亏转盈，没有全国意义，但他们重视节约一厘钱这种精打细算的

---

① 新华社1956年2月25日电，载中国人民大学新闻系、解放军报社编《新闻通讯选》，第23页。
② 新华社1956年6月14日电，同上第24页。
③ 新华社广西边防前线1979年3月6日电，同上第164页。
④ 新华社长春1948年10月20日电，同上第165页。

做法，对其他企业挖掘增产节约潜力，有启发作用。（注意：北京墨水厂扭亏转盈是做了大量的工作，绝不只是一个墨水瓶盖的问题，但是，记者经过分析，认为真正有新闻价值的，就是这一个墨水瓶盖上的一厘钱，于是就把这个"茶叶尖"掐下来了。——引者插入）可是只写一个瓶盖，材料太单薄。于是就想再从其他厂找几个类似的材料，写了《一厘钱》之类的集纳。（这就是"采茶"，把同类的嫩叶，从茶树上摘下来，放在一起。前面先有了个样子，后面再采同样的"叶片"就容易多了。——引者插入）后来，听说各地种种浪费或占用国家财产的思想同爱护国家财产的思想，矛盾相当突出……在增产节约运动和社会主义的各项事业中，应当大力提倡那种节约一厘钱的精神。这种精神，有可能在群众中引起反响，成为群众开展增产节约运动的行动口号，有可能变成巨大的物质力量。于是，就产生了"一厘钱精神"这个主题。①（这就是记者的加工炮制，这个炮制并不是在写作时才开始的，在采访中，已经就进行了。——引者插入）

以上4种采访角度：接触事实的角度、观察事实的角度、解剖事实的角度、截选事实的角度，是记者最常使用的角度。接触事实的角度和观察事实的角度，是着重研究记者同事实如何发生外部联系以便于开采新闻价值的问题；解剖事实的角度和截选事实的角度，则是侧重于研究记者从何入手，揭示事实内在联系，以便于开采新闻价值的问题。角度的选择，首先取得于事实本身的特点，同时也与记者采取什么形式报道、报道的具体任务密不可分。

新闻角度与事实本质

选取新闻角度是为了更好地挖掘和表现事实的新闻价值。但是，值得注意的是：新闻价值只是事实的一种社会属性，有新闻价值的往往只是事实的

---

① 见李峰：《矛盾·细节·提炼》，载上海复旦大学编《采写经验选》，第158页。《"一厘钱"精神》通讯，最初发表于1963年3月24日《人民日报》。可见人民大学新闻系、解放军报编《新闻通讯选》，第551页。

一部分或一方面，因此，挖掘和反映事实的新闻价值并不等于就全面地认识了事实，认识了事物的本质。选择新闻角度必须要注意这样两个问题：一、正确处理事实中有新闻价值的部分同其他部分之间的关系；二、正确处理突出新闻价值和反映事实本质之间的关系。不要因追求新闻价值而歪曲了事物的本质。

在选取新闻角度时，有两种对立的态度。正确的态度是：认为新闻角度是为准确反映事实服务的，它必须服从于事实。错误的态度是：让事实说明记者事先已经确定好的角度，强迫事实服从于角度。

在选取新闻角度上，常见的错误做法有：

一、随意变角度——"万能事实"

"有些编辑信奉的格言是：凡经我手的稿件必须都像我；有些记者信奉的格言是：只有打动编辑的心，谁的心都不打动也没关系。"这些话似乎有些挖苦，但遗憾的是确实存在着这样的情况。有的记者采访写作，不是面对事实，而是面对编辑，单纯追求发稿；有的通讯员也单纯追求发稿率，因此，他们在写稿时投其所好，只想迎合编辑部的需要，而不考虑自己采访的事实本身的性质如何。这样就出现了"万能事实"这种怪现象。在这些人的笔下，一个单位生产任务完成得好，其原因可以随意变化：1974年，是由于批林批孔，1975年是由于整顿企业，1976年是"反击右倾翻案风"，到了1977年又成了批判"四人帮"的硕果。现在，一个企业的发展，一会可以归结为改革的结果，一会可以归结为开放的结果，一会可以归结为贯彻科学发展观的结果。总之，看风定角度，不问事实如何。

二、通用式的角度——"标准件事实"

与上面的"一事多能"的情况相反，在某些记者的笔下，出现了"多事一能"的情况。当报纸刊登了某些重要的新闻以后，单纯地模仿这个角度的新闻就可能纷纷拥进编辑部。在这样的稿件中，事实往往是无个性的、无特点的，除了人名地名等不同以外，整个轮廓几乎完全雷同。这种"标准件事实"完全成了新闻角度的附属品，作者之所以需要这些"事实"，完全不是为了传播这些事实，而是借事实为由，以便加上他认为时髦的那几句口号。——他们想：角度对路，稿子就可以有出路了。现在中央提出学习贯彻科学发展观，不管什么事实，记者都往这个主题上面靠，使人看了觉得十分勉强。

三、强加于人的角度——"面团事实"

记者同采访对象谈话，不是真心实意地了解对方的看法，而是有意地向对方施加影响，让对方说出自己想要他说出的话。把诱导变成了引诱，把提问变成了给根竿儿让对方爬。

还有一种强加于角度，是采用想当然的办法，把自己的观点加到别人身上。邓小平副总理1979年1月访问美国时，新华社的某些报道就有类似的缺点。美国报刊上曾有这样一段评论：

> 公众舆论仍然表明美国对同北京的关系有怀疑，可是新华社根本不提有关的民意测验，却告诉中国读者说："美国公众今天的普遍心情是让我们忘掉过去不愉快的事情，而朝前看。"①

记者并没有做过全面的调查和统计，"普遍"这两个字是怎样得来的呢？况且，美国政府当局二十多年错误政策的影响，怎么可能在很短的时间内就完全烟消云散呢？这样的报道，恐怕只能降低了中国人自己的分量。

四、"只取所需"的角度——"配色盘事实"

任何一个事物，都有对立着的两个方面。一个先进单位，有其成绩，也

---

① 见美《国际先驱论坛报》1979年2月10—11日的文章《中国宣传工具把美国说得过于美好》，中译文载《编译参考》，1979年第4期，第25页。

有其不足；一个人，有其优点，也有其缺点；一种工作，有其顺利一面，也有其困难一面……事物的两个方面，不仅本身不是均衡的，总以一个方面为主，另一方面为次；就是在新闻价值方面，也不是平衡的，有时，这一方面有较高的新闻价值，有时，另一方面变得有较高的新闻价值。当记者片面地突出有新闻价值的一方面（一部分），而没有正确处理这方面与他方面（他部分）的关系时，就会使人感觉，记者笔下的事实像画家的配色盘一样，想配成什么颜色就可以配成什么颜色。

例如，1978年9月23日，新华社发了电讯稿《福州市采取思想教育结合经济制裁的办法整顿市场效果显著》，主要讲了经济制裁的作用。1979年4月5日，新华社又发出另一篇电讯稿《政治工作促进饮食店越办越好，福州市饮食公司帮助南后食品店成为先进单位》，报道中提出了经济制裁以后出现了种种消极的思想和现象，强调了思想政治工作的重要。很显然，政治思想工作和经济制裁工作永远是应该结合起来进行的，两者缺一不可。但由于时机不同，1978年发稿时，是强调经济制裁一面，但照顾思想政治工作不够；1979年发稿时，又强调了思想政治工作，肯定必要的经济制裁不够。于是，读者把这两条消息联系起来以后，就感到它们相互矛盾。

人们常说，新闻不能虚构事实、夸大事实，更不能捏造事实，但是，它可以挑选事实。这话总的说来是对的。但是，这种挑选绝不是随心所欲的挑选，甚至也不是只考虑到新闻价值的挑选，它必须考虑和照顾到事实的全貌，事实的性质和事实同其他事物的联系。挑选不等于歪曲、夸大、虚构，但挑选不当，确实可以起到歪曲、夸大、虚构的作用。一块玉石中，有白璧、黑瑕两种成分。当你需要白时，你把白的因素"挑选"在一起；当你需要黑时，你又把黑的因素"挑选"在一起。这种挑选法，甚至比捏造更坏，因为它似乎有事实做根据。

五、美化的角度——"理想化事实"

记者在选取角度时,不仅"拍摄"了事实的最美的角度,而且试图给人以这样的印象:似乎其他侧面也同样的美。结果是按照自己的理想去塑造事实。绝对化、拔高等都属于这一类。

这5种"角度"都是记者要力求防止的。

要正确解决新闻角度和事物本质的关系,在认识上,必须正确解决下面两个问题:一、正确认识事实和事物各个侧面之间的关系;二、正确分析各个事实之间的联系。

正确认识事实各个侧面之间的关系

西方新闻学者首先提出了"真实、客观、全面、公正"的新闻报道原则。刘少奇同志1956年对新华社工作人员谈话的时候,认为社会主义国家的新闻工作者也应该遵循这些原则。他的这些言论,在"文革"当中,曾被批判过。但实践证明,这种批判是完全错误的。作为新闻报道,难道不该真实吗?不该客观吗?不该全面吗?不该公正吗?不可否认,这八个字,不同的政治倾向的人,不同条件下的人,会有不同的理解和不同的贯彻,但是作为原则性的要求,则是对一切新闻事业都是适用的。正像"买卖公平",对一切条件下的商品交换都是通行的原则一样,尽管它实现的时候,是如此的千差万别。

我们所要做的工作,不是否定这些原则,而是给予这些原则以更加科学的阐述,以保证我们的新闻实践更加符合新闻规律。

这里要着重说明的是"真实"同"全面"的关系。关于新闻的真实性,人们更多的是从报道是否符合客观事实这一角度来加以研究。这当然是必要的、正确的,也是它的基本含义。但是,在相当长的时间内,却忽略了从"全面"的角度来研究真实的问题。

事实上,有一些新闻报道之所以不真实,并不是因为记者报道中所写的材料是不真实的、是虚构的,而主要因为它反映事实不全面。

一件具体的事实，它总是多侧面的。如果我们只选取我们所喜欢的那一个侧面，就会造成报道上的失真。

1982年春天，《人民日报》常驻上海的首席记者章世鸿写了一条《上海牌小轿车提高质量》的消息。消息发表之后，他的心情却感到不安。是他的报道所写的材料不真实吗？不是的。上海轿车厂的干部、职工，确实做了很大努力，使小轿车的质量有若干改进。但是，这只是这个事实的一个侧面。还有另一个侧面：这些质量的提高，大都是"小打小闹"，对小轿车的根本性能并无多大改善，因而它同进口汽车相比，仍旧没有什么竞争力。国内的许多部门、地方，不顾国家三令五申，仍然花费许多外汇去进口汽车。这一侧面，所反映的当然不只是这个汽车厂的问题，主要是我国小轿车工业宏观决策的某种失误的问题。

正是由于他的报道缺少了这样一个侧面，可能是更重要的侧面，章世鸿才感到不安：担心他的报道掩盖了更重大的问题，而给汽车工业的发展帮了倒忙。——这是一位有责任心的思想深刻的记者必然要想到的问题。

应该说，章世鸿同志自己发现了这条信息的内容在反映事实本质上的失真。这种失真，正是由于不全面造成的。他的体会给了同行们以启发。

本书作者，作为人民日报记者，也遇到了同样的问题。1982年4月，记者到北京市南郊的黄村去采访。黄村是京郊大兴县政府所在地，过去是只有一个十字街的小村庄。几年的光景，它建成了一个现代化的小城镇。这确实是值得报道的事情。一了解，果然已有两家新闻单位的记者写过了，一篇题为《北京南郊的一颗明珠》，一篇题为《北京南郊的一颗闪光的明珠》。难道再写一篇"明珠"的续集吗？似乎不妥。不仅是因为要避免报道的雷同，而是因为黄村卫星城建设中，还存在着另一个重要的侧面，建卫星城的宗旨是为了把母城北京的人口"吸"出来，但黄村卫星城的人口，当时97%以上，都是从外地和附近农村吸进来的。这种情况又是与卫星城的宗旨相违背的。造成这种"倒吸"的原因又是多方面的，主要是宏观上政策不配套，当然也有当地政府工作上的原因。在这种情况下，如果只报道"村庄变城镇"这一侧面，而不揭示"倒吸"这一侧面，不把"倒吸"的各种原因写出来，那么，各方面的人们都会觉得你的报道失真。老百姓会觉得记者只吹光明面，指责你"吹牛"，当地政府和更高决策机关也不会从中注意到需要他们解决的问题。正是出于这种考虑，记者把这几个侧面的情况都写进了他的述评《请把目光投向卫星》，以求做更全面也就是更真实的报道。（此篇述评载于1982年6月17日《人民日报》3版，并选入记者新闻作品自选集《思考的笔》一书。）

一个具体事实是多侧面的，那么，作为"宏观事实"则更是多侧面的了。所谓"宏观事实"一般是指一个国家、一个地区、一个行业、一个部门等较大范围的客观情况和发展趋向。政治形势、经济形势、思想动向，大都属于这一类。

新闻报道在这方面的失真，一般分为两种：一种，新闻报道是写宏观题材的，它直接概述形势。但它"只取所需"地只写了它认为应该"宣扬"的一面。过去我们有些"形势大好"的报道，往往有这种偏颇，读者虽然指不出你所用的哪个具体材料是不真实的，但他觉得你勾勒的"总画面"是失真的。另一种，每篇新闻报道所写的虽非宏观题材，甚至是很具体的事实、事件，但数篇这样的报道，给人们组成的"总画面"同样是失真的。粉碎"四人帮"之后，一些外国记者从北京发出的信息，集中在两件事情上，政治上集中报道"西单墙"（许多人在那里贴大字报，发表各种政见）；生活上集中报道青年人穿喇叭裤。这些报道所写的事实本身可能是真实的，但它组成的中国当时形势的"总画面"，却是有相当程度的失真，并没有全面反映当时中国的"实践是检验真理唯一标准"大讨论所带来的思想解放运动，以致一些侨居国外的华人，看了这些报道，对国内情况难以理解和感到担心。

关于"万元户"的报道，也是一例。1978年年底中国共产党十一届三中全会之后，中央提出了"要允许一部分人先富起来"的政策。为了宣传这个政策，打破人们还存在着的"怕富"思想，新闻媒介在一个时期报道了各地涌现出来的"万元户"。不能说报道的"万元户"多是假的，也不能说报道"万元户"就不对，但是，集中地报道"万元户"而很少报道"贫困户"、贫困地区的结果，就给人造成了一个宏观上的错觉，仿佛我国农村已经在短时间内变得相当富裕了，"万元户"已经比比皆是了。于是工人们坐不住了：农民这么富裕了，为什么不给我们多增加一些工资？各方向农民伸手要钱也似乎有了根据了，一时间农民的负担加重了。

"万元户"报道的经验教训，也说明不注意宏观事实的各个侧面，可能用真实的微观事实拼凑成一个失真的"宏观事实"。

有人不赞成把上述现象归结为真实性的问题。但不论怎样，它确实损害了新闻报道的真实性。现在读者责怪我们的新闻报道不真实，除了具体事实上的误差外，更多的批评实际上是集中在这点上，他们称为"报喜不报忧""不说实话""不说真话"等等。我们不能忽视读者的反映。

造成上述问题，同我们多年来风行的单侧面的报道思想有关。

所谓"单侧面的报道思想"，虽然找不到代表性的理论观点、理论著作，但它确实在"约定俗成"地起着作用，甚至是支配作用。这种指导报道的思想，简言之，即只取我所需的那个侧面，不顾及事物本身的多侧面。一般说，按这种思想，总把我们的报道稿件简单地分成两类：表扬稿和批评稿。表扬稿的任务是"说好话"，故采访的时候便专门搜集事物好的侧面。批评稿的任务是"说坏话"，故采访的时候便专门搜集事物坏的侧面。而所谓"好""坏"，常常又是把它同政策要求完全等同起来，符合政策要求的，即为"好"；不符合政策要求的，即为"坏"。所以，这种单侧面的报道思想，往往成了把现行政策作为记者选择事物侧面的唯一标准，凡符合政策的那一侧面，我就报道；凡不符合的，我就回避。凡符合政策的，我统统集中起来，加以凝练；凡不符合政策的，我统统视而不见，或加以抛弃。久而久之，一些报道的宣传党的政策，就成了把现实都描绘成政策所要求的那样。他们不懂得，如果现实已经变得如同政策要求的那样了，那么，政策也就再无针对性而失去生命力了。

在人物的报道和采访中,这种单侧面的集中和浓缩的方法,同样造成很大的"副作用"。

1988年1月16日,《人民日报》发表了新华社记者写的关于改革者步鑫生被免去厂长职务的通讯《步鑫生沉浮录》。这篇报道,对一些企业家、若干改革者,当然发生了一定的"冲击"作用。有的人甚至认为支持改革者的方针是否变了。但这篇报道的发表,却同时产生了另一个始料不及的冲击,那就是对新闻界的冲击。当报社编辑部希望大江南北的一些著名改革者、企业家就步鑫生免职报道发表一些自己的感想时,他们不约而同地保持缄默,并且不约而同地用不同语言说了同一句话:"记者不可靠","成也萧何,败也萧何"。

这是为什么?其实并不难理解。因为人们都还记得,几年前步鑫生"出山"的时候,以及"出山"这几年,各种新闻媒介,曾经连篇累牍地说了步鑫生的许多"好话",似乎有"捧上天"的嫌疑。现在,步鑫生下台了,新闻媒介立刻换了一副面孔,又把他说得基本上"一无是处",给人以"落井下石"的印象。前后一对比,人们自然觉得新闻界是"人嘴两张皮",翻来覆去总有理。"抬"步鑫生者,新闻界也,"贬"步鑫生者,亦新闻界也,这不就成了萧何了吗?因为向刘邦荐韩信者,月下追韩信者,萧何也;待刘邦打了天下,向刘邦献计,未央宫斩韩信者,亦萧何也!

应该说,企业界、读者,对新闻界产生这样的印象,是有根据的。但是,我们不应只是责怪那些具体写这些报道的记者,而应该认真检讨我们的单侧面报道思想。

想想看,在单侧面报道思想的指导下,这不是很自然的事情吗?1984年城市经济改革发动之初,为推动改革,多么需要一个勇于改革的典型人物啊。于是,在江苏省海盐县,就有一位"小裁缝"应运而出了,他的改革事迹,确实起到了很大的鼓舞作用。在那时,出于支持改革的目的,新闻界自然要把他当成一个大典型争先恐后加以报道。记者往往唯恐落后,唯恐自己调子不如别人高，甚至别人要从你报道的"高度"，判断你对改革的"态度"。步鑫生在当时就没有缺点吗？肯定有的。但报道这一侧面，就有"给改革者抹黑"的嫌疑。对步鑫生当时就没有争议吗？也是有的。但报道在当时也总爱从为主人公做"理直气壮"的辩护的角度加以说明。这一切的结果，自然是一种"拔高"效应。

及至步鑫生被免职了，自然要"说明"他下台的原因，所以，似乎必然该"轮"到说他的毛病了。那篇通讯提出了步鑫生在上学期间上下学要坐小汽车。对此，步鑫生说，这是确实的。但当初让我上学时，上级曾给我三个"优惠"条件：因考虑我年纪大，允许我在学校吃小灶；身体不好，允许我爱人去照顾我的生活；因还要管理工厂，上下学可坐小汽车。三个"优惠"条件，我只用了一个，是该表扬的，怎么反倒批评我呢？至于经营上的失误，也应该全面分析各种原因。但是，单侧面的报道思想"不允许"在他下台时做这样的全面报道。

可见，步鑫生报道带来的冲击，冲击的是那种单侧面的报道思想。

步鑫生的报道，只是一个典型的事例。其实，目前使用的写人物的方法，相当流行的仍是单侧面浓缩的"缸杯法"。此法有认真改变的必要。

所谓"缸杯法"是一个用形象比喻产生的名词。这个比喻是这样的：有一大缸水，里面溶解有一两白糖。这时如果用勺子舀些尝尝，有些甜味，但不会很甜。尔后，你用"单侧面浓缩"的办法，把水分蒸发掉，尽量保留原有的糖分，这样浓缩提炼成一杯水了，那杯里仍然溶解有一两白糖。这时你再喝杯里的水会怎样呢？会甜得很！这时，有一个曾经喝过缸里水的人（就是那些亲身同你的报道对象打过交道并比较了解他的人），会提出这样的问题："你杯里的水是缸里的水吗？"（在新闻报道中这个问题就是你写的材料是根据原型吗？是真实的材料吗？）你回答道："这杯里的水就是缸里的水。"（我取材都来自原型。）那么，对方就会提出第二个问题："如果杯里的水是缸里的水的话，你肯定又另外加了糖！"（你又加入了虚构的成分。）你仍然可以回答道："没有，杯里的糖只是缸里的糖。"（我没有另外加入任何虚构的成分，哪怕是一个细节。）

双方的对话结束了，但谁也未能说服谁。

从记者的角度看，他的"缸杯法"是完全符合新闻真实性要求的。水是缸里的水，糖是缸里的糖，我自己又没添加任何原来没有的东西，只是提炼一下而已。可是不提炼行吗？记者总要有所选择呀，总不能让大家抱着大缸去喝水吧！

从读者的角度看，他更加确信自己的感觉：也许像你说的那样，也许你说符合你的原则，但经过你的提炼之后，不甜的缸里的水变得甜得腻人的杯中之水了，反正你搞得失真了。

究竟谁的道理对呢？应该说，读者的看法更有道理。在记者的"辩护"中，忽略了一个非常重要的问题：在由缸中水向杯中水浓缩的过程中，虽然没有另外添加什么东西，但由于是单侧面浓缩，水被浓缩掉了许多，而糖分却原原本本地保留下来了。于是，水分和糖分的比例发生了重大的变化。从物理学上说，糖分子的密度发生了重大变化。从水与糖之比来说，事物的结构发生了重大变化。把一缸糖水浓缩成一杯糖水，失真就是这样发生的——改变了事物原来各个侧面之间的关系。

写一个先进人物，通常采用的不就是这种方法吗？把他几年、十几年、几十年做的好事，统统收集起来，然后优中选优，把最能打动人心的集中起来，再用所谓"打破时空观念""做好巧妙穿插""用警句加以联结"等手法加工，于是一个"高大形象"就树立起来了。先进人物身边的人，是喝过"缸里水"的人，他们读了记者的报道，就会产生"拔高"的感觉，即使他一丝一毫也找不出你写的事实差错，也会有这种感觉。因为，他所接触到的这个先进人物，虽确有先进事迹，但密度并不像你写得这样高，除了先进人物的成绩、优点之处，他们也了解这个人的失误、缺点和一般的表现，而这一切，在你的报道中，统统地被"提炼"掉了。

现在，人们常常为先进人物报道之后，先进人物在本单位便孤立了——所谓"墙内开花墙外看"而头痛，先进人物也为此而害怕记者去采写他。这一方面是由于社会上某些不良风气作怪；另一方面，也是由于新闻报道的"拔高效应"而产生的逆反心理起了作用。

这种现象，使我们在新闻理论上，不能不提出这样的原则：新闻典型人物报道同文艺典型人物塑造，两者之间的区别，不仅在于所用材料的真实与否上，还在于对事物各个侧面关系的不同处理上。文艺典型往往是特征的集中和夸张，即专门集中描写某一个侧面，《悭吝人》就集中写人的爱财如命这一侧面，把它夸大、渲染。漫画也是如此，它与事物的相像，不是模写式的，而是对某些侧面的"夸大式的相像"。但是，新闻典型则不应这样，它虽然也要写出人物的特点，但它必须注意新闻人物本身所具有的各个侧面的情况，注意这些侧面的比例、联系、转化等等。新闻报道的浓缩，不应是单侧面的，必须是尽量按照原来事物各侧面"比例关系"的浓缩。当然，在人物身上的各个侧面，很难用定量的办法表示出它们的比例，但是，有这种要求，并尽量实现这种要求，总比没有这种要求而任它浓缩，要好得多。如果没有这种要求，我们完全可以把一个一般的人，写成出类拔萃的人，甚至可能把好人写成坏人，把坏人写成好人。因为把好人的错误、缺点单侧面地集中起来，也很吓人；坏人也可能做些好事——甚至为掩盖坏事而做好事。

我们提出多侧面地写人、写事，并不是说任何一篇报道都一定写成"这一方面、另一方面"式的；也不是说，任何一篇报道写任何一个单位或人物，都一定写成一成绩、二缺点、三展望之类的模式。只要我们用多侧面的眼光观察事物，我们都有可能在一个细节上发现该人、该单位的多侧面的联结。例如，一个人的主见同他的主观往往就是联结在一起的。只是我们实事求是地去了解，去观察，去反映，那么它就会是多侧面的。

近年来，多侧面的报道思想已经越来越被新闻界所接受和所执行。对于一个复杂的事物，开始注意从多侧面加以反映。例如，2007年下半年万科老总王石提出了房价已经出现了由高到低的"拐点"的看法，新闻界对此进行了报道，同时也报道了北京的任志强、潘石屹认为并没有出现"拐点"的不同看法。对于房价高的原因，新闻界既报道了认为是"政府地价太高"的观点，也报道了认为是"开发商利润太高"的观点。例如，2009年7月，国家统计局发表了上半年经济情况有关数字以后，表明了中国经济克服了世界金融危机的影响，已经出现了止跌回升的势头，新闻界既报道了一些经济学家担心出现世界性的通货膨胀的看法，也报道了当前扩大需求仍然是主要问题的看法。

毛泽东早就提出过一个哲学命题："要注意一种倾向掩盖另一种倾向。"当一种潮流成为主要潮流的时候，它往往掩盖着另一种次要的潮流。这种次要潮流在一定情况下,也会转化为主要潮流。经济过热可能转化为经济过冷,通货膨胀可能转化为通货紧缩。从社会上看也是如此。改革开放以前的不许追求物质利益的一切都是"政治挂帅"的价值取向可能转化为对物质利益的过分追求的"金钱拜物教"价值取向。经济发展、市场经济发展有提升人们道德水平的正作用,也有促使人们只认钱不认人的道德下滑的副作用。记者掌握了多侧面报道的思想,就可以比较有效地防止片面性,减少报道的副作用,提高报道的预见性。

正确分析各个事实之间的联系

综上所述,要注意事物的多侧面之外,选取新闻角度要防止偏离事物的本质,还必须注意事实之间的多种联系。从系统论的原理看,任何事物都是处在一定的系统之中的:它本身是一个特定的系统,同时又处在另一个或数个特定的系统之中。记者所报道的事实,事实的各部分不是孤立的,整个事实同其他事实正是密切联系着的。因选取新闻角度不当而造成失真,做法尽管各不相同,但有一点是一样的:不是歪曲反映了事实各侧面之间的联系,就是歪曲了事实与事实之间的本来的联系。

事实与事实之间最普遍的一种联系——因果关系,在记者采访中不仅经常遇到,而且最容易被搞错。请看下边这样一个简单的事例:

> 某一个工厂的党支部书记,利用职权擅自取消了一位工人的职工代表大会代表的资格。记者问这位书记为什么要这样做,(这就是寻找这个事实的原因),书记回答说,这个工人干活不服从指挥,而且还骂人,当然不够代表的资格。(意思是:这就是原因。)记者又问工人,支部书记说的是否事实?工人答:是事实。但是,工人说,他所以不听指挥,是因为事先他曾经要求完成这项任务,支部书记不同意,而且还批评他"出风头",因此后来叫他去,他就赌气不去了(工人说的又似乎是原因的原因。)……①

---

① 见唐正学:《动之以情始,处之以节终》,载《工人日报通讯》,1980年第8期。

从表面看来，这件事的因果关系非常简单明了，但认真考虑，并不如此，工人不听指挥，甚至骂人，自然不对，但能说这是这位书记取消这位工人的代表资格的原因吗？显然不能这样说。这个超越权限、违反规定的举动，说明支部书记没有起码的民主观念，这才是造成这个事实的主要原因。因此，记者在报道这个事件时，就不应该各打五十板，而应批评这位书记的错误。

关于事实与事实之间的因果关系，可分为这样三种类型：

一、单线因果关系

原因是单个事实A，经过联结环节，所产生的结果，只有一种情况，或一种可能性。联结环节本身的情况如何在这里构不成事实B的原因。例如，一辆汽车闯上人行便道，把一个行人轧死，这个行人身体再健康也免不了一死。死亡唯一的原因是司机的责任。难道还能责备死者身体不结实，或不该那天出门吗？

这类情况，一般比较简单，记者的判断不易发生错误。

二、放射型因果关系

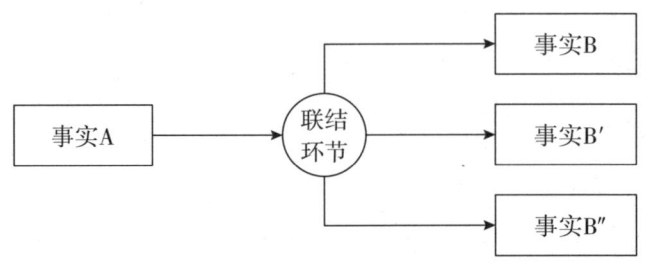

这种放射型的因果关系，分成两种情况：一种，原因是单个事实A，结果是数个事实B、B′、B″……这就是我们平常说的"一因多果"。另一种，原因是单个事实A，而结果有数个可能性（当然，这就是说，不见得每个可

能性都成为现实）。这就是我们常说的一种事实可能带来多种影响。

有数个可能性，而只有其中一种或几种成为现实，联结环节的情况如何就成为相当重要的原因，甚至成为关键性的原因。在这种放射型的因果关系中，记者不仅应该研究事实 A、事实 B，而且应该不要放过联结环节的研究，必须投入足够的精力，不然就会只抓到事实的表面联系，而抓不到实质。例如，原材料价格上涨这一事实，可能造成企业亏损、工人情绪下降、自己的产品也跟着涨价多种结果。但如果联结环节——企业，它的机制比较好，有可能只出现其中的一个结果：原材料涨价因素被消化，工人情绪稳定，企业并未亏损。

三、收拢型因果关系

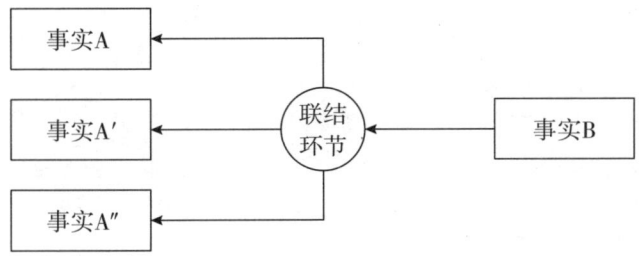

原因是数个事实 A、A′、A″……结果是一个确定的事实 B，这里实际也有两种情况：一种，事实 B 的原因是多种可能性，即可能由 A 引起，可能由 A′ 引起，也可能由 A″ 等引起。另一种，事实 B 的原因是事实 A 加事实 A′ 加事实 A″……即数个事实的总和。

无论哪种情况，记者的研究重点，一般应放在数个原因事实上面。如果是一个事实造成结果，那么，这个事实一定要找准，不能把事实 A 错成事实 A′ 或 A″。如果是数个事实造成的结果，那个一般地说，不能以点代面，只提其中一个事实，而应该全面研究这些事实。必须看到，事实 A、A′、A″ 之间是不相同的、不同等的，不仅有主次之分，而且有偶然与必然之分等等。记者最容易犯错误的地方就在这里，为了使事实适应自己确定的新闻角度，常常把事实 B 的原因只归结为其中一种"有新闻价值"的事实。

1979年8月11日《人民日报》刊登新华社消息《山东菏泽县马垓大队发展养牛一举数得》。从稿件题目看，这是个放射型的因果关系，养牛一举（单个事实之因），得到数种好处（数个事实之果）。但稿件中谈到粮食丰收的事实，那么，对于这个结果来说，又是多种原因造成的。但是稿件简单地归结为养牛一种原因，并这样对比：

  1978年与1977年比，这个大队牛存栏数增加328头，粮食亩产增加440斤，总产增加60万斤。今年全大队小麦一季亩产660斤，总产80万斤。

粮食增产的原因是多方面的，可以由下图表示：

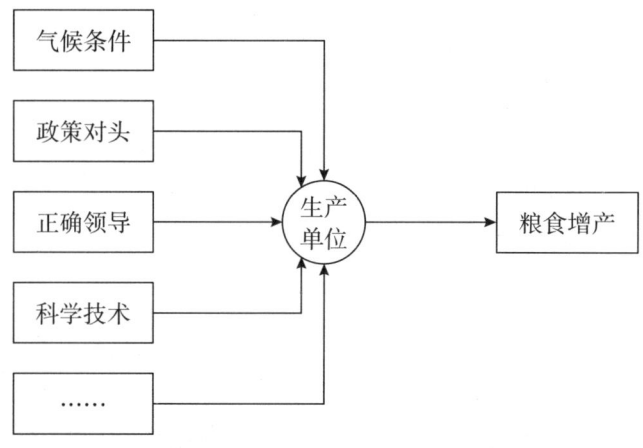

所以，读者读了这篇消息，来信指出：光多养300多头牛，就能增产这么多粮食吗？

记者进行报道时，最容易犯的毛病就是把粮食增产的原因仅仅归结为自己要强调的那一种，而不顾实际情况如何。现在的农业生产，特别生产力水平还比较低的我国农村，气候条件如何对粮食是否增产影响很大，有一部分地区，实际上还是相当大程度上的"靠天吃饭"。但相当长时期内，相当多的报道，对"老天爷"采取了实用主义态度：增产了，把"老天爷"的"功劳"一笔勾销，完全是某某政策、某某措施的威力。减产了，又把"罪过"完全推给"老天爷"。

而那些阻碍生产发展的政策，则仍然是"正确"的。幸亏没有真正的"老天爷"，不然他早就要报复了！

当然，新闻报道不应面面俱到，条条原因不必一一详述。但是，最起码不要歪曲事实，不要把原因之一，写成唯一原因；更不要采用对"老天爷"那样的实用主义态度。

四、多线型的因果关系

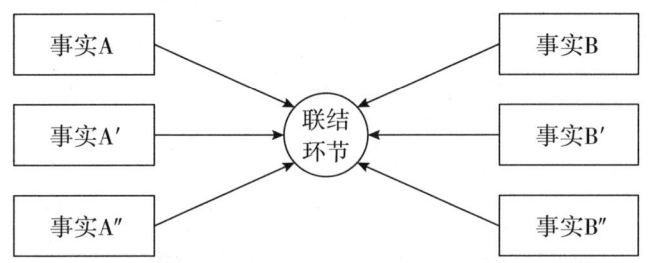

原因事实和结果事实都是数个，或数种可能性。这种类型的因果关系看来十分复杂，但是在研究的时候，仍然可以把它们相对分开，先按照放射型和收拢型两种类型加以研究，然后再进行综合，就可以了。记者的头脑里应该"印"有这种复杂的因果关系图，以免把复杂的问题简单化，起码不武断地下结论。

五、反馈型的因果关系

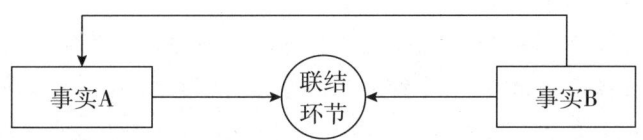

上面是最简单的反馈型因果关系。事实 A 导致了事实 B，而事实 B 又反过来成为事实 A 的原因之一。这是在运动中考察因果关系时所看到的情况。事实 B 对事实 A 的作用和影响，即称之为"反馈"。反馈分为两种：正反馈和负反馈。正反馈的意思是：事实 B 越强烈，它对事实 A 的激励也就越强烈，两者成正比的关系。负反馈的意思是：事实 B 越强烈，它对事实 A 的控制、压抑越厉害，两者成反比例的关系。例如：

上述关系，一般就是正反馈关系：工人积极劳动，于是可以获得较多的报酬；获得较多的报酬，又鼓励了工人更加积极地劳动……如果工人积极劳动，结果却是按照平均主义的分配，那么这种结果对工人积极性就是负反馈，平均主义越彻底，对工人积极性的压抑越厉害。

这种反馈过程，在实际生活中是复杂的。上面只是提供了一个最简单的模式。作为一个记者，有时必须对事物发展过程中的反馈现象有所了解，才能写出真实的、有分析的报道。

第五节 立场与事实

内容提要： 只有尊重事实才能尊重真理，这是新闻记者必须遵循的重要原则。记者的立场不能改变事实本身，但会影响对事实的认识和传播。人民记者必须坚持党和人民的立场。同时，他必须认识到，事实的客观意义，有时可以冲破记者世界观的局限，事实对记者的立场也发生巨大的影响。记者担负着宣传政策和检验政策的双重任务。

对西方新闻学提出的客观、公正的口号应采取分析的态度。在对待事实应取客观态度和应学会客观手法的意义上，我们仍应坚持这个口号。但不能赞同客观主义理论。记者不仅以其报道的发表影响生活，在采访过程中，也可以以适当的方式"干预生活"，不做生活的消极旁观者。

尖锐的问题常常发生在立场同事实的关系上。这里所说的立场，指的是记者的政治倾向和基本理论观点。这里所说的事实，指的是记者所报道的事实。记者的立场同事实究竟是怎样的关系？是否站在一定的立场上就不能客观地报道事实？立场的正确与否对事实的报道将发生怎样的影响？事实对记者的立场有无影响？记者在这个问题上应该遵守的是哪些原则？等等，都是需要讨论清楚的问题。

尊重事实才能尊重真理

事实，是不依人的意志为转移的客观存在。立场，是记者思想的政治倾向和基本理论观点，是意识形态的东西。新闻是记者对事实的报道。也就是说，事实首先反映到记者的头脑中，经过记者的思考，又经过记者表达，才以新闻的形式加以传播。记者的思想好像一面透镜，政治倾向和基本观点就是这面透镜的颜色。

"天安门事件"的教训

反动的、错误的立场，常常会导致对事实的歪曲。

在"四人帮"控制我国舆论大权的时候，1976年4月8日《人民日报》刊登了《天安门广场的反革命政治事件》的报道。这篇报道是张春桥、姚文元亲自指挥一些人，站在反动的政治立场上炮制出来的。他们把"四五"革命运动污蔑为"反革命政治事件"，从根本上颠倒了是非，歪曲了事实的性质，同时，他们又歪曲、篡改、捏造了一系列的细节，以便让这些谎话编织成的"事实"为他们的反动政治立场服务。例如：

一、报道中引用了下面一首诗：

欲悲闹（原作闻字）鬼叫，我哭豺狼笑，洒血（原作泪字）祭雄杰，扬眉剑出鞘。中国已不是过去的中国，人民也不是愚不可及，秦皇的封建社会已一去不返了，我们信仰马列主义，让那些阉割马列主义的秀才们，见鬼去吧！……

报道借题发挥，把这首诗说成是"丧心病狂地把矛头指向伟大领袖毛主席"、"是彻头彻尾的反革命煽动"等等。实际上，这本来并不是一首诗，而是他们出于政治需要，硬用两首诗掐头去尾拼起来的。

二、关于"打人""冲击大会堂"问题，报道中有这样一段话："有十来个青年被闹事的坏人围打……闹事的暴徒叫着：'打死他！打死他！'"为什么"暴徒"要打这些人呢？写报道的人把真实的原因删去了。原来在群众和守卫人员争执时，有一个穿蓝制服的人公然说："别为走资派卖命了，现在报上都快把走资派点出来了。"还有个人公然污蔑周总理是"最大的走资派"。群众气愤万分，围上去，找他们算账。其中有一个往人民大会堂跑，群众也就追了过去。这段关键性情节被删掉，就把捍卫周总理的群众写成了"暴徒""冲击人民大会堂"的"罪人"！

三、关于烧汽车、烧军营的情况。4月5日，广场上有一辆上海牌小汽车被烧。把持《人民日报》的那个"四人帮"心腹指使一个人写个情况。这个人说，他没有采访，不了解情况。心腹说："没有采访任务也可以写，只写几点几分烧汽车，证明此事就行了。"关于烧楼房，张春桥对初稿中的描写不满意，他说："把烧楼房改为烧解放军营房，全国人民一听这帮坏人砸了、烧了解放军营房，就会愤慨！"于是，又按照他的口径，编造了一些情节。

这种歪曲、捏造事实的报道，充分暴露了它的炮制者的反动立场，理所当然地激起了人民的愤怒，报道发表后的第四天，《人民日报》社收到署名"一名现场的工人民兵"的信，信封正面写的是"人民日报总编辑收"，背面写的是"戈培尔编辑收"，信封里装的是4月8日即载有那篇报道的报纸，这位同志在报纸上批了很长一段话，其中有这样犀利的句子：

> 令人震惊！党报堕落了！成为一小撮法西斯野心家阴谋家的传声筒！你们演的这场"国会纵火案"实在不高明，一篇混淆视听的假报道就能骗得了人民群众吗？从今日改为：法西斯党机关报。[①]

是的，这的确是党报史上最耻辱的一页。

---

① 有关天安门事件报道的材料援引自《新闻战线》1978年第1期，本刊记者文章《揭露"四人帮"及其心腹炮制天安门事件报道的阴谋》。

围绕"天安门事件"采访的还有通讯社、报社的为数不少的记者,当然,他们的情况很不相同,有的站在人民的立场上,用文字和胶片记录了那些可歌可泣的场面。也有的,起初是站在群众一边的,他们曾被那些悼念总理的诗词、如山似海的花圈,感动得落泪,但后来,当他们在"四人帮"的压力和蒙蔽之下,丧失了正确的立场以后,出现在他们眼前的景象就完全颠倒了,革命诗词成了"含沙射影",激昂慷慨成了"声嘶力竭"……于是,歪曲事实的报道,内部情况,一篇又一篇地写出来了。

事实的被歪曲,立场在这里起了关键性的作用。越是那些矛盾极其尖锐、政治性非常强烈的事件的报道,记者立场的作用就显得突出、重要。因为这种报道并不仅仅是一般的通通情报而已,它的后果,常常要给记者所代表的阶级、所在的集团、甚至本人的直接利害,带来严重的影响。所以,这类政治性很强的政治事件常常出现两种截然对立的报道,也就不是偶然的了。

同上述情况相反,记者的进步的、正确的立场,是他能够报道事实真相的重要保证。在本章第一节曾经谈到的美国记者约翰·里德,他的名著《震撼世界的十天》真实地记录了十月革命的情况,成为一部不朽的历史画卷。在攻击和污蔑之词,仇恨与扼杀之心,充斥资本主义世界的时候,一个美国记者,为什么能够迅速而正确地报道这一历史事实呢?列宁的夫人克鲁普斯卡娅在《震撼世界的十天》这本书的俄文版序言中,回答了这个问题:

骤然看来,好像很奇怪,一个外国人,一个美国人,不懂当地人民的语言和生活习惯……怎么能写出这本书来呢?好像他每一步都定会陷入可笑的错误,忽略许多重要事件似的。

有些外国人是按另外一种样子描写苏维埃俄国的。他们或者不完全了解这里发生的事情,或者只是摘取个别事件,而不总是摘取典型事件并加以概括。

诚然,革命的目击者只是很少数的人。

约翰·里德并不是一个漠不关心的旁观者,他是一位理解这一事变的意义、理解这一伟大斗争意义的坚强的革命者,共产党人,这种理解使他具有一种尖锐的眼光,没有那样的眼光是不可能写出这样的书来的。[①]

是的,在当时,不屑说站在被推翻的沙皇和资产阶级立场上,就是站在小资产阶级民主派的立场上,也不能理解十月革命的伟大意义。

上述两个事例,都充分说明了记者立场的重要。但是,能否由此得出结论,认为立场是能否真实报道的唯一决定因素呢?事情并不是这样简单。

《西行漫记》的回答

1936年6月至10月,美国记者埃德加·斯诺访问了中国共产党领导下的陕甘宁边区,成为第一个进入解放区的外国记者;1937年10月《红星照耀中国》(《西行漫记》一书原名)由英国伦敦戈兰茨公司出版,成为第一本外国记者写的全面、真实介绍中国共产党人业绩和风貌的著作。这本书因为真实地记载了重要事实,不仅在当时,而且在今天仍然保有其重大价值,这一点已为世界所公认。那么,当时的斯诺是否已经是一个信仰马克思主义的共产主义者了呢?是否因为他完全站到了无产阶级立场上,才做到了这一点呢?显然不是这样的。

让我们看一看1937年2月6日,也就是在斯诺刚刚完成陕北之行以后,他给当时美国驻华大使约翰逊写的一封信吧,信中叙述了他此行前后经过,也谈了自己的一些想法。其中有这样的段落:

但在我出发的时候(指去陕北——引者),在我脑际萦绕的却只有10年来宣传的恐怖的故事。

对于共产党人,我有许多批评的意见,他们的许多政策我不赞成,他们同莫斯科的关系(特别是最近那些大规模处死以来)使我感到有点不对头,而且,当然我也打算写到这些事情,不论南京方面决定把我怎么样。但是,关于共产党人我也有一些好话要讲,而且,我打算把这些

[①] 见克鲁普斯卡娅所写《震撼世界的十天》俄文版序言。

写出来。在与共产党人相处 4 个月之后，我深深相信，弄清楚南京方面打了 10 年的这些人是些什么样的人，不可能对中国或者中央政府有什么损害。相反，揭示一些真相还可能会加速长期争论的某种友好解决。

　　我无意利用收集到的材料来"攻击"南京，我对这样做根本不感兴趣。我特别无意于"攻击"政府里的任何人……对我来说，我只是想描写我目睹的事，并且解释红军这个现象，这就够了。①

在 1938 年《西行漫记》中译本作者序中，斯诺更明确地说明：

　　因为我和共产党并无关系，而且事实上，我从没有加入过任何政党，所以这一本书绝对不能算作正式的和正统的文献。在这里我所要做的，只是把我和共产党员同在一起这些日子所看到、所听到而且所学习到的一切，做一番公平的、客观的、无党派之见的报告。这样就是了。②

　　从斯诺的这些话中，我们可以看出：一、在他去解放区之前，他对中国共产党和红军是不了解也不理解的；二、他对共产党的政策并不是完全同意的；三、他访问边区，并不是为了搜寻"攻击"南京政府的材料。有其他材料说明，斯诺在当时对蒋介石的确曾抱有过某些幻想。在 1938 年《西行漫记》中译本作者序中也有过"中国国民党和民族资产阶级中间的进步分子，在蒋介石委员长贤明领导之下，恢复了他们的革命意志"这样的话。指出上述各点，并不是想从根本上否定斯诺的立场，我们的用意，是从这里可以看到一种重要的现象：他的立场并没有局限住他的作品的客观意义。也就是说，他的忠于事实的作品《西行漫记》的社会意义大大超出了他的立场和世界观的局限。这就是事实的力量。这就是作为一个正直、严肃、忠于自己职业信条的进步记者、敢于如实地讲真话所带来的社会效果——尽管其中相当一部分是记者本人也事先没有期望过和预计到的。

---

　　① 见斯诺 1937 年 2 月 6 日给美驻华大使约翰逊的信件，译文载《新闻战线》1979 年第 6 期，第 72 页。
　　② 见《西行漫记》1979 年 12 月三联书店版，正文第 7 页。

《西行漫记》在新闻学上给我们的启示是深刻的。在文学领域曾经有过这类现象：由于作家采取了现实主义创作方法，他的作品深刻地反映了当时的社会现实，因而客观意义大大超出了作家本人立场和世界观的局限。法国作家巴尔扎克，在政治倾向上，是个保皇党，但恩格斯称赞他的小说胜过许多历史著作。列宁称列夫·托尔斯泰是"俄国革命的镜子"，同时也指出，他"是一个发狂笃信基督的地主"。我国曹雪芹写的《红楼梦》其实也是如此。在这里，我们不是把斯诺同托尔斯泰、曹雪芹等一类作家做简单的类比，而是说，作者的作品超出作者本人立场和世界观的局限而具有更深远的意义，这种现象在新闻领域同样存在；一个记者所采取的正确的新闻报道方法——主要是忠于事实的原则和方法——同样具有很大的能动作用。立场是重要的因素，但不是唯一的重要因素。新闻工作有它本身的规律，按照这些规律办事，也是不容忽视的。

在一个时期内，在一部分同志中，流行着一种糊涂认识，他们说，新闻学本身根本没有什么规律和学问可谈，"新闻学就是政治学"。他们认为，"新闻是政治的奴仆"，干新闻的只研究政治就行了，研究新闻学毫无用处。如果真的是这样，斯诺和他的《西行漫记》又该怎样解释？

其实，不止斯诺一个人的实践，任何一个严格按照新闻工作规律和正确原则办事的记者，都有可能获得有益于他们正确的政治立场的效果，甚至从这里可以获得对错误政治路线的某种程度的"免疫力"。

请读一下新华社四川分社在一篇工作体会文章中说的这些话：

报道上不去，思想上有压力的时候，千万要防止单纯任务观点，不顾客观事实。1976年我们就碰到了这种情况。当时，"四人帮"操纵的舆论工具，连篇累牍在大肆鼓吹"批邓带来了新气象"。而四川的情况恰好相反，不仅没有什么"新气象"，反而越是批邓，生产越下降。好端端一个"天府之国"竟被一些头上长角，身上长刺的人糟蹋得不像样子，广大干部群众怨声载道。我们要上一篇公开报道很困难。特别当人们问道"怎么没有看到你们的报道"的时候，确实感到有一种政治上的压力。但我们并没有因此去赶浪头，而是坚持实事求是，通过内参报道，反映了四川当时的问题。①

这无疑是一个成功的事例,四川分社的有关同志,所以在这个问题上站对了立场,没有为"四人帮"吹喇叭,他们能够坚持实事求是,尊重事实,是一个重要的原因。

与此相对照的是新华社辽宁分社在报道"白卷英雄"张铁生问题上的教训。

  开始的时候,分社有的记者对张铁生的答卷有不同的看法,没有做公开报道,只是写了内参。后来,在"四人帮"的政治压力下,他们违反了新闻工作的基本原则去搞报道,认为只要政治上"紧跟"就错不了。结果,采写张铁生的答卷,不找答卷原件看看;张铁生反对文化考核,也不研究一下国务院有关文件;请群众座谈张铁生事迹,还让张铁生本人参加。采写《张铁生的新答卷》(关于张铁生的第二次报道)的同志,事前听说构成这篇报道主要事迹的所谓批判文章,是张铁生和另外三人合写的,感到不好处理。到了铁岭农学院,记者听有人说这篇文章是张铁生一个人写的,正中下怀,明知有疑问,也不核对。②

有关张铁生的一系列错误的、虚假的报道的发出,难道同记者违背新闻工作原则不是有十分密切的关系吗?想想看,假若有关记者坚持新闻报道真实性原则,即便他不了解"四人帮"的全部政治阴谋,那么他也可以看清张铁生得了6分的卷子,并非真正的"白卷",他在卷子上写的那些话,也无非是贬低别人,美化自己的狂言乱语而已。他同样可以拒绝写出报道,即使写,也会是另一个样子。

记者的政治立场是不能代替新闻工作的规律和原则的。违背新闻工作规律并不能很好地为正确的政治目的服务。

---

① 见新华社《新闻业务》活页版,1978年3月24日一期,四川分社的文章。
② 见新华社《新闻业务》活页版,1978年3月11日一期,辽宁分社的文章。

应该说，新闻报道客观效果同作者本人立场、世界观的关系，同文艺作品相比，可能具有更大的相对独立性。因为文艺作品中的人物、情节等等，都是作家塑造和虚构的，虽然不能随意捏造而必须按照现实生活进行，但毕竟要受作家本人各种素质的影响。而新闻报道中的事实是客观存在的真实的事实。这个事实本身的性质、意义、影响，都是不以记者本人的意愿为转移的，记者的立场、倾向、方法对事实的报道的影响，不能不受到更多的限制。新闻媒介的最基本任务是信息传播，就是那些记者根本不同意的事实，同记者所在阶级、集团以及本人利益尖锐矛盾的事实，只要有报道价值，就应以不同的方式加以报道。在我国过去的某个时期内，曾经以记者报道的事实来论记者的罪，报道了消极的事实，便认为记者的立场就是如此。这种不加分析的推论法，显然是荒唐的。

范长江的启示

事实不仅不会"服从"记者的立场，唯记者之命是从，（否则就不是事实，而是造谣，）而且事实还有可能影响以致转变记者的立场。我国著名记者范长江所走过的道路，可以说是这种情况的一个典型代表。

1935年至1936年，范长江在中国的西北角进行采访的时候，还只是一个进步的青年，还并没有确立马克思主义的世界观，正是采访中所了解的大量事实，在很大程度上逐渐地促成了他的世界观的转变，并最终成为一个共产主义者。

范长江，作为一个记者，他不是从概念出发的先验论者，而是从事实出发的唯物论者。

事实告诉记者，当时中国社会的腐败，不是个别人的罪恶，而是根本制度、根本政策问题。那么，希望在哪里呢？

关于红军，他在"刘子丹之煽动与民之心背向"一段中，有这样的记述：

然而自刘子丹开始活动以后，情势大不相同，刘为保安人，最熟悉农民痛苦，他同时受过黄埔时代新的政治训练，并受过共产党组织的熏陶，所以他的活动，有目标、有方法、有组织，由个人主义的绿林运动，变为与社会合为一致的社会运动。他针对着政府的缺点，来宣传组织民众。分大地主的土地与牛羊予一般农民，反对捐税，反对派款……以实际利益为前提的民众，当然赞成刘子丹的主张，而颇愿为之用命。再加以刘子丹之组织，使民众更不得不为之用。更经数年来赤化教育之结果，民众心中只知有"苏维埃""瑞金""莫斯科""列宁""斯大林"等，而不知"西安""兰州""北平""南京"等名词。某县长曾在合水以东召集民众训话，数次申传，到者寥寥。而苏维埃召集开会，则24小时之内，可以立即齐集百里以内之民众。

此次毛泽东以不及万人之疲惫的徒步之师，服装褴褛，有如乞丐。截击与追击之者，不下数万人，如跟踪以入陕北，不但毛泽东一路将散亡大半，即刘子丹之老家，亦将大受影响。然而政府军追过环县以后，此寥若晨星之民众，皆避不见面，使政府军之饮水粮秣，皆无法解决，道路亦无人引导，陷于进退失据之苦境中。彭德怀于洞悉此种情况后，乃集结其饥疲欲倒的红军约五千之众，于陕北边境上做猛烈反攻，追击军乃不得不相继退下，未敢再行深入……①

我们在这里引述如此大段的原作，无非是想说明记者是如何严肃地正视事实的。红军的业绩，使他在黑暗的中国看到了光明的希望。

1936年12月，西安事变发生以后，他又不顾危险赶去采访。在西安，周恩来同志见到范长江就说："我们红军里面的人，对于你的名字都很熟悉。你和我们党和红军都没有关系。我们很惊异你对于我们行动的研究和分析。"并且在第二天，于百忙之中抽出整整一天的时间，同他长谈。通过对西安事变的采访，他不仅对这一政治事件的真相有了清楚的了解，而且对中国共产党的政策和路线，有了更多的了解。不久，范长江同志进入延安。毛主席在窑洞中会见了他，同他做了彻夜长谈……

西安事变是中国时局的转折点，也是范长江思想的转折点。他曾经说过：

---

① 见范长江：《中国的西北角》，第119～120页。

"一个记者，要有抱负。这个抱负就是穷毕生精力，研究一两个什么问题。而这些问题是从群众中提出来的。"

他在采访中所接触到的大量事实，从正反两个方面教育了他，使他对探索的问题有了明确的答案，并从根本上确定了自己的生活方向。①

记者可以通过报道事实来影响、教育别人，在此过程，他自己首先就要受这些事实的影响或教育。因此，在记者进行采访的过程中，事实对记者并不是总处于消极、被动、"任人宰割"的地位。事实不仅是一次具体报道内容的决定者，而且它不会不对记者本人的立场和思想发生重大影响。一个优秀的记者，不仅表现在他能够站在正确的立场上，对复杂的社会事实进行正确、深刻的观察和报道，而且还表现在他善于迅速地从事实中汲取营养，不断"调整"自己的立场和观点，使之更加正确。思想僵化的人和记者工作是无缘的。

最基本的立场

综上所述，在新闻报道中，记者立场和事实之间的关系，主要有这样几种情况：

一、立场错误，报道失实。

二、立场正确，报道真实。

三、立场基本正确，但报道有失实的地方。

四、立场基本错误，但也报道了某些真实的情况。

五、真实报道了事实，超出了记者立场和思想水平的局限。

六、事实教育了记者，转变了记者的立场和世界观。

从上述种种情况，我们可以得出如下看法：

一、必须具有进步的、正确的政治立场，这是对一个人民记者的基本要求；这种立场，是记者真实地认识和报道事实的保证。

---

① 有关范长江同志这段历史过程，参见《新闻战线》，1979年2月一期，第51页。

二、记者的立场正确与否，不完全靠记者本人的意愿而定，它要在实践中检验。在记者的采访活动中，能否忠实于事实，是记者坚持唯物主义思想路线还是滑到唯心主义思想路线的重要表现，它虽然不等同于记者的政治立场，但必然对政治立场发生影响。对事实的态度，应该看成是记者立场的一个组成部分，一种表现，一种检验。

三、忠于事实的作用，往往可以冲破记者立场的局限，甚至决定其发展方向，换句话说，记者的立场不应改变他报道的客观事实，但客观事实却可以改变记者的立场。

周恩来同志说：忠于事实，才能忠于真理。——就业务思想来说，这应该是人民记者最基本的信条，最基本的立场。不忠于事实，绝不是一个合格的人民记者，只有首先忠于事实，才能做一个马克思主义的新闻记者。这是最起码的要求，也是最高的要求。

有人说，"新闻记者是天然的风派"。对这话应该做具体的分析。实事求是地说，在过去一段时期内，特别是在"以阶级斗争为纲"、大搞政治运动时期，我们相当一部分记者的工作状况，的确为这种说法提供了口实。究其原因，除去大的政治背景等客观条件外，一些记者脱离开忠于事实这一基本原则去片面地强调立场，是个重要原因。离开忠于事实讲立场，那么这种立场往往就变成了上级部门的具体指示或政策，仿佛拥护某些具体指示或政策，立场就是对的，否则就是立场有问题；但是，政策和指示，常常不断变化；即使总的路线和政策不变，具体的方针和政策也难免要不时变化；两种对立的路线和政策又不可避免地进行着斗争。完全按照政策"剪裁"事实的记者，表现出来的就是摆来摆去，"自己批自己"，今天说得头头是道，明天批得一无是处，后天又提出前天说的有道理……如果记者的立场是建立在忠于事实的基础之上的，那么这种立场就要稳固得多，因为你如果要否定我的立场，那么你要否定掉的不只是我的头脑里的意识形态，而必须首先要否定掉我赖以做出那些认识的全部事实。可是事实毕竟是事实呀！

这里，仍然可以引述斯诺的一个例子。

1948年12月到1949年12月这一年期间，斯诺写了一系列有关苏联和南斯拉夫关系的文章。在这些文章里,他鲜明地支持南斯拉夫顶住苏联的压力。他写道:"苏联在东欧政策的早期矛盾在于苏联的双重身份,它既是解放者又是监狱看守,既是革命者又是剥削者,既是慷慨的同志又是伊凡雷帝——那个实行报复和惩罚的父亲。"他当时还预言:"中国将成为第一个由共产党统治而不听从莫斯科的大国。这件事本身就会在社会主义阵营内和其他地方开辟崭新的前景。"斯诺由于写了这些文章,曾被说成是"帝国主义代理人",但是,历史已经证明斯诺的当时看来似乎"反动"的看法,是相当深刻的。[①]这似乎是很奇特的事。也许斯诺并没有读过许多马克思主义的书,但是,他比那些只从概念和词句上判断立场的人高明,因为他更忠于事实,从事实出发做出判断。

这还不值得我们深思吗?在我国,这样的记者不是太多了。如今,确实应该从怎样才算一个好记者、怎样培养记者等等方面,认真总结我们的经验教训了。1958年,如果有位记者忠于事实,那么他就会说,大炼钢铁把许多有用的铁器变成了废铁,烧毁了大量木材,浪费了人力,实在是得不偿失。那么当时他一定会被认为立场有问题,甚至可能被扣上某种政治帽子。现在看,这样的记者不是嫌太少了吗!

新闻记者容易被人看成"风派",但不一定就是"风派"。从他的工作性质看,对于一个新的事情,他不仅要最先说话,而且要迅速说话,说关于他本来很生疏的那些事情的话,他还要公开地白纸黑字地说,经常这样说,由于这样的"五说",所以记者很可能说错。但说错就要改错。还有,宣传总要有针对性,不同时期有不同的侧重点。这些都容易被人家认为是"风派",但是,记者有一个最有利的条件,那就是他每日每时都在直接接触大量的事实,他不是消极地、被动地"遭遇"到事实,而且是主动地、有目的地寻求事实和研究事实,这是他的巨大优势之所在。忠于事实,这是记者防止成为"风派"的"秘诀"或曰基本方法之一。当一种观点与事实相矛盾的时候,他应该忠于事实,而不能强扭事实去符合某种观点。当然,忠于事实有时是

---

① 见裘克安:《斯诺怎样采访和写作》,载《新闻战线》,1979年第2期,第47页。

要付出代价的，甚至很高的代价，那么，这正是他的政治立场最充分的、最真实的表现机会。忠于党和人民并恪守职业准则的记者，应坚决地选择忠于事实的道路。

记者的双重任务

记者的任务是双重的，或者说是双向的。

记者的任务是真实地报道事实，即自己首先认识世界，然后把自己了解的情况传播开去，帮助更多的人去认识世界。当然，记者不是为报道而报道，为认识而认识，人民记者认识世界的目的是为了改造世界。但是，记者改造世界的方式有其特殊性，他不是直接从事物质生产，或武器的战斗，他也不是直接组织和指挥一些人去干什么事情，他是通过帮助那些改造世界的人们更好地认识世界来改造世界的。换句话说，新闻记者的改造世界主要体现在改造人们的认识上，使人们更正确、更深刻地认识世界，以便在改造世界的行动中取得更大的胜利。

报道事实和宣传主张这是新闻报道也是记者的双重任务，它们是结合的，不可偏废的，但又是不能完全等同的。任何一个阶级、一个政党、一个集团或一个主体，办一张报纸，办一个新闻媒体，都要宣传自己的主张，没有一家报纸和媒体不是这样的。当然，这里主要是指新闻性报纸或媒体，不包括纯科技性、实用性报纸，而且这里是就其总体而言，就其含有的倾向而言，并非绝对化到每一篇报道，每一句话。它必然要求记者去按照它的新闻政策或宣传方针办事。但是，正确的新闻路线应该是：宣传主张不仅是结合事实进行的，而且，不能是随心所欲的，不能把报道事实只当成它的手段，甚至只当成自己某些先验性观点的"举例"。应该把报道事实当成宣传主张的根据，理解主张的桥梁，检验主张的标准，也包括满足广大受众的知情权。这样理解和执行媒体和记者的任务，就不会失去平衡，不会因一种错误的主张统治一切言路而造成异常严重的恶果。

新闻单位在社会上是处于这样的地位：它是个别人、个别单位同全社会、全体人们进行情况和意见交流的桥梁或中转环节。在我们的社会主义国家，新闻单位，特别是那些机关报，又是党和政府等领导机关同广大人民群众实现密切联系的重要纽带和桥梁。从群众中来，到群众中去。这是党的群众路线的完整过程。报纸等新闻工具，必须让"上通"和"下达"两个流向的情况都畅快地通过自己这个渠道，才算在自己的工作中全面地贯彻了党的群众路线。记者在报社中的地位有其特殊性，他是报社伸向实际、伸向群众的触角。如果说，整个新闻单位是"上通""下达"两个流向结合的话，那么，记者采访所担负的任务，也必须是"上通"和"下达"的结合。"贴近生活，贴近实际，贴近群众"的"三贴近"方针，其实也是双向的。他所寻求的，应该不仅是那些领导希望群众知道的事实和主张，而且还应包括那些群众希望领导知道的事实，一部分群众希望全社会注意的事实，特别是那些广大群众希望了解的事实。双向传感的"触角"要比单向传感的"触角"优越得多。有些领导同志对"上达"传感不重视，甚至对传上来一些不符合自己主张的某些"信息"不能容忍，这是一种短见的政策。一个国家或社会，犹如一架极其庞大、极其复杂的机器，总控制台发出指令，当然需要畅行无阻地传递下去；但是，各个部位的运转情况，指令执行情况，都需要非常及时地发现并反映上来。如果信息传递系统是单向的就糟糕了，某个部位发热它发现不了，非要等到爆炸、燃烧，造成巨大损失，才为操纵者所知。这难道是一种现代化的机器吗？

早在1948年，刘少奇同志在《对华北记者团谈话》中明确地说：

"党依靠你们的工作，指导群众，向群众学习"。"我们党要通过千百条线索和群众联系起来，而你们的工作、你们的事业、就是千百条线索中很重要的一条"。"中央就是依靠你们这个工具，联系群众，指导人民，指导各地党和政府的工作的"。"我们坐在这里，危险得很哩！搞错了没有？这是我们经常考虑的问题"。"人民也是依靠你们的。人民想和中央通通气，想和毛主席通通气，有所反映，有所要求，有所呼吁……人民依靠你们把他们的呼声、要求、困难、经验以至于我们工作中的错误反映上来，变成新闻、通讯，反映给各级党委、反映给中央，这就把党和群众联系起来了"。

这是多么中肯的论述啊！刘少奇同志甚至还提出了这样的标准：

"如果能够真实、全面、深刻地把群众情绪反映出来，作用就很大。人民的呼声，人民不敢说的，不能说的，想说又说不出来的话，你们说出来了。如果能够经常做这样的反映，马克思主义的记者就真正上路了。"①

——这是非常深刻的论断。

宣传政策和检验政策

与此相联系的，就有一个记者同党的政策的关系问题。
1948年4月2日，毛泽东同志在《对晋绥日报编辑人员的谈话》中说：

"报纸的作用和力量，就在它能使党的纲领路线，方针政策，工作任务和工作方法，最迅速最广泛地同群众见面。"

他根据当时的具体情况，强调了党报宣传政策的重要。但这并不等于说，宣传政策是报纸和记者唯一的任务。在强调上述思想的同时，他也曾同时提道：

"在报纸上正确地宣传党的方针和政策，通过报纸加强党和群众的联系，这是党的工作中的一项不可小看的、有重大原则意义的问题。"②

此后不久，即1948年10月2日，刘少奇同志在上面已提到过的《对华北记者团的谈话》中，对这一思想作了进一步的发挥和补充，他说：

---

① 以上引文均见刘少奇：《对华北记者团的谈话》，载《刘少奇选集》上卷，第396页。
② 见毛泽东：《对晋绥日报编辑人员的谈话》，载《毛泽东选集》四卷合订本，第1317页。

"你们的工作第一要真实，不要故意加油加醋，不要戴有色眼镜，群众是反对我们就是反对我们，是欢迎就是欢迎，是误解就是误解，你们不要害怕真实的东西……如果叫你去找左倾的例子，你就去找左倾的例子，那你就不能独立工作了。我们不给你们什么，而要你们看群众对我们怎样。党的政策到底对不对，允许你们去考察，允许你们提出问题。""你们有这个考察的任务，如果政策正确，就说正确，有材料作根据；如果政策错了，就说错了，也有材料做根据。你们不仅可以这样做，而且你们的任务就是如此——在群众中考察党的政策执行得怎样。"

既要宣传党的政策，又要检验党的政策。这样看待人民记者的任务就全面了。

但是，在过去某一个相当长的时期内，这互相结合的双重任务却被割裂和对立了。记者只能宣传既定的政策和上级的指示，若要"检验"一下，便被认为是"同党闹独立性"。1958年大跃进期间，有人提出所谓"摸气候，观风向"的办报"经验"，所谓"气候""风向"者，仅限于上边来的"精神"，而不了解实际，这就常常闹出毛病来。后来，总结58年教训的时候，刘少奇曾对人民日报的同志说，浮夸问题的责任，中央一半，你们一半。"文革"期间，林彪又提出，新闻宣传要"闻风而动"，"下面没有的可以加进去"，"宣传最高指示不过夜"等等，"四人帮"则通过所谓"严格控制宣传口径"，用他们的政策来剪裁生活，取舍事实，让"事实"为他们的错误路线和阴谋"服务"，完全剥夺了记者讲真话的权利。这种唯心主义的新闻路线，不仅给社会主义事业带来巨大祸害，也给新闻事业和记者队伍带来了灾难性的后果。

有的同志说，事实为错误路线服务是不对的，为正确路线服务还是应该的。这种看法也是不妥当的。因为事实为路线"服务"，这个理论或者提法本身就是错误的。事实是客观存在的第一性东西，路线是意识形态范畴的第二性东西，怎么能够强令第一性的东西去"服务"于第二性的东西呢？这个"服务"不过是一种虚幻的想象而已，它实际上成了用主观去剪裁客观的代名词，它给了任意抽出一些事实来证明任何一种路线是正确的荒谬做法以理论根据。不错，记者在报道中挑选事实的时候，当然会要考虑到宣传路线和政策的需要，但是，这种挑选不是随意挑选，它必须在真实反映事实、不歪曲事实本质的限度内进行。如果说这种"挑选"要为路线服务的话，那么这种"挑选"只是记者的工作，而不是客观事实。

有大量的事实可以证明，强令事实为路线"服务"，去说明路线，即使路线和政策是正确的，也会因为这种错误的新闻路线，而导致坏的结果。

新华社在1979年曾经组织了个西欧地区分社考察组，去西欧各分社实地调查。他们结合面上的情况，在考察报告中，得出了如下的看法：

> 大家认为，多年来，我们的国际报道有一个很大的弱点，即只报道我们支持、赞成的观点、言论、行为和事物，而不报道一切我们反对或不赞成的观点、言论、行为和事物。对于一个复杂的事物或过程，我们只报道我们支持和赞成的部分，而不报道我们反对或不赞成的部分。或者相反，对于我们反对或不赞成的事物，则只有揭露或批判，而不去客观地反映事物的全貌。这样，在我们的不少报道中，常常把复杂的客观事物简单地、形而上学地归结为两类：不是好，就是坏；好就绝对地好，坏就绝对地坏。因此，我们报道所反映的客观世界，就不够真实、全面，或者被简单化了。
>
> 按照这种观点，对于我们所报道的事物，只要不加以揭露和批判，就一定是支持和赞成。这个问题虽然同我们长期把国际新闻报道同外交表态相混同有关，但据我们看来，形成这种状况还有更复杂的因素。否则就无法说明，为什么我们的国内报道也有类似的毛病。①

这些看法是有根据的。20个世纪60年代，毛泽东提出"三个世界"的理论，把美国和苏联两个超级大国划为"第一世界"，称为"两霸"。为了宣传"国际反霸"，当时的报道，往往通过拔高事实等方法，图解式地宣传我国的反霸统一战线的政策。一度，在我们的报道中和报纸上，经常是"一片

---

① 见新华社西欧地区分社考察组：《考察西欧分社感到的几个问题》，载《新闻业务》1980年2月12日，增刊第4期。

反霸声"。这实际是对现实的歪曲反映,这样做的结果,必然形成"以苏划线"。不管什么人,出于什么动机,只要反苏,我们的报道就大肆宣扬,"反苏则亲,不反则疏"。有些人,在本国政治上很臭,或没有什么影响,只是因为他反苏,因而也就成为我们报道中的"红人""名人",这样的宣传,影响是很坏的。某个在中国工作的外国专家批评说:"我又一次懂得了统一战线的策略。只要有微小的一点积极因素,你们就报道,同时避免提到消极的事情。但总应有个保持平衡的观念……这样无区别地运用统战政策是相当可悲的。许多拉美同志告诉我,拉美的进步人士无法理解中国的对外政策。"[①]

"事实为路线服务"在国内宣传中也造成了一些畸形的现象。一个人或一个单位,在其正确的时候,半点错误也没有,等到他或它犯了错误的时候,便变得从来一无是处。有的外国人曾经挖苦这种宣传和思维方法为"51%的思维方法":51%对,就等于全对,51%错,就等于全错。不管挖苦者出于什么动机,冷静地听一听这样的话是有好处的。这样的宣传,实际上是帮了倒忙,它不仅使人根本怀疑你的宣传,甚至怀疑得更深。

20世纪70年代末我国实行改革开放以来,无论是国内宣传报道还是国际宣传报道,在这方面都已经有了很大的改变,但历史的教训应该记取,并从理论上加以认识,这对今后新闻媒体的工作会有重要的意义。

独立工作的重要作用

与这种躺在党的现行政策上用现成的图样描绘现实的做法相反,记者"独立地做相当艰苦的工作"[②]具有重要作用。记者通过事实检验政策,常常对中央的政策与决策发生重大的影响。

让我们看一看"文革"后拨乱反正时期的一个事例:

"文化大革命"中,1971年,在张春桥、姚文元插手和迟群的主持下,

---

① 见美国专家艾德勒1979年2月24日在新华社的讲课记录稿《对新华社国际经济新闻的意见》,载《新闻业务》,1979年7月26日一期。

② 见刘少奇同志《对华北记者团的谈话》,载《刘少奇选集》四卷,第404页。

曾经炮制过一个所谓《全国教育工作会议纪要》，提出了两个估计："文化大革命"前17年的教育路线是修正主义的，我国大多数知识分子还是资产阶级知识分子。《纪要》以中央文件的形式转发全国，错误的"两个估计"便成了压在我国知识分子身上的两座大山。粉碎"四人帮"以后，一个尖锐的问题摆在人们面前：对于这样一个以中央文件形式确定的重大政策，要不要以实践为标准来加以检验，判断其正确与否？应该说，在推翻错误的"两个估计"的拨乱反正当中，记者的工作是起了不可忽视的作用的。

1977年9月，教育部召开了全国招生工作会议，但是会议不能顺利地进行下去。原因就是碰到了1971年全教会《纪要》这个"拦路虎"。参加这次会议采访的《人民日报》记者穆扬同志，1971年的时候，曾经采访过那次全国教育工作会议，对通过所谓《纪要》的情况是有所了解的。《纪要》之所以获得通过，除了当时的政治气候以外，参加会议的代表组成也是一个原因。相当多的代表都是进驻学校的工人宣传队的成员，对教育工作很少了解；长期做教育工作的代表不仅人数少，而且很少有充分发表意见的权利。这些人，当时对"两个估计"就是强烈反对的。当然，记者更了解会外的广大知识分子的状况和心情。于是，穆扬同志和另一位参加会议的《人民日报》记者王惠平同志，邀请参加过1971年教育工作会议的6位同志举行座谈，把事实真相向中央做了汇报。这篇题为《全教会的〈纪要〉是怎样产生的？》的内参材料提出：

第一次全教会是在林彪反党集团垮台前夕召开的，林彪、"四人帮"对会议和《纪要》是插了手的。特别是《纪要》中对17年的估计和对知识分子队伍状况的估计，是由张春桥和姚文元亲自修改定稿的。"两个估计"严重挫伤了广大教育工作者的积极性，伤害了他们的感情，至今还是调动广大教育工作者积极性的极大障碍。

《纪要》起草小组12个人，由迟群挂帅，除清华大学何东昌以外没有一个人搞过教育工作。何东昌因为对迟群的看法提出不同意见，就被人说成是"资产阶级知识分子的代言人"，被迫退出了起草小组。

《纪要》共写了13稿，其间代表们争论得最厉害的是第一和第四两段，就是关于两个估计的问题。这说明，尽管整个会议的气氛不对头，会议成员大多数也不代表教育战线上的广大干部和群众，但是，许多人对于这样一个调门的《纪要》也是接受不了的……①

　　《人民日报》的内部情况是9月15日付印并上送的。9月19日，邓小平同志对方毅、刘西尧等同志谈话时说："人民日报的记者找了6个参加过第一次全教会的同志座谈，写了一份材料，题目是《全教会纪要是怎么产生的？》很可以看看。你（指刘西尧）也参加了这个会。全教会《纪要》是迟群挂帅起草、姚文元修改、张春桥定稿的。原来不少人有意见，后来也就不提了。这个材料就说明问题的真象了。"②后来，中央政治局开会讨论这个问题，决定公开发表文章批判所谓"两个估计"。接着不仅教育战线，其他文化战线也展开了对所谓"黑线专政论"的批判，一个具有重大意义的、大规模的拨乱反正，就这样广泛地开展起来了。

　　记者的独立工作在这里显示了重要作用。

还有一个事例，也可以说明这个问题：

　　1979年年初，党中央发布关于农业的两个试行文件中指出，要尊重生产队的自主权。在此以前，更早提出这个问题的，也是记者。

　　1978年秋天，《人民日报》编辑部派记者马鹤青同志去山西看看农业丰收情况，建议他写一篇反映大好形势的通讯。记者到了襄汾县，看到了晋南形势不错，写成一篇通讯并不很困难。但是，记者在采访时听到一位公社干部讲了这样一段话："我们县30几万人口，30万是农民，城市人口只有四五万。可我们这儿就是县委张书记会种地！"——这不是很奇怪吗？细一询问，原来这里几号下种，苗留多少，都由县里统一

---

　　① 见人民日报记者穆扬、王惠平写的内部情况《全教会的〈纪要〉是怎样产生的？》，载《人民日报》《情况汇编》。
　　② 见邓小平副主席对教育工作谈话（1977年9月19日）记录稿。关于内参写作经过，来自穆扬同志同本书作者的谈话。

布置，统一要求，下边必须填表，盖章，上报，照上边的要求办事。记者觉得这是个很值得研究的问题，他决定进行深入了解。他问一个队长："你们是不是照章办事？"队长说："现在很多事情是瞒上不瞒下，报是那样报，但实际上，我们该种什么，还是种什么。"记者还了解到这样的情况，县里规定，一亩棉花地，3200棵苗，不准间作。有的队没有照搬，只留1500棵，套种大蒜，大蒜收了以后种小葱。收成如何呢？照搬3200株的，因为通风不好，每亩收入只有100元；套种大蒜、小葱的，因为有了通风道，棉花长得不错，又加上葱蒜，每亩收入400元。

记者回到县里以后，把听到的议论、看到的情况，统统告诉了县委书记，没想到，县委书记不但没有反感，反而说："你抓得对，我们就是统得太死。这个问题可以上溯到1958年……"

（这是个很能启发人的情节：坚持某种做法的人，并不见得统统是坚信这种做法的，他们在做的过程中，事实上已经亲身感受了它的问题；他们之所以仍然这样做，而是出于其他种种原因，如历来的制度如此，政治上的压力，上级的指示，担心犯原则错误，没有其他更好的办法，等等。在这种情况下，有人提出持之有理的不同意见，对他们说来，实际上是一种解放。）

记者说："我们现在是不是有这样一个问题，就是要相信农民会种地！"这一说，在座的人哄堂大笑了。大家议论说，确实有这样的问题。

于是，记者没有写预定的通讯，而是写了一篇2000多字的报道。县委的同志看了草稿说："我们本来想解放思想，你这一写，我们的思想更解放了。"《人民日报》1978年10月15日发表了这篇报道，接着新华社也转发了。于是，"要相信农民会种地"这个说法在群众和干部中流传开去，不仅为中央制定政策提供了情况，同时也为制定新的政策做了舆论准备。[①]

记者的独立性的工作，还表现在他可以写一些与现行政策条文相比有

[①] 参考《人民日报》记者马鹤青1979年10月在中国社会科学院研究生院新闻系讲课记录稿。

某些"朝前量"的报道。例如,"包产到户"这种家庭联产承包责任制,在1979年初的中央文件中,放的地位并不高,只是说它"也可以"搞。但人民日报记者许仲英和当时的中央农村研究室副主任吴象,通过在安徽的实际情况调查,发现了它的强大生命力,于是,把它提到很高的地位,在《人民日报》发表了《阳关道和独木桥》等一系列报道,促成了"包产到户"在全国的推开和健康发展。

1987年党的十三大提出了"舆论监督"的问题,现在我国又正在加强民主与法制的建设,贯彻反腐倡廉的方针,建设和谐社会,这中间舆论监督的作用越来越显得重要。要执行舆论监督的任务,记者更要独立地进行工作。

关于客观、公正

西方新闻学者的观点

对于"客观、真实、公正、全面"的原则,在上述章节中,已经就全面和真实的关系做过阐述。还有的同志提出,应该按照现代化新闻的实际,把这个口号发展为:"客观、真实、全面、公正、迅速。"[①]

这里联系记者的立场问题,着重谈客观与公正的问题。

西方新闻学者对新闻报道的"客观性"是怎样解释的呢?下面是几种说法:

> 这条法则(客观性)规定:新闻应当和社评严格区分开来,新闻就是新闻——说了些什么,谁说的,在什么地方和什么时候说的;所有的评论都应有出处。作者不应在新闻中表达他自己的意见。评述性意见只应出现在社论或署名的评论中。[②]

> 当新闻工作者讲到客观性的时候,他们的意思是,新闻应当不受记者本人观点的约束,而应当主要根据看到的事实。当一条新闻能够被某

[①] 见新华社西欧地区分社考察组:《考察西欧分社感到的问题》,载《新闻业务》,1980年2月21日增刊第4期。

[②] 见美国亨特新闻学院阿依森教授:《新闻采访与写作》,第10页。

些原始记载加以对照证实,那么它是客观的。①

记者的责任就是把发生的事情写出来,而不加个人评论。②

优秀报纸的优秀记者总是为新闻挖掘事实,而劣等报纸的劣等记者却总是对新闻有了先入为主的看法,然后再去寻找材料加以证实。③

报纸新闻写作的至高无上原则,就是在新闻中废止党同伐异。优秀的报纸所追求的是客观公正。④

美国《全能记者》一书,曾举出若干对照写法,说明什么叫客观性。下列例句中,A 句是不妥当的,B 句是正确的。

A 他十分称职。
B 他是密执安大学毕业的,有十年工作经验。

A 有关方面准备了极其精彩的余兴节目。
B 余兴节目如下:

A 这个案件的判决是不公正的。
B 检察长说,这个案件的判决是不公正的。

A 他因跳窗自杀致死。
B 他因自窗口坠下致死。

A 发言者认为我们的城市是经过很好规划的。
B 发言者认为勃兰克维尔是经过很好规划的。⑤

---

① 见美国哥伦比亚大学麦尔文·曼切尔教授:《新闻报道与写作》中译本,第 53 页。
② 见美国杰克·海敦:《怎样当好新闻记者》一书,新华社 1980 年版,第 131 页。
③ 同上,第 132 页。
④ 同上,第 132 页。
⑤ 见美国加里安·哈里期等著《全能记者》一书,英文 1977 年版,第 39 页。

这种客观性要求，归结起来就是这样一句话：记者在进行新闻报道时，应该站在超然的立场上，不要把任何个人观点和色彩带到事实的报道中去。

对于这样的一个原则，西方新闻学者在肯定的同时，也提出了一些异议和探讨。他们这些观点，概括起来无非两点：

（一）认为客观性是"肤浅和不愿深入研究情况的遁词"。[①] 因为要保持"客观性"，采访对象说什么，记者就原样报道什么。坚持这样的客观性，记者只起了传声筒的作用。他们认为，"客观新闻可能受到局限，因为它提倡被动。记者只是等待着事件的发展，等待着有关当局把情况说出来。它不敢进入窥测不清、情况不明的领域，不去探求躯体的内部，而只满足于表面的毛梢。这种新闻没有论断性的能力，难以发挥新闻向公众提供他们据以做出决定的情报的作用"。[②]

（二）"不相信记者有什么客观性"，因为"记者在取舍材料的时候就表达了他的主观意志"。[③] 即使记者不是有意把个人意志强加于事实，但新闻报道总是要选择的，"而选择是一个非常具有个人色彩的事实。它受这样的一些因素的制约：记者的业务情况、他受的教育、他的家庭和朋友的无形影响，甚至包括更加难以捉摸的野心和良心彼此斗争而做出的决策"。[④]

应该说，这些观点同古典的西方新闻学关于新闻客观性的观点是有所不同的。不仅理论上如此，在新闻实践上，也发生了相应的变化。20世纪30年代以前，在美国，所谓"纯新闻"是占绝对统治地位的。但在30年代以后，社会生活变得日益复杂，如果只简单报道一些情况的话，那么它往往不仅不能说明任何问题，反而要给人们带来更多的疑问，因此，他们认为，记者"只是如实地报道事实已经不够了，现在需要的是报道事实的真相"。"记者的任

[①] 见阿伦森：《新闻采访与写作》，第10页。
[②] 见麦尔文·曼切尔：《新闻报道与写作》中译本，第54页。
[③] 见阿伦森：《新闻采访与写作》，第10页、第11页。
[④] 见麦尔文·曼切尔：《新闻报道与写作》中译本，第78~79页。

务是报道和解释"这样两个方面。① 于是，所谓解释性报道就形成和发展起来了。到了今天，这种报道已经被公认为是比较详尽、深入、有分量的重要新闻报道形式了。尽管它存在着某些危险，但它的新闻学上的"合法性"已经不存在什么争议了。"解释"虽然不能认为是"评论"，（它主要是运用背景材料等方法，解释事件的原因、后果、意义等等，不是对该事件的表态。）但是，"解释"无疑会比"选择"更容易带有个人色彩。

那么，马克思主义新闻学怎样看待这个问题呢？

确定"客观""公正"的含义

"客观"二字可以做多种解释。因此，必须确定，在新闻学上我们是在什么意义上使用这个词儿，然后才能确定我们对它的解释。

对"客观"不可以做"客观主义"的解释。一些西方新闻学者正是这样解释的。他们说立场和"客观"是绝对对立的，有了立场，不管这个立场正确与否，就再也不能"客观"了。因此，他们主张报纸必须超阶级、超党派、超集团，没有任何倾向，同时，他们标榜自己的报纸和报道是无党派之见的，是绝对客观的。

客观主义是一种虚伪的理论。在现实生活中，客观主义所描述的情况是根本不存在的。连美国的新闻学者也承认，"没有一个记者对生活是中立的。他也不应该这样"。他们不仅不能超阶级，连"超党派""超集团"也做不到。"一个忠实于民主党的政治记者，就可能不会为别的党说话，或者，他要批评共和党和它的领导人，虽然同样的批评也可以向民主党提出"。② 记者之所以必然站在一定的政治立场，这不仅是由本人的意愿所决定的，而且是由新闻事业本身的性质和地位所决定的。没有一个阶级、一个政治集团不企图利用新闻工具来宣传自己的主张，也没有一张报纸，没有一定的政治的和社会的势力支持，可以办得下去。记者，作为整个庞大新闻机构的一部分，他绝

---

① 见麦尔文·曼切尔：《新闻报道与写作》中译本，第55页和第59页。
② 见麦尔文·曼切尔：《新闻报道与写作》中译本，第215页。

不可能游离于这个为某一阶级、集团、势力操纵的"机器"之外而超然存在。

《纽约时报》前总编塔尼尔·加特利吉在评论尼克松对报刊的态度时，这样写道：

> 在他看来，报刊应该是没有灵魂的传送带，对送给它的任何东西不提问、不解释地运转着……在理论上，我们国家的领导人过去和现在都需要自由和独立的报刊，以作为政府的监督，而在事实上，他们根本不需要这种报刊。①

美国有一家《新闻日报》，曾经发表过一些文章披露了佛罗里达州一个财团头目的金融活动，这个头目同尼克松总统是很接近的。后来，尼克松总统访华，这家报纸申请派记者随同采访，就遭到了拒绝。同时，总统的新闻秘书拒绝同这个报社的白宫记者谈话达3个月之久。当然，不仅共和党的总统如此。民主党的总统也有类似情况。约翰逊总统曾经不许他的新闻秘书给《斯特·路易斯邮报·电讯》的记者任何内部情况，因为约翰逊总统觉得这个报社的记者在新闻介绍会上提出的问题，过于挑衅了。②

西方的新闻报道真如他们某些人所宣扬的那样绝对"客观"吗？这些报道完全不受任何政府、政党、集团、势力的控制和影响吗？我们只要粗略回顾一下美国新闻界对中华人民共和国的报道历史，就可以清楚了。

美国1978年春季号的《新中国》季刊上，刊登了弗兰克·凯尔的一篇文章《美国宣传动向带来的信息——中国问题观察家们为何如此反对中国？》③文章有这样一段综述：

> 1949年以来，大批美国作家对中华人民共和国发动了多次攻势。50年代初，美国政府为了进行干涉朝鲜的战争，需要群众舆论的支持，宣传机构便把中国人描写成为不顾人民死活的侵略者，在战场上使用"人

---

① 见麦尔文·曼切尔：《新闻报道与写作》中译本，第47页。
② 同上，第182页。
③ 这篇文章的译文载《编译参考》1978年第8期。

海战术",以后又把中国人描写成给美国战俘"洗脑"的凶神恶煞。

当美国政府执行"遏制和孤立"中国的政策,希望人民共和国立即崩溃,蒋介石重返大陆时,专栏作家约瑟夫·艾尔索普和新闻界其他人士经常预计大陆中国将由于政治上叛乱和饥馑而崩溃。在三年严重缺粮时期(1958—1961)艾尔索普竟然提出:中国人会不会执行一项命令,把3亿人的尸体(被杀害的)堆在田里当急需的肥料使呢?(《星期六晚邮》1962年8月11日)这种荒谬的言论竟还有人做认真的考虑。

然而,到了70年代初期气候变了……尼克松为了改变美国政府20年来对中国的"遏制和孤立"的政策,为实行与中国关系"正常化"的政策,迈出了第一步,不得不亲临北京。在这个进程中,美国宣传机构开始着手给中国塑造一个较好的形象……

现在,大约从去年开始,对中国的攻击又恢复了,并出现在各种不同性质的报刊上……

应该说,这是一个实事求是的概括。从这些历史事实中,可以得出的结论是清楚的。

这篇文章指出,美国新闻宣传上的这些变化,"取决于华盛顿政策制定者们与美国宣传机构形象塑造之间的关系。有些人特别吹捧特威克写的《江青同志》一书,为什么?因为书的出版者特里尔·布朗图书公司是《时代》公司兼营的。《时代》公司是亨利·卢斯建立的企业,而卢斯多年来一直是蒋介石的支持者,对毛泽东竭尽诽谤之能事。这篇文章还指出,不少材料可以证明,美国中央情报局同宣传机构之间是有密切联系的。1977年10月4日,美国记者卡尔·伯恩斯坦(揭露"水门事件"的两个年轻记者之一)曾在《滚石》上写报道说,在过去25年内,有400多名新闻记者同中央情报局保持了亲密的和经常的接触,去年(1976年)一年就有75名到90名记者有这种联系。一位中央情报局的人士曾经告诉伯恩斯坦说:"我们给苏兹贝格(《纽约时报》的外交记者)一些背景材料,他就加上他自己的名字付印了……"

这些情况就是客观主义的虚伪性的最好的注脚。

近年来一直让中国群众难以理解的是西方一些政客对达赖的态度。美国情报机构给达赖以资金的支持，外国的一些领导人还不顾中国的反对接见达赖。2009 年春天，法国巴黎市更不顾中国政府的一再反对，授予达赖以"巴黎荣誉市民"的称号。其深层的原因，是一些外国政客在"中国威胁论"思想的指导下，总想搞一些名堂，制造一些麻烦，阻碍中国的迅速崛起。其重要的手段就是通过新闻媒体在他们的观点指导下片面地造舆论。事实的真相是：中华人民共和国建立后，通过民主改革，结束了世界最黑暗的农奴制度，百万农奴站起来了。在中央政府和各民族的支持下，西藏已经发生了翻天覆地的变化，西藏人民过着幸福生活。具有"奴隶主"和"宗教主"双重身份的达赖，为了恢复他的奴隶主地位，打着"宗教主"的幌子，搞分裂祖国的勾当。但西方媒体不是按照这个事实真相去报道西藏，而是按照自己的立场把达赖美化为"维护人权"的进步人士。但是，西方只有很少数人到过西藏，于是他们便把西方媒体报道的西藏，错误地当成了真实的西藏。

在这里我们看见了这样一个链条：错误的立场——片面的报道——被歪曲的实际情况——政治家加以利用——错误的立场得以巩固和传播……如此循环不止。

1998 年笔者访问德国的时候，曾同德国政府的新闻发言人讨论过这个问题。笔者问：我们不反达赖的宗教主，只反达赖的奴隶主，反对原来的西藏的农奴制度。你们欧洲在 15 世纪就结束了最黑暗的政教合一的社会，我们在五百年后学你们，已经学晚了，怎么你们会认为不对呢？把一个最不讲人权的奴隶主美化为"人权斗士"不是很滑稽吗？他说，你们宣传得不够。我说：这点我们承认，但要申明一点，宣传不够，不是因为"没理"，而是因为"没钱"。其实也包括没有手段——因为西方媒体掌握在人家手里。

西方媒体关于西藏的新闻报道最典型地说明了错误的立场导致了事实报道的歪曲。这个颠倒什么时候才被再颠倒过来呢？

在社会主义国家的人民记者，不需要用虚伪的客观主义掩饰自己的真实立场，他公开申明，自己是站在人民的立场、党的立场，来进行新闻报道的。因为，就其理论纲领说，中国共产党、人民政府和广大人民群众的利益是一致的，除了广大人民群众的利益以外，并无自己特殊的利益。

我们不同意对"客观"做"客观主义"的解释。因为绝对的客观主义是不存在的，因而是虚伪的。那么怎样认识"客观"这个原则呢？

"客观"可以理解为"客观实际"，就是说，新闻报道必须符合客观实际。那么，这实际上谈的是真实性的问题，我们已经有了真实性这一原则和概念，因此，这里的"客观"不应再指"符合客观实际"的意思。

"客观"在这里实际上是指记者对事实的态度问题。如果把"客观"理解为记者对事实应该采取"客观态度"，即从事实出发，尊重事实，不掩盖事实、不随意裁剪事实，不故意歪曲事实、不恶意捏造事实，那么，"客观"就是必不可少的重要原则。正是在这个意义上，我们把"客观"这个提法继承下来。

"公正"也是记者对事实的态度问题。发生是否公正的问题有两种情况：一种情况，事实本身是有争议的。甲方有甲方的道理，乙方有乙方的道理。记者不应该偏袒一方而改变事实的本来面目。公正的法官即使做出判决，也不会改变事实的本来面目，况且记者不是法官，他没有必要非要做出自己的判决。一种情况，以记者的好恶决定对事实的态度，对符合记者胃口的事实和不符合记者的胃口的事实，采取不一样的处理方法。在一定意义上说，"公正"是实现"客观"的一种重要保证。正是在这种意义上，我们把"公正"的提法继承下来。

客观与公正的相对性

如何看待西方记者的新闻报道的客观性呢？不能说西方新闻报道没有任何客观性，也不能把西方记者们的报道统统斥之为"造谣""谎言"。这不仅是简单化，而且也不符合实际。美联社关于里根当选总统的消息，合众社关于阿波罗登月的报道，难道没有一点客观性吗？当然不是这样。西方新闻记者，特别是其中的优秀分子，常能写出一些很具客观性的报道。在这方面，我们的记者也有许多值得汲取的经验教训，不可用空洞的口号"扬扬自得"。

仔细地考察，就会发现：客观与公正是相对的。这种相对性主要表现在：

一、整体和个体的差别。就新闻报道的整体来说，可以说，没有哪一个国家的哪一家报纸、通讯社或新闻媒体，它的报道是没有"掺进"主办人和记者的主观因素的，无一例外。但就每一条新闻来说，却不能说所有的新闻都没有客观报道，都因为"掺进"了个人主观的因素而歪曲了现实。大量的科学技术方面的报道，相当一部分政治事件的报道、灾祸的报道，等等，就单个看，包括西方通讯社的报道，相当的部分也是客观的。这似乎是矛盾的：相当多的客观的单个报道，却组成了带有倾向性的整体报道。其实，实际情况就是如此。整体的倾向性并不都是从改变单个新闻的客观性中获得，它可以通过新闻题材的选择，各类新闻所占的比重，新闻发布的时机，对新闻的不同的编发处理等等手段，体现出来。当然，有时是编辑们直接配发的评论。这已经是常识性的问题了。

二、不同类型新闻的差别。新闻单位或记者的主观色彩，并不是在各类新闻中平均体现的。有些"中性"事实的新闻——即政治色彩不浓的事实报道，记者或新闻单位的主观色彩往往是并不明显的，而在有些政治色彩强烈的事实的报道中，记者或新闻单位的主观色彩则往往表现得较为明显。

三、客观性标准的相对性。任何反映客观的意识形态，都不可能原样不差地反射现实，但是，我们在衡量它的客观性的时候，因为用途不同，使用的标准也不同，因此，当它符合我们的使用的标准的时候，我们就认为它具备了客观性。也许我们过细地考察，报道中也还有因为报道者主观成分而造成的误差，但是这个误差或者一定程度上的不相像，是在我们的标准的允许之内的，可以忽略不计的，这种情况下，我们就不应该否认报道的客观性。——如果把客观性绝对化，认为不符合绝对标准就没有客观性，那么，不仅新闻报道不可能有客观性，任何人的认识都不可能有客观性了，这岂不陷入不可知论了。打一个比喻，我们平常用来卖菜的秤，同称黄金的天平相比，它是很不准确的，但在卖菜的范围内它已经够用了，我们在这个范围内，就认为它是准确的，用称黄金的天平卖菜反而没必要、行不通。当然，如果用误差要大得多的地磅来零售蔬菜，也是不行的。

任何客观和公正，都是在一定基础上，一定范围内，一定标准下的，脱离开这些谈报道的客观和公正，就像抽象地谈论"平等""自由"等概念一样不可捉摸。有经验的人并不拒绝阅读西方媒体的新闻报道，而是善于从中鉴别客观性的东西和他们加进去的主观性的东西，并且能够判断，哪些主观性的东西是必须警惕的，而哪些主观性的东西是可以"忽略不计"的。

公正也是如此。一个坚持社会主义原则的记者，对待反社会主义的言行，自然不会抱同情的态度，这种态度也可能会在他的报道中有某种程度或某种方式的反映。但是，如果是在肯定在社会主义基础上的争论意见，不同理论、学派、观点之争，这位记者可以而且应该对争论各方采取不偏不倚的完全公正的态度。

客观与公正，是新闻规律本身提出来的要求。既然新闻是事实的报道，那么，读者所求于新闻的只是对事实的了解，至于记者个人的意见，一般是无关紧要的；即使想了解记者的意见，他们也希望事实与意见分开，"泾渭分明"，"大杂烩"是倒胃口的。任何阶级、政党和集团，它只能利用这个规律，（在一定程度上限制这个规律作用的范围和形式）达到自己的政治目的，而决不能消灭这个规律；"消灭"这个规律，最后必然导致"消灭"这个手段本身，这对使用者自己也是不利的。

新闻是个传播手段，它所面对的对象，除了其他阶级、阶层、集团的人之外，首先是本阶级、本集团的人。（资产阶级报刊最早诞生时，首先是为资产阶级阅读、使用的。）在报道上，它自然要考虑敌对阶级、敌对势力；它主要考虑如何为本阶级、本集团争取群众，但是，也不能不考虑本阶级的需要。如果，报刊上完全是那些经过记者本人按主观意愿歪曲了的东西，很少有客观性的东西，那么受蒙蔽的首先是本阶级、本集团。虚假的情况，"代替"了事实的主观愿望，必然使他们自己陷入泥潭。从他们本阶级的、本集团的利害出发，也不能完全取消客观性。在调整一个阶级、一个集团的内部关系中，公正，也是不可少的。社会主义国家的新闻媒介所面对的对象，它的主人，都是广大人民群众，因此，它必须满足、也可能满足更高的客观和公正的要求。一个记者，如果从自己的主观愿望出发，损害了报道的客观性，即便他的愿望是善良的，他也是在起着蒙蔽人民的作用。

总之，客观与公正应该是对一切新闻报道的要求。社会主义国家的记者也必须接受这些原则，只是要对它做出科学的解释。

客观手法的重要性

与记者的客观态度相联系而又有区别的，还有一个客观手法的问题。胡乔木同志 1980 年 1 月给新华社写了一封信，全文如下：

穆青、李普同志：

　　建议新华社在国际新闻稿中取消"跳出来""抛出一个"等字样，这些字样在新闻中毫无价值，只是贬低了新华社新闻的价值。新闻总是要客观地叙述事实，而不能成为"文化大革命"时期骂人的大字报。类似的字眼还有"疯狂"，近虽已少用，仍未绝迹。关于这个词似乎格林已批评得很中肯了。

　　以上请考虑。

胡乔木　一月十七日 [①]

客观地叙述事实，这就是新闻的客观手法。愈是写得好的新闻，就愈善于在内容上贯彻自己的意见，也愈善于在形式上隐蔽自己的意见。这便是客观手法的技巧。西方记者积累了多年的报道经验，因此，他们在使用客观手法方面是相当纯熟的。一些外国通讯社的记者，一般很少自己出面，说应该如何如何，似乎报道中丝毫也没有掺进他们个人的因素。但是，他们通过描写、排列、选择、语言的运用等等方法，在客观的手法中，巧妙地贯彻了他们自己的意图，有时，即使偏袒了一方，攻击了另一方，也给人一种"公正"的感觉。而我们的一些记者，把必须具有鲜明的正确的政治立场的要求，同报道中的客观态度、客观手法对立起来了，错误地认为，要表现记者的立场，就要在新闻报道中写进记者的直接的政治表态，这无疑是一种新闻理论和实践上不成熟的表现。不善于动用客观手法，必然要损害到新闻的客观性。

当然，不能对客观手法的要求做绝对化的理解。在国外，解释性报道的兴起，突破了原来的纯新闻的局限。虽然，解释性报道仍被划为客观报道之

---

① 胡乔木同志信全文载新华社《新闻业务》，1980 年 1 月 31 日一期。

列，但无论如何，解释总含有记者的见解。在我国有所谓评述性报道，则直接把"评"和"述"糅合在一起了。"评"，当然主要是记者的见解。一般地说，读者并不总是讨厌记者来"评"，而是担心记者的主观意图把客观事实歪曲了。如果记者在自己的报道中保持了事实的客观性，同时拿出自己对这些事实的看法，有时读者倒是乐于一读的，因为他们可以从中得到启发。

"干预生活"

记者的报道公开发表以后，必然产生一定的社会效果，必然对社会生活发生一定的影响，这种对生活的"干预"是没有争议的。问题在于：记者在采访的过程中，能不能进行某种程度和某种方式的对生活的干预？如果可以的话，那么怎样做算适当，怎样做就是不适当呢？

一些西方新闻记者（特别是摄影记者）和新闻学者，是反对在采访过程中做任何干预的，他们认为任何干预都破坏了事实的本来面目，造成不真实。这种崇拜自发和偶然现象的自然主义理论早已被人们驳斥过，任意抓取的自发的现象并不一定比经过全面研究以后选取的典型现象更能代表某个事物的本质。

所谓西方记者不干预生活，还有这样一个看来似乎极端、实际有一定代表性的例子：

> 20世纪30年代的时候，美国发生经济危机，《纽约镜报》的一个记者看到一个失业工人模样的人垂头丧气地在一座大桥上转来转去。他判断，这个人很可能要跳桥自杀，于是他在旁边悄悄地观察了足有一个多小时，等候工人的下一步行动。后来，那工人终于爬上了桥栏杆，准备跳河自杀。记者不但见死不救，反而把摄影机对准了他，等到那工人跳河的一刹那，记者大叫一声"好"，拍下了这个镜头。这张照片竟然被当作新闻摄影的杰作发表出来。[①]

[①] 转引自黎信：《西方记者的基本功》，载湖北日报编辑的《学习与借鉴》，第66页。

这种连起码人道主义原则都没有的"不干预生活"的原则，人民的记者自然是绝对不会接受的。

人民记者绝不是生活的消极旁观者，他不仅是生活的记录者，而且是斗争的参加者。不仅用发表报道参加斗争，而且就在采访过程中，也应以主人翁的身份适当地参加斗争。应该说，这应是社会主义国家记者的特点之一。毛泽东同志曾经要求记者到第一线去，又做工作，又当记者。在革命战争年代，许多记者参加部队工作，或者参加工作队到地方工作，发现题材及时报道。他们报道的往往就是他们自己曾经亲自参加干的。

除了这种一身二任——既是工作队员又是记者的情况以外，记者在一般的采访当中，仍然可以适当地干预生活。

适当干预生活同制造新闻的界限

那么"干预生活"和"制造新闻"的界限在哪里呢？

让我们看三个事例：

例一：

某日，《解放军报》编辑部接到报道员打来的电话，于是发生了下面的对话：

报道员：向你们报告一个情况，明天下午我们单位领导同志参加植树活动，我们打算写条消息，请你们编发见报。

编辑：关于一些单位的领导同志参加植树活动，我们已发了几条消息了，如果没有新的内容，我们就不打算再编发了。

报道员（遗憾地）：啊呀，是不是决定再不发这类消息了？如果决定不发了，我们得赶快报告领导同志，他们也不必参加植树活动了。因为原来打算写一条消息，才请他们参加这个活动的。

编辑：那……①

---

① 见林剑、宋群：《漫谈新闻写作》（十），载《解放军报通讯》，1980年第7期。

例二：

有一年召开全国青年建设社会主义积极分子代表大会的时候，《中国青年报》记者马鹤青去大会采访，参加这次大会有这样两个有特点的人物，一个是我国第一个女飞行员伍竹迪，一个是我国第一个女大副罗烈芳。分别采访这两个人，当然也可以。但记者想，如果让这两个人会一会面，互相交流一下，记者从中采访，岂不是更有意思？于是记者首先约请伍竹迪，一起到住房去拜访罗烈芳，果然，她们一见如故，谈得十分热烈融洽，记者的采访也很省力。很快写出了一篇题目为《你在天上，我在海上》的报道。报道发表以后，受到当时的团中央书记胡耀邦同志的称赞。他说，这篇文章内容好，标题也好，我们这一代青年就是要有敢上天、敢下海的气魄！①

例三：

1979年10月，湖南省郴州地区临武县香花公社童子村一百多户社员群众和干部，联名写信给《人民日报》编辑部，红纸金字的信上写道："解放30年，全国人民在党和毛主席的英明领导下，各方面都取得很大成绩；我们在地方组织的领导下，干得也比较'杰出'。但是无领导来过问我们……所以我们今天邀请编辑部能派记者来看看。片言九鼎，一诺千金。"信的措辞虽然委婉，但可以看出其中包含着强烈的感情。记者欧庆林、颜世贵接受任务奔赴当地采访。他们发现，严重缺水，是童子村穷困的重要原因。天旱的时候，平均每户要用4担水，而这4担水要花费一个强劳力6个小时的劳动时间……

童子村给报社反映的情况，大体上摸清了。这时候，记者也可以带着了解到的材料，返回报社，写个情况，或者写个报道，也算完成任务了。但是，他们没有"就此止步"。正如记者在谈体会时说的：

群众的疾苦，工作的责任心，促使我们不能停留在这一步。我们不能为反映情况而反映情况，我们采访的目的，是要促进问题的解决。从

---

① 马鹤青同志1980年春同一位研究生谈采访经验。

这种意义上来说，记者采访也就是参加了一部分实际工作。

于是，这两位记者又深入群众了解了解决水的问题的办法。群众反映：离村3里远，有一个地下大溶洞，里面有水，离村七八里远，有一条河，水量很大，但被锡矿污染了。记者约请当地县、社、队几位领导同志，一起下溶洞亲自察看，然后又到矿上了解污染和治理的情况。记者的这些采访活动，不仅仅是了解情况，实际上对当地的工作已经发生了一定的促进作用。后来，报纸加了编后发表了这篇调查报告《盼水早日流到村》，促进作用就更大了。过了不太长的时间，童子村里的人又给报社写了信，报告他们吃水问题已经解决，全面的水利规划正在制定。他们还给报社寄来了一面锦旗，上面写着"是党耳目，人民喉舌"8个金字。①

现在分析一下这三个事例：

例一的做法显然是错误的。这是在制造新闻。这种所谓的"干预"，是在制造不合理宣传性现象，当然是不能容许的。

例二的做法应该是允许的，是记者主观能动性的一种表现，是记者的适当的组织工作。不错，假如没有记者的建议和联络，很可能并没有伍竹迪同罗烈芳的这次有意义的会面，报道也就不可能把"天上"与"海上"联系起来，写得那样生动。但是，它同例一的原则区别在于：因记者的干预而发生变化的，只是新闻事实的表达方式，只是为了记者更深入、更方便、更集中地挖掘出新闻事实，而没有改变新闻事实本身——这里是伍竹迪和罗烈芳的上天和下海的模范事迹。这类干预只是记者在采访中一种巧妙的组织工作，一种采访方法，它同编辑部为了宣传某个问题，召集一些人来开座谈会，然后再发一个座谈会的报道，在原则上是没有什么不同的。记者应该在这方面有自己的合乎原则的创造。

例三的做法是值得肯定的。记者在采访过程中，就通过自己的活动促成实际问题的解决，这是很受群众欢迎的做法，表现了记者的主人翁态度。我

---

① 欧庆林、颜世贵：《采访要注意效果》，载《新闻战线》，1980年第6期，第27页。

们可以这样设想：假若记者不主动约请当地有关领导一起去实地探求解决水源的办法，单凭回报社写个"情况反映"，恐怕效果会是大不相同的。

那么，我们历来反对的"钦差大臣"式的记者，同积极而适当干预的界限在哪里呢？从这个例子可以看得很清楚，那就是：记者的干预，不应是以上级领导机关干部的身份，对被采访的单位和人员发号施令，直接指挥人家干这个干那个，他的干预一般应该只限于在新闻业务活动的范围之内。在本例中，主要是通过记者和当地干部一起了解问题解决办法的过程进行的，如果记者以上级"代表"的身份，先是对基层干部"训斥"一番，然后下一通"指示"，那就超出了记者正常的职权范围了。

总之，这三个事例说明了记者采访时干预生活的三个原则：

一、记者的干预结果不能违背事物的规律，制造新闻事实。

二、记者的干预范围要限制在新闻事实的采访或表达的方式上、不能改变新闻事实本身。

三、记者干预的手段应限制在新闻业务范围之内，不应直接发号施令。

在批评性报道的采写中，常常会遇到这种情况：记者在采访某犯错误的单位或个人时，他们就已经了解了记者（和编辑部）的看法。这种采访，本身就已经形成了一定程度的干预。在这种干预面前，被批评者可能采取两种态度：坚持错误不改，或者在舆论界的压力下，积极改正错误。记者也可以采取两种办法处理：核实好对方的错误事实，就加以报道，只用公开报道进行干预。或者，在采访过程中，就向对方提出建议，让他们及时纠正错误。等他们改正错误之后，把改正的行动同犯错的事实一同报道。后一种办法，就是在采访过程中进行了干预，这也应该是允许的，有时效果更好些。

"中国质量万里行"的干预生活

"中国质量万里行"是首都新闻界联合开展的一次有重大影响的社会活动。现从本节阐述的"干预生活"的角度，介绍"万里行"采访活动中的几个故事。

故事一：三瓶酒

听说要开展质量万里行活动，国家商检局（负责进出口商品质量检验的国家部门）局长王久安同志找到笔者，说："你为什么事先不找我，我有好的材料提供给你呀！"原来他们最近从出口商品中查到了三瓶质量有问题的酒。一瓶啤酒，瓶里面有24个田螺壳。一瓶威士忌，瓶里面有玻璃渣。一瓶葡萄酒，瓶里面有苍蝇。笔者看到这三瓶酒以后，对王局长说："材料很好，但希望你们先做三件事。第一件事，把有关的生产厂家找来，看他们认不认账。第二件事，你们主管部门要先对这三家酒厂做出相应的处理。第三件事，请示一下外贸部，看他们是否认为我们曝光外贸产品，会影响出口。"很快，商检局把三件事都做完了。王局长告诉笔者："外贸部很支持，李岚清部长说，抓质量有利于出口。"这样在1992年春节前，把报道的一切工作都准备好了，电视台录了像，广播电台录了音，报纸准备好了稿件，春节一过，一起发表，于是全社会震动了。

——这个故事中，笔者对王局长的"做三件事"的要求，就是对生活的一种干预。这种干预是正常的干预，因为它是为新闻报道创造必要的条件。

故事二：请省长表态

到河南巩义市采访劣质电线的"万里行"记者，为了便于把问题搞清楚，采用了"微服私访"的方式。他装扮成买电线的样子，向各个厂家打听。人家告诉他，大约可以有20%的回扣，电线的商标可以由他随便选，贴上海的、天津的、北京的都可以。记者把情况搞清楚以后，突然变了脸，对卖假冒劣质电线的人说："你们知道我是谁吗？我是'中国质量万里行'记者。你们这么搞，我要给你们曝光！"他以为这样一说，就给对方吓坏了。没想到，对方听了，哈哈一乐，说："欢迎你给我们曝光！原来我们这里电线生产规模还不大，后来有一个小报记者给我们曝了光，结果来买的人更多了。你没有看见，原来的宾馆不够住了，现在又盖新的宾馆！"记者听了以后，感到问题很难办，就给北京的组委会主任艾丰打电话，说，人家不怕曝光怎么办？艾丰说，他们不怕曝光，你就去找省长，向省长原原本本汇报情况。记者于是找到了主管质量工作的副省长刘源，刘源当即表态说，知道了，我们一定要解决。记者按照组委会的要求，写了一篇巩义如何生产和贩卖劣质电线的报道，同时又写了一篇副省长刘源表态要解决这个问题的新闻。两篇稿件发回北京。组委会第一天发了劣质电线的报道，第二天又发了省长表态的新闻。

两篇报道发表以后，河南省政府按照省长的表态，组织了几十人的工作组，到巩义市进行整顿。所有的企业一律停产，然后逐一检查，合格的发合格证，不合格的不许再经营。一下子，巩义劣质电线的情况被扭转了。

——这个故事与前一个故事不同，第一个故事，记者曝光就解决了问题，但这个故事中被批评的对象不怕曝光，于是只能找当地政府，最后政府出面解决了问题。记者找到主管副省长，向他汇报情况，希望政府能够出面解决"不怕曝光"的问题，就是一种干预生活。但也是正常的，符合规范的。因为，记者向主管部门汇报情况，完全是分内的事。

故事三：郎酒的呐喊

当时的郎酒厂厂长向"万里行"组委会写信，说，他们的商标受到了严重的侵权，最高人民法院院长做过批示都不能解决问题，希望"万里行"能够干预此事。

组委会委派人民日报驻四川记者罗茂成和工人日报一位驻四川的记者一同完成这次采访任务。记者到四川古蔺县一调查，果然侵权现象很严重。当时有一批小酒厂，他们使用了和"郎酒"很相似的商标，而且在包装上完全模仿郎酒。比如一个叫"郎窖"的商标，把"郎"字写得很大，也用的是"郎酒"的"郎"字，而"窖"字印成很小的五号字，粗心的人根本看不见，以为就是郎酒。众多的假冒郎酒充斥市场，真假混杂，真伪难辨，以致消费者对真郎酒也不敢购买了。一个历史悠久的名牌有可能被假冒搞垮。

记者于是写了两篇报道：一篇《郎酒的呐喊》，一篇《真郎斗不过假郎野郎》。

报道还没有发表，当地县政府和所属的市政府就给"万里行"组委会打来电报。电报说，我们这里是老少边穷地区，希望此报道不要公开发表，以免影响我们当地经济的发展。

组委会主任艾丰认为，老少边穷不是可以搞假冒的理由，同时，更重要的是，如果听任假冒泛滥，把当地的名牌搞掉，更会影响当地经济的长远发展。于是，没有听他们的意见，把两篇报道连续发表了。这下等于捅了马蜂窝，当地有不少人写传单，也有人找记者算账，甚至扬言要游行。组委会告诉两位记者，采取类似河南的办法，直接向四川省省长张皓若汇报。张省长当即表态，要解决好这个问题。很快组织了几十人组成的工作组，到当地进行调查。两三个月过去了，但没有结果出来。一了解，原来是工作组内部有不同意见，工作组一些成员认为侵权是问题，必须解决；也有一些成员认为不是问题，没有解决的必要。

问题卡壳了。这时组委会直接写信给中央领导同志做了汇报。中央领导同志给省政府直接做了批示，而后问题才得到了解决。

事过八年之后，2000年，艾丰来到了古蔺县的郎酒厂，到了县政府，也到了管辖古蔺县的泸州市政府。在解决了侵权的干扰之后，郎酒这个名牌不仅得到了保护，而且得到了很大的发展。大家回忆起当年的那段打假的插曲，都感谢"万里行"记者和"万里行"组委会做了一件好事。今天，大家的知识产权意识都大大提高了。

——这个故事与第一、第二个故事也不同，不怕曝光，靠地方政府的干预开始也不成功，那么，记者和组委会就把情况向更高一级报告。于是，在中央领导同志的过问下，问题终于得到了解决。这也是一种干预。

总结上面三个故事，我们可以看到，记者的干预主要采取的是"中介"的形式，或称为"信息中介"。记者没有权力和力量去直接解决某个问题，但记者可以通过中介的方法，把能够解决问题的主体"中介"出来。他可以中介出来地方政府，也可以中介出来中央领导。

中介就是新闻媒体的主要功能。一般的情况下，它们是把消息来源的信息中介给广大的受众；特殊的情况下，它们也可以把相关信息定向地中介给相关的主体。后一种中介，实际上就带有干预生活的意义。

故事四：面对部长

1992年"万里行"活动告一段落以后，朱副总理批示，要把今年曝光的质量有问题的产品梳理出来，然后开一个会，请国务院相关的部的领导出席，负责把相关的产品质量问题背回去解决。

当时一共曝光了17种有质量问题产品，涉及了8个部。"万里行"组委会主任艾丰谈完了情况以后，各部出席的副部长纷纷表示要把本部门主管的产品问题带回去，采取措施认真解决。

但有一个扯皮的产品——燃气热水器。此前有两个部都在争取自己主管这种产品。轻工部说，燃气热水器的生产厂家都是轻工部主管的企业，所以这种产品应该由轻工部主管。建设部说，燃气热水器主要安装在建筑物上，所以这种产品应该由建设部主管。两家长期争执不下，因而这种产品也就长期无人主管。燃气热水器屡屡发生死人事件，也就无人过问。这个问题到了今天已经到了非解决不可的时候了。

针对这种情况，艾丰尖锐地说，"神仙打架，小鬼遭殃"，希望两个部门能够协调，很快把这个问题解决好，不能再拖了。这时参会的一位建设部副部长当即表态说，今后我们协助轻工部管理这种产品吧（意思是同意由轻工部主管）。多年扯皮的问题，就这样简单地解决了！

轻工部拿到主管权力之后，很快召集全国生产燃气热水器的厂家秘密开会，尖锐地向各个企业提出，质量问题使我们这个产业面临着生死存亡的问题。如果燃气热水器老是死人，谁还敢买这种产品？通过讨论，大家很快得到了统一认识：过去燃气热水器熏死人，厂家老是埋怨消费者不会使用，这就把责任搞颠倒了。这个责任应该由我们生产厂家担当起来。首先要提高技术水平，生产出安全可靠的产品，同时要加强安全使用知识的宣传。可以说，燃气热水器这个行业后来能够得到继续发展，这次会议是一个转折点。

——这个故事是一个内部解决问题的故事,并没有涉及宣传报道。从这种意义上说,它是纯粹的干预生活。实践证明,干预的效果是好的。这种干预也没有"出圈"。向部长们介绍情况,是奉命而行的。会上记者("万里行"组委会主任其实也是记者)发表的意见,不仅是记者个人的意见,而且是代表了社会舆论的意见,因而它就更有力度,促成了难题的解决。

"万里行"活动告诉我们,记者"干预生活"有广阔的天地,但要在新闻规律的指导下不断创造。

来自互联网的干预

随着互联网的发展,网民越来越多,互联网这种新的媒体越来越成为人们获取信息的重要渠道。同时,由于互联网本身具有的交互性的特点,每个网民都可以在网上直接发表自己的意见,于是互联网对生活的干预作用也越来越强。从陕西农民周正龙拍照假虎图片在网上首先被揭露,到一位基层干部抽不符合自己收入的"九五至尊"的卷烟首先在网上被追查,到网民号召因传家乐福支持"藏独"而抵制购买它的商品,等等,此类案例已经不胜枚举。

这里着重分析一下云南发生的"躲猫猫"事件:

2009年2月,在云南某监狱发出一个消息:一个犯人在监狱中突然死掉了。据该监狱工作人员说,是因为他和同狱犯玩"躲猫猫"的游戏撞在墙上死的。消息传出,网民立即在网上发帖表示质疑,玩游戏就能够使人致死吗?众多的网民几乎同时发出一个声音:必须搞清楚,真正的死亡的原因究竟是什么?

在这种情况下,云南省委宣传部做出了一个大胆的决定:组织一个网民调查组,到现场进行调查。但是网民调查组遇到了法律上的障碍,执法机关不向网民调查组介绍有关情况,网民调查组只能发表一个不能涉及问题实质的调查报告，无功而返。同时，对网民调查组这种做法又引起了争议。

后来，检察机关对这件事进行了深入的调查，终于弄清了真相，原来是一个"狱霸"将犯人殴打致死。这样对"狱霸"和监狱的工作人员都又做相应的处理。

应该怎样看网民调查组这种做法呢？笔者在2009年3月1日，在网上发表了一篇博客。文中写道：

我要说的是，这个事件的特殊之处，就是网友的参与。不仅在网上参与，而且在云南省委宣传部副部长伍皓出面组织下，由网友和媒体记者组成了一个调查团，赶赴现场进行调查。这是以前没有过的。

对这个调查团应该怎么看？虽然他们遇到了法律的障碍，没有能够按照原来的设想询问了案件的当事人，没有做出一个有分量的调查报告。但我认为，这个调查团仍然是成功的。从微观上看，我们有理由认为，后来把事实真相搞清楚，这个调查团的活动是有监督和督促作用的。问题这么快就搞清楚了，有他们的功劳。从宏观上看，调查团的活动，使这个事件引起了社会更加广泛的关注，对于公安机关改进自己的工作有重要的促进作用。

事实上，这就是舆论监督的作用。舆论监督当然不能代替司法和执法机关的工作，也不能超越法律规定进行，但它的作用是不可缺少的。

我要大声地说，现在，我们对舆论监督的作用认识得是非常不够的，落实就更加不够了！这就是我们许多问题不能顺利解决的原因，是腐败不能有效制止的重要原因！

网络上的舆论监督和干预，是一个新事物，尽管它也有种种局限甚至弊端，如自发性带来的某种不确实性甚至盲目性等等，但总体来说，它会起到巨大的积极作用，对国家的民主和法制的建设，对推动社会进步，都会有巨大的作用。我们的主管机关，我们的媒体，我们的记者，应该努力研究和把握其中的规律，积极引导和参与，使之不断有所提高和进步。

第三章　记者和采访对象

第六节　记者社会交往的特点

内容提要：采访必须在人与人之间的社会交往中进行。一定社会制度和历史条件下的人与人之间的基本关系，当然要影响、制约以至于决定着采访活动中的人与人之间的关系，但是，我们仍然可以从新闻学角度对这种交往加以研究。

在记者的所有社会交往中，最主要、最经常、最具有决定意义的是记者和采访对象之间的关系。记者建立起自己的消息来源网，才能成为名副其实的"消息灵通人士"。繁杂性、双向性、对等性、距离性，以及记者的工作对象和服务对象的分离，是记者和采访对象之间关系的特点。

采访与有些工作不同，它必须在人与人之间的社会交往中进行。不仅是在采访完成以后，记者以其成果——新闻作品发表，同社会发生交往；更主要的是在采访过程中就必须进行这种交往。采访过程，就是社会交往过程。除了外交活动以外，恐怕没有一项工作或职业，像记者这样频繁而深入地进行社会交往。——应该说，这是新闻工作的客观规律之一。

一位美国的新闻学者这样说："新闻事业是一个跟人打交道的行业。大约有99%的新闻是部分或全部以访问——也就是向人提问题——为基础写成的。"[①]

记者的采访活动，总是在一定的社会制度下，在一定的历史环境中进行的。这种社会制度和历史环境，决定了一个社会中人与人之间的基本关

[①] 见美国杰克·海敦：《怎样当好新闻记者》中译本，第23页。

系，这种基本关系，必须要影响、制约以至于决定记者采访活动中人与人之间的关系。在西方记者的实践中，在西方新闻学理论中，这种影响、制约以至于决定可以看得十分明显。例如，他们认为，必须假定政府说的任何话都是谎言，报纸站在党派的立场上就没有客观性可言，提倡"只要目的是正确的，采取什么手段都可以"的新闻伦理观念，以偷听、窃听手段进行采访，等等[①]，这是资本主义社会条件下形成的人与人之间的关系及其新闻体制的特点在新闻工作上的反映。我们的国家，是共产党领导下的社会主义国家。在社会主义制度下，不可否认，在社会各部分人之间还存在着矛盾和斗争，但是，它毕竟在人类历史上第一次在理论上以及在体制的探索上提供了这样一种现实可能性，即在社会主义制度下，全社会的绝大多数人，可以有共同的利害、共同的理想、共同的信念、共同的道德、共同的行动。[②] 人们可以在实践中逐步实现建立和谐社会的目标。这种新型的人与人之间的关系，自然也就必须影响、制约以至于决定社会主义条件下进行采访时人与人之间的社会交往。当然，社会主义在实践中，社会主义理论在发展中，这种新型的人与人之间的关系还处在不断调整而逐步确立的过程中，许多的不协调仍然存在，但它的特色毕竟也已显露出来。

但是，记者的社会交往，毕竟不是一般的社会交往，它是在新闻领域发生的、为完成新闻业务工作而进行的人与人之间的交往，因此，总有其特殊性。作为新闻学，我们必须而且可以把它们从复杂的社会中抽象出来，相对独立地进行研究，只是要防止被我们自己抽象出来的东西弄糊涂，而忘记了生活中的"原型"。因此，我们下述的讨论更多的是从新闻学角度的讨论，而相对抛开政治、社会的因素。这一点请读者注意。

采访对象·消息来源

记者在采访过程中发生的人与人之间的交往是多种多样的，有同编辑部

[①] 见美国麦尔文·曼切尔所著《新闻报道与写作》第十一节培养健全的观察力等部分。
[②] 见胡乔木同志1980年2月6日在北京新闻学会成立大会上的讲话，载《新闻战线》，1980年第4期。

内部人的交往，有同读者、听众、观众的交往，有同采访中辅助人员（例如交通、住宿、技术等方面的人员）的交往，还有记者之间的交往，等等。但是，最主要、最经常、最本质、最具有决定意义的还是记者同采访对象之间的关系。

什么是采访对象？

凡是记者在采访活动中向之索取信息（情况和意见）或者那些以各种方式（不只是语言）向记者提供信息（情况和意见）的人，都可以称之为"采访对象"。

"采访对象"所包括的范围应该是相当广泛的。不仅那些记者主动向之索取情况和意见的人被认为是采访对象。就是那些主动向记者提供情况和意见的人，也应被认为是采访对象。首脑人物或者新闻发布人员，他们召开记者招待会，主动向记者发表声明或提供某些情况，他们同样是记者的采访对象。

信息，或者说材料，是记者和采访对象进行交往的内容。意见也可以视为一种信息。记者和采访对象关系的成败如何、质量好坏、衡量的标准主要是看信息交流得如何。

在一些西方新闻学著作中，并没有完全与我们所用的"采访对象"直接相对应的概念，他们一般使用"消息来源"（Source）这个词儿。"采访对象"与"消息来源"相近似，但并不完全相同。从一方面说，西方新闻学使用"消息来源"这个词儿，不仅包括人的消息来源，还包括物的消息来源——我们一般说的物证材料；而我们用的"采访对象"则仅限于指人，而不包括物。从另一方面说，"采访对象"这个概念还可以包括本身就是报道对象这样的新闻人物，而"消息来源"则不能很好地容纳这层意思。

因此，采访对象是一个独立的、科学的概念。做出这一概念对采访研究是必要的。同时，为了使它不致同引进的"消息来源"等概念混淆不清，在我们的研究中，应该把这些概念之间的关系加以廓清。

这种关系，可以用下图表示：

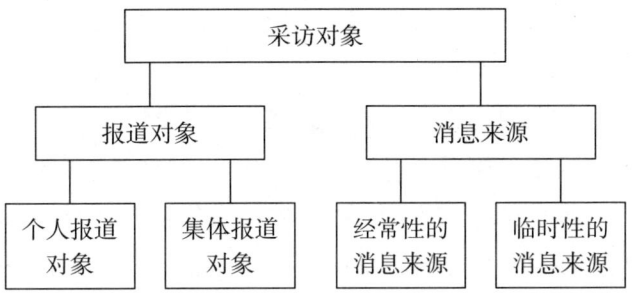

要重视消息来源

记者要传播消息，这些消息又不能是记者自己制造的，绝大多数都是新闻事实发生后有人向记者通报，然后记者才去采访写的。消息来源的情况如何，不仅决定了记者工作的质量，而且决定了记者的采访工作能否进行。设想，没有任何消息来源的记者，与聋子、瞎子又有多少区别呢？

有经验的记者，在他们传授经验的时候，总要介绍建立、保持和扩大消息来源的经验。

邓拓同志是我国老一辈的新闻工作者。1961年前后，他在给《北京晚报》写《燕山夜话》的时候，常常向索稿的人谈起新闻工作的经验。有一次，他曾经说过这样一段话：

> 晚报记者，除了应该熟悉马克思列宁主义的基本理论，熟悉党的方针政策以外，还应该十分熟悉社会各阶层和各行各业群众的生活和思想。这就要求我们努力扩大社会交往，多交朋友。
>
> 记者工作，最忌机关化。上班下班，"公事公办"，这是老爷记者。
>
> 你们应该走出报社的大门，深入群众，广泛交朋友。各行各业，工人、店员、手工业者、作家、教授、演员等都应该交。否则，编辑记者活动的场所只是从市委到区委到基层党委，从办公室到办公室，路就走窄了。有了各方面的知心朋友，和他们休戚与共，通血脉，随时听取他们的意见，并经常约他们写稿，使他们在报纸上有用武

之地，这样，报纸就一定可以扩大题材的范围，打开我们的路子。①

邓拓同志这里说的"努力扩大社会交往，多交朋友"，就是建立和扩大记者的消息来源问题。这里所说的"朋友"，自然包含我们日常所说的彼此友好，互相交心的朋友的意思，但是，更主要的，是指在新闻业务工作上能给予支持和援助的那些人；这种支持和援助，有时是对方工作中的正常内容，更多的则全凭对方的热心，义务地进行。

有相当多的记者，头脑里也有"交朋友"的概念，但他把这个概念局限在上面说的第一种意思之内，认为这主要是要求记者在工作中尽量同采访对象搞好关系、建立友谊，——不错，这是应有之义，但局限在这个范围内就不对了。实际上，这是把"交朋友"当成记者采访工作中的一种"战术"原则，而不理解，交朋友建立雄厚的消息来源，应该是记者的战略思想。消息来源对记者不仅有战术意义，而且有战略意义。记者通常被人们称为"消息灵通人士"。这是个很恰切的称号，消息不灵通的人很难成为合格的记者。而要做到消息灵通，最重要的条件就是要有众多的、质量上有保证的消息来源。这些消息来源，在他们各自的业务工作中，常常是处于情况传递的枢纽性岗位，或是在他那个范围内，他就是个消息灵通人士、热心搜寻和传送情报的人。许多这样的来源、渠道又都汇集到记者那里，记者才可能是消息灵通人士。记者的新闻敏感、记者的采访能力，自然取决于他本人的思想和业务水平，但不可忽视的，也取决于他的"情报系统"——"消息来源网"的情况。

因此，记者虽然应该把"交朋友"这一经验之谈铭记在心并付诸实施，但切记不要用它取代了"消息来源"这一更科学、更深刻的概念。建立自己的尽可能广泛的、经常保持有效状态的消息来源网，是记者的基本建设之一。记者的资料积累，是材料的积累，而记者消息来源的扩大，则是材料来源的"积累"。没有这项基本建设，任何人想在记者工作上取得巨大成就，是困难的。

---

① 见顾行：《邓拓同志指导我们办晚报》，载《北京晚报》通讯刊物《通讯员之友》，1980年第1期。

不少记者都有这样的体会，一次采访活动的成功，不仅要具备"好记者"这个条件，还必须具备"好对象"这个条件，即存在着这样的公式：好记者＋好采访对象＝成功的采访。

一个好记者，有时花费了很大精力，但写出了不成功的报道，这并不一定是他的水平降低了，很可能是因为没有遇到好的采访对象。有个记者甚至这样说：总结我过去采访的经验，看出这样一条规律：凡是费力的，都不讨好；凡是讨好的，并不费力。初看起来，这似乎是提倡懒惰的谬论，细细研究一下，这并不仅仅是个玩笑，在采访中不能说没有这种现象。其原因就是上面说的那个公式。记者没有遇到好的采访对象，再努力，也白搭，因为记者的水平终究不能代替对方的水平。遇到了好的采访对象，他倒常常把记者的水平给"带"高了，仿佛这个记者很会挖掘，其实，是因为消息来源是个"自流泉"，"不挖自冒"。

这样说，并不是提倡记者采访中的宿命论。记者通过长期的努力，建立起自己的消息来源网，可以在这个方面发挥很大的作用。这个网越大，越有效，那么它就可以帮助记者选择更好的采访对象——更好的报道对象和更好的消息来源。

消息来源应该是些什么样的人？广义说，任何人都可能成为记者的消息来源，只要他能够向记者提供必要的情况。一位政府发言人，他向记者发布声明，他是消息来源；一个普通的工人，他了解正欲报道的某个案件的某个细节，他也是消息来源。但进一步考察一下，消息来源彼此也是有所不同的。有些人成为消息来源，是偶然的，临时的；有些人成为消息来源，则是经常的，必然的。例如，政府发言人，像美国白宫总统新闻秘书，他是专职向记者提供消息的，因此，他就是记者的经常性消息来源。而一个普通工人，虽然在目击到某个案件某些细节时，他可能成为消息来源，但是，他看到这些细节纯属偶然，不可能经常发生这样的事儿，或者虽然他看到了某些细节，但记者并不打算报道这个案件。这都说明，这种消息来源是临时的。在这里起作用的并不是他们的社会地位，而是他们在社会情况传播中的地位。一些外国记者不仅重视同新闻秘书这一类宣传代理人打交道，也常常和火葬场的工人建立消息来源的关系。因为火葬场的工人知道一些有新闻价值人物逝世的消息，他们通报给记者，记者常常可以写出一些有特色的讣闻，或独家新闻。实际上，记者的经常性消息来源，绝大多数并不是那些地位显要的人，而是那些地位并不显要、报纸上很少见到他们的名字，但他们确实掌握着情况的人。

在我们社会主义国家里，记者建立消息来源网，有着他优越的条件。例如，存在着革命战争年代就形成的"全党办报、群众办报"的优良传统。各级党委，特别是党委宣传部门，有义务向党报记者提供情况。同时，分布于各个地方、各个单位的通讯员队伍，不仅直接为报社投稿，也是报社乃至记者的消息来源。（这恐怕也就是我们的一些记者虽然脑子里全无消息来源的概念也能照样做些工作的客观条件吧。）值得注意的是，如果躺在这些有利条件上，记者完全放弃了消息来源方面的工作，那么，这些有利条件就可能转化为不利条件。在我们一些记者的身上，我们的确看到了这种转化。他们知道的线索和情况，都是采访前夕临时从党委宣传部门那里莶来的。除此而外，没有自己一点独特的货色。这样的记者自然不会受到读者的欢迎，因为他只能拿出一般化的报道来；这样的记者也同样不会受到党委和政府的重视，因为他提不出任何新鲜的材料和见解来。

值得记者重视的是这样两个问题：

第一，必须充分利用上述有利条件，把记者本人的活动同各级党委、政府（特别是宣传部门）和广大通讯员的活动有机地结合起来，把他们当成自己的最可靠、最得力、最经常的消息来源。（这里说的"最可靠"，并不是说他们提供的情况总是最可靠的，而是说经常可以指望的，一般又总愿意积极配合记者工作的。）

第二，要不要在党委和通讯员队伍之外，建立和发展记者自己的消息来源网？也就是说，除了各级党委、政府宣传部门，除了报社共同的通讯员以外，记者自己要不要和其他一些消息灵通的人士建立联系呢？完全必要的。除了共同的、整个报社或新闻界都能够使用的"情报网"之外，每个记者都应建立自己的特殊的"情报网"。从记者的角度看，它甚至成为自己的主要消息来源；从新闻工作整体看，每个记者的情报网，又和整体情报网相衔接、组合，成为整个情报网的不可缺少的组成部分。记者必须建立自己的消息来源网有两方面的原因：一、党委、政府的宣传部门和一般的通讯员虽然也处于各个地方，但他们与一些实际业务部门比较，仍然是处于上层，处于第二线。记者在一些实际业务部门，在关键性的基层单位，建立了消息来源，就可以直接从那里得到消息，既不至因转手过多而失真，也会更加迅速、及时。二、报社与报社之间，记者与记者之间，他们采访选材范围，报道方面，以至于采访风格都是不尽相同的，记者必须按照自己的特殊需要建立自己的消息来源。采访文教的记者，自然需要多在文化教育部门，诸如学校、医院、各种协会、剧院等单位，发展消息来源；采访政法的记者，自然需要在公、检、法单位多发展自己的消息来源；采访农业的记者，他的消息来源绝不能多数安放在工厂；采访工业的记者，他也没有必要花费很大精力同农村通讯员保持联系。

差不多每个记者都有一个称为"通讯录"的小本子，它就是记者特殊消息来源网的"档案"，上面记着消息来源的姓名、单位、职务、地址和电话等项目。许多新记者都曾经暗暗羡慕一些老记者这样的本事：有什么紧急报道任务需要一些报道线索了，有什么传闻需要证实了，有什么情况和精神需要摸一摸了，他翻动着他手中那个小本子，打了一个电话，又一个电话，常常是很快就可以从他的消息来源那里得到答复。是的，从记者的"通讯录"中，我们大体上可以判断出这个记者的活动范围和他的活动能量。"通讯录"上的每一个名字，都代表着记者为开挖这个源泉所付出的劳动，密密麻麻的名字，是记者成年累月的劳动结晶。"临渊羡鱼"的新手，最好的办法是"归而结网"。

围绕消息来源的工作

在选择消息来源，主要是经常性消息来源时，应注意哪些条件？
一、了解新闻报道所需要的情况。
二、反映情况比较准确。
三、反映情况比较迅速。
——这三条是必备的。
四、在某方面具有一定的权威性、代表性。
五、热心于这方面的工作。

六、有做这方面工作的时间和条件……

——这些条件是参考性的。

保持和发展消息来源，必须做哪些工作？

一、要经常同消息来源保持联系，不仅有事时要联系，就是无甚事情时，也要保持联系，这是"为联系而联系"，目的是说明，"我时刻期望你的消息"，保持"热线"的温度，避免变成"冷线"而断线。

二、要尊重消息来源的劳动。例如，消息来源费了许多精力发现了一个新闻线索，而且已经收集到了一些有关材料。在这种情况下，他们向记者提供情况以后，记者就采取与他们合作的办法，共同完成这个报道，发表时，应署上他们的名字。假若记者不尊重对方的劳动，一旦情况到手，便把人忘于脑后，这种伸手就要，要了就走的"扫荡作风"，只能做"一锤子买卖"。当然，表示尊重对方劳动的方式是多种多样的，不只是共同采写、发表时署名这一种。

三、要讲信用。双方达成的"协议"，记者必须遵守，若有变动，应征得对方同意，如消息来源的谈话内容，说好是仅供参考，不供发表，记者就不应背约公开报道；说好是大意转述，记者就不应原文照登；如此等等。

四、要帮助消息来源做一些应做的事情，除在正当范围内交朋友应做的事情外，记者还应向消息来源通情报，提供报道思想，帮助他们撰写稿件，并向报社推荐加以发表。许多消息来源是热爱写作的，他们渴望着记者在这方面给予的帮助。

五、保护消息来源。在资本主义国家很强调这个问题。美国的一些州有所谓"庇护法"，保护记者不透露为他们提供情况的消息来源。在我国，虽然情况有很大的不同，但是，对向报社和记者反映情况——主要是揭露问题的人，非法地进行追究和打击报复的现象，仍然是时有发生。记者所应该做的，不仅只是不透露他们的名字，而是针锋相对地同这种官僚主义行为进行斗争。如果报道中有某些失实和误差，记者也应勇于承担责任，不应把责任"一退六二五"地都推给消息来源。

六、要经常检验消息来源的状况，看他们是否保持着消息来源所应具备的那些条件。对于那些不合格者，因调动工作或职务已不适于做这项工作者，要注意随时加以更新。

七、记者的有成效的报道也是保持和发展消息来源的重要条件。消息来源之所以愿意向记者提供联系，主要原因就是期望记者把这些情况（按照他们所希望的那样）报道出去，或者"通上去"。一旦他们发现，眼前的这位记者不过是个徒具虚名的无能者，既不能写出很好的报道，也不能把情况通上去。即使发表了一些报道，也是些把原料糟蹋了的次品，那么，他一定会失去继续向你提供情况的热情。相反，如果记者发表了有震动、有影响的作品，许多消息来源就会自动"送货上门"，主动与记者挂钩联系。记者在这时遇到的是愉快的"麻烦事"。有经验的记者绝不把它们看成难以应付的麻烦，而是乘机扩大自己的消息来源，发现新的线索。——这时的记者是幸福的。

群众——不竭的源泉

建立经常性的消息来源网，是在记者工作中贯彻群众路线的重要组成部分，而不是全部。记者除了花大力建设这样一个"网"以外，同样要花很大力气深入群众，深入到那些不一定能够成为消息来源、或至多成为临时性的消息来源的广大群众中间去。经常性的消息来源固然有其长处，但也有短处，有的情况他们是"转手货"。接触群众，记者就可以直接到"源头"吸水，容易取得最清洁、没有污染的饮料。况且，群众这个源泉的最大长处就在于它的丰富多彩，取之不尽。

有的同志提出过并且实践过，新闻工作者也要像作家那样，在基层、在群众中建立一个或几个"生活点"——应该说，这是新闻业务理论和实践的一个发展。记者在这个点可以更便于洞察社会动向，体察群众情绪，提出问题，考察新闻报道的效果，等等。总之，它成为记者联系社会、联系群众的纽带。可惜的是，在这方面坚持做下来的人不多。

广义的消息来源

广义的消息来源也可以理解为一切可以获得信息的渠道。社会上的各种大众传媒（报刊、广播、电视、互联网、各种类型的广告等等）都会给记者某种有用的信息，从这种意义上说，它们也是消息来源。但本书研究和锁定的消息来源只包括那些主体性的来源，即那些记者可以与之交往的主体，才是本书论述的消息来源。上述的那些渠道也可以给我们信息，但本书都把它们作为材料看待。请不要搞混了。

记者和采访对象关系的特点

记者要正确处理他和采访对象之间的关系，就必须对这种关系的基本特点有一个较为全面的了解。

繁杂性

记者和采访对象之间的关系，按其情况内容和类型来说，是非常繁杂的。只要和其他职业做一做比较，就可以看得出这一点。教师，他的主要工作对象就是学生，至多有时加上学生家长；售货员每天要接待各式各样的顾客，但他们的交往内容，一般也只是局限在比较单纯的买和卖的关系；法官，要审查各种各样甚至稀奇古怪的案件，但他面对的也主要是罪犯或违反法律者……记者所面临的关系当然绝不像上述职业或工作那样单纯，他面对的不只是学生、家长、顾客、售货员、法官、罪犯，他几乎可能面对社会上任何行业和职业的人；他面对的可能是同志，可能是朋友，可能是敌人，也可能是面目尚不清楚的人；他和采访对象可能是老熟人，也可能是萍水相逢；他们之间可能是观点相同，"情投意合"，也可能是看法对立，争论不休；他们可能在公园的幽径上轻松地散步，也可能在炮火纷飞的战壕中互相救援……总之，也许可以带有某些夸张地说：人类社会人与人之间的各种关系的繁杂性，都要反映在记者和采访对象之间的关系中来。就是职业的政治活动家，他同周围人发生联系的繁杂程度，恐怕也不一定会超过记者。

这种繁杂性告诉记者：在他处理同采访对象之间的关系时，决不可以按照一个固定的模式进行，必须根据对象、时间、地点等情况，具体问题具体分析。采访没有文化的老农民，可以坐在热炕上，点上烟，东拉西扯地慢慢谈；若用同样的方式采访国家领导人，恐怕就要被"赶"将出来。

当然，这种繁杂性也绝不是告诉记者说，反正关系异常复杂，无规律可言，你就"听天由命"吧！不是的，它起码要求记者：

一、为处理好各种关系，他必须花费相当的精力了解和学习各种社会交往的知识，即所谓上层下层，人情世故，三教九流，应该无所不晓，有的只是为了了解，不一定照着办。这样，碰到各种关系，记者都大概知道该如何处理了。

二、在采访前，必须把记者（本人）同采访对象之间的关系，根据已知情况做个具体分析，做出必要的估计；在采访过程中，要善于根据新发现或新出现的情况，适当调整这种关系。有的记者在采访前，采访当中，根本不把记者和采访对象之间的关系作为一个重要问题来加以考虑，他们认为，采访就是收集材料，材料就像放在桌子上的一叠打印好的文件，走过去拿过来就是了。他们不明确，就像人们在同大自然的斗争中，在发展生产力的过程中，彼此一定要结合成一定形态的生产关系一样，记者在收集材料，了解事实的过程中，同样不可避免地要同采访对象发生一定的关系，这个关系对记者收集材料，了解事实有着很大的影响。对这个问题处于盲目或麻木状态，常使记者在未预计到的情况面前措手不及。

下面这个简单的事例，也许可以加深我们对这个问题的理解：

某大学新闻系的一位学生，作为本系学生主办的墙报《新闻报》的记者，接受任务，采访本学院新任命的一位副院长。怎样进行这次访问呢？请看他的自述：

> 说实话，一开始我有点恐惧。我是他领导的学院的一个普通的学生，并非一个正式记者，应该采取一种什么口气同他谈话呢？如何开口的问题，实际上决定于我把我自己放在什么位置上。如果我把我放在一个二年级学生的位置上，那么我应该说："林副院长，您最近被任命为第一副院长了，这说明领导和同学对您的信任。我们想知道，您对教学等方面的工作有些什么新的打算吗？您可以说给我们听吗？"

这样开头并不是不可以，但是比较容易使我失掉主动而给对方造成优越感，好像我是去听指示的。我感觉到，我应该在这次采访中站在与林副院长平等的位置上，否则我就不会有收获，而只能聆听一番苦口婆心的开导和心慈面善的教育。

这位大学生墙报记者考虑到了他同采访对象之间的关系问题，应该说，很对。他没有离开具体条件去考虑这个关系，也对。但是，他在追求"平等"时，却有点从主观出发，没有考虑到现实情况。于是，产生了下面的情况：

第一次接触林副院长时，寒暄之后，我采取了这样的开头："林副院长，您已被任命为学院的第一副院长。《新闻报》派我来同您谈一谈。您能否告诉我您上任以后有什么具体想法，并准备着手做些什么？"

可是发生了没有料想到的情况，他显得比我这个初次上阵的学生还要局促，一再问我："到底想知道什么"，"到底怎么回儿事"……而且面无表情，我说："没有什么具体的事情，您可以随便谈谈。"副院长这时已经和颜悦色了，他说："这样吧，今天我没有什么准备，明天下午你们再来，我们可以交换意见，好不好？"于是我们只好告退了。

很有意思的情节！第一次采访的失败，说明了记者和采访对象之间的关系的确在起作用。尽管这位墙报记者要争取"平等"，但是，在当时的具体情况下，仍然不能不受学校领导和学生这一关系的制约。副院长之所以局促，恐怕是出于没有思想准备，不知道这个学生墙报记者的真实意图。当时有些学校学生思想比较动荡，他可能担心他说出不当的话，会招致什么麻烦。所以，这位记者想以"平等"的口气来摆脱这种关系，仍然是摆脱不了的。

第二天，我把问题变得具体了，我问："您看过《新闻报》吗？"答："前四期都看了。"我问："您对《新闻报》有什么意见和建议吗？"我完全没有想到，这正合他的胃口，副院长就从《新闻报》如何坚持四项原则，如何帮助同学在德、智、体三方面都有所发展而大讲特讲，使我无法提问别的问题。我看到他一只手插在衣服下襟里，一边在屋里走来走去，一边谈得兴趣盎然，我简直不知所措。

学校领导仍然想抓住这个机会做学生的思想政治工作，学生墙报记者没有估计到这一点，当然，临阵又是出乎意外了。

恰巧老师在新闻采访课上讲了抓特点问题，我总结前两次教训，决定向副院长提出那些只有他来回答才最合适的问题。这样，我就不被动了。

问：你认为《新闻报》关于北京站爆炸的报道（我们在第二天就发出）是否违背四项原则？

答：这又不是编的么。不过，我主张重大政治事件我们不插手。

问：《新闻报》是否可以发表批判学院官僚主义的文章？

答：可以。如果知道内情可以揭露，但要注意安定团结，大局为重。有问题可以直接向我反映。

问：你认为学生会有什么自主权？

答：学生会无自主权的提法……

我们的访问记发表以后，引起了注目。[①]

抛开访问内容。仅从采访的角度看，第一次的不成功，第二次的较少成功，第三次的较为成功。实际上也就是这位墙报记者把握他和采访对象关系特点的过程。开始，他只想争取像一般记者那样的"平等"地位，没有做具体分析，因而达不到预期目的。后来，他实际上是抓住了学生墙报记者同学校领导采访对象之间关系的特点，据此提出问题，便进展顺利了。这里举的虽然是一个并非正式记者的事例，但它并不影响在这个问题上给人以启发。

还可以举出另一个例子：

1949年北京刚刚解放之后，《人民日报》年轻的女记者金凤同志去

[①] 摘自国际政治学院1979届新闻系学生王玉泉采访课考试卷。

采访中国人民解放军第三野战军司令员、中外驰名的军事家刘伯承将军。金凤找到刘伯承同志以后,开始他表示拒绝,不愿谈什么,并且说:在太行山的时候,有个记者写了他的报道,都让他扔到字纸篓里了。(谦虚的意思。)但是,金凤同志没有碰钉子就走。她缠住这位老帅说:你不谈我怎么完成任务啊?刘伯承同志问:你多大了?记者答:21岁了。刘伯承同志说:哦,你比我的女儿还小哩,我女儿23岁了。记者说:那就当成向你的女儿讲故事吧。刘伯承同志问:谈什么呢?记者说:毛泽东思想战略问题。刘伯承同志笑了:你这个小孩子,戴大帽子!接着,他花了一整天8个小时的功夫,借助地图,向记者做了详细的介绍,并且为报道想了个题目:《四战之地,四战之军》。①

这里,采访成功的原因不是很明显吗?

双向性

记者和采访对象之间不是单向关系,而是双向关系。这一点,许多记者忽略了。

首先,记者需要采访对象,没有采访对象,他的工作任务便很难完成;同时,采访对象也常常需要记者,他有话要说,有情况要反映,有计划要实现,有主张要宣扬……特别是政治家,需要记者为其政治主张造舆论。

记者要观察、了解、考察采访对象,这是不言自明的;同时,记者不应忽略的是,采访对象也在观察、了解、考察记者:这个记者的品质和作风如何?学识和能力如何?思想倾向如何?写过些什么样的报道?他有什么打算——真实的而不是口头的?……采访对象的头脑里,实际上也在不停地思考着这些问题。

记者在挑选采访对象,同时,采访对象也在挑选记者。虽然记者的主动权要大一些,但采访对象能够在被动中求得主动。他对他不中意的记者,采

---

① 引自金凤同志1980年6月9日对本书作者的谈话。

取应付态度；对他中意的记者，采取积极配合的态度。在存在着大报、小报、中央新闻单位、地方新闻单位，名记者、普通记者等等区别的情况下，有时采访对象的选择，对有些——主要是小报、地方、无名的记者来说，是个令人苦恼的事情。

记者要影响采访对象，他希望通过自己的言谈，能够打动对方、使对方能够谈出他了解的重要情况和见解；采访对象也绝不是一个没有个人见解的情况贮存器，他是一个活生生的、有自己政治主张的人，他接受记者采访，在相当多的情况下（不是所有情况下），与其说是为了满足记者的要求，不如说是为了乘此机会满足自己某些要求，或者，努力用自己的思想去影响记者。那位副院长在回答那个墙报记者提问时，显然有自己很强的目的性。高明的记者，在采访过程中，不仅考虑到自己对采访对象的影响和自己的目的，也考虑到采访对象对自己的影响和对方的目的。考虑到对方的影响和目的，倒不一定是要排斥它、拒绝它，而是需要估计到这种因素对采访工作将发生怎样的影响，因势利导，完成采访的基本任务。

不能机械地认为，凡是受采访对象影响就一定要"走偏方向"。记者在思想上不能采取"闭关锁国"的政策。要善于及时从对方那里吸取营养。特别是采访先进人物的时候，在思想感情上受到对方的深深的打动，乃是采访写作成功的一个重要条件。我国著名记者穆青同志这样说过：

> 要使读者动感情，首先记者自己要动感情。
>
> 多少年来，我们深深地体会到，这种和英雄人物思想感情上的息息相通，水乳交融，有时是掺和着血和泪的。它往往产生一种无论如何都抑制不住的冲动和激情，这是一种巨大的力量，甚至简直是一种魔力。它能使得你如呆如痴，整天吃不下饭，睡不着觉，周围的一切好像都不存在了一样，即令做些事情也都是下意识的，整个脑海里几乎完全被英雄人物占据着，眼前是他的形象，耳边是他的声音，似乎不把他的精神面貌和透过这些精神面貌所宣示的真理，真挚地、如实地、深刻地写出来，就是对自己的工作和人民事业的犯罪，就对不起党，对不起我们伟大的时代的这种激情，这种强烈的责任感，像一条无形的鞭子，鞭策着我们去克服一

切困难，尽自己最大的努力去把它写好。①

是的，正如采访对象不是情况贮存器一样，记者也不是情况接收器、记录器。他是人，有血有肉的人，他必须和采访对象发生感情上的交流（当然程度和情况有极大的不同），必然为采访对象本人和他提供的情况所感染。有时这不仅不是需要防止的坏事，而且是成功的报道所必需的前提条件。

理想的记者和采访对象之间的关系，绝不是冷若冰霜的"公事公办"的关系，也绝不是一个拼命挤，一个张嘴吐的"挤吐关系"；而应该是双方互相影响、互相启示、互相感染的"互激关系"。由于"互激"，使得这种关系变得越来越紧密，"互激"成为推动采访不断深入的自动力——采访本身推动着采访发展。随时可停的访问，是没有产生"互激"的表现；"欲罢不能"的谈话，说明已经产生了"互激"。

需要注意的是这种互激不要使记者离开科学的轨道。

对等性——合格的对话者

"酒逢知己千杯少，话不投机半句多"。这句俗语，在新闻学上同样有意义。

"双向性"必然要求"对等性"：无论是记者还是采访对象都希望自己遇到的是一个"合格的对话者"。

记者选择、确定采访对象时，首先考虑的就是：他是否合格？——他是否了解确实的情况？他是否能真实地反映情况？他的意见是否有代表性？他的评论是否有权威性？一场火灾的目击者，一般说，总比道听途说的人更有资格谈论这次故事的现场情况；记者需要了解市场情况，当然去找商业部长而不是教育部长……看来，这也许是记者采访的最起码的常识了，不过"最起码"的并不等于不加注意即可做到的。记者不注意考察自己的采访对象是否合格的情况，并不是个别的。他来到一个单位，和有关领导一商量，随便

---

① 见穆青：《谈谈人物通讯采写中的几个问题》，载《新闻战线》，1979年第4期。

指定某些人或者完全听从有关领导指定某些人，找来开个座谈会，就算把材料抓到了手了。他并不考察了解，这些采访对象同所要了解的事实是什么关系，他们本人的基本情况如何，他们之间的关系怎样，就是说，对采访对象的"资格"既不进行个体考察，也不进行群体、整体考察，就发给他们"合格证"，这是相当危险的。

所谓采访对象资格的群体、整体考察，可以包括：了解采访对象之间是否有互相阻碍的情况。例如，要了解某单位领导的问题，而这个单位的领导在采访对象中安插了一个钉子。虽然其他人合乎采访对象资格，但由于有这一个人在场，其他人也不能充分反映情况，发表意见，因而使采访对象这个群体都变得不合格了。有时，任何一个个人，对全面反映某一事实的情况，都是不够资格的，记者必须考虑如何组成一个合乎资格的采访对象整体（当然不一定局限在一次座谈会上）。例如，有争议的事情，记者只采访了一方，而抛开另一方，那么，记者的采访对象整体是不合格的。——这些，都是对采访对象资格问题的引申，作为基础的，当然是对采访对象个人的"资格"考察。

采访对象在接受记者采访时，也总要要求记者是一个合格的对话者，不然，即使勉强接受采访，也不会有深谈的兴趣。所谓合格，从采访对象的要求看，主要就是两条："知音，善写"。知音者，记者能够听懂和理解他的话，他不至于处于"对牛弹琴"的扫兴境地。"善写"者，记者能够把他的话准确、生动地传达给读者。这两条，主要的还是"知音"，因为是否"善写"，采访对象当场并不能做出判断，不过是希望而已；而是否知音，则是谈上三言两语，即可见分晓的事。当然，一些名记者采访就占了便宜，因为对方知道他的名气，自然也就知道他是一个"善写"的记者。提倡记者要出名，提倡做名记者是对的。名气对记者不光是"工作报偿"，首先是"工作条件"。

采访社会名人、专家、学者，如科学家、作家、名演员、历史学家、名医等等，记者能否做一个合格的对话者的问题，立即就变得突出起来了。一方面，这些人的学问一般都较高深，自然需要在高水平上进行交谈；另一方面，这些人担子繁重，时间宝贵，不应该让他再从 ABC 讲起了。如果采访一位数学家，记者连整数四则、初级代数都不明白的话，那么采访对象将会感到啼笑皆非，记者也会十分尴尬。如果记者是个合格对话者，自然又是别样了。

许多有经验的新闻工作者都有这样的体会。

搞过多年文教采访的新华社记者孙世恺同志曾经说过:

  1957年年初,当北京人民艺术剧院把郭老的名著《虎符》重新搬上舞台的时候,我去访问老导演焦菊隐,请他谈谈这个话剧怎样吸收我国戏曲传统的表演方法。焦先生是我国经验丰富的戏剧家,早年在北京创办过戏曲学校,后来又钻研斯坦尼斯拉夫演剧体系。他从导演《虎符》谈到我国传统的戏曲,又讲起斯坦尼斯拉夫体系。当时,我不但对斯式演剧体系不懂,而且对我国戏曲一招一式和"文武场"曲牌都无知,彼此交谈就搭不上腔,很是尴尬,采访就无法深入了。这使我深深感到,采访时要摆脱这种窘境,只有自己勤学苦练,力求知识广博,才能和人家谈得拢,才能有交朋友的"本钱"。①

这里说的"本钱"即是"资格",有足够的"本钱",才是合格的对话者。

  1980年女作家韩素音访华时,《人民日报》国际部记者陈有为去采访她。韩素音在华日程安排很紧,要会见许多人。按照事先约定的,谈话只进行一个小时,采访时,约定的时间到了。但是韩素音主动提了再同他谈两三个小时。因为,陈有为(笔名司马达)对国际问题进行过广泛的研究,韩素音觉得这位记者是一位合格的对话者,不仅能理解她的谈话,而且从记者的提问和谈话中,自己也有所收获。②

记者的这种"资格",当然主要靠记者的长期修养得来。但是,根据采访对象的情况,临时做一些有针对性的"补习",也是很有用处的。

  1980年夏天,新华社北京分社记者朱继功应《北京晚报》之约,采

---

① 见孙世恺:《在群众中扎根——广交朋友》,载《光明日报通讯》,1980年第3期。
② 引自1979年12月陈有为同志在中国社会科学院研究生院新闻系的讲课。

写一篇班禅额尔德尼的人物专访。班禅额尔德尼当时是全国政协副主席、中国佛教协会名誉会长。更主要的，他是我国藏族的头面人物。记者要想成为这样的采访对象的合格对话者，就必须对西藏的情况有所了解。朱继功同志若干年前曾在西藏分社工作过，也学过一些藏语。但因长期不用，大部分忘却了。为了搞好这次采访，他又现复习了一下藏语，记住一些见面要说的客气话等等。采访的时候，记者告诉班禅额尔德尼，他曾在西藏生活过。班禅额尔德尼果然问："能讲藏话么？"记者说："只记得一些单词儿了。扎喜德来（吉祥如意）！许等加（请坐）！"班禅额尔德尼听了高兴地笑了。僵持的局面一下子就打破了。采访对象热情地谈起来。记者顺利地完成了这次专访。①

选合格的对话者——尽量寻找理想的采访对象；
做合格的对话者——记者努力具备和对方平等谈话的本钱。
——记者要同时考虑这两个方面。

代表性——工作对象和服务对象分离

记者和采访对象之间的关系，并不完全由记者和采访对象这两者决定。还有一个更重要的因素在影响着他们的关系，这个因素就是记者的服务对象——读者、听众、观众。

社会上的许多行业，它们的工作对象和服务对象是统一的。教师，他的工作对象是学生，服务对象也是学生；售货员，他的工作对象是顾客，服务对象也是顾客；医生，他的工作对象是病人，服务对象也是病人……记者的工作与这些职业是不同的，他的工作对象是采访对象，而他的服务对象却是广大受众，两者是分离的。——这是一个非常重要的特点。

工作对象和服务对象统一的职业，只需考虑满足工作对象的要求，也就是做好自己的工作了。记者的工作则不然，如果他只考虑满足工作对象——

---

① 引自 1980 年 9 月 25 日朱继功同志同本书作者的谈话。

被采访者的要求,那就远远不够了,甚至要坏事。他直接向采访对象做工作,却主要是为了满足广大传播对象的要求。

记者和采访对象交往时,表面形式是记者个人同对方交往,但实质上,并非个人之交,记者是作为传播对象的代表同采访对象打交道的。记者选择什么样的采访对象,向采访对象提出哪些问题,了解什么意见,总之,怎样处理同采访对象的关系以期达到什么目的,绝不只是凭着记者个人的爱好,而是首先要考虑到自己的服务对象——读者、听众或观众的需要和爱好。记者同采访对象打交道之所以显得有力量,主要在于他背后站着千百万传播对象。采访对象同记者谈话时,他心里很清楚,他面对的不是记者一个人,而是千百万个读者、听众或观众。

于是,在采访中,在记者同采访对象交往中,常常要发生一场"争夺代表"的"斗争"。记者的服务对象要争夺记者,要记者做他们的忠实代表。记者的工作对象也要争夺记者,要记者做他们的某种代表。代表之争,有时当然包含着政治利益之争,但更多的,常常是业务方法之争。记者的服务对象虽然人数众多,他们的意愿对记者发生着重要影响,但他们在这场"争夺"中,处于不在场的间接地位,采访对象虽然人数较少,但他们握有"实权"(手中掌握着情况),而且直接面对记者,因此,他们的争夺也是相当强有力。一个成熟的记者必须对这种"争夺"的形势有所认识。

新华社上海分社在总结《怎样把新闻写活?》的经验时,曾经这样说:

> 一般来说,记者获得的材料,多是被采访者按照自己的理解和从他的工作角度提供的,有些则是业务部门向上级的汇报。但我们的报道是写给社会上广大读者看的。其范围,比被采访的业务部门那个小圈子不知要大多少。因此,记者决不能让被采访部门牵扯着鼻子走,别人怎么讲,自己就怎么写,也陷进那个狭小的业务圈子中去。这恰恰是许多新闻写得枯燥的原因之一。记者在采访中应努力挖掘读者关心和感兴趣的新闻事实……[①]

[①] 见上海分社:《怎样把新闻写活》,载《新闻业务》,1980年2月24日一期。

一些记者在这场"争夺"中，忘记了身背后的传播对象，而被前面的采访对象"拉"了过去。例如，有些会议消息就写得冗长、枯燥，把业务部门的文件搬到报纸上发表。业务部门不过想借此来推动一下自己的工作，记者怕搞坏关系，屈服于压力，至于客观效果如何就不管了。有些记者还片面地把业务部门是否满意当成衡量采访报道成败的标准。这种把工作对象即等同于服务对象，认为采访对象满意，自己工作就搞好了的想法，是违背新闻工作规律的。

处于被"争夺"地位的记者，必须学会全面正确地处理这个问题。在政治上，记者不应该偏向采访对象或者传播对象任何一方，必须按照人民利益，独立地做出判断，做哪一方的尾巴都是不对的。但从新闻学角度说，记者不是主管部门的"业务秘书"，必须"偏向"他的服务对象——读者、听众和观众，必须为了满足他们的需要而向采访对象做艰苦细致的工作，乃至必要的"斗争"。

第七节　记者和采访对象之间的矛盾

内容提要：记者和采访对象之间的关系普遍包含着三对矛盾：取和予的矛盾、生和熟的矛盾、说和做的矛盾。

要解决好取和予的矛盾，记者要具备要求明、反应灵、交底清三个条件，采访对象要具备有情况、愿意谈、善表达三个条件。

要解决好生和熟的矛盾，记者要善于求同存异，以同攻异，深入环境，寻找媒介，由远而近，循序渐进。

要解决好说和做的矛盾，记者应该体会实际工作者的处境，争取实践的机会。要注意联系实际，又要与实际保持一定距离。内参是联系说和做的重要纽带。

记者和采访对象之间，由于不同的情况、不同性质的报道，形成了他们之间的不同的交往关系，按这些关系，记者面对着四类采访对象。

要对记者和采访对象之间的关系有更加深入的理解，还必须对它所包含的矛盾进行研究。

记者和采访对象，是新闻采访活动中互相对立又互相依存着的两个方面。没有记者，无所谓采访对象；没有采访对象，记者的采访活动也将无法顺利进行。——这是一般而论，细致地考察一下，我们即可发现，记者和采访对象之间的矛盾，又主要包括这样三个方面的具体矛盾："取"和"予"的矛盾，"生"和"熟"的矛盾，"说"和"做"的矛盾。

"取"和"予"的矛盾

在采访过程中，记者要向采访对象索取情况，采访对象要给予记者一些情况，这种情况的取和予，是记者和采访对象之间关系的内容和实质。可以说，记者在采访中所进行的一切活动，都是为了顺利地解决这个矛盾，把新闻报道所需要的材料"取"到手。作家浩然曾经说过："一篇人物特写的完成，采访是其中最艰苦、最繁重的劳动。如果说，采访的准备还可以长期地、逐渐地来做；那么，当记者和被访问者面面相对的时候，就需要立竿见影，立刻取到你应当获得的东西。"[①]

"取"和"予"的六项条件

要使"取"和"予"的矛盾顺利解决，必须具备一定的条件。

那么，这些条件都是什么呢？

从取方（记者）对予方（采访对象）的要求来看，他希望自己的对象：

一、具有他所需要的情况或材料。

二、愿意谈出这些情况或材料。

三、善于表达或传达这些情况或材料。

简言之，即"有情况""愿意谈""善表达"。

---

① 见浩然：《我写人物特写的体会》，载《新闻战线》，1959年第23期。

从予方（采访对象）对取方（记者）的要求来看，他希望从对方那里知道：

一、对方想知道哪方面的情况。

二、我的谈话在他那里引起什么样的反应。

三、这次谈话会有些什么样的后果。

简言之，即希望记者"要求明""反应灵""交底清"。把它们列成表，就是：

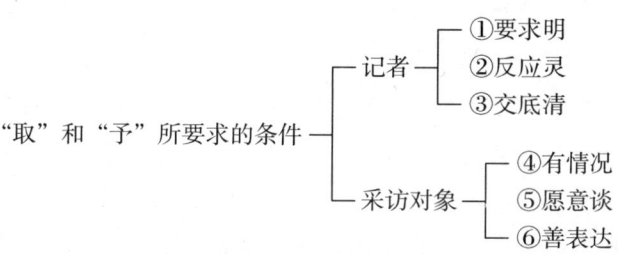

综合地考察一下这六项条件：

这六项条件所占的比重是不同的。最重要的就是第④条，采访对象如果没有记者所需要的情况，那么记者和采访对象之间的"取"和"予"也就成了"买空卖空"的"交易"，失去了解决矛盾的最基本的条件。这是显而易见的。第②条反应灵、第③条交底清、第⑥条善表达，所占比重要相对小一些，但不能说它们不重要。从原则上说，理想的记者和采访对象之间的取和予的关系，就是具备这六项条件的关系，其中哪一项条件不完备，都会影响到采访；如果其中一条发生严重障碍——只要一条——就会造成采访的失败。

有这样严重吗？有，实际情况就是这样。比如记者对采访对象的谈话要及时做出反应，似乎是个可有可无的条件。其实不然，所谓反应即表示愿意听，不愿听，高兴，不高兴，赞成，反对等等，总之，两个人谈话，一方总希望自己的话引起对方的注意，即使不同意也不要紧，最怕的是毫无反响，"泥牛入海无消息"。如果采访对象看到的始终是一副喜怒哀乐均无有的麻木面孔，那么，他的谈话也就必然像没有上发条的钟摆一样，因丧失动力，渐渐停下来。有相当一些谈话就是这样半途而止的，但记者本人并不知道，忽略了自己的"面孔"也是一个"拦路虎"。

"交底清"——采访对象关心记者得到他所知的情况以后会干些什么，会产生怎样的后果。应该说，这是个伸缩性很大的条件。因了解情况的性质和具体环境不同，采访对象对这个问题的关心程度也不同。比如，调查阴暗面的材料，采访对象一般是顾虑比较大的。当然，这并不是说，调查正面的、先进的事迹，对方的顾虑就一定小。在风气不正、先进孤立、上级官僚主义等等情况下，记者要了解某些人的先进事迹也会遇到很大阻力的，包括做出先进事迹的本人，往往都顾虑重重。严重的顾虑没有破除，采访对象就会守口如瓶，试想，这种情况下，采访怎样顺利进行？

对于不同的采访任务和采访方式的记者，各个条件对他们的重要性也不一样。例如，对于录音或电视摄像采访来说，采访对象的"善表达"这个条件就显得更重要一些，而文字采访对这条的要求就较为通融一些。因此，不同记者、不同采访方式，对这些条件的具体要求应有所不同。

对这六项条件，即不仅记者的三条，也包括采访对象的三条，记者都要装在心中，而且，可以这样说，不仅在关于记者的三条中，记者起着完全的决定性作用；而且在关于采访对象的三条中，记者也能够起相当程度的作用。因为这六条彼此之间不是孤立的，而是相互影响，甚至互为条件的。采访对象的"愿意谈"，就与记者的"反应灵""交底清"有关。所以，记者必须首先从整体上注意这六项条件。

记者在每一项条件上应该做的工作

"要求明"。记者每次采访，每次谈话，都应该有一个大体上的要求。这"要求"不是要求对方谈什么或不谈什么，也不是要求对方一定说什么样的观点；但是，谈话的题目、范围乃至记者大体上的想法，都是应该告诉对方的。有时还必须出"安民告示"，先告诉对方做准备，然后才正式进行交谈。漫无边际，心中无数，往往花费很多时间抓不到要领，双方都会扫兴的。当然，记者心中有明确的要求，不等于一开始就画个框框，可以用比较委婉恰当的方式，让对方明白自己的要求，而又让对方明白可以不受这个要求的限制。要求可能在采访过程中根据实际情况有所变化。

"反应灵"。几乎所有有经验的记者都提出，采访中要努力防止单纯的你说我记的情况，而要争取和对方交流、交谈。妨碍记者做出反应、进行交谈的，在技术上主要是记录的压力：准确地记下对方的话已疲于奔命了，根本无暇消化对方的话，当然更无从做出反应。

对于应该如何做记录，曾有两种十分对立的观点。一种观点认为，当面掏出小本来记录，是最令人尴尬的事情，本来十分融洽的气氛，采访本向外一掏，便给冲掉了多一半，他们举出一些名记者为例，说好记者是从来不当面记录的。一种观点认为，"好脑头不如烂笔头"，再好的记忆力也不能准确无误地把对方谈的话记下来。当时不记，过后想象，很容易发生差错或者遗漏重要的东西。他们认为，拿出小本子并不就一定会破坏气氛，有的时候，如采访一些要人，他说话的时候，你不做记录，会认为你不重视，不尊重他的谈话，反而会影响对方的情绪。

哪种观点对呢？都对，但都有些绝对化。把两者结合起来，就全面了，在如何记录的问题上，应该是因人（记者、采访对象）、因事（采访的内容）、因式（报道采取何种形式）而异。记忆力较好的记者，采写一篇人物特写，他能够很少记录，而把更多精力花在观察、揣摩他的对象，因而取得成功；但是，记忆力再好的记者，访问首脑人物并请对方就某些问题发表重要谈话时，只有玩忽职守的人才会不认真做记录。具体情况，具体对待，这才是科学的结论。但就一般情况而言，就理想的采访境界而言，采访时应该是有记、有想、有谈、有反应，那真是极其生动活泼的。记录、也可以采取多种方式。曾经在《北京晚报》工作过的丁浪同志，根据自己的体会，经过谢觉哉同志指点，"逐渐地懂得记者的'记'是多种多样的"。她叙述过这样一件事情：

> 1957年，刚参加工作不久，她去采访文联的一个座谈会，开始有一个瘦高个发言，不知是谁，就问旁边的夏衍同志。夏衍说是臧克家。经过一些人发言以后，臧克家再次站起来发言的时候，她只觉着面熟，想不起他叫什么名字了。这时夏衍再次告诉了她，并且说："你刚到报社吧？"然后低声又说，"你最好学学画画，当新闻记者，接触很多人，不容易记

得住,你如果会画,一看到某个人,几笔将他的相貌特征画在本子上,在旁边写上名字,下次就不会忘记了。记者要善于认人,学画画对认人很有帮助。"说罢,他顺手用铅笔在纸上勾画了几笔,看上去很像臧克家同志。

丁浪把这个故事讲给谢觉哉同志听以后,谢老说:

"记者的'记',有许多学问,怎样记才合适,效率才能高?你可以在长期实践中,摸出点规律来,夏衍同志办报经验非常丰富,他教你的可以叫作'画记',这是一条很好的经验。除了画记,手记,我看还应该有一条'心记'。"

谢老还谈了自己做采访对象的感受:

我这里常常也有不少报社的编辑记者来谈,有的很会谈,无拘无束,他也不忙用本子记,轻松愉快,谈起来很有兴趣,不疲倦,这是会采访的,也有一些记者,见面先交介绍信,坐下就掏本子,你一开口他就忙于记,当你讲完,他本子一合就完成任务了。顶多告辞的时候将秘书、办公室电话记下。这些多是年轻的记者,热情、肯干,但办法简单,不善于采访。

根据切身体会,谢觉哉同志提出:

"心记的本领关键不在于人家说什么,你记住什么,而是善于同对方交谈时,腾出时间来,边交谈,边思考,边分析,及时抓住最有意思的问题或者抓住最恰当的时机,引到你所需要的话题上来。心记的优越性,就是可以摆脱手记的被动性,使你有效地从对方谈的一堆现象中找出你需要的东西来,使你有主动权。"[1]

---

[1] 以上引述均见丁浪:《手记、心记、画记——记谢老手记之十四》,载《解放军报通讯》,1980年第5期。

这些的确是相当精辟的见解！

"心记"不是用心死记，而是通过理解，帮助记忆。更重要的，提倡"心记"，不仅在于它是一种记录的方式——记录的方式还可以有很多种，如速记、使用录音机、摄像等等，而是在于它便于记者全身心地投入采访。对方说的话，不是由耳至手就算完事，而是首先经过大脑的思考，有理解、有记忆、有反应。"反应灵"，初看起来是个很低的要求，实际上也是个相当高的要求。有个话剧演员总结自己的演戏体会时说，他上台十年以后，才听见对面的演员说些什么。这话好像很奇怪，其实很实在。那些舞台经验少、上台不进戏的演员，在舞台上精神是十分紧张的。当他对面的演员对他说话的时候，他并不是逐字逐句听对方的话，理解他的话，然后按剧情做出反应。不是的，他只是听见了对方的声音（不是语言的意思），他按着事先已经设计好的表情摆布着自己的大、小肌肉，即使对方说的是另一些话，他也可能是这种表情。他努力听对方的，只是结尾那句话，因为那对他是个不可忽略的信号："该你说话了。"有些没有经验的记者，同这样的演员很类似，当他和采访对象谈话时，拘束、担心、记录的压力，使他的精神十分紧张，对方说的什么，他当时并没有听进、更没有听懂。采访结束时，虽然记了不少，但合上本子，他几乎一点内容也说不上来。

从各方面培养、锻炼自己做出迅速反应的能力，是记者采访的一项必要的基本功。

"交底清"。因记者和采访对象的关系不同，它有不同的含义。在人民内部范围内根本利益是一致的。因此，"交底"就意味着把自己的真实意图告诉对方，以诚相见。交底的主要目的是为了解除对方提供情况的顾虑。在记者和采访对象是敌我矛盾，或者处于极其对立的情况下，"交底"并不意味着把自己的真实意图无条件地和盘托出，而是向他交这样的底：如果你不如实地提供情况的话，我将如何如何做，这样将会对你产生更加不利的后果。这种"交底"乃是一种施加压力。

在西方新闻学中，曾经介绍了对待那些"无可奉告"的采访对象的方法，如，记者威胁说，我将把你说的"无可奉告"作为消息予以发表，因为这样的报道会使受众对采访对象产生更大的怀疑，因而记者说这个话是对采访对象有很大压力的；或者记者先对采访对象守口如瓶的某件事情提出自己的叙述和看法，然后问采访对象："是不是这样？如果你不否认，我就这样予以发表了"，等等。总之，想方设法"叫你开口"。应该说，在记者和采访对象比较对立的情况下，这些方法是可以借鉴的。这些做法，虽然是在资本主义社会条件下形成的，带有着那个社会的痕迹，其实它也是普遍适用于新闻采访的技巧。

在实际采访中"交底"，更多的是做解除对方顾虑的思想工作。一个记者，采访农村某乡某村领导班子办事廉洁奉公、不吃请、不受礼的先进事迹。党支部领导成员中，多数同志是好的，也有个别同志过去这方面有过毛病。记者想了解他的思想转变过程。但这必然涉及他过去的错误，而这个支委也担心记者了解他的"丑事"以后在报上一"抖落"，他的名声就坏了。于是，当记者和他交谈时，他便支支吾吾。记者及时发现了他的思想动向，便引出了这样一段对话：

记者：吃请、受礼这种事，现在咱们认识提高了，觉着它是个党风问题，其实，过去也有这么个老风气，办个什么事情，总要请有关人等吃吃喝喝，不然不好办事，多少年来就这么下来了。也没当成什么不合理的事儿。

支委：可不是么。

记者：所以说，对过去吃过请，受过礼的干部，我就主张要具体分析，觉悟不高的时候，吃点喝点，现在认识了，就应该肯定，你还抓住人家不放？

支委：嘿嘿，不瞒你说，我就是这么个人……（接着讲了自己的思想转变过程。）

记者的话就是向对方交底，那个支委摸了底儿，才吐出了心里话。

所谓"底"者，要针对对方的思想。不是把采访计划全部告诉人家。更不是上来就吹牛：我将给你们写一篇重要报道，发表在显要位置……

交底中一定要留有余地。不要说得过死、过绝、过满。关于采写、发表等等方面的打算，更不要轻易许愿。

"有情况"。采访对象有无记者需要的情况，这是在采访前就已存在的客观实际，记者只能在选择对象时加以注意，那么，在采访的"取予"过程中，记者在这条上还有"用武"之地吗？

有。采访中的一些问题常发生在这里。

一种情况是，采访对象本没有记者需要的情况，但记者"强取豪夺"，"逼"对方或诱使对方提供自己所需要的情况，对方也就硬着头皮提供符合记者口味的材料。记者是抱着侥幸心理自欺欺人的。必须警惕有人投你所好。

一种情况是，采访对象只是没有记者事先预想的材料，记者便认为对方没有可用的材料，而轻易放手。记者预想的材料同记者需要的材料并不完全是一回事儿。记者的格言应是：既然已经动了手，就不要轻易说没有。

报告文学作者理由这样谈过他的一次采访经历：

《人民日报》让我采写鲍乃庸。我听说，他在"四五"运动的7天当中，有6天在广场，拍摄500张照片，成了新华社有关资料的主要来源，从人们发表宣言到洒水车冲血迹，都有。

我坐在火车上，运用着概念。手里拿着一本论新闻摄影的东西，我想，要快，要写出对周总理的感情。我头一个想法：他可能对总理有很深的感情。另一个想法：他一定精于摄影，有一套设备，我想诉诸形象：他最好见过总理，哪怕是在群众场合……

下了火车，在招待所我和他聊天。知道他从来没见过总理，没有表现出突出的感情。问搞摄影几年了？他说："我现在学摄影，没几年。"我想，这个对象选得又上当了，我要坐蜡。

第二天，我到他家去，聊起他的经历。他同摄影本无缘。他是中专生，50年代迷钢铁，不善交往，不会搞对象。他这样的技术员，"文化大革命"中受了冲击，说他"个人奋斗"。他受到沉重打击。他闪电般搞对象，他闪电般结婚，首先搞大衣柜……精力还过剩就搞摄影。老拍自己的爱人，腻了，就到草原，拍落日归来的牧羊女，举杯豪饮的牧民……他碰到了"四五"运动是不会放过的，拍洒水车冲血迹，他扮成外

地旅游者，希望在天安门前留个影，求另一个人给他拍照……①

采访对象的经历同理由事先设想的完全对不上号，但记者并没因此拨马而回，他在深挖中，改变了"上当"的想法，而得出了更重要的认识："这里是从个性到共性。仍然是反映了人民创造历史。"于是他写出了《伟大的瞬间》这篇报告文学。②

从个性到共性！这是非常重要的经验。急于完成任务的、追求保险的记者，最容易从共性出发，把共性变成老套，而把任何有个性的东西抛到九霄云外。他们丧失了多少有价值的材料啊！

"愿意谈"。毫无疑问，是否愿意提供情况，主要取决于采访对象。但记者的影响也不是无足轻重的。如果遇到采访对象不愿谈时，记者应该根据具体情况，分别采取如下三种采访方式，去攻下对方不开口这一关。

第一种方式可称为诱发式提问或诱发式谈话。记者去采访时一定要有这样明确的观念：在我面前的不是一架录音机——我一按电钮它就放音；他是一个活生生的人，他有正在活动着的思想，他不愿意说，是有思想顾虑。只有解除了顾虑，他才会开口。从这种意义上说，一次采访常是一次思想工作。

这种方式的要点是：记者要善于交心，以心换心，循循善诱，故称"诱发式"。黄宗英同志在采写报告文学作品《大雁情》时，正是这样做的。她的采访对象——科技工作者秦官属，由于当地知识分子政策不落实等原因，就是不愿意见记者、不愿谈。那么，黄宗英是怎样"突破"的呢？请看看秦官属本人的叙述吧：

> 老黄（指黄宗英）到西安时，我在洛南的黑嶂山村。一点也不知道。后来接到一个电话，说北京来的同志找我，要我马上回城。到了县城，一见面，才知道是老黄来了。当时我想，早知道是老黄，我还不如躲起来。洛南到处是山，可好躲啦，她绝对找不到我。所以，老黄虽然见到

---

① 引自理由 1980 年 2 月 25 日在新闻研究所的讲课：《报告文学写作漫谈》。
② 报告文学《伟大的瞬间》，载 1979 年 5 月 9 日《人民日报》，第六版。

了我，但我什么也不想说。

　　在相处了一段时间后，（怎样相处的，那篇报告文学中有所反映）老黄曾对我说：我肯定你两点，一点是：科研与生产结合，二是科技人员与工农结合，这两点做对了，希望你坚持下去。我觉得老黄说得很诚恳，所以就开始相信她……①

后来，俩人越来越融洽，话也投机了。黄宗英还以朋友的身份，对秦官属的工作提出了一些建议。

这次采访的成功，可以说是交朋友式的，诱发式的采访的成功。

第二种方式可称为激发式提问或激发式采访。这种提问或谈话的特点是用问题刺激对方，"哪壶不开偏提哪壶"，甚至把对方刺激得"跳"将起来，非把话向你说清楚不可。

先举一例：

　　1980年春天，人民日报记者顾雷、许仲英到河北省沧州地区采访。当时河北省领导贯彻党的十一届三中全会精神不力，记者想触及一下这个问题。他们找了一些县委书记谈话，但话题的性质，使这些书记们顾虑重重，"王顾左右而言他"，最本质的东西挖不出来。他们想，必须打破这种局面。当时，《人民日报》登过一篇沧县的农民来信，题目叫《宪法大还是县委大？》批评这个县不落实党的农村经济政策，宪法规定农民可以耕种自留地，但县委不让把自留地分给各户农民。这在当地引起很大震动。他们就决定拨动这根弦。

　　顾雷同志问：你这里现在是不是县委还比宪法大？《人民日报》这篇东西你们这里反映怎样？这就是找碴深挖。

　　几个县委书记是抗日战争后期的干部，人还是老实人。他们说，老顾同志，你怎么老揪住我们县官不放，我们是"七品官"，你揪着我们有啥意思？你怎么不敢弄大的？（注意：由于记者拨动了那根弦，对方

---

① 转引自宫苏艺：《值得学习的采访方法》，载《光明日报通讯》，1980年第1期。

才会说出这样的话。）

顾雷说：你的意见很好，你说我弄谁合适？

一位县委书记说：我这也是牢骚话，你没见我们当县官的，自古以来没好的。文人写戏，写到赃官，他们不敢写大的，就写县官。戏台上的县官，纱帽是圆的，脸总是白鼻子，一走道帽翅直颤悠，走道还弯着腰，步子向两旁迈。就两个县官是好的，一个是"蝴蝶杯"里的县官不错，还怕老婆；一个是"唐知县审诰命"里的唐知县。戏里县官没好的，所以你们写我们县级干部，我们也觉得合理，反正自古以来如此。（看，对方的话犹如冲开闸门的水。）

顾雷说：你也不用发牢骚。给我点出来谁是大的？

情绪激动之下，县委书记拿出一个文件，激动地说：你看，这是省委文件，多少多少号，上面规定，已经集体经营，群众自愿不要自留地，不要再动。这些规定把县委捆住了。

顾雷笑了，说：把文件给我吧，我不写县官，我给你们"平反"……[1]

后来，顾雷、许仲英同志根据深挖到的情况写了一篇报道，[2]指出有关政策没有很好落实，根子在当时的省委。报道发表后，有的县委书记来信说，文章给我们说了话，我们的日子也好过了。

还可举一例：

1984年，武汉市在全国各大城市中首先放开蔬菜市场。他们的做法引起人民日报编辑部的注意。一位副总编"下令"让常驻武汉的记者王楚同志赶紧采写这个题材的报道。但这位年轻的记者（当时只有29岁），总是约不到市长吴官正谈话，以致延误了交稿时间，受到领导的批评。这时，王楚急中生智，写了一个"激发式"的纸条，从吴官正办公室的

---

[1] 引自顾雷同志1980年5月21日在新闻研究所的讲课。
[2] 见1979年4月24日《人民日报》，顾雷、许仲英合写的报道《自留地要名副其实》

门下缝隙中塞了进去,纸条上写的大意是:

吴市长:您很忙,几次相约,均不得见,现在我有三个问题,急于向您请教:

一、有人说,您勒紧了武汉人民的裤腰带向国务院去买好,不知您怎样解释?

二、……

三、……(都是类似那样的刺激性问题)

王楚当时并没有估计到自己条子的"威力",他塞进条子以后,就到郊区去采访了。吴官正看到条子以后,立即让秘书约见王楚。白天一天未找到,晚上电话打到王楚家里:"吴市长明天见你。"见面之后,由于条子提的问题很尖锐,吴官正开门见山谈了自己的看法。所谓"勒紧裤腰带"一事,是指武汉放开蔬菜市场之后菜价可能提高一些,政府给市民一些补贴,但因最早放开,补贴数额较少。吴官正说:"我是中年知识分子,工资不高;我爱人也是中年知识分子,同样不高。多给点补贴,我们家的日子也好过。但是,考虑到实际情况……"他敞开地谈了放开蔬菜市场的决策过程。这篇坦诚的极富人情味的谈话,为王楚后来写的《走一步看一步》这篇通讯(载1985年3月17日《人民日报》1版),提供了生动而深刻的材料。这篇通讯一发表,立即受到好评,并获得了当年的好新闻奖。

王楚这次报道的成功,在相当大的程度上有赖于激发式采访(提问)的成功。

在过去的大学新闻系的教科书中,或在讲授新闻采访课程时,都对记者采访提过这样的要求:不要提刺激对方的问题。一般地说,这个要求是必要的。无目的地刺激对方,把双方的关系搞得很紧张,将会影响采访的顺利进行。但是,这个要求不可绝对化。在一定的情况下,不仅可以而且必须提刺激性的问题,才能达到采访的目的。激发也并不是单纯地刺激对方,更不是无理地刺激对方,有点通常说的"点将不如激将"的意思。激发式的采访,便成了一种采访技巧。上述两例,足以说明这个问题。试想,那几位记者如果不用激发的方法,他们可能如此迅速地了解到那么深入的情况吗?很难的。但是，原来守口如瓶的采访对象，一旦被激发起来，就是你不让他说，他也要滔滔不绝地讲下去的。

西方记者大都热衷于用激发式的方法，使对方"愿意"谈出他们需要的情况。他们讲究提问题提得巧妙、尖锐、引人，甚至古怪。这样做，也不一定就得罪采访对象。有些西方政治家，在他允许的范围内，偏爱接见这样的记者，因为正是通过巧妙地回答记者的刁钻刻薄的问题，才能在公众面前显示出自己的才能。记者和采访对象虽然"硝烟弥漫"地大战一场，但结果双方都是胜利者，都得到自己的好处。于是，在西方，提"激发式"的尖锐问题，成为时髦的东西。意大利女记者奥琳埃娜·法拉契[①]就是以在访问中敢于提出尖锐的问题而著名的。她在20世纪70年代的前半期，访问过诸如以色列的梅厄、西德的勃兰特、南越的阮文绍等政治上的"风云人物"，写了14篇人物访问记，汇集成《采访历史》一书。她这样谈她的采访"哲学"：

> 我在采访这些政治人物时，不是把自己当作对所见所闻毫无感情的一部录音机。我在每次采访中都留下了心血，并深入到环境中去，就好像是关系到我自己的事情一样，同时感到自己应该有个立场，事实上我总是根据具体的是非标准选择自己的立场。因此，我去采访这十四位人物时，不是以解剖者或一个客观的记者去进行解剖。我是怀着极其强烈的感情，在向他们提出所有这些问题之前，先向自己提出所有这些问题……
>
> 采访他们常常是一场消耗精力的战斗。我想采访他们的请求几乎总是受到冷遇，或者干脆被拒绝。如果他们终于同意了，我也得等几个月，才能得到一个小时或半个小时的接见。当终于见到他们时，我又不得不使尽一切心计使他们给我比半小时，一小时更多一点的时间。然而，一旦见到他们，采访活动就成为一场探讨事实真相的战斗……[②]

不可否认，法拉契的采访方法有她鲜明的个性，如她侧重夸大记者和采

[①] 也译作法拉奇。——编者注。
[②] 美国1976年出版的《采访历史》一书，法拉契写的序言《采访历史人物》，译文载《编译参考》，1980年第2期。

访对象间的对立、有时过分蔑视她所采访的人物，等等，对这些不可不加分析地照搬，但她的进取精神和采访技巧是值得借鉴的，特别是在充分运用激发式采访这一点上。

应该承认，法拉契在设计问题上是有功夫的。1980年8月21日和23日，当时任中国共产党中央委员会副主席的邓小平同志两次接见了法拉契，并且回答了她提出的问题，现摘录其中一些问题，对记者应如何提问是有启发的。这些问题有：

一、天安门上保留下来的毛主席像，是否要永远保留下去？

二、对西方人来说，我们有很多问题不理解。在中国人民讲起"四人帮"时，把很多错误都归咎于"四人帮"，说的是"四人帮"，但他们伸出的是五个手指。

三、你说在后一段时期毛主席身体不好，但刘少奇被捕入狱以及死在狱中时，毛主席身体并不坏。比如还有其他错误。大跃进难道不是错误？照搬苏联的模式难道不是错误？对过去这段错误要追溯到何时？

四、据说，毛主席经常抱怨你不大听他的话，不喜欢你，这是否是真的？

五、中国有这么一个人，他在任何时候都没有被碰到过，这就是周恩来总理。为什么周总理一直在台上、一直在掌权？虽然有的时候他也处在很困难的地位，他又不能纠正当时那些错误？

六、西方很多人都希望了解，我也想了解，即在1976年9月18日毛主席的追悼会上，华国锋主席为什么讲了这么一句话：毛主席亲自发动和领导的"文化大革命"，粉碎了刘少奇、林彪、邓小平的阴谋，夺回了他们的权力？

七、那么毛主席纪念堂不久是否要拆掉？

八、为什么你想辞职？

……[①]

[①] 摘自法拉契写的访问记，载新华社《内部参考》，1980年9月8日，第75期。

仅仅从这些问题，人们就可以知道，这是一次什么水平上的访问。虽然，法拉契对中国领导人是尊重的，但这并未妨碍在她的问题中反映出"激发式"采访的特色。

能否激而发之，不取决于记者的愿望，而取决于记者的工作。从法拉契的问题中，我们可以看到起码要做到：不仅要对有关的问题有深刻全面的了解，而且要对采访对象的特点有清楚的了解，因而抓住事情的关键；更重要的是，还要把自己的这些了解和理解化为既为社会人们普遍关心又能激起对方回答兴趣和不能回避的具体问题，做到具体和概括的高度统一。

知道记者采访可以"激发"，同时要防止乱"激发"。"激发"是一种较为锐利的采访方法，因而用起来要慎重。激发的具体方式方法，所用言辞，要根据记者和采访对象双方的具体情况来选定。上述两个事例中，顾雷是一位老记者，因而他对县委书记们谈话时，说话语气就比较随便一些，他可以对县委书记们说："你们不用发牢骚，你给我点出来谁是大的。"假若是一位年轻记者这样谈话，对方就会觉得你滑稽可笑，甚至觉得采访作风有毛病。王楚这位年轻记者，在"激发"市长时，则选取了"有人说……""向您请教"的语气，虽然问题很有刺激性，但符合年轻记者的身份。

像军事原则一样，采访的原则，也要讲求活用。

第三种提问方式，是"自发式"的提问或自发式谈话。

所谓"自发式"提问，就是问题一旦提出，即使采访对象不回答问题，或者只回答以"无可奉告"，记者仍然可以写出报道。

初看起来，这似乎是不可思议的事情：对方不回答，我怎么写报道呢？

现在让我们看一个假设的采访事例：

  一位外国通讯社驻京记者，他从他自己的有关渠道了解到，近日有一架飞机在中国某省发生了事故。他同时注意到，中国的新华通讯社并未公开发布此消息。估计，中国政府不想公开报道此事。当然，作为外国记者，他如果能抢发此消息，则可以显示出他的采访本领。当然，又要做得不能被人"抓住辫子"。

  他约见外交部新闻发言人。如果他这样提问："请问贵国最近发生了飞机事故了吗？"发言人说"无可奉告"。那他将很难进行报道。

于是，他将自己的提问设计成这样：

"据悉，×月×日，在贵国××省上空，有一架飞机坠毁，死伤十人。请问，就此事有什么要对我说的吗？"

外交部发言人回答："无可奉告"。

那么，这位记者便不再做任何纠缠，回去当即可以发出如下消息：

××通讯社×日电（记者××报道）日前记者走访了中国外交部新闻发言人。记者向发言人询问："据悉，×月×日，贵国有一架飞机在××省坠毁，有十人伤亡。请问就此有要对我说的吗？"外交部发言人回答记者说："无可奉告。"

这条消息如果刊登在外国报刊上，国外读者一看就明白了：中国有一架飞机出了事。中国当局采取了回避的态度。

对这种报道，一般很难提出责难。如果你提出，我说"无可奉告"，你为什么还发消息？他将这样回答你：我作为外国记者只对事实负责。请问，日前我是否做了这样一次访问？我是否这样提出了问题？你是否做了这样回答？我如实记录了这次访问情况，难道不允许吗？

这种"自发式"的采访技巧在哪里呢？在于：

一、在记者所提的问题中，实际上已包含了对新闻事实的叙述（报道）；

二、在谈及新闻事实时，记者把本意是要核对的事实当作既已认定的事实来加以叙述。那位记者来谈了他所了解的飞机事故之后所用的词句是："请问，就此事有什么要对我说的吗？"他本意想了解有无此事，但叙述时，仿佛此事我已认定确有无疑，我所想进一步了解的是，"就此事"你还有什么要说的。

那么，我们的记者，在国内采访的时候，也可以用这种"自发式"的提问吗？应该说，是可以的，有时还是必须要有的。

许多记者都已感到，在进行批评性报道的采访时，记者常常遇到采访对象（一般是被批评的对象）不愿谈情况的困难。在这种情况下，自发式的提问，常是用得着的。

1983年春天，人民日报记者艾丰接受了赴广西的紧急采访任务。当时"文革"已经结束了7年，但在广西，还没有真正拨乱反正，许多严重的"文革"遗留问题，还没有得到妥善的处理。编辑部准备通过报道触及一下，促进一下。实质上是要批评那里仍坚持派性掌权、极左思想掌权的领导者。这次批评报道的由头是这样：广西艺术学校有一位党委副书记在高考中参与了作弊。但由于派性作怪，事发好长时间没有处理。艺术学校有六位教授对此事不满，满怀正义写了一封信给报社。编辑部决定发表此信，同时派记者做连续报道。

记者接受任务后，立即奔赴广西。他充分意识到这是一次相当复杂艰巨的采访。"① 但他觉得，采访的基本任务是了解事实，只要抓住扎扎实实的事实，就有胜利的把握。在这次采访中，主要是了解两个事实：第一个事实，这个副书记是否确实参与作弊了。第二个事实，自治区领导人是否对他的错误包庇了。第一个事实，花一周的时间，就落实了，确凿无疑。但了解第二个事实是相当困难的。

记者通过一些方法，终于得到一些这方面的材料。例如，有人反映：自治区一位常委曾经拍着那位副书记的肩膀说："你的问题就这样了（不做处理了），放心好好工作吧。"这句话非常清楚地说明了，他们不处理违法行为，不是因为"领导人没时间开会"等客观原因，而是从主观上就不想处理了。但是，记者获得的是间接材料——此信息转了若干次之后再到记者这里。那么，在传递过程中，这个材料是否有所失真？记者必须经过核实或证实，才能用这个材料，否则将是危险的。记者经过思考之后，决定在同自治区主要领导人对话时，向他证实这个问题。记者又分析，根据当时自治区若干领导人的态度，他们不会很顺当地就把真情告诉记者，很可能用类似"无可奉告"的办法来对付。于是记者在同主要领导人谈话时，没有像惯常提问那样问有无此事，而是设计了一个自发式的问题：

---

① 此次采访的详尽过程，记录在艾丰新闻作品选《思考的笔》一书。此次采访写的两篇报道发表在1983年3月13日和3月23日《人民日报》第三版上。

"去年 11 月中旬，你们的一位常委，曾经拍着××的肩膀说：'你的问题就这样了，放心好好工作吧。'我不清楚，这是他个人的意见还是你们集体讨论过的？"

对方听了这个提问，开始是沉默，没有否认。接着他说："这当然是他个人的意见，没有讨论过。"

他的回答，使记者可以确认，此事确实存在。若没有此事，他就要否定了。当然，记者在报道中使用这个材料时，仍把这个对话直接引用进去了（类似上面例子中外国记者在消息里原原本本记录了他和发言人的对话一样），聪明的读者一看就知道是怎么回事。这个问题设计的技巧也在于这一点：把记者要核实或证实的事实，当作既已认定的事实去加以叙述——这里，某常委说了那些话我是认定了的，我不清楚的只是你们是否集体讨论过。其实，要核实的是前面"认定了"的那件事。

这样做，是采访技巧，并不违背什么原则，是使记者采访更能了解到真实情况的方法。后来，谈到广西此次采访，艾丰曾带有幽默地说：再搞"文革"，有人可能揭发我，用资产阶级记者的技巧来对付无产阶级的领导干部。那时我将回答：周恩来总理曾经说过，资产阶级记者的技巧也可以借鉴。我是按周总理的指示办事，何错之有？

上面概述了对付"不开口"或"不很好开口"的三种办法：诱发式、激发式、自发式。这里还想补充一句：一次采访并不是只用某一种方式，它们是可以结合起来，交替运用的。这些采访方式，也不见得只适用于批评性报道的采访中。在一般的采访中，也可以灵活使用的。

"善表达"。这当然是指采访对象本人的表达能力问题。但是，记者在这里仍然有用武之地。正确的采访方法，可以使一个不善言表的人滔滔不绝地谈起来；错误的采访方法，也可以让一位颇有表现素养的人手足无措。请看这样一个事例：

1952 年，人民日报记者金凤采访志愿军归国代表郭金升。郭金升是志愿军铁道兵的一位排除定时炸弹的英雄。有一次，他在一个炸弹区待了5天5夜，虽然每秒钟都有牺牲的危险，但他一直在那里镇静自若地工作着，直到把全部炸弹排除为止。他战斗勇敢，可谈话却毫无办法。这个40来岁的人，在20多岁的女记者面前，便变得忸忸怩怩，不知说什么好。——他有事迹，也愿意说，但是在表达这一关上发生了故障。金凤同志见谈不下去，便建议到街上随便走走。他们信步来到了天安门广场，那里有不少少年儿童在唱歌跳舞。郭金升一看就笑了，说："这些孩子，多幸福！"记者趁势问道："你的爱人孩子在哪儿！"这一下问到点子上，原来他一家老婆孩子都被日本侵略者的炸弹炸死了，他自己也被抓去当了劳工。1945年参加了解放军……由此，他才开了话匣子，有声有色地讲了起来。①

选择适当的采访环境，制造自然的采访气氛，显然在这里起了决定性的作用。

如何帮助采访对象表达，新华社记者杜导正还总结了这样一条经验：

1953年10月，华北局宣传部派我到河北省丰润县常家庄调查农民手中商品粮状况和余粮状况时，我取得丰润县委的支持，请县委某同志和我一块去调查。这是一个和常家庄人民有密切联系，对常家庄情况非常熟悉的干部。我们在那里调查七天，我是生人，群众不向我讲真实情况，但向我随去的那个同志谈得滔滔不绝。②

一个"熟人"，在这里起了打开群众话匣的作用。记者在这里采用的是可以称为"找媒介"的办法。类似在化学工业中，催化剂可以加速某些化学反应过程一样，在记者和采访对象"化合"的过程中，也往往需要一些人来担任催化剂的角色。

这种"找媒介"的办法，在广播电视记者的采访中尤为重要。例如，一位

---

① 引自金凤同志1980年6月9日对本书作者的谈话。
② 见杜导正：《记者的调查研究工作》，载新华社《我们的经验》，1964年版，第136页。

广播记者采访一位在地震中生了婴儿的年轻母亲。他想，如果自己拿话筒，直接同她谈话，她会相当拘束的。于是他请了在当时为她接生的卫生员一同前往访问。这样，整个的采访场面立即就活跃起来了，记者采录到了那位母亲很生动的谈话。

有时，电视记者采访一位新闻人物的时候，往往借助于一种道具来缓和采录时的紧张气氛，如拿一本相册，谈一本书，或者事先制作一块提问板，等等。这样，采访对象仿佛有了谈话的"依托"，也就更健谈了。

两种提问方式

对于帮助采访对象表达，最经常、最重要的方法还是研究提问的规律，掌握发问的艺术。除了上面讲的那三种"发"的采访技巧外，还有很重要的一条，那就是：掌握和运用好两种方式的提问。

美国哥伦比亚大学教授麦尔文·曼切尔在他写的《新闻报道与写作》一书时，曾把记者提问归结为两种类型：开放式问题和闭合式问题。

他的这个分类，既简明，又实用。

所谓开放式问题，就是问题提得比较概括、抽象、范围限制不很严格，给对方以充分的自由发挥的余地。

所谓闭合式问题，就是问题提得比较具体、单纯、范围限制得很严格，给对方离题自由发挥的余地很小，一般要做较为直接的回答。

例如："请您谈谈您这次访问中国的感想。"或"您访问中国以后有什么看法？"——属于开放式问题。对方既可以谈得很多，也可以谈得很少，甚至可以不谈实质性看法。

例如："您喜欢北京这个城市和北京的气候吗？"或"您是否有再次访问北京的愿望？"——属于闭合式问题。对方的回答必须是明确的，或者"喜欢"，或者"不喜欢"；或者"有"，或者"没有"。

当然，也有半开半闭式的问题。例如，"据了解，您是法国最年轻的总统，我希望您谈谈，在法国是怎样使用和培养年轻干部的。"它划定了一个具体范围，然后让对方自由发挥。

现在让我们对这两种方式的提问做进一步的分析：

"提问"是什么？提问的实质是由记者抛出的联系记者和采访对象"取""予"双方的纽带。提问的方式，就是"取""予"联系纽带的具体方式。

开放式提问，有这样几个特点：

①给对方以更多的"自由"；

②但是双方联结比较松散；

③气氛较为轻松、自如；

④但是比较难以挖得很深；

⑤记者提这种方式问题较为省力；（可以不需要认真思索，几乎对任何对象——哪怕对他毫无了解都可以这样提问，而且只消简单提问以后，对方就需要长篇大论说上一气，给记者以"喘息"时间。此真可谓是"一句顶一万句"。）

⑥但是采访对象要认真负责进行回答的话就比较困难。（对于不认真的人，越是抽象的问题越是好回答，而对于认真的人则刚好相反。）

这6点，实为3"组"，①②、③④、⑤⑥分别是对立统一，利弊对照。

闭合式提问，有这样几个特点：

①留给对方的自由余地较小；

②但是双方联结得比较紧密、具体；

③问题具体、范围严格，可能因记者选择不当而丢掉更好的提问点；

④但若选择得当，极利于深入情况和获得对某个问题的明确回答；

⑤记者提闭合式问题是需要花费较多精力的；（问题要提得具体而又不是鸡毛蒜皮，即所谓要"小中见大"，记者不花大力气熟悉情况，反复思考，精心选择，是办不到的。）

⑥但是采访对象在回答这些问题时较为方便。（这里提"方便"，而未说"容易"，因为有些闭合式问题相当尖锐，回答好并不容易。但问题具体、集中，总比抽象、分散，回答起来方便得多。）

这6点，也实为3组，①②、③④、⑤⑥，对立统一，利弊对照。

不仅如此，全面分析开放式提问的六点和闭合式提问的六点，我们看到，它们之间也正是对立统一，利弊对照的，闭合式所具有的长处，正是开放式的短处；开放式的优点，正是闭合式的缺点。通过分析对比，全面领会这两种方式的特点，并根据这些特点，在采访中互相结合、灵活运用，是相当重要的。

开放式问题，一般适于转入话题、搜索情况、调节气氛、发现遗漏、缓冲记者的压力等等。

闭合式问题，一般适于突破、深入、追问、证实、核实，总之战斗力更强一些、更锋利一些。

采访中当然不可没有开放式问题，但是开放式问题不可太多，甚至没有闭合式问题。只提开放式问题的记者，是低水平的记者。只提开放式问题，会使谈话变得冗长、松散、不得要领，不必要地浪费许多时间，特别是对事务繁忙的人采访，他们不喜欢你漫天撒网式的提问。但是，不问青红皂白地一个接一个闭合式问题的"连珠炮式"的提问，也会使采访对象感到压抑，他可能有些很重要的话说不出来。当然，从两种提问所占的比重来看，一般情况下，应该是闭合式的问题的数量超过开放式的问题。

我们可以看到，善于提问的记者，总是把两种提问方式结合起来使用的。这种结合可以是表现在两者交替使用，也可以表现在，一次提问中既有开放式的成分（或部分），又有闭合式的成分（或部分）。

现在，记者特别是刚刚参加工作的新记者，采访时只是提大量的开放式的问题。诸如：

见到企业家，问："请你谈谈你们企业最近的经营情况。""你们企业下一步有什么打算？""你对当前经济形势有什么看法？"

见到运动员，问："请你谈谈你获得冠军有什么感想？""你对我国这项运动的前景有什么评价？"

见到文化人，问："你对我国改革开放 30 年来文化发展怎样评价？""你对我国文化产业的发展有什么见解？"

还有一些类似封闭实则开放的标准件式的提问。诸如：

"你最喜欢的是什么？"

"你最讨厌的是什么？"

"你最难忘的一件事是什么？"

"你最感动的一件事是什么？"

"请你说出你最喜欢的一句格言。"等等。这些几乎成了记者提问的套路。

在北京奥运的采访中，我们常常看见，一位运动员刚刚在比赛中获得冠军，记者就跑上去，问："你获得冠军有什么感想？"这时运动员气喘吁吁，心神未定，对这样一个开放式的问题很难做出很精彩的回答。这不怨运动员没水平，而怨记者的提问不合适。

我们应该有针对性地提倡多提闭合式问题。一般地说，提闭合式的问题要比提开放式的问题要难。提闭合式的问题不仅要掌握较多的具体情况，而且要抓住问题的关键，不是随随便便就可以"闭合"起来的。我们因之发现，经验少的记者，不用功的记者，不善思考的记者，也常常是提闭合式问题较少的记者。

闭合式问题，可以使谈话生动活泼，因为问题具体，围绕具体来谈，受众接受起来也比较容易。特别是必须将记者和采访对象之间实际对话直接播放出来的广播、电视和网络更应该如此。在前面我们提到的意大利女记者法拉契给邓小平提出的问题，大多是闭合式问题。比如，她没有提"你们对毛泽东是怎样评价的"这样的开放式问题，而提的是"天安门前的毛主席像是不是永远挂下去"这样的闭合式问题。邓小平说"永远挂下去"。就把这个非常重大的问题简单形象地说明白了。激发式的提问或采访，往往都是使用闭合式问题。

2000 年 12 月，WTO 多哈会议通过我国加入世界贸易组织，中央电视台做了实况转播，一锤定音，中国的加入被通过之后，主持人白岩松立即通过连线访问几位企业家。其中有白岩松和海尔张瑞敏这样一段对话：

白：加入世界贸易组织以后，中国企业面临着和跨国公司更直接的竞争，请问，海尔和跨国公司相比有什么优势？

张：资本没优势，技术没优势，管理也没有优势。

白：那你什么优势都没有吗？

张：我想了，我只有一个优势，那就是在中国市场上，我的销售和服务网络比它们好。

白：你怎样利用这个优势和它们竞争呢？

张：我要让跨国公司利用我的这个网络卖他们的东西，以此来换取在外国我利用他们的网络卖我的东西。

在这段对话中，记者提的几乎都是闭合式问题，而且一个一个地递进，就把对方的观点很清晰地问出来了。观众看起来也很轻松，把一个复杂的问题，说得简单明了。

不应该怎样提问

应该怎样提问，的确很难有一个全面的答案。但可以根据大量的记者的实践，总结出"不应该怎样提问"：

一、不要提太大的问题。（不要企图"一口吃个胖子"。）

二、不要提过多的外行问题。（一点不提是难以做到的，但要争取少些。）

三、不要提暗示性的问题。（不要强加于人，给人竖根"杆"，让对方"顺杆爬"。）

四、不要提过于轻率的问题。（毫无意义和目的地卖弄技巧，会导致提轻率的问题）。

五、不要提太"硬"的问题。（就一般情况，一般对象，一般记者而言。直率不等于生硬。）

六、不要提审问式的问题。（要善于引导，在交谈中发问，在发问中交谈。）

当然，这也是个"不全的账单"。

"如若取之，必先予之"

总括上述六条，我们可以看到记者和采访对象之间取予关系的辩证法。记者"为取而予"，采访对象"为予而取"。取予互相交错，互相交替，互相结合。

对于记者来说，应该按照我国古代格言办事："如若取之，必先予之。"为了取，要：

首先予之，

不断予之，

恰当予之。

"予"的内容，可以包括：记者的提问，记者的要求，记者的思想、感情，记者的见闻，记者的思想工作，记者的组织工作……不仅如此，还可以包括似乎在采访任务之外的一些内容。

从某种角度说，采访与其说是"取"的艺术，不如说是"予"的艺术。记者给不了对方东西，也难以顺利地从对方那里获取到东西。这就是越"穷"的记者越"取"不来"货"的原因。

"生"和"熟"的矛盾

记者和采访对象的关系中所包含的另一个矛盾是"生"和"熟"的矛盾。

世界上也许还没有另一种职业或者工作，像记者这样，要接触这样大量的生疏对象而又要做到对他们相当熟悉。这一点，只要做一些简单的比较就可以清楚。售货员接触的顾客比记者接触的采访对象要多得多，但是，并不要求售货员去熟悉他的每一个服务对象。如果说需要熟悉的话，那也是一种"规律性"的熟悉，即什么样的顾客有什么样的要求，应该怎样满足不同顾客的要求等等。医生也应该熟悉他的病人，但实质上，这种熟悉的要求，与其说是熟悉病人，不如说是熟悉病。显然，记者和这些职业或工作都是不同的，他必须对大量的生疏的对象迅速地熟悉起来，不仅是熟悉他提供的情况，而是熟悉对方这个人——既不是像售货员那样停留在"规律性"的熟悉上，也不能像医生那样只熟悉某一侧面而不了解或熟悉其人。

每次采访过程，都是记者和采访对象由生疏迅速转化为熟悉的过程。

"熟人好办事"。这句带有世俗味道的话，如果除去其应批评的不正之风的意思外，记者和采访对象的关系正是这样。

记者和采访对象的熟悉，起码有这样几个特点：

一、记者和采访对象的熟悉，最好是相互的。售货员应该熟悉顾客，但主要是熟悉顾客的规律，并不要求熟悉每个顾客，更不要求顾客熟悉售货员；医生应该熟悉他的病人，主要是他的病，并不要求病人熟悉他的医生。他们的这种熟悉，与其说是熟悉服务对象，还不如说是熟悉他们的工作。采访则不然，它不仅要求记者熟悉采访对象，而且记者也应该让采访对象熟悉记者自己。这种熟悉不仅仅是"了解情况"的意思，主要的是交往上的熟悉，联系上的熟悉，双方在打交道时都感到从容随便，不感拘束。这种熟悉，不仅是了解对方的程度，而且是打交道的艺术：记者要善于同人打交道，很快地就和对方"混"熟。一个严肃寡言的医生，只要他医术精通，即使病人对他有些敬畏，也不妨碍他治好对方的病。一个令采访对象望而生畏的记者，很难采访到对方的心里话。这种作风将成为他职业上的"致命伤"。

二、记者和采访对象要彼此熟悉，这一点对任何成功的采访都是必要的。但是，这种熟悉并没有一个统一的标准。因具体情况，它在内容和程度上，都允许有很大的差异。如果是报道对象（主要报道他的事迹），那么记者应该对他各方面的情况——包括生活、工作、家庭、个性等等方面，都要尽量地去熟悉。记者和报道对象，不应该停留在一般的"彼此认识"的水平上，他们应该互相十分熟悉，最好成为无话不谈的知心朋友（条件允许的话）。如果是消息来源，特别是那些临时性的消息来源，他只需要了解一些最初步的情况，以便能和对方搭上话，做到无拘束地交谈就可以了。

三、记者和采访对象之间的熟悉仅仅做到老朋友那样互相熟悉还不行，而且必须注意：这种熟悉不应是"滚瓜烂熟"，以致"熟视无睹"。这就是说，记者和采访对象的关系，应该是"熟"与"生"相结合，他们既生疏又熟悉，既熟悉又不失去新鲜感。

对面相坐而谈的记者和采访对象，他们关系的理想状态应该是，双方都感觉，他是我很熟悉的生人。也就是说，他们应该是"第一次见面的老朋友"或"久别重逢的朋友"。恐怕每个人都有这样的经验：整天厮混在一起的朋友，双方并没有很多的话要说；倒是那些久闻其名、虽未见面已有思念的人，或是那些分别已久的朋友、亲戚，见面以后，才会滔滔不绝谈个没完。他们谈的大都是些新的内容，但是，因为他们彼此了解，所以，这些新的内容很快为双方所理解，并使双方都发生浓厚的兴趣。看，熟与生，旧与新，在这里就是这样巧妙地结合在一起。记者所追求的不正是这种境界吗？

记者要为熟悉采访对象而努力。要像范长江说的那样，"采访前要把对方了解清楚。例如，对方的政治态度、主要经历、与各方面的关系……以及性格特点等等，都要弄清楚"。[①] 但有时记者却为同对方过于"熟"和过早"熟"、失去了新鲜感而发愁。这在电视、广播记者的采访中尤为突出。有时，记者为了慎重，在初次同采访对象接触时没有录音或摄像。等同对方谈得比较熟悉了，准备采录的时候，对方却因失去了新鲜感而失去了生动真实的语调和表情。因为他刚刚对你讲完某事，现在马上又完全为了采录而重复，只有高明的演员才能像第一次说得那样真切、自然——而生活中这样的"演员"太少了。

记者同采访对象"搞熟"的时候，还需要注意保持一定的"距离感"。这一点，同一般交朋友是不同的。交朋友是越熟越好，而记者同采访对象的关系，并不总是如此。一位曾经写过几篇出色报道的地方记者，有一个时期都很少有"佳作问世"了，别人问及原因，他摇摇头说："在一个地方待得太长，人头混得太熟了。"是呵，由于人头很熟了，就往往难以摆脱情面和感情的影响。那些有影响的新闻报道往往是有棱角的，但一遇到熟人的情面，它们就常常被抹平了。尖锐的问题，被回避了。

总之，要善于和人打交道，要善于迅速同对方"混熟"，又不要熟得过分，这是记者的工作对记者的作风和素质提出来的要求。平时，人们谈到记者时，常爱说这样一句话："你们记者就是'见面熟'。"这是褒贬兼而有之的说法。从贬的意思说，它是指记者由于总得同社会上各式各样的人打交道，见多识广，容易"油滑"起来。显然，这种"见面熟"是一种虚伪的做作，装出来的"亲热"，实质上"人一走，茶就凉"。从褒的意思说，由于记者社交活动的需要，由于记者采访离不开他的对象，他认识到他同对方关系的好坏将对他的工作产生很大影响，因而，在长期的采访工作中，增强了尊重采访对象的观念，锻炼出了善于接近人，善于和群众打成一片的好作风。毛泽东同志

---

① 转引自任重：《良师益友》，载《新闻研究资料》，第1期。

曾要求，共产党人要有松树那样的原则性，不怕风寒，冬夏常青；同时又要有柳树那样的灵活性，插在哪里就在哪里生根。记者的接近、熟悉采访对象的本领，就是新闻工作中的"柳树风格"。记者要用自己的行动去纠正社会上对记者存在的某些偏见。优秀的记者的确是应该具有容易接近人也容易为人接近的态度和作风。

那么，"油滑"的作风同体现了记者必要素养的正确作风之间的界限又在哪里呢？

界限是明显的："油滑"是一种追求表面形式的作风，不管他对对方的情况是否了解，也不管对方对他的态度如何，他都能够装作同人家很熟悉的样子，强拉硬攀。善于接近人的正确作风则是注意内容和形式的统一，着重从内容入手，了解对方、理解对方，使双方的联系建立在扎扎实实的基础上。双方的思想、感情、语言、交往方式，都同他们交往的内容是相吻合的。简言之，无内容的"熟悉"，形式上的"熟悉"，难免流于"油滑"；有内容的"熟悉"，形式和内容统一的"熟悉"，是真正的熟悉，与"油滑"是不相干的。

那么，从记者来说，应该怎样促进他和采访对象之间的关系由"生"向"熟"迅速转化呢？

"求同存异，以同攻异"

记者怎样开始同采访对象接触，这个问题值得重视。

记者在同采访对象直接接触以前，争取对采访对象有一个尽可能详尽的了解，这似乎已经成为一个原则。但是，实际上，事先所了解的东西总是很有限的。有经验的记者，总是善于利用已知的情况，作为"根据地"，作为"立足点"，在起初同对方接触时，首先与对方"求同"，共同点找到以后，再巩固"立足点"、扩大"根据地"，把原来双方彼此不了解的东西变成共同的东西。共同的东西越多，双方也就越熟悉；双方越熟悉，就越便于向新的领域"进军"。

请看这样一个采访事例：

1965年4月，被巴西反动当局无理扣留的我国9名同志，在同敌人进行了将近一年的不屈不挠的斗争之后，终于胜利地回到祖国的怀抱。他们一到北京，便被大批记者所包围。组织上考虑到这9位同志的身体状况，不允许他们长时间地接待记者，于是，采取在疗养地集体接待记者的办法。这样采访虽然有方便之处，但是，一些细节难以抠出来。有些记者不满足，便找机会、挤时间，做些补充采访。有一次，集体介绍中间休息的时候，《中国青年报》记者马鹤青找到了9位同志中间最年轻的张宝生同志。他们之间有这样一段对话：

记者：（拉住张宝生）我是《青年报》的，你是团员，我找你聊聊。（注意，记者的头一句说得很成功，9位采访对象，更多的记者，但马鹤青同志非常准确地抓住自己和张宝生的共同点：《中国青年报》记者——共青团员。由于找到这个共同点，仅一句话，记者和采访对象的关系，立刻就更接近了一层。）

记者：你够27周岁吗？

张宝生：够哇。

记者：你的生日是哪天？

张宝生：我告诉你吧，我是孤儿，六七岁父母就没有了，姐姐养大的，生日不知道。

（因为彼此熟悉了，他们随便拉起家常话，但记者事先也没有想到，他的问题正中了关键的地方。于是引出了下面的生动谈话。）

记者：那你上学怎么填？

张宝生：我9岁上小学，生日那个栏我没法填，我就让老师填10月2日。10月1日是新中国成立，没有新中国就没有我，就给我填10月2日吧。

（记者意识到这是个极其宝贵的材料。反应灵的记者不仅为获得它而高兴，而且马上想到怎样在报道里使用它，于是，提出了下面这个问题。）

记者：在巴西，把你单独隔离的时候，过去的这些经历是否起作用？

张宝生：怎么不起，我当时想到我的10月2日生日这些事儿了……①

---

① 引自马鹤青同志1979年10月9日在新闻研究所的讲课。

在《中国青年报》记者采写的通讯《祖国忠贞九儿女》[1]中，这个生动的材料被写进去了。

上述例子中，记者一开始就抓住了共同点，因而顺利地展开了局面。也有另外一些情况，如，记者开始的时候，并没有掌握共同点在哪里，因而使谈话显得生硬、僵持；后来，记者及时抓住了共同点，才取得了突破。

请看这样一个事例：

人民日报记者纪希晨同志，有一次到四川的一个油田去采访。天快黑的时候到了目的地。在办公室，碰见了石油队的一位队长。这位队长对记者的态度非常冷淡，既不打招呼，更不问记者吃饭和安歇的问题。记者主动和对方搭话。

记者：生产怎么样啊？

队长：差不多。

记者：你们这儿有不少先进事迹吧？

队长：一般化吧。

记者：有什么困难呢？

队长：还不是那个样子。

队长带搭不理地坐在那里，一连问了几句，都不能打动他，真有点"针扎不进、水泼不进"的样子。做了多年记者工作的纪希晨同志还是第一次碰到了这样态度的人。

后来，纪希晨干脆放下工作的事儿不谈，找话同他拉家常。他听对方讲话的口音不是当地人。

记者：我听你讲话，你是陕北人，××县的，对不对？

（没想到，这句话意外地引起了对方的兴趣。）

队长：那里你去过？

记者：去过。（接着记者叙述了该县和附近县的一些情况，谈到那里的山和水，等等。）

---

[1] 见 1965 年 5 月 27 日《中国青年报》。

队长：你是什么时候去的？

记者：1941年。

这下队长热情了，他也讲了那个县——他的家乡的情况，而且一改开始的态度，问记者吃住安排如何……①

以上这两个事例都说明：求同，对记者和采访对象由生变熟有多么重要。

什么是共同点？这里的"同"包含着极其广泛的意义，共同的经历、共同的观点、共同的年龄（不仅是同岁、包括同为青年、老年、壮年等）、共同的家乡、共同的学历、共同的爱好、共同的口音等等，凡是某一事物能把记者和采访对象联系起来的，统统都是我们所说的共同点。

什么是熟悉？从某种意义上，熟悉也可以解释为彼此有较多的共同点。起码，共同点较多的人容易互相熟悉。教师容易熟悉教师，演员容易熟悉演员，农民容易熟悉农民，工人容易熟悉工人……其道理不说自明。由"生"到"熟"，就是增加双方的共同点，联系起双方的共同点。

还有这样一个事例足以说明采访开头的重要。

国务院地矿部召开先进工作者表彰大会。会上有一位湖南省地矿局的工程师，名叫骆正常。他被称为"地矿部第一个状元"，因发明了耐磨钻头，在全部内第一个获万元重奖。有一个新闻单位的记者，前去采访他，只三问三答，话不投机，采访就失败了。这三问三答是这样的：

记者问：请问，你的科技成果的名字叫什么呀？

（这个提问欠妥当。你采访他，他就因这科技成果而获奖的，记者连科技成果名字都说不上来，可见你采访前没有任何准备，表现了你对这次采访的不重视，也使对方感到你对他的成果和他的劳动不够尊重。即使是记者真的忘记了，或者不明白科技成果的名字含义，也应采取委婉的口气说："我是外行，但很想了解你的科技成果，能不能把它的名字给我解释一下？"）

---

① 引自纪希晨同志1979年9月25日在新闻研究所的讲课。

骆正常答:(听了问题已感不愉快)我的科技成果主要是改进了钻石的配方,提高了钻头的耐磨度。

记者问:请问,你的科技成果有什么经济价值啊?

(这又是一个对方很难回答的问题。科技成果的经济价值怎样计算呢?是指专利费、技术转让费、还是指钻头改进以后提高了钻探的效率?还是指钻探效率提高以后,对使用单位的效益和增加了产品而获得的效益?还是指这一切的总和?这些都是一下子很难说清的。)

骆正常回答:关于经济价值,我也说不清楚。

(第一个问题已使他不愉快,这个问题更刺激了他的不耐烦的情绪。)

记者问:连你都说不清楚,我怎么进行报道呀?

(显然,这个问题更是"冒"了。)

骆正常回答:你不报道就不报道吧。

于是,两人不欢而散。

在此记者采访之后,有另一家报纸的记者采访了骆正常。双方谈得比较投机。他们谈话的开头是这样的:

记者:(打量了一下对方,握手,落座)老骆,你今年四十几了?

(记者观察骆正常的样子,因他身体不好,像五十出头的人。但估计没有那么大。况且,中年人对高估了年龄,往往感到不愉快,故问:四十几了?当然也不能问三十几,因为距离太远,对方会认为这位记者的"眼神"太差了。这时记者问四十几,"进可攻,退可守"。若对方说五十几,记者可说:"你长得年轻,不像。"若对方真的不够四十岁,记者可说:"搞研究的太费心了。")

骆正常:四十七了。

记者:巧了,咱们是同龄人!——你哪年大学毕业?

骆正常:1962年。

记者:我1961年毕业,但入学都是1957年,我学文科四年,你学理工科五年。对吗?

骆正常：对。

（只此简单的问答，双方的心理已经相当地沟通了。因为同龄人有着共同的"大经历"，都经过几次大运动，都当过"臭老九"，现在又都成了"工人阶级一部分"……所以，下面的谈话就比较随便了。）

骆正常：你在我身上能够花多少时间？

记者：这次大会我只准备专门采访你一个人。

骆正常：那是长谈还是短谈？

记者：长谈有多长？

骆正常：我曾同一位记者谈过七天七夜。

记者：太长了。短谈呢？

骆正常：我同一位记者谈过半小时。

记者：太短了。咱们"中谈"吧，先安排一个上午、一个下午、一个晚上，如何？

骆正常：好。那么开谈吧？

记者：开谈。

（由于双方谈得很融洽，骆正常向这位记者提供了不少关于他的"独家材料"。他在谈话中，不时加入这样的词句："这个问题我是第一次和别人谈。""此事只供参考，不供发表"……）

对比这两个开头，我们就可以领略访问如何开始的奥妙了。

我们起码可以得出以下"由生转熟"的要领：

一、谈话要尽量从寻求共同点开始，如采访一位小学教师，记者谈话可以有这样3种开头：

① "请问您，小学教师一般都是什么文化程度啊？"

② "小学教师给人的印象很深，直到现在我还记得我那个小学一年级的老师，她……"

③ "我的妈妈就是小学教师，小学教师的甘苦我虽说没有亲身体会，却也亲眼目睹……"

②③显然要比①好得多。

二、要善于寻找共同点，哪怕微小的一点，用它来打破令人窘迫的僵局。

三、记者不仅要在采访时寻求与对方的共同点，而且要在平时"准备"更多的共同点。毫无疑义，记者的广泛的知识，使他能够同更多的对象找到更多的共同点，而经历简单、初出茅庐的年轻记者，所以不容易和采访对象迅速熟悉起来，除了不了解"求同"的方法外，同他们的"根底"不深大有关系。

深入环境，寻求媒介

熟悉自己的采访对象还有一个重要方法，那就是记者要努力熟悉对方所处的生活和工作的环境，包括经常在他身边的那些人；若有可能，记者应尽量深入到采访对象的环境中去，到使采访对象最为自然从容的环境中去。这同现场采访不尽相同，所谓现场采访是强调记者要到发生新闻事实（事件）的地方去采访；而这里所说的采访对象所处的环境并不单指新闻事实发生的地方，而着重地是指采访对象这个人的生活环境。

新华社记者孙世恺同志在采访一些名演员、作家的时候，开始感到一个困难的问题是难以接近他们。这些人由于社会活动频繁，接待来访也多，有的很难找到，有的对记者采访司空见惯，不感兴趣。有时勉强见见，也是说些表面的话应付一下。怎样同这些人打交道呢？孙世恺通过实践摸出一点门道：

> 先谈谈二十多年前和马连良、新凤霞等人的接触。我开始访问这些人都先和他们剧团联系。三番五次找不到，都以"忙"为理由婉言谢绝。后来我就找个窍门——从我知道他（她）们的社会关系入手。马连良有个老朋友（类似他的秘书），在一个业余学校当教员，我就抓住他，甚至亲自到他家去拜访，通过他再和马连良建立关系。结果行之有效，我什么时候要访问马连良，他就先约好时间和地点，这样，慢慢也同马连良结交上了。我熟悉新凤霞的爱人——剧作家吴祖光，通过吴祖光去访问新凤霞也容易多了。

（这里，记者是把采访对象身边的人物当成了采访的媒介。）

当时，新凤霞在剧院里排戏和演出繁忙，没有时间接待记者，我就利用她中午或晚上回家吃饭或休息的时候去采访。有时，她和她爱人一起同我畅谈。彼此愈来愈熟，后来访问她，索性就不找剧院，直接到她家里去。这样采访不仅方便多了，谈话也像"老友相聚"一样亲切、随便……

从上述的接触中，我总结出一条采访经验：登门拜访是结交艺术家和其他知识分子的一个好办法。①

一个是采访对象身边的媒介性人物，一个是采访对象的生活环境，显然对记者熟悉采访对象，建立熟悉关系，起着重要的作用。

由远而近，循序渐进

记者和采访对象当然是熟悉得越快越好。但这不等于记者可以鲁莽从事、揠苗助长。在时间等条件允许的情况下，记者可以采取由远而近，循序渐进的方法，一步一步地熟悉自己的对象。这样，看来也许是慢一些，但实际上它更扎实些、细致些，从最后结果上看，也许并不慢。

有一位年轻记者同老记者一起采访，他亲自观察了这位有经验的同志是怎样循序渐进熟悉自己的采访对象的。这位年轻记者回忆说：

有一次同老记者采访知青韩志刚。我们到陕西兴平县，正巧，赶上韩志刚在县里开会，我很高兴，主张就在招待所采访一番。但老记者摇摇头，建议先到韩志刚的生产队去看看。等到韩回村时，我们已摸到群众对韩的看法了。这时候，这位老记者还不要求和韩志刚谈话，只要求和他一起下地劳动，像把采访任务忘了似的。（此所谓"艺高人胆大"，越是有办法的人，越是沉得住气。心中无数的人，才显得毛毛草草，慌手慌脚。）

---

① 摘自孙世恺：《在群众中扎根——广交朋友》，载《光明日报通讯》，1980年第3期。

采访一个星期，和韩志刚一起劳动了四五天。越混越熟，韩谈得很随便，甚至把过去采访不深入的记者的意见也说出来了。最后，才像老朋友那样谈了一次，不像一般的记者采访。①

从这不长的叙述中，我们可以得到不少的启发。

"慎重初战"，这是一个重要的军事原则。记者采访，同样可以借鉴。这位记者正是这样，在县城有机会，不"战"；韩志刚刚回村，不"战"；直到同采访对象劳动四五天之后，条件成熟了，——同采访对象相当熟悉了，才进行"初战"，第一次进行正式采访长谈。他在这里掌握的，实际是我们这里讨论的问题：记者和采访对象之间的关系应该是熟悉的。不熟悉的，他干脆就不正面进行实质性的长谈。这样做有许多好处。它可以使记者居于主动地位，避免急躁冒进造成的"夹生饭"。

这个事例，也有助于打破一些初当记者的人存在的狭隘的"采访"概念。他们认为只有同报道对象直接谈话，自己把对方的谈话往本子上记，才是采访。其实，采访所使用的方法应该广泛得多灵活得多。这位老记者，通过各种途径去熟悉他的报道对象，这不是"忘记了采访任务"，而正是巧妙地完成着自己的采访任务。特别是在这种以人物为报道对象的采访当中，熟悉，就更成为重要的采访方法了。

许多有经验的同志都有这样的体会：记了一大本子材料，但它们都还是记者"身外之物"的时候，是写不好一个人物的；反倒是记的材料也许并不多，但对方已被记者所熟悉，甚至"烂熟于心"，写的时候根本用不着去翻笔记本，倒能够写出精彩的人物通讯来。熟悉离不开记者收集和掌握材料，但收集和掌握材料，并不等于熟悉。熟悉是指这样一种掌握和占有材料的状况：这些材料已不再是记者的"身外之物"，而是记者铭记于脑、体会于心的东西了。记者熟悉采访对象的过程，也是自己的一个认识飞跃的过程，由感性认识，到理性认识；由论理认识，到带上自己的感情。这个过程本身也要求最好是循序渐进的。

---

① 见陈昌本：《深入下去以后》，载《新闻业务》，1965年第1期。

"说"和"做"的矛盾

记者和采访对象之间关系所包含的另一个矛盾是"说"和"做"的矛盾。记者是"说者"——传播者、"舆论界人士",总之,他是以意识形态的产品作用于社会舆论而后作用于社会实际的宣传者;采访对象是"做者"——当事人、实践者、实际工作者,总之,他们是各种形态的被传播事件的各种形态的参与者。

这种"说者"与"做者"的分离,同样是社会发展到一定阶段上所必然产生的现象,它是指社会上逐渐分离出一部分人来,他的职业就是把别人做的事情加以传播和宣传。这就是专业新闻工作者的产生。

新闻学意义上的这种"说"与"做"的矛盾必须要反映到记者的采访中来,特别要反映到记者和采访对象之间的关系中来。

下面,我们主要从记者的角度来观察一下这种矛盾在采访时的种种表现。

"说者"与"做者"

"看事容易做事难。"这句俗语可以说就是这种矛盾的重要表现。作为"说者"的记者,主要是从传播的角度出发考虑问题的。为了便于传播,他有时理所当然地希望他们报道的事实越艰难、越曲折、越稀有,甚至越奇特越好,因为这样的事实,一般说新闻价值总是要大一些。于是,常常发生这样的现象:被采访者(集体或个人)已经付出极大努力完成的事情,做出的成绩,在记者看来,仍然觉得"不够劲""不解渴"。"说者"的感情同"做者"的感情在这里发生了明显的分野,甚至某种意义上的对立。比如说工作中的困难,"做者"当然希望越小越好,因为他们要花费汗水甚至鲜血才能克服它们;而"说者"从他的报道出发,却"希望"这种困难越多越好,因为这样,他的稿件才能写得更加引人入胜。这种在"做者"看来是"反常"的心理,从"说者"的角度看却是"正常"的。

"说者"因为不是事情的亲身实践者;而且,专业的记者,他是专业的

"说者",长时间的不直接从事具体工作,所以,对实际生活和实际工作中的复杂性、艰巨性,常常是缺乏切身体会的。而且,作为新闻工作者,他观察生活往往只侧重于从新闻的角度研究与新闻关系较密切的那些因素和部分,但在实际生活中,起作用的绝不只是这些因素和部分,那些更多的因素,记者有时就忽略。记者长期同纸张、文字打交道,容易产生一种盲目的"迷信":对纸张、文字的"迷信",认为"写"得通,就一定做得通;认为纸上写的,就能成为现实的东西,甚至马上就成为现实的东西。大量的事实告诉我们,"说者"的这种盲目迷信是非常有害的。有时它可能造成"说者"同"做者"的尖锐对立。

"说者"由于脱离实际工作,缺乏实践经验,对一些事物往往缺乏正确、深刻的理解,或理解起来比较困难。如果说,一般的宣传工作者容易有这个弱点的话,那么,新闻工作的特点使得记者身上的这个弱点更加突出出来。因为记者要不断地接触大量的事物,并且要迅速地、深刻地理解它们。

毛泽东同志1948年2月在《对晋绥日报编辑人员的谈话》中说:

"报纸工作人员为了教育群众,首先要向群众学习。同志们都是知识分子,知识分子往往不懂事,对于实际事物往往没有经历,或者经历很少。你们对于1933年制定的《怎样分析农村阶级》的小册子,就看不大懂;这一点,农民比你们强,只要给他们一说就都懂得了。崞县两个区的农民180多个人,开了5天会,解决了分配土地中的许多问题。假如你们的编辑部来讨论那些问题,恐怕两个星期也解决不了。"①

多年前说的这些观点,今天是否仍然正确呢?应该说,仍然是正确的。只要社会上存在着实际工作者和宣传工作者的分工,那么,这种情况就不会完全消失的。

当然,这些只是问题的一个方面。如果仅仅存在这一方面,知识分子"不懂实事"、"净捅娄子",那么还要知识分子干什么呢?问题还有另一方

---

① 见《毛泽东选集》四卷合订本,第1319页。

面，知识分子、宣传工作者、记者，有他们的巨大的长处，他们善于把实际工作的经验上升到理性加以认识，因而更易把握事物的规律性；他们见多识广，接触社会面广，因而他们的认识常常有更大的概括力，他们的思想较为活跃，更少保守；他们没有直接参与某事，也常常便于他们更客观地观察和报道它们，"旁观者清"，等等。这些优势无疑也是存在的。记者应注意的是"扬长避短、扬长补短"。

对多数采访对象来说，记者前来采访是一项突然来到的、意外的、附加的任务。这是"说者"与"做者"矛盾的另一个表现。任何一个单位、任何一个人，在他们安排自己的工作的时候，都不可能预先把接待记者采访准确地纳入自己的计划之中。来不来采访，一般说主动权握在记者手中；事实上，记者的绝大部分采访任务，也是临时决定的。记者的采访，时间要求是紧迫的，大规模的采访，特别是广播电视的采访、摄影采访，常常要"兴师动众"的。这样，记者采访的要求同对方的实际工作的安排，往往在人力、精力、时间等等方面发生冲突。记者所要找的最重要的采访对象，常常是那些工作最忙、时间最紧、实际工作最离不开的人物。记者必须注意照顾实际工作中的困难，而不能一脑门子只想自己的采访任务。

既要联系实际，又要与实际保持一定距离

"说"与"做"、"说者"与"做者"的矛盾是客观存在的，不可避免的，同时，也不能认为这本身就是一件坏事。关键在于我们如何正确处理这个矛盾，处理得不好，可能会影响采访，使其失败；处理得好，可以促进采访水平的提高。

处理这一矛盾的总原则是什么呢？

1961年，刘少奇同志在湖南对当时参加中央调查组的《人民日报》的胡绩伟、姚力文同志谈起1958年报纸宣传的经验教训时，曾经指出，报纸既要联系实际，又要与实际保持一定距离。①

---

① 据姚力文同志1980年9月提供的材料。

这不仅是局部经验的总结，它反映了新闻传播媒介的客观规律，也应该说是具有普遍意义的宣传工作指导方针。

这一原则，首先要求记者"联系实际"。从"说"与"做"的角度看，记者必须：

一、明确记者工作同实际工作之间的关系。新闻工作，从其历史看，是由于实际工作（广义的）的需要而产生、发展并最后形成一个独立的社会事业的。任何阶级、社会集团主办新闻事业，其目的都是为它的实际工作服务的。不是为宣传而宣传，为说话而说话。当然，这种服务有直接的、有间接的，有的明显，有的很不明显，但从总体来看，说"服务"是没有问题的。

记者还应明确，宣传工作、新闻报道是有很大作用的，但其真正发挥作用、实现其改变社会现实的作用，还必须通过实际工作来实现。马克思说："批判的武器当然不能代替武器的批判，物质力量只能用物质力量来摧毁；但是理论一经掌握群众，也会变成物质力量"。[①] "说"只有通过"做"而实现其目的，"说者"只有动员、鼓舞、组织"做者"，才能最终变革现实。

既然如此，记者的心目中，就应该牢固树立为实际工作（是广义的，不是仅指某时期、某部门的中心工作）服务的思想，而要达到这个目的，必须考虑自己的工作对实际工作者的实际影响和效果。

二、必须和实践者息息相通。记者要时常用这样的设想来检查自己：假若我是个实际工作者，是劳动在第一线的实践者，我喜欢什么样的记者、什么样的采访和报道？为什么喜欢、为什么不喜欢？——就是说，记者要多为实际工作者设身处地想一想。包括在采访过程中为采访对象着想。急他们之所急，想他们之所想，同呼吸、共命运——如果是应当这样做的对象的话。

请读一下新华社记者黄昌禄写的采访体会：

1963年秋天，我在云南一个拉祜族山区，采访汉族复员军人雷正永来这里安家落户，领导兄弟民族走上社会主义道路的先进事迹。刚住到

[①] 引自马克思：《黑格尔法哲学批判导言》，《马克思恩格斯全集》第1卷，第460页。

这个村寨，雷正永对我们不太热情。谈点情况也是官样文章，应付差事，没有思想感情，我观察群众正在抢收早稻，连日下雨，眼看稻谷就要霉烂在地里，雷正永正万分焦急，当然没有心思给记者介绍情况，在这种情况下，我想首先应该关心的不是那篇稿子，而是少数民族兄弟一年辛勤劳动的成果。于是，我们暂时放下采访，和拉祜族社员一道冒雨抢收稻谷。由于心和群众想到一块了，雷正永和拉祜族社员都把我们当成"自己人"。他们每天收工以后，不顾疲劳，主动来找我们谈情况，把心里话都掏出来。①

类似的经历是许多记者都有的。应该说，这也是人民记者应有的采访作风。因为作为人民记者必然会以这样的深厚感情对待普通劳动人民的事业，也只有人民记者才会自觉地放下架子和群众同劳动。采访活动中存在着两个"着急"：记者为稿子着急，采访对象可能正为某些工作着急。这两个"急"的位置应该怎么摆？一些老记者常对年轻记者讲这样的启蒙故事：一位记者报道农村抗旱。正当他从房东家里出来准备外出采访的时候，天突然下起雨来，农民们为久旱逢甘雨而高兴，这位记者却愤怒地骂起老天爷来，因为下雨他采访不方便了。也许他只是一句轻声的咒骂，也许是出于自己工作责任心的咒骂，但是农民很容易误解，认为这个记者想的和他们想的不是一码事。这样，他们不愿向他掏心里话了。

我们说与实践者息息相通，还应包括对广大实际工作者的更深刻的理解。1988年年初，在中国城市改革兴起之初涌现出来的一位著名改革者步鑫生，因自己企业经营问题被免职了。这件事，自然会对企业家、改革者产生较为强烈的心理冲击波。当时，有的新闻单位的编辑对这种心理情况没有充分的理解。在步鑫生下台的报道发表以后，他们打电话给若干著名企业家、改革者，向他们约稿，希望他们就此事从吸取教训、总结经验的角度谈谈自己的感想。结果，这些人没有一个应约的，虽然他们分别地处大江南北，没有经过商量，但都一致地决定保持沉默。不仅如此，他们甚至对身边的知心

---

① 见黄昌禄：《采访实践中的三个环节》，载《新闻业务》，1978年7月27日一期。

者说了"记者不可靠"之类的话。——这件事,我们在前面的章节中,已从多侧面报道的角度总结了经验,其实,它还包含着另一方面的经验,即记者、编辑应了解实际工作者的处境和心理。在当时改革者备受艰难的时候,他们希望舆论界给予支持。步鑫生的下台已使他们担心"支持改革者的风向是否变了",谁还会愿意再做不利改革者、"灭改革者志气"的事情呢?记者如果硬做这样的采访,肯定是要失败的。后来,编辑部了解了实际工作者的心情,并与驻浙江的记者通气,于是重新写了一篇比较客观的报道。① 社会反应就好得多了。前后两篇同一题材的报道之所以反响不同,很重要的原因在于记者是否与实际工作者沟通。当时,此事也仍有一些不同意见的争论。

这里还涉及记者采访过程中的心理状态问题,在话剧理论中,有"第一自我"和"第二自我"的说法,演员本人是"第一自我",演员担负的角色是"第二自我"。成功的演员在舞台上应该是二者的统一。——我们这里自然不是要探讨戏剧理论。但这个说法,对解剖记者采访的心理状态很有借鉴作用。如果借用这个名词的话,记者采访时也有两个"自我":作为常人的记者本人的"自我",和作为执行采访任务的记者的"自我",最理想的状态当然也是这两个"自我"的统一。进行成功采访的记者,首先应该具备常人的感觉,即他作为一个普通的公民、干部、共产党员所具有的感觉,他在日常生活中所具有的那种感觉;同时,他应该具备采访记者的感觉,他极力要为报道捕捉任何一点有用的材料。没有记者的感觉,忘记了自己是一个记者,自然是不行的,但是,在执行采访任务过程中的记者,没有一个人会忘记自己是记者的:常见的是另一种现象,记者完成采访任务的压力成了他顺利完成采访任务的障碍,因为记者的感觉完全挤掉了他的常人的感觉。他的心里只想着任务,他眼睛只盯着"稿子",而其他一切他认为与此无关的东西,都变得听而不闻,视而不见了。那个骂下雨的记者不见得是对农业不关心,而是只有第二个自我,而忘记了第一个自我的结果。这样的结果,会造成记者和采访对象脱离,至多只能建立一种表面化的关系,记者只能得到一般化

---

① 关于步鑫生的第一篇报道,见1988年1月16日人民日报第二版刊登的《步鑫生沉浮录》。关于步鑫生的第二篇报道,见1988年1月27日人民日报第一版,本报记者高海浩写的通讯《一人沉浮,千夫评说》。

的材料，写出来的东西也不会感人。当情况发生变化时，他也不会随机应变，以致使采访失败。西方新闻学著作曾引用过这样的事例：

> 一位新来报馆的年轻记者，总编辑叫他去采访某先生和某女士的婚礼。他事先对此次采访做了种种设想和较充分的准备。但是，当那天他走到新郎家门口打算进去采访时，看门的却告诉他：婚礼不举行了。因为新郎跑了。于是这位年轻记者垂头丧气地回到报馆，向总编辑报告自己采访失败的消息。总编辑听罢，拍案叫道："新郎跑了，不比原来的婚礼是更大的新闻吗？你为什么不马上采访？"这一说，那个年轻的记者才恍然大悟。

为什么这个年轻的记者当时会没有想到新郎逃跑是个更大的新闻呢？一个普通的婚礼，一个新郎逃跑的"婚礼"，究竟哪个具有更多的新闻价值？一个普通的、没有受过任何新闻学训练的人，都可以根据自己的"本能"极容易地做出判断。那么，这位经过一定训练的年轻记者，为什么反倒"鼻子"失灵了呢？显然，一个重要原因，就是采访任务压得他失去常人的感觉。一个老练的记者的功夫，就是不仅在平常的采访任务中不失去常人的感觉，而且在异常急迫的采访任务中，也能保持常人的感觉。

三、记者为了克服"说者"的弱点，应该抽出一定的时间，脱离开新闻业务，专门去从事一个阶段的实际工作，担一担实际的担子。或者，下去以后，"又做工作，又当记者"。这两种方式虽然较为有效，但因新闻工作本身的繁重任务，不允许有大批记者在较长的时间内这样做。因此，记者在日常的采访活动中，注意又当记者，又做工作，把"说"和"做"，把写新闻报道和动手解决一些实际问题适当结合起来，乃是一种更为切实可行的办法。

新华社记者杨建业采访马寅初先生的曲折过程，对我们是有启发的。

20世纪50年代，马寅初先生曾因提出"新人口论"遇到批判。实践已经证明这种批判是错误的，应该为马老平反。

1979年五届人大二次会议召开前夕，社领导让杨建业去采访马寅初，并要求写出一篇包括他现在对人口理论看法的消息。记者回顾他采访过程时说：

我接受任务后，才知道马寅初先生重病住院。为了进一步了解马寅初先生的近况，我便给他家里通了电话。电话是马寅初的次子马本初同志接的，但当我听回话时，却被震惊了。那是一种完全出乎我意料的情况：马本初同志在电话里大发其火，态度很不好。我忍着碰壁的怒火，平心静气地再三说明去采访并无他意。马本初最后只好勉强同意我前去他家谈一谈。

记者吃闭门羹，这自然是对记者自尊心的一个极大的打击。相当多的记者就此望而却步了。但只要分析一下，就可以认识到，大可不必。因为采访对象尚未同你打交道，对你并不了解就发火或拒绝，说明他并不是对着你。原因可能有：①你的"前任"记者给对方留下了坏印象。②把你作为"官方"代表，而他对"官方"或某具体领导机关存有戒心，甚至反感。③他有某些不便。④最后一种，可能听到对你的某些传闻。无论哪种理由，不明不白地退却都是不必要的。相反，越是这样，记者越要鼓起勇气去探个究竟。当然，属于国家机密等的禁区，又当别论，这里只谈由于对方态度造成的闭门羹。

从此以后，我先后去马家五次采访。前两次去了，毫无进展。马寅初根本不见我，更不同我谈话。只是从他的子女和家属那里知道：马寅初已经98岁，当时正在北京医院治病，头脑清楚，还能看点东西，能说话，但就是不愿谈，他本人及家属一致要求党组织对他落实政策，并提出希望能够尽快复查他的问题，公开平反，恢复名誉。

这里又看到两个"急"：记者为稿子着急，采访对象为解决自己的平反问题着急。杨建业同志采取了正确的做法：

基于这样，我就决定将了解的马寅初的详细情况写内参向中央反映。1979年6月21日我写的题为《马寅初家属希望尽快为马寅初落实政策》的内参送到中央以后，中央负责同志批示要恢复他的名誉。
后来中央统战部、中央纪律检查委员会、教育部、北京市委、北京大学党委做出平反决定，并派统战部副部长李贵去探望马老。记者同李贵一起去采访。这是记者第 3 次采访。事后写了李贵专程拜访马寅初，代表组织通知为他彻底平反的消息。新华社 7 月 25 日播发，引起极大反响，以后又两次采访（9 月 14 日、9 月 15 日），分别发了《经党中央批准，北京大学党委做出决定：为马寅初先生彻底平反恢复名誉》《马寅初就任北大名誉校长》两条消息。以后又写了一篇通讯和一篇报告文学。

记者的采访，开始虽不顺利，但后来是长足进展，成果丰硕。值得深思的是五次采访当中，前两次的气氛与后面三次有很大不同。前两次的态度是"不欢迎"，可是第三次就不同了。当时记者把他们的愿望向中央反映以后，中央负责同志做了批示，并由李贵副部长向他们做了传达。马寅初先生和他的一家，便开始对记者说起感谢的话来了。到记者第五次采访的时候，马寅初及其家属对记者已经变得很亲热了。到他的《新人口论》一书出版以后，马寅初让他的孙女专程给记者送书。从吃闭门羹到成为好朋友，这不能不说是带有戏剧性的变化。

为什么记者取得这样的成果？重要的原因，从新闻学角度研究，就是记者把"说者"和"做者"这两者适当地结合起来了。正像杨建业谈体会时说的：

> 记者要做人民的忠实代言人。当不能搞公开报道时，就来写内参，协助党做实际工作。对马寅初的采访，如果不是这种思想指导，结果就不是现在这样，像人们说的做了一件好事。①

写内参，这是把宣传工作和实际工作，把记者的"说"和"做"联结起来的重要纽带。记者在采访过程中，适当做一些实际工作的途径和方式是多种多样的。但是，最重要的一种途径和方式恐怕就是"写内参"了。采访对

---

① 有关杨建业同志采访马寅初的情况和引文，均见杨建业：《采访马寅初先生的体会》，载《光明日报通讯》，1980 年第 1 期。

象和人民群众认为记者是能够"通天"的人物,他们对记者的要求,有时并不首先是"宣传",而是希望把他们的意见、要求向有关部门反映,给他们解决一些实际问题。领导机关同样需要记者的内参材料,用以更好地指导实际工作。

1979年夏初《人民日报》的一位记者去北京市规划局采访。规划局的有关同志听完记者的采访要求以后这样说:"公开报道的事儿好办,你要什么情况,将来我们给你提供。不过,当务之急是把北京市城市建设中的严重问题向中央反映。"原来,他们听说记者要来,一些处室开了会,把要向中央反映的意见都事先搜集起来,就是希望记者给"通上去"。根据这个情况,记者暂时放下了公开报道的打算,首先写了反映北京城建问题的内参给中央。新华社在此前后也写了类似的内参。这些材料对中央书记处后来做出的对首都建设的4点指示起了一定的参考作用。许多内参内容,后来也成了公开宣传的材料了。

写内参,虽然同样是见之于文字的工作,但它与公开的新闻报道确实有很大的不同。它们不仅存在着传播范围大小的区别,很重要的,就是内参常常更直接作用于实际工作;写内参,与其说是传播、宣传工作,不如说是实际工作,起码是介于两者之间的"边缘性"工作,绝大部分内参是不传播的。它与其他的记者在采访中做的实际工作不同,它不是附加的、断续的、可做可不做的。党报新闻理论已经明确规定了记者的三项任务——采写公开报道、写内参、做通联工作,写内参已成为记者职责的不可分割的一部分。

在西方新闻学中,很少见到关于记者这方面任务的规定和论述,甚至他们对这点是忌讳的。因为,在西方新闻理论中,报纸以及整个新闻界应该是超党派的,同政府是"批评时政、监督官员"的关系,当然谈不到给领导机关写内参之类的职责了。但是这并不是说西方记者同政府部门没有任何联系,不是的,前面我们已经说过的在美国,相当一些记者同中央情报局的联系、某些专栏作家同职业政客之间的联系就是一个证明。在社会主义国家,因为党、国家、人民、报纸、新闻界之间建立了新型的关系,因此,根本不需要用虚伪的理论来掩饰这种关系或联系，而是要求记者更自觉地发展和利用这种关系。决不应该把写内参只看成是写不成公开报道的次等产品或副产品，也不要只看成是一种局限在"小范围"的报道。应该特别引起我们注意的却是这一点：它是记者参与实际工作的一种最有力的方式，同时，也将对公开报道起巨大的推动作用。一个老练的记者，是能够巧妙地运用内参和公开报道这两种手段的。

以上三点，讲的是记者联系实际的方面，这是基本方面。同时，记者也不应忽视：

四、"与实际保持一定的距离"。初听起来，这似乎是个"奇怪"的原则。理论要联系实际，还保持什么距离？但我们联系我国新闻界的教训，再来理解这句话，就感觉其深刻了。

1958年"大跃进"期间，由于路线上的问题，在实际工作中出现了大炼钢铁、办公共食堂、放高产卫星等等违反经济规律和实事求是原则的一系列错误做法。报纸如果这时能够同实际保持一定的距离，对实际生活的东西不是像当时强调的那样"一冒头就报"，而是比较超脱一些，冷静一些，恐怕其结果要好得多。

不仅路线发生错误的时刻是如此，就是路线正确的时候，也是如此。不仅社会主义国家的报刊应如此，资本主义国家的报刊也是如此。传播工具与实际保持一定距离，可以说是新闻工作的一条普遍规律，当然，这条规律在不同历史条件下会有其不同的表现形式。

"说"与"做"，"实际工作"与"传播工作"，无论其范围、内容、程度等等，都不是完全重合的。做的和应该做的，不等于传播的和应该传播的，起码不等于应该同等、同时、无差别地进行传播。新闻记者容易得的职业病之一就是片面夸大自己职业的作用，认为它是不应受限制的——"凡是你做的，我就可以报道"。

这当然是实现不了、也不应实现的幻想。

除了某些政治因素对新闻的限制以外，按社会正常生活而论，做的与说的、实际工作与传播工作也是不能等同的。如：

一些新的经济措施正在实验，而且很没有把握，这时轻易传播出去，有时即使加上若干限制和分析，也难免产生副作用；

一些纯属局部的、暂时的东西，反复地、大量地全面传播，容易给人们造成某些错觉；

有些行为和范畴（如高尚的道德、崇高的理想等）需要大力传播，以起到宣扬、提倡的作用，有些行为和范畴（如人的物质享受），尽管在政策上应做适当的规定，允许人们去做，一般却不必大力传播；

有些属于国家机密和工作机密……

以上所说的"保持距离"，是指不是所有做的内容都可以原原本本地变成传播的内容。

"保持距离"还有同样重要的另一个含义，那就是这样做有利于保持舆论的相对独立性。

"说"和"做"完全重合（姑且假设能这样，其实不可能），就是取消了宣传舆论的相对独立性，把它完全变成了实际工作的附属品，这不仅等于取消了新闻事业的独立的生命，同时对实际工作本身也是有害的。其实，只有既联系实际，又与实际保持一定的距离，记者才能既了解实际情况、深入现实，又不丧失观察问题的客观性；既保持主人翁的感觉，又不放弃社会舆论机关的监督、批评各级领导干部的权力。社会主义国家新闻事业并不标榜它是同当权者唱反调的，像西方新闻学鼓吹的那样，"必须先假设政府说的任何一句都是谎言"。但是，它仍然担负着反映群众呼声、监督实际工作部门、监督各级干部的责任。

新中国成立以来，在新闻工作中，我们已经屡屡吃了没有保持一定距离的亏了。有一个时期，更把"看风向""赶浪头""紧跟形势"等等作为最重要的宣传报道经验。这种"紧跟实际"的做法，常常把任何一个具体政策、任何一个实际工作步骤，盲目地加以宣传，使这些实际工作失去了舆论监督而导致片面或变形。而且实际工作中的措施是多变的，于是也就造成了新闻报道的多变。1987年中共十三大文件中一个重要的提法，就是加强舆论监督。这不仅是一个工作方法问题，首先是民主制度问题。而为了完成舆论监督的任务，传播媒介必须与实际工作、实际工作部门保持一定的距离。没有距离是谈不上监督的。

从"既要联系实际，又要保持一定距离"这一原则，我们可以引申出一个重要的问题：

记者的思路

记者的思路问题，最近在中国新闻界被提出来了，它是从总结过去的经验教训，从研究新闻传播的规律，从推动中国的新闻改革，从改进和提高记者素质等等角度提出来的。

记者所处的新闻岗位，在社会主义国家，带有很强的双重性和双向性。这种双重性和双向性，我们可以从下列方面看出：记者是党和人民的耳目喉舌。既是党的，又是人民的，这就是双重性、双向性；既是耳目，又是喉舌，这又是双重性、双向性。记者要宣传党的政策，又要检验党的政策，既要自上而下，又要自下而上，这当然也是双重性、双向性。新闻单位是宣传机关，同时又是社会舆论机关。作为宣传机关，当然要宣传领导机关、领导者的意图，作为社会舆论机关，当然要反映社会的舆论、群众的呼声……这同样是双重性、双向性。

这种双重性、双向性，对记者的思路提出了特殊的要求。就一篇篇具体的报道而言，它们可能是单向性，或者基本上是单向性的。即有的报道侧重自上而下，有的报道侧重自下而上。但就记者的总思路来讲，他不应随着具体稿件角度的变换，使自己的思路变幻不定。无论自上而下还是自下而上，都要贯穿着记者的思路，这样才会形成具有威信的报道。而且，就具体报道来讲，也应该提倡一种上下结合的双向性报道。

新闻传播媒介工作的实际是沟通。但是这种沟通，绝不仅仅是像有上下道的公路那样，只是让两个走向的车辆通过而已。实际上，这种沟通要复杂得多，往往兼有融合、渗透、杂交、抵消、加强等等。而这一切作用，从记者的工作上说，常常要反映在记者的思路上。

这种沟通的思路，是记者思路的特色。记者要说群众要说的话，但决不只满足于此；记者要反映领导的意图，但也决不只满足于此；记者要注视和运用理论家的观点，但又要同实际结合起来，要为人所理解、关注，记者要考虑实际工作者的意见,但又不能成为他们的"附庸"……记者的思路,就是在上述种种"融他"和"排他"的思路中形成自己的思路。

  1988年7月11日、12日《人民日报》一版连载了本书作者的一篇专栏文章《社会公平的辩论》,就是运用记者思路的一种尝试。自从1979年开始经济改革至1988年的10年间,中国在分配上一个明显的趋势,就是收入差距加大,分配不公突出。这是一个相当复杂的社会经济现象。对这种现象的看法,众说纷纭。但大体上分为两个方面:一方面主要是来自广大群众的谴责性的议论,并由此引起对决策的批评和对改革的疑虑。一方面来自决策者的解释性的意见,希望说服人们认识到它的必然性、必要性——为换取社会效率,有时要牺牲社会公平。很难说,这两方面哪一方面是绝对正确或绝对错误。这时,就很需要一种记者的思路,沟通的思路,把两方面的想法沟通起来。这种沟通,即使一时不能统一人们的认识,即使并不能开出解决这个问题的现成药方,但对提高人们的认识,特别是克服认识上的片面性,总归是有益的。于是,记者跳出简单的谴责和解释的思路,用甲乙双方辩论的方式,提出这样四个问题供人们思考,同时把两种对立的看法同时摆出来。这就是:

  辩题之一:允许一部分人先富,谁先富?

  甲:谁对社会贡献大,谁就先富。

  乙:富的机会是客观造成的,我们不能指定谁先富,谁抓住机会谁先富。

  辩题之二:怎样衡量收入差距上的公平程度?

  甲:社会主义原则是按劳分配,不符合它就是不公平。

  乙:初级阶段实行多种分配原则,不能只是一把尺子,一个标准。

  辩题之三:当前应该强调社会公平,还是强调社会效率?

  甲:应强调社会公平,因为不公平现象已搅乱了人心,影响了社会效率。

  乙:大锅饭刚开始打破,已见到积极效果,切不可在"公平"的压力下,让平均主义回潮。

辩题之四：在社会公平问题上，应采取怎样的对策？

甲：必须下大决心，采取果断措施，迅速扭转不公平的局面，特别要解决"官倒"问题，否则将给改革造成严重障碍。

乙：对社会不公平现象必须做具体分析，分门别类采取对策。一些不公平现象是改革中难以避免的，只能在改革进程中逐步得到解决。

这种对问题的归纳，就反映了记者的思路。后者又在《就〈社会公平的辩论〉说几句话》一文[①]中，说了这样五句话：

第一句话：各种不同反响，都使作者感到欣喜。因为这说明起了沟通作用。

第二句话：党报上的话，并不一定都是"党的话"，也不一定都是"结论的话"。因为报纸不是单向的。

第三句话：有时给读者结论不如给信息，给信息不如给思路。因为信息和思路更利于沟通。

第四句话：我企图，冲击一下那种"一方绝对正确，一方绝对错误"的绝对化思维方式。因为正是这种思维方式使我们的许多方面的认识难以正确沟通起来。

第五句话：希望共同探索"拓宽言路"的各种有效途径。要摆脱"为民请命""御用文人"两种帽子的威胁。因为客观性才有利于拓宽言路，言路拓宽，才能更好沟通。

这篇报道和这些话，也可以看作是对记者思路的具体解释。

四类采访对象

上述记者和采访对象之间存在的三组矛盾——"取"和"予"、"生"和"熟"、"说"和"做"的矛盾，主要是从新闻业务角度研究的结果。也就是说，任何一个记者，他在采访活动中，同任何一个采访对象发生联系，都必

[①] 《就〈社会公平的辩论〉说几句话》一文，载《新闻战线》，1988年第12期。

然程度不同地存在着这样三对矛盾。它们是记者和采访对象关系中存在的普遍矛盾。

但是，必须明确，这是我们用科学抽象的方法概括出来的共性的规律。而共性存在于个性之中。在实际生活中，绝没有单独存在的一般意义上的记者，也绝没有单独存在的一般意义上的采访对象。凡记者，都是处在一定社会之中的、属于一定阶级的（在阶级社会中）、为一定社会集团服务的、持某种见解的、执行某个特定采访任务的记者。凡采访对象，也都是处在一定社会之中的、属于一定阶级的（在阶级社会中）、为一定社会集团服务的、具有某种思想的、从事某项特定工作的人。换句话说，任何记者都是具有一定社会身份和社会地位的记者，任何采访对象都是具有一定社会身份和社会地位的采访对象。在生活中我们所见到的，绝不是一般意义上的记者和一般意义上的采访对象发生联系，而是个别的记者和个别的采访对象发生联系。例如，中央党报记者采访一位先进工作者；国家通讯社记者采访一个刑事犯罪分子；省报记者采访某先进村的党支部成员；某外国记者采访中国党和政府领导人；国家领导人对记者发表谈话；中国记者采访来华访问的友好国家领导人；财经报纸记者采访乱涨价单位的领导人……

由于记者和采访对象双方的社会身份、社会地位不同，这就必然发生一定的矛盾。财经记者采访乱涨价的单位，准备批评那里的领导人，一个有某些偏见的外国记者访问中国的领导人，国家通讯社记者准备通过报道揭露犯罪分子的活动，这些都不能不在记者和采访对象之间发生（或存在）一定的矛盾。这种矛盾，是记者和采访对象之间的社会矛盾在新闻活动中的反映。

这里所说的"记者和采访对象之间的社会矛盾"，是指那些并非因为进行新闻活动而发生的矛盾，是双方的不同国家、社会、阶级、集团、目的、工作等等差异因素所形成的矛盾。

为什么要加上"在新闻活动中的反映"这句话呢？因为这种社会矛盾可以通过多种途径表现出来，政治的、外交的、文化学术的等等，这里只限定在新闻的范围之内。而且，在许多场合，没有新闻活动这一条件和场合，他们的社会矛盾也是无从表现或具体构成的。一个外国的记者，如果他不访问中国的领导人，尽管他们的社会身份和地位之间存在着很大差异，也很难说构成什么矛盾的。

如果说,"取"和"予"、"生"和"熟"、"说"和"做"的矛盾是记者和采访对象关系中存在的普遍矛盾的话,那么,新闻采访活动中记者和采访对象之间社会矛盾的反应,便形成了这个关系中的特殊矛盾。说它是特殊矛盾,是因为这种矛盾构成了此一组记者和采访对象与彼一组记者和采访对象在关系上的本质区别。从采访的内容上看,记者和采访对象之间的社会矛盾,可能是更本质的。它虽然也要受到上述那些普遍矛盾的影响(例如,采访得法,使对方受到影响而发生观点上的变化),但是,社会矛盾总是对于"取、予""生、熟""说、做"等等发生更大的、甚至决定性的影响。它虽然不能使这些普遍性的矛盾归于消灭,但是可以决定着它们的具体形式和进程。记者采访一位受人尊敬的科学家,同记者采访一个即将被判刑的罪犯,在"取、予"形式上,"生、熟"要求上,"说、做"关系上,将有多么大的差别呀!不掌握这些特殊的矛盾,抹杀它们的区别,只按一个模式办事,也会导致采访的失败。

记者和采访对象的社会矛盾是极其繁杂的。上一节已经讨论过。初看起来是无法分析的。其实不然,按照这种社会矛盾的性质,同时考虑到这种矛盾在新闻活动中的反映,我们可以把记者和采访对象的社会矛盾分成四种类型。从记者的角度,也可以说,他可能面对着四类采访对象。

肯定和表扬的采访对象

记者和这种采访对象之间的关系是:
一、利益、立场、观点一致。
二、记者的采访和报道,其目的和预计的结果将会肯定采访对象的工作或行为,也许给他带来某些好处。

一般说,这种关系是大有利于记者采访活动的,其道理不言自明。但记者在这种情况下容易犯的毛病是:

记者以感情代替理智,使自己的认识失去了客观性。人物事迹写得越好,记者的报道也就越容易生动。这种"一致",常常是记者犯夸大、拔高错误的直接想法。

这是必须防止的。夸大、拔高的报道，既害了实际工作，又害了新闻报道工作，更害了报道对象本人。被表扬的人（或单位），恰恰会被"表扬"搞臭，这是我国新闻工作中最惨痛的教训之一。固然，这有更复杂的原因，但采访方法上的毛病，不能不是一个重要因素，最多的、最严重的问题，恰恰发生在本来对采访活动最有利的这种关系上，这难道还不发人深思吗？

记者要警惕的是虚假的一致关系：有些采访对象把自己的真实思想和了解到的真实情况不如实提供给记者，（倒不一定完全是有某种阴谋，有的也就是仅仅有一些出风头的欲望）而是投记者所好，看你想要什么，他便装作同你想的一样，供给你什么。

批评和教育的采访对象

记者和这种采访对象之间的关系是：
一、双方的基本利益是一致的。
二、在一些问题上，立场、观点、利益有不一致的地方。
三、采访所涉及的事情主要是双方不一致的那些问题。记者的报道，将要对采访对象提出某种程度的批评。

这是一种比较复杂的又一致、又不一致的关系。基本利益的一致，这是基础，应该说为采访提供了有利条件，但这种一致，在采访中又是比较间接地起作用；而不一致，记者要批评采访对象的一些言行，却是采访中直接要涉及的。因而，在处理记者和采访对象的关系时，必然遇到较多的困难。

毛泽东同志提出的"团结——批评——团结"这一正确处理人民内部矛盾的公式，应该是记者处理这类记者和采访对象之间矛盾的基本原则。

对待这类采访对象，一般说记者必须注意这样几点：

第一点是分清层次。

记者对要批评的采访对象的错误事实必须搞准确，不要夸大，即使是细节上的出入也要努力防止。在此基础上把问题的性质搞清楚。看他是什么样性质的错误，决定应该怎样对待。不要把批评对象当成了批判对象或摧毁对象。后面还要讲到四个层次的批评报道,可以作为参考。

第二点是交流核实。

记者要对采访对象进行批评的意向,可以在采访开始或者在结束时向对方讲清楚,也可以将自己写好的批评报道稿交给对方阅看,一者核对事实,一者听取申辩。总之,在报道公开发表以前,一般应该以各种方式同被批评者见面。这既尊重了对方的民主权利,又可以避免记者因片面性而造成的误差。

1960年下半年,当时担任广东省委书记的陶铸同志,曾和一些人下去巡回调查,沿途采写了27篇工作通讯,取名叫《西行纪谈》。① 这些通讯中曾经批评了若干单位和干部。因为作者掌握了实行"建设性批评"的原则,效果是好的。曾经参加此行的林里同志说:"《西行纪谈》中的批评不仅彻头彻尾地同被批评的单位共命运同呼吸、耐心帮助被批评者分析产生错误和缺点的原因,诚恳地指出改正缺点和错误的办法,而且很多批评的内容是同地委、县委、公社党委以及基层干部共同商量后提出来的(当然也包括被批评的同志——引者)有的批评线索和批评题目,还是下边的同志提供的。《西行纪谈》的批评,事先征得各级党委的同意,把批评的锋芒严格地控制在党所允许的范围以内。"② 这些意见是值得参考的,虽然"征得同意"一条不是绝对的,但"见面"是应该的。

有些记者采访批评性报道时不是这样。

只搜集被批评者的材料,而自始至终不同被批评的本人接触。——这是一种常见的情况,于是,就发生了一种严重的"脱节":报道对象本来应该是采访对象的一种,而这里,记者的报道对象(虽然是批评性的报道对象),竟然不是采访对象!记者同被批评的对象接触,一方面是听取申辩、核实材

---

① 《西行纪谈》原名是《随行纪谈》,包括27篇工作通讯,最初发表在1960年9~11月《南方日报》上。1961年1月《人民日报》转载其中6篇,取名为《粤西行》。后来,上述27篇通讯由广东人民出版社汇编成册出版,取名为《西行纪谈》。

② 见林里:《从〈西行纪谈〉里学习些什么》,载《新闻业务》,1961年第4期。

料；另一方面（有时是更重要的一方面），是使记者对被批评的对象有一个更真实、更全面的了解。因为无论何人要认识什么事物，如果从不同那个事物接触，那是无法切实解决的。

1979年春天，人民日报记者去黑龙江省采访宾县煤建公司经理王守信大贪污集团案的时候，案情涉及一些犯错误的干部。他们坚持，凡是在报道中要批评的干部，有可能的，都要当面谈一谈。事实证明，这样做，记者受到不小的裨益。例如，宾县纪律检查委员会有个副主任，他在1975年的春天，曾经把群众揭发王守信贪污的信件私自交给王守信看。王守信抓住这封信大整群众，她的罪行也得以掩盖下来。记者初步看了有关材料以后，觉得这个人执法犯法，后果严重，应该在报道中予以尖锐的揭露和批判。但当记者同这个人谈话的时候，许多情况是出乎原来意想之外的。

出现在记者面前的是一个朴实的、老实巴交的农村基层干部的形象。他低着头，连连承认自己错误严重，同其他干部巧妙地为自己辩解形成对照。记者与这位采访对象之间进行了这样的谈话：

记者：材料上写的你的错误是不是属实？有没有出入？

副主任：属实，没有出入。

记者：听别人介绍，从解放开始，你就担任公检法方面的工作，而且表现还不错。为什么这次你犯了这么大的错误？

副主任：现在我才认识到王守信这个人手段阴险，原来，我也像有些人那么看的，"王老太太，嘴不好，心眼好"。1974年年底的时候，我欠了国家好多钱。当时开展归还公款运动，我正发愁，钱还不上，就是挖社会主义墙脚啊。要还，哪儿找钱去呢？正为难的时候，王守信来了，她问我："快过年了，大兄弟缺钱花？"说着把100块钱交给了我，"我知道你有困难，要是不够，再找我。"说完转身走了。多亏她的钱，我才过了这一关，再加上平时买煤借车什么的，我总觉得欠了她一笔人情没法还，可巧这时候来了一封检举她的信……

（这位副主任有5个孩子，爱人又不工作，7口人都靠他一人的几十元工资，自然是非常紧张的。王守信看准了这一点，来了个"雪中送炭"。这是其一。这位副主任是位老实人，他受不住别人的好，虽然王守信借给他的这100元他很快就归还了，他也觉得是受了对方的大恩大德，必须想方报答。）

　　记者：难道你不知道这样做是错误的吗？你做了那么多年纪律检查工作！

　　副主任：我知道。我对不正之风这一套开始是看不惯的。有一次县里某部门靠送礼办了一件原来办不了的事情。我找到领导，反映这个问题，要求进行处理。可是领导说，现在都这样，不这样就办不了事儿，算了吧。这件事给我刺激挺大。以后，我也就不当回事儿了。我也跟着干了。

　　记者：你当时认为王守信有没有贪污行为？

　　副主任：我认为她一个煤建公司的经理，到哪儿贪污那么多的钱去，准是嘴不好，得罪了人，人家跟她过不去……

　　通过这样的一场谈话，记者大大改变了原来对这个人的想法。他是一个在一定社会条件下的偶然失足者，错误是相当严重的，但也有值得惋惜和同情的方面。于是，在写报道落笔的时候，分寸就掌握得更准确了。

　　但是，在实际采访活动中，要执行这样的要求，常常遇到很大的困难。有相当多的被批评的采访对象，对记者的采访活动是采取抵制态度的：他们或者拒绝谈出任何真实情况；或者以各种托词不见记者令你难以采访；或者知道你批评的意图之后，他们就利用各种关系，千方百计将你的批评报道扼杀在摇篮之中；或者当你把批评稿件交到他手中之时，采取纠缠挑剔枝节问题、长期不表态等等办法，拖着你的稿件发表不出来。

　　因此，在新闻界，有相当多的人主张，应该取消批评报道要同被批评者见面这一要求。认为，这条硬性要求如果不取消，将会成为束缚开展批评报道的绳索。从实践的角度看，这种呼声，也是有相当道理的。

　　目前，在我国，这方面的要求，还都只是在"党内文件"中提出来的，而且各个时期文件的规定也不尽一致。1950年的文件强调新闻单位的批评要"独立负责";1970年的文件强调要把批评稿件同被批评者见面;1988年又有文件规定,只是"特别重大问题"必须同被批评者见面。这说明,在社会主义国家如何在新闻媒介上开展批评,尚需认真总结经验,尚需建立必要的法律和规定。此方面涉及的理论问题,已超出一般采访学的范围,故不再多论。

但作为一种采访方法上的要求,记者应该力争同被批评的采访对象见面,以掌握更全面的情况,这是应该坚持的。由于客观情况不能做到这一点,那时应该采取怎样的对策,则需按照法律和规定(如果以后有了这样的法律和规定)办事。一般采访方法上的要求,同法律界限、纪律规定,并不完全是一回事。

采访批评性报道时,另一种不够妥当的做法是"套材料"。记者故意隐瞒自己的意图,并且故意制造一些假象使对方产生误解,以为记者同意他们的做法,要对他们的行动进行"表扬",用这样的方法,把对方的材料套出来。然后,回到编辑部写成批评报道,突然予以公开发表。——这样做的结果常常是激化了被批评者与记者和媒体的矛盾,他们会认为记者耍了手腕,媒体搞了"突然袭击",即使批评是正确的,也容易形成双方对立,不易使问题妥善得到解决。这样做的记者陈述他们的理由说,不这样就不能搞到真实的材料。有时也许是这样,但这时记者只能通过别的途径、采取别的办法而不能用说假话套材料的办法。"以假引私"是危险的,如果对方"将计就计",不是会造成很严重的后果吗?一些西方记者主张,"只要目的正确,采取什么手段都可以",并且在采访当中实行这个原则(例如窃听等等)。就在西方,也有人对这种理论和做法提出了批评。他们认为,记者并没有特殊的权利去做那些谴责别人做的事情,我们认为,记者采访和谍报人员收集情报应该是有区别的。记者采访是以公开的身份、进行公开的、合法的活动;而谍报人员,则是以秘密的身份、进行秘密的或非法的活动。记者的活动方式必须与谍报方式划清界限,否则,贪小利而获大害,将对记者活动产生灾难性的后果。

当然,这样讲,并不是说记者采访批评报道时不需要采取一些特殊的策略,也不是说,把"公开、合法活动",理解为一切采访活动,都要经过当地领导部门的同意和批准。如果这样要求的话,那么许多批评当地领导机关和领导者的报道是很难采写的。有些领导机关和领导者,也正是以记者的采访活动没有通过他们的同意，而攻击记者采访是用了"不正当的手法"，是"非法"的，甚至是"特务"。这都是不能站住脚的。记者的合法性并不等于当地政府是否批准或同意，而在于他是否正确地行使了自己的采访权。这当然又涉及了法律范畴。也涉及了一些特殊的采访技巧。

第三点是客观公正。

需要认识到，媒体上的批评有其不可解脱的局限。一个局限是难以避免"过重伤害"问题。一般的批评是着眼于解决"这一个"的问题，媒体上的批评是着眼于解决"这一类"的问题。一般的批评是个别进行的，媒体的批评是公开进行的。人们往往把对这一类的愤怒发泄在被批评的这一个身上。所以，有的人宁愿受处分，也不愿被曝光。另一个是舆论法庭的局限，在这个法庭上，记者、发表报道的媒体既是"原告""检查官"，又是"法官"，而被批评的对象作为"被告"连辩护律师也没有。这种制约不够的情况，就容易发生批评报道的片面性。要防止这种片面性的发生，记者既要做检察官，又要做被告的辩护律师。还要从法官的角度想一想。

对被批评的对象应采取公正的态度。如果他们要求申辩，应该听取；如果他们言之有理，持之有故，应该接受；包括他们的局部合理的意见和对事实的修正，都应该在报道时予以反映。要接受以往"捂住人家嘴批判人家"的打棍子的教训，对于被批评者的态度，如表示愿意改正错误，也应予以报道。

记者应该明确，当前，报纸和新闻媒体是正确处理人民内部矛盾的重要工具。特别是在人民当家做主之后，正确处理内部矛盾问题就越发显得突出和重要。因此，必须重视并不断总结处理同这类采访对象之间的矛盾的经验。

揭露和批判的采访对象

记者和这种采访对象之间的关系是：

一、利益、立场、观点、都是根本对立的。

二、记者要通过采访，挖掘揭露、批评对方的材料。采访对象"固守阵地"，同时可能"伺机进攻"。

这种根本对立的关系，常常使采访活动本身就变成一场激烈、复杂，或者微妙、曲折的斗争。

揭露和批判的采访对象又可分两种：一种是尚拥有一定力量的、正在进行活动的敌对国家、阶级、营垒、势力的人物，如敌对国家的领导人，在谈判会议上的敌方代表等等；一种是已被俘获或消除抵抗力量的敌对分子，如被俘虏的敌军将领、被抓获的罪犯，等等。

对于第一种揭露和批判的采访对象，记者决不应存有不切实际的幻想。不要企图直接从他们嘴里拿到有用的材料，而必须通过多种途径和方法，达到自己的目的。在与其接触的时候，则应保持记者的落落大方的风度，牢记自己背后站着广大的读者群众，要有勇气和对方进行斗争，不管他是多么大、多么威风的人物。在这种采访活动中，如果在气势上不压倒对方，而被对方所压倒，那是很难获得成功的。

对于第二种揭露和批判的采访对象，则要做具体分析。有时，要首先压倒对方，有时则要采取较为迂回的办法。解放战争初期，我军俘虏了蒋军高级将官马法五。当时任新华社前线总分社社长的安岗同志前去采访他。那时战争刚刚开始，敌军气焰十分嚣张。所以，马法五虽然被俘，但仍很顽固。安岗回忆那次采访过程说：

> 我先提出问题："在这儿过得好吧？环境不错呀。"马法五没有回答，却问道："这样的房子是什么时候盖的？""日本时期盖的。""日本时期盖的，这是中国人民的血汗。"他说这话是给自己抹粉。于是我提醒他："但你知道你现在住的是谁的房子？是中国人民解放军解放了的峰峰市的房子。"这下他低下头。我接着提问。谈下去，他不承认打内战，他说他是基督徒。我说："你为什么到了解放区这个地方？"他说："因为我是中国人，中国人可以走中国的路。"我拿出缴获的《剿共手册》，问怎么解释，他说："这是执行长官的命令，军人以服从为天职。"——这下我就有文章可做了。揭露蒋介石密令打内战。第二天把报道发回总社，向全国播出。①

---

① 引自 1978 年 11 月 11 日安岗同志在中国社会科学院新闻研究所对研究生的讲课《学会写人》。

但是，有一些对象，就不需要这样上来先压住对方的气焰，这样做，甚至适得其反。《人民日报》记者报道宾县煤建公司贪污案时，也曾到监狱采访在押的主犯王守信。在此之前，曾经有一批来找她了解情况的人，见了她就拍桌子、打板凳地发了一通态度，王守信态度表面是"老实"了，但她装傻充愣，一言不发，结果调查的人一无所获。记者采访吸取了这个教训，根据她当时的想法，首先向她交代了党的政策，让她坐下，准许她抽烟、喝水。然后再谈一些问题。通过这样较为迂回的办法，了解到了一些情况。——在这里，记者应注意肃清极左思想的影响。记者的任务不是训斥犯人，记者的立场不表现在拍桌子上，他主要的任务是从对方那里获取有用的情况，不要追求形式上的东西。

关于记者如何进行批评报道的采写，关于新闻媒介如何进行舆论监督和批评，这是需要专门著作来加以论述的，这里不可能做全面阐明。

但记者来进行这类采访时，需要建立一个多层次批评报道的观念。

批评报道的四个层次

第一层次：摧毁性的批评报道。对被批评者本人是采取一种"摧毁性"的态度和方法。对顽固的敌对分子，对严重的犯罪分子，他们的人身往往都是要摧毁的，报道更没有什么客气可言。

第二层次：批判性的批评报道。被批评者所犯的是严重的原则性的大错误，大是大非的错误，自当严肃批评，但对其个人，并不需要"摧毁"。在政治性批评报道中，即有这种情况。

第三层次：批评性的批评报道。这里之所以同义反复，是为了与其他层次相区别。这是最大量的批评报道。应按照从实际出发，摆事实，讲道理，注意效果，"团结——批评——团结"等原则进行。

第四层次：商榷性的批评报道。有批评的含义，但不采取批评的形式，而是采取商榷的角度。这个问题是非要这样处理吗？有没有更好的办法呀？把不同的意见都摆出来，让大家去判断，记者在报道中不做任何结论。目前在改革开放的条件下，有许多新问题、新领域、新探索出现，要允许犯错误，也要允许人们改正错误，更多地应该采取这种商榷性报道的方式去反映，免得挫伤了人们大胆实验的积极性，也使记者的报道少犯主观性的错误。

记者对待批评性对象的时候，最容易犯的错误是搞错了层次，"串了行"，把该放在批评性报道层次的对象放在批判性层次上了，把该放在批判层次上的放在摧毁性层次上了，把该放在商榷性的层次上的放在批评性层次上了。记者在采访过程中往往会遇到采访对象的反对或"抵抗"，这就很容易激怒了记者，记者再以感情用事，拔高了层次的情况就自然会出现了。

有人说批评报道容易惹麻烦。除了批评报道本身就容易惹麻烦以外，常常就是因为记者的批评报道串了行，使记者和发表批评的媒体陷于被动地位。被批评的人或单位就抓住你过头的几句话甚至几个字与你进行纠缠。

"中性关系"的采访对象

也有相当一些采访对象不属于上述三类中的任何一类。这类采访对象，就其社会身份、地位来说，在目前正在进行的这次采访活动中，并没有构成什么实质性的矛盾，或者没有表现出来，或者有一些也可以忽略不计。记者的采访活动，没有直接涉及对方的利益，既不是肯定、表扬对方，也不是批评对方，更不是揭露对方，于是，对这类对象的态度上，可以说形成了一种"中性关系"。

采访自然科学和技术领域的题材，会遇到许多这类的对象；涉及社会领域的一些采访，也会遇到这类对象。这类对象主要是记者的消息来源。一场火灾事故的目击者，当这场火灾同他没有任何瓜葛的时候，他的社会身份、地位，并不对他向记者提供的情况发生重要影响，倒是他当时究竟看清没看清，可能更重要一些。

但是，采访对象没有直接同记者形成某种明显的矛盾，不等于采访对象的立场、态度等对记者采访活动绝对没有影响。一个主张对青年犯罪要一概无情打击的人，他很可能会向记者过分渲染一些青年犯罪的情节；而另一个对这类现象抱着无所谓态度的人，则可能对青少年犯罪这方面的根源轻描淡写。"中性关系"是指在采访活动中，记者和采访对象之间不发生直接的利害冲突和立场、观点上的矛盾而言,不是指采访对象对客观事物是中性态度。因此,记者对这类采访对象也应该考察,他们的立场、态度、思想、观点、感情对他们提供的材料发生什么样的影响,只是在处理彼此关系上,可少花相当的精力。

第八节 记者的新闻策划

内容提要:策划、策划业、策划活动的兴起是现代社会的重要特点。新闻策划是整个策划中的重要组成部分,居于核心地位。新闻策划是提升新闻传播价值和效果的手段,也是提升社会各种活动的效应和效益的手段。

新闻策划是围绕新闻传播进行的策划,包括新闻传播自身的策划和利用新闻传播的策划。

新闻策划主要包括:新闻传播策划、社会活动策划、企业新闻策划。

新闻策划的成功主要靠认识新闻价值、抓住新闻机遇、选取有效方式三个环节。

新闻策划是协同性很强的工作,记者要学会策划的本领。

策划和策划业的兴起

综观现代社会,有一个现象值得我们注意,那就是策划和策划业的兴起。

经济巨大发展、市场不断深化、科技飞速进步、社会交往频繁、信息交流便捷、各个领域交融,这样的六个要素,不仅改变着人类的生产方式和面貌,而且改变着人类的生活方式和面貌——改变着整个人类社会的运行和面貌。其中有几个特点值得特别注意:

一、"注意力"问题成为焦点问题。"地球变小了","地球是扁平的","地球上的事连成一气了"。于是,人们的注意力在广度上变得越来越广了,在深度上变得越来越深了,因而它对社会的影响力变得越来越大了。人们有了"注意力经济"的说法,其实何尝是经济,文化、政治、社会各个领域莫不如此。提高了注意力，可以赚钱，提高了注意力可以推动某件难题的解决，提高注意力可以产生许多意想不到的效果。于是，如何造就注意力，凝聚注意力，运用注意力，就成了重大的问题。

二、活动成为引起注意力的载体。怎样造就、凝聚、运用注意力呢？活动，各种社会活动，是事物运动的集中点，因此，它最能够吸引人们的注意力。活动越独特，规模越大，越能够吸引更多的更大范围的更具有深度的注意力。因此，当代社会是各种活动蓬勃开展的社会。

三、整合成为最普遍的手段和途径。怎样把活动搞好、搞大、搞得更有影响？最有效的手段和途径是整合。为了一个目标，整合各种资源，整合各种要素。于是整的范围越来越大，一个地区、一个国家，乃至全世界范围内的整合越来越发展。

四、整合是一种人为的行动，是人的主观能动性的实现。因此，充分体现人的主观能动性的策划的发展，就成为历史的必然。

发源于西方的公共关系的学说和实践，就是策划的起源和重要的组成部分。

西方社会，充满了各种策划，各种策划的活动。大到总统竞选，实际上就是一种政治上的大策划。商业中的、文化中的策划更是万万千千，令人眼花缭乱。

在整个策划、策划业、策划活动中，新闻媒体居于重要的甚至是核心的地位。一方面，几乎所有的策划和策划活动，离开了新闻媒体都是很难有效地进行和实现的。一方面，新闻媒体往往成为策划和策划活动的组织主体。例如，"世界五百强"这样大的策划和策划活动，就是由美国的《财富》杂志主办的。例如，中国的中央电视台策划了"同一首歌""心连心"等大型文艺活动，"经济年度人物评选"活动。连一部电视剧的拍摄，北京电视台都策划了"红楼梦中人"的大型选秀活动。通观中外，这样的案例不胜枚举。

平面媒体越来越认识到，要想在信息如此繁杂的今天，引起受众对本媒体的关注，光靠单调的"安静"的文字手段是不行的，必须把自己变成一个活动的平台，用更加"热闹"的立体的手段引起社会读者的注意，并加强和他们的联系。

于是，我们看到，新闻媒体成了整个社会策划的主角。

于是，我们看到，新闻传播和新闻策划越来越紧密地结合起来了。

于是，我们看到，新闻界需要越来越多的会策划的人才，也确实涌现了越来越多的策划人才。

于是，我们看到，社会上的策划人才，策划机构的人才，许多都是由新闻界培养出来并"供给"社会的。在中国更是如此。

这是社会的大趋势。

什么是新闻策划

对于策划，存在着不同的认识。

一种，有的人把策划说得过于"神乎其神"，仿佛策划不仅可以改变一切，甚至可以轻易地改变一切，像孙悟空"吹毛变猴"，像神仙"撒豆成兵"，像术士"点石成金"一样。也有的人把策划仅仅归结为"出点子"，仅仅归结为灵机一动的灵感思维，不承认策划的科学性。于是能够搞策划的只有一些脑袋特灵的少数人。这些，大都是某些专业策划人为了拉客户的商业宣传。

一种，有的人认为策划本身就是一个贬义词，它是弄虚作假、插圈弄套、乔装打扮、借以骗人的行为。特别是我国第一个以策划为职业的"点子大王"因诈骗罪被判刑以后，一些媒体便发表了类似看法的文章。有的人则是从新闻学的角度反对策划，他们认为，新闻是最近发生事实的报道，如果提倡策划，就等于为制造假新闻大开了合法的方便之门。

本书作者认为，策划是一个中性词，本身并不含有褒贬之义。是非对错，高低优劣，在于如何策划。以错误的目的，虚假的内容，用犯法违规的手段进行策划，造成恶劣的社会效果，就是错的、劣的；反之，以正确的目的，真实的内容，合理的手段进行策划，并造成良好的社会效果，就是对的、优的。

同时更应该看到，策划、策划活动的发展，包括策划业越来越成为一个独立的行业或产业，是社会发展的大趋势。我们只能学习它、研究它，把它搞好。对于它在成长发展中的问题，包括策划人的问题，应该正确地对待，使中国的策划和策划业逐步成熟起来。这不仅对新闻界，对整个社会都是好事。

什么是策划

所谓策划就是以综合了哲学、自然科学、社会科学以及各种文化知识的决策学——软科学为主要理论武器，从实际出发并依据丰富的实践经验，为某一个或某一群主体达到某一特定目的或战略、或策略、或实施的行为而进行的具有可操作性的谋划。

这个定义的要点是：

一、策划的服务对象：是某一个或某一群具体的主体。因此，所有的策划一定是有特定的服务对象的，而不能是无对象的泛泛而论的策划。没有针对全社会的策划。

二、策划的内容：它是设计一个主体的具体行为的，一定是有可操作性的，和一般的理论研究和理论阐述不同，理论不一定要有具体行为，也不一定要有具体的可操作性。

三、策划是实质：策划实际上是一种决策。战略策划是战略决策，策略策划是策略决策，实施策划是具体实施方案的决策。

四、策划的理论支撑：进行策划不应该是凭空想象，它应该建立在科学的理论的基础上。策划者需要有全面的理论知识，包括哲学、自然科学、社会科学和各种文化知识，但它们必须凝聚到一点，那就是服务于决策。在现代所谓决策科学被称为"软科学"。专业性的策划还需要有专业性知识。在一定意义上讲，策划就是体现"知识就是力量"的行为。

五、策划的艺术：策划解决的问题不是"这一类"，而是"这一个"。策划的个性很强。策划不能雷同，不能照葫芦画瓢。任何成功的策划都应该是一个创造，一个创新。因此，策划应该是科学加艺术，理性加灵性。艺术和灵性从哪里来？主要从实践中来，从实践经验中来。怎么来？依托于创新思维。

什么是新闻策划

所谓新闻策划就是围绕着新闻传播进行的策划，包括对新闻传播的策划，使新闻传播达到更理想效果的策划；也包括利用新闻传播的策划，使新闻传播能够为某项事业或工作起到更大的作用的策划。

广义的新闻策划，实际上每个新闻媒体都在进行。一家报纸的版面安排，栏目设置，选题确定，都需要策划。电视台的频道分工，栏目设置，内容设计等等都需要策划。我们这里说的策划，则是更具体的一件一件事情或一件一件工作的策划。更重要的是指那些不仅利用自己的新闻手段而且更多地利用社会资源的策划，即超出传统的新闻报道范围的策划。

前面我们讲过，记者应该是"社会活动家"，强调了记者要善于社会交往。现在我们应该把这个提法再延伸一下，记者还要努力成为"策划家"，起码成为一个善于策划者。这是现代社会中提升新闻报道作用的需要，也是充分发挥媒体作用的需要。

在工作中我们可以发现有三个层次的记者。

第一个层次的记者，写作能力不错，但社会活动能力不行。社会活动能力的薄弱常常限制了他的写作能力的发挥。

第二个层次的记者，写作能力和社会活动能力都不错，但策划能力不行，虽然他可以有广泛的交往，但是这种交往的作用和水平往往体现不出来。只见他忙忙碌碌，却没有更有影响的报道出现。

第三个层次的记者，写作能力、社会活动能力和策划能力都比较强，这样的记者就是比较理想的记者了。

针对这个问题，笔者在担任经济日报总编辑的时候，曾经对各地记者站提出这样的要求：一定要学会策划。如果你的策划能够把编辑部策划进去，能够把总编辑策划进去，我愿意按照你的策划给你跑龙套。

新闻策划的种类很多，这里主要介绍三种新闻策划：新闻传播的策划，社会活动的策划，企业的新闻策划。

新闻报道策划

新闻报道的策划是指超出一般新闻报道常规的新闻传播方式的策划。

新闻报道的常规是：记者采访——编辑编稿——总编辑、副总编辑审稿——见报发表。新闻策划就是要改变这一常规的做法，而取得更好的传播效果。

笔者在担任经济日报总编辑的时候，曾经做过长虹降价报道的新闻策划。主要情况如下：

1996年春天，我国著名的企业，号称"中国彩电大王"的长虹集团，带头在全国市场上降低彩电销售价格，平均降价幅度在18%。当时，长虹是中国最大的彩电企业，产量最大，市场占有率最高。它带头降价，自然引起了全国性的彩电"价格大战"。对于长虹挑起"价格大战"，其他厂家基本全抱着批评的态度。国家主管部门——电子工业部也不置可否。

长虹挑起彩电价格大战，这自然是一个好的新闻题材，应该予以报道。但这又是一个敏感的题材，因为有许多一时看不清楚的不确定的因素。竞争对手批评它降价，对不对呢？电子工业部应该不应该表态呢？已经有市场定价权的企业，自己决定降价是否合理呢？这次降价行动将会对中国的彩电业产生怎样的影响呢？这些，作为记者都一时难以判断。但这些问题搞不清楚，怎样进行恰当的报道呢？

于是，经济日报决定对这个题材改变一般的记者单独采访的办法，和长虹商量以后，决定在长虹所在地绵阳召开一次专家研讨会，请著名的专家学者对这个问题发表看法。将近十位中国有影响的经济学家参加了研讨会。大家充分发表了各种不同的意见。最后由主持研讨会的笔者做总结。笔者根据会上专家们的主流意见，做了一句话的总结——"降价之后是重组"。意思是说，长虹的降价除了惠及消费者以外，还会起到一个宏观作用，那就是彩电价格下降，必然会逼迫那些规模小、成本高、技术差的彩电企业退出市场。这对于全国彩电市场的重组，对彩电行业的资产重组都会起到推动作用。通过资产重组提高我国企业的效益是国家的宏观政策，而长虹降价的行为是符合这一宏观政策的趋势的。

按照这样的归纳，《经济日报》发表了根据专家座谈内容写成的报道，在社会上引起了比较好的反响。长虹的降价行为得到了深层的理解。

这是一个很简单的新闻策划，即把一般情况的采访活动变成了一次研讨会。因为这是个有争议问题的题材，靠采访对象说，靠记者一个人的理解都可能有局限性或片面性，请诸多专家来研讨，就可以得出比较全面的看法，使新闻报道更加准确，也更具有权威性。

再看笔者在担任经济日报总编辑时的另一案例：

1998年2月，经济日报驻湖北记者站站长魏劲松找到笔者，说，武汉正在以"资本运营"为指导，深化国有企业改革。您认为资本运营这个提法和做法怎么样？他们的经验能不能报道？因为笔者在1994年曾经总结过江苏春兰"资本运营"的企业经营管理经验，知道这是一个很好的企业改革的做法，便说，武汉的经验很好，值得报道。魏说，现在实际工作中还有两个问题没有解决，一个是武汉市领导层对于资本运营的看法还不一致，一个是湖北省领导层对这个做法还不了解。这两个问题影响着当地"资本运营"改革的进展。笔者当时是全国政协委员，记者希望我在即将召开的全国"两会"上，能够和湖北的主要领导就这个问题做一次沟通。

3月份，"两会"召开期间，笔者按照记者的要求，抽会议空隙，约见了湖北省委书记贾志杰和湖北省长蒋祝平同志。向他们推荐说，我们的记者了解到，你们武汉市资本运营的经验很好，很值得重视和推广。笔者的话引起了他们的注意，会议开完以后，回到省里，省委专门组织了一个调查组到武汉市了解"资本运营"的情况，并写出了一份上万字的调查报告，予以肯定。在这种情况下，省委、省政府做出决定，在全省推广武汉市搞"资本运营"的经验。

实际工作有了决定性的进展。魏劲松把这个情况告诉笔者。

5月上旬，经商量，编辑部由笔者带领两名记者和当地记者站魏劲松组成记者组，到武汉进行了采访。5月中旬采访完成，四篇稿件（三篇报道一篇评论）也全部写完。这组报道和评论对"资本运营"有了新的阐述，认为它对搞活国有企业是一把金钥匙。其中，搞活国有企业主要着眼于搞活国有资产的思想，后来成了国有企业改革的主导思想。

报道发表的时机也做了考虑。选在6月上旬湖北召开全省推广武汉"资本运营"经验大会前发表两篇，大会进行的过程中再发两篇。记者站给参加这次大会的几百名代表每人送一份刊有武汉资本运营的报纸。因为报纸的报道这样紧密地结合了当地的这项实际工作,所以报道引起了强烈的反响,省委省政府领导对这些报道很重视。省委书记在会上讲话的时候,还特别念了报纸评论中的几段话。

报道成功了,记者出名了,在当地的地位提高了,人们对记者的作用也刮目相看了。会后,魏劲松随着武汉市的领导到各地宣讲资本运营的经验,记者也成了资本运营的专家。

这应该是一次成功的新闻策划。成功的原因在于:
一、记者有为实际工作服务的思想。
二、善于发现实际工作中有价值的经验。
三、找到了宣传和推广这个经验的具体途径。
四、首先把当地领导策划进去。
五、同时把编辑部也策划进去。
六、采访写作和报道发表都选择了和实际工作更能紧密结合的时机。
再举一例:

1998年经济日报策划一次名为《黄河断流万里探源》的大型采访活动。

我国的母亲河黄河因为缺水,一到春天,河南以下的河道就没有水了,造成了黄河断流,给河南、山东一些地区的生产和生活造成了严重的影响。这是一个重大问题,必须引起全社会的注意。用一般的报道方式显得分量不够。于是策划了这次大型的立体的采访活动。

活动开始前,报社向中央领导同志做了汇报,也取得了水利部的支持。

采访活动采取记者乘车实地考察的方式,从黄河入海口,沿着黄河河道,一直走到黄河源头。4月15日记者组从北京出发,7月1日采访结束,历时两个半月,行程万余里。记者沿途边调查边在报上发报道。每到一个省,除了采访活动以外,还要在当地开一个新闻发布会。

整个采访活动结束以后,又专门向中央领导做了汇报。中央领导做了重要批示。后来又将有关报道和文章汇集成书。

这次活动因为采取了这样的立体的方式,所以产生了比较大的影响。

这里附带说一个小插曲:笔者亲自参加了到黄河源头的采访。在青海,见到了省委书记、省长,他们希望报纸能够呼吁人们重视青海的发展。笔者对此提出一个建议,青海应该提出"源头经济"的概念,中国三条大河都发源于青海,它的状况影响全国,这就是青海地位的重要性,这样人们就会自然重视了。这可能就是后来"三江源"提法的来由吧。

社会活动策划

新闻媒体也可以进行离开日常报道策划一些社会活动。这些社会活动,选择社会生活中人们关心的一个主题或一个方面,利用新闻媒体的优势,联络各方面的力量,以其巨大的声势,造成比较大的社会影响,推动实际工作和社会的发展。20世纪90年代以来,中国新闻界搞的重大的社会活动很多。诸如"中国质量万里行"活动,"中国经济效益纵深行"活动,"百城万店无假货"活动,"环保世纪行"活动等等。

现在,重点剖析一下"中国质量万里行"活动:

1992年开始的"中国质量万里行"活动(这个活动目前还在延续),是首都新闻界联合举办的一次大型新闻采访活动。这次活动取得了巨大的成功。

"万里行"第一组报道打响以后,朱镕基副总理立即批示:中国质量万里行活动,一炮打响,可喜可贺。我已向江总书记和李鹏总理汇报,李鹏总理说,干得好,震动不小。希望再接再厉,搞好质量品种效益年。

老百姓说:"大快人心事,质量万里行!""希望万里行天天行。""党和政府又为我们办了一件好事、实事!"

我国经济工作老领导者、原副总理张劲夫说:"我们一直重视质量工作,早就提出过'百年大计,质量第一'。但苦于找不到解决质量问题的好方法。质量万里行使我们找到了解决质量问题的一种好方法。"

原中宣部主管新闻工作的常务副部长徐惟诚说:"新时期,新闻工作要以经济工作为中心。万里行找到了一种配合中心工作的好途径。"

这次活动是由中国新闻文化促进会和人民日报经济部发起的。笔者当时担任中国新闻文化促进会常务副会长、人民日报经济部主任,经当时主管经济工作的朱镕基副总理批示,担任了"万里行"组委会主任。

这次活动的成功,主要是因为:

一、抓住了经济生活中的"三重合"的热点问题

所谓"三重合"就是政府关心、企业关心、百姓关心的三重合。质量问题就是这样的问题。1991年,国务院在我国第一次开展了"质量品种效益年"活动,表示了对质量的关心。老百姓对假冒伪劣深恶痛绝,对质量问题特别关心。企业由于市场竞争的需要,对质量也特别关心。大家都关心,就容易打得响。

二、恰当的形式

按照朱副总理的批示,采取了"群众监督""舆论监督"的形式,政府部门在后面支持。

三、形成合力

第一个合力——首都新闻界的合力。参加这次活动的包括了首都北京的报纸、广播、电视各大媒体。这就形成了空前巨大的宣传声势。第二个合力——新闻界和政府部门的合力。这就形成了宣传的可靠性和权威性。政府部门为活动提供全面的支持。国家质量监督局原副局长李保国说,过去我们局里抽查质量,发现不合格的公布一下就是了,但"万里行"把不合格的一曝光,震动就大了。两方面结合做到了一方面做不到的事情。笔者在1992年"万里行"总结大会上是这样说明合力的:万里行成功了,人们说有一个组委会,组委会还有一个主任。其实,我是贪天之功,贪地之功,贪人之功。没有中央领导和政府各部门的大力支持,没有广大消费者和企业的积极参与,没有新闻界的通力合作,就没有"万里行"活动的成功!

四、恰当的宣传方针

"万里行"活动的定位是"三手"——政府的助手,企业的帮手,

改革开放的"趟雷手"。

对企业公开亮明"查、处、帮"的方针。查企业的质量问题,是为了企业正确处理质量问题,企业有了进步,就要采取帮助的办法,而不是一棍子打死。

表扬批评两翼推进。表扬好的,批评差的,以正面宣传为主。

打假既着眼于治理假冒伪劣,又更着眼于扶植名牌。围绕名牌,提出了"创造名牌,宣传名牌,保护名牌,发展名牌"的口号。

五、统一指挥,灵活采访

统一指挥是为了确保报道的准确性,也是为了更好地发挥新闻界联合形成的合力。同时还有一个壮胆的作用。当时媒体上的批评报道非常少,所以,在第一次组委会的会议上,列出十个表扬题目和十个批评题目进行"招标"的时候,表扬的题目很快分光了,而批评题目没人认领。笔者当时主持会议,真是"骑虎难下",于是壮着胆子说:"这次搞批评,不要怕。第一,我们是打群架,谁敢把首都新闻单位都告了?第二是有后台,我们有政府主管部门的支持。所有的批评报道都冠以'中国质量万里行记者'的头衔,出了问题由组委会负责。"批评报道的题目也很快分下去了。

至于具体题目的采访,则要求记者根据实际情况,采取灵活的方法。

搞质量问题的采访报道,特别是批评性的采访报道是很困难的事情。这是因为搞假冒伪劣者都是暗中进行的,且都有严密的提防,而且还常常有地方保护主义的庇护。但"万里行"的记者们,充分发挥了聪明才智,创造出了许多成功的采访案例。

薄一波同志是"万里行"活动的名誉主任,他不仅为"中国质量万里行"这个名称题了字,而且非常关心和具体指导这次活动。他有一次和笔者谈话时,除了希望"万里行"活动要持续开展下去之外,还特别说,要通过这样的活动,培养一批敢讲真话、实话的记者。

"中国质量万里行"活动的成功经验很值得重视,但它为记者和新闻媒体只是提供了一个案例的借鉴,不提倡简单的模仿,需要的是从实际出发的不断的大胆创新。

企业新闻策划

新闻传播对企业的重要性

企业决胜在市场。而信息传播对市场起着重要的导向作用。因为广大的消费者主要是依据自己获得的信息来指导自己的消费行为的。买什么，不买什么，靠信息做指导。新闻传播也可以认为是市场信息传播中最重要的信息传播。人们常常通过新闻信息了解一个产品、一个企业、一个产业的状况，而后决定自己的消费行为。

企业实施品牌战略，要打造自己的品牌，要树立自己的品牌形象，也必须通过市场信息传播特别是新闻传播才能奏效。产品质量可以在企业内部造出来，知名的品牌则必须通过信息传播才能建起来。

新闻传播对企业具有的重要性，可以用一句成语来表述：成也萧何，败也萧何。有众多事例可以证明。

事例一：

1987年夏天，内蒙古伊克昭盟羊绒衫厂厂长王林祥找到笔者。笔者当时担任人民日报经济部主任。王说："你是新闻界老人，能够不能帮我请一些报社的总编辑吃顿饭？"笔者问："吃饭干什么？"答曰："朋友。"又问："交朋友干什么？"答曰："没有别的了。"笔者说："那我不能给你请，大家都很忙，就为吃你一顿饭，哪有时间？"王问："怎么才能请来？"笔者说："你要有新闻。"王说："有没有新闻，我也不知道。"笔者说："你把企业情况说一说，我看有没有新闻。"

王开始说："全世界60%的羊绒产在中国，中国60%的羊绒在我的企业加工。"两句话说完，笔者叫道："停！请问内蒙古还有比你大的羊绒衫厂吗？"回答："没有"。"中国还比你大的羊绒衫厂吗？"回答："没有。""全世界呢？""英国有一家大的，产量是我的三分之一。此外没有大的了。"

笔者高兴地喊道："新闻有了——全世界最大的羊绒衫厂在中国内蒙古伊克昭盟！"于是请来一位记者，又做了一些采访，写了一篇新闻稿，第二天请各位总编辑吃饭时每人送了一篇。第三天各大报纸都见了报。王林祥的企业名声一下子就出来了。

这就是今天赫赫有名的内蒙古鄂尔多斯集团当年起步的故事。其实就是一个简单的企业新闻策划。

事例二：

曾经红火一时的济南三株口服液却因为新闻传播倒下了。三株口服液靠广告打出了知名度，销售额达到将近70亿。后来，湖南乐阳一位老人喝了三株口服液死了。儿子把三株告上法庭，说："我爸爸喝三株中毒身亡。"法院受理之后，全国新闻媒体对这个官司大都做了报道。法院审理了一年，做了判决："老人之死与三株无关。"

但这个判决对三株已经毫无意义，因为法院受理、新闻媒体报道之后三个月，企业就趴下了。消费者从新闻报道中得知了这个消息——三株涉嫌毒死一个老头。对消费者来说，"毒死一个老头"和"可能毒死一个老头"没有区别，毒死我不买，可能毒死我也不买。不买就是最高的判决。

事件的结果是悲剧性的，三株因被误伤而趴下。

这个结果当然是大家都不愿意看到的。但它确实发生了。新闻媒体在这里面犯了什么错误吗？没有。因为它们做的都是事实的报道，法院受理了三株口服液涉嫌毒死老人案，确实是已经发生的事实。但是，新闻界就没有值得总结的经验教训了吗？当然有。请看：

事例三：

娃哈哈口服液在此后不久，也发生了在安徽涉嫌毒死一个小孩的事件。一位记者首先发现了。他对娃哈哈说:"我要给你们曝光。如果想让我不曝光,至少给我五万块钱。"娃哈哈开始想给记者钱堵嘴。但后来一想,死人事故不是由于我们的产品质量发生的,如果给钱堵嘴,那不正好证明我们的产品质量有问题吗!于是又没有给。记者真的把稿件发回北京,北京的编辑部由于不了解情况,就把这篇稿件刊登了。毒死小孩的稿件一登,轰动不小。

娃哈哈的老总宗庆厚迅速赶到北京。笔者当时担任经济日报总编辑。他找到笔者,叙述了前后过程。笔者当时就做出判断,说:"毒死十个小孩,可能是你们的问题,毒死一个小孩,不是你们的问题。"因为根据常识就可以判断,这种产品是成批灌装的,如果出问题,那一批全部产品都会出问题,不可能只有几瓶有问题,其他的没有问题。鉴于三株的教训,这种事情急如救火。笔者当天就写了一篇文章,发表在第二天的报纸上,为其澄清。同时,建议他到中宣部反映情况。中宣部了解情况后,立即向全国新闻媒体发出通知,一律不要转载毒死小孩那条消息。不真实的新闻传播被制止了。娃哈哈据说为此损失了三四个亿,但避免了三株的命运。

事例二、事例三中,企业遇到的问题非常类似,为什么会有两种不同的结果呢?很重要的原因是一个没有任何新闻策划,而一个努力做了新闻策划。在这里或称为"新闻危机公关"。

鉴于新闻传播对企业所起到的重要作用,所以,笔者曾多次向企业特别是大企业建议,要把新闻策划当成企业经营管理中的一件大事来对待,不只是遇到危机时才重视。

什么是企业新闻策划

企业新闻策划,就是企业为实现其经营管理中的某个、某种目的,或者为了解决某个经营管理中遇到的问题、麻烦,主动利用和协调新闻传播的一种策划。

理解新闻策划的要点是：

一、企业新闻策划的主体是企业。参与企业新闻策划的主体是两类：一类是企业自身，一类是新闻媒体或策划机构。这两类主体都是必须密切结合的，但这两类主体的地位是不一样的。无论是以企业为主进行策划，还是以媒体或策划机构为主进行策划，其服务对象都是企业，最后做主的都是企业。

二、企业新闻策划的题材来自企业。策划的内容来自企业，来自企业的状况。策划不是凭空捏造，必须根据企业发生的事实为依据、为素材。没有一个企业的新闻策划把好企业策划成坏企业的形象，但是更不能把一个坏企业打扮成好企业。离开事实或歪曲事实的策划制造的是本书前面说的不合理的宣传性现象，是必须防止的。

三、企业新闻策划的核心是新闻传播。无论怎样的策划，其目的都是为了更好地进行新闻传播。策划成败取决于能否有好的题材、好的角度、好的方式。这里的"好"是用新闻价值、传播价值和传播效果来衡量的。

对于企业新闻策划存在着不同的认识。

很多企业认为，新闻策划不是企业的事，是新闻媒体的事，因而放弃了这项工作。他们不懂得，企业要树立自身形象，从宣传沟通的角度说，主要是通过三个主渠道：广告、新闻、公关。而新闻渠道具有公信力强、讲事实透彻、费用低三大优点。

还有一些新闻媒体认为企业的新闻策划也不是自己的事，甚至是不允许的事。他们认为，一、企业宣传是企业自己的事，应该通过广告进行。二、通过策划去宣传报道某一个企业，会成为制造假新闻的借口和方式。三、宣传报道某一个企业会造成不平等竞争。

这种认识是不全面的。

一、新闻媒体要为经济服务，就要为企业服务，因为企业是市场主体，是现代社会财富的源泉，不为企业服务，为经济服务就会在很大程度上成为空话。我们能够设想为运动会服务而不为运动员服务吗？我们的媒体应该树立为企业服务的思想，这不是错误的，而是必须的。

二、企业的内容是经济活动中最重要的最丰富的也是最生动的内容，也是受众最需要的内容。社会上的消费者需要从新闻报道中了解企业和产品的情况，企业经营者需要从新闻报道中了解他人经营企业的经验。企业在整个经济活动中处于承上启下的地位。承上，它是落实国家政策的主体；启下，它是为消费者服务的主体，完全脱离企业内容的宣传报道就可能成为空泛的宣传报道。

三、策划的正确与否不是策划本身的问题，而是如何策划的问题。我们反对错误的弄虚作假的策划，但我们应该坚持更好地反映实际情况的策划。"酒好也怕巷子深"。正确的新闻策划，不是把坏酒策划成好酒，而是解决"巷子深"的问题。

四、做好新闻策划也是新闻媒体自身发展的需求。一家新闻媒体上，如果有许多企业需要的内容，那么企业的受众群就抓住了，广告也不发愁了。反之，既失去了企业的受众群，又失去了广告的来源。总之，企业新闻策划是增强新闻传播作用、提高新闻传播价值、有利媒体发展的重要途径。新闻媒体必须重视企业新闻策划。记者也应该努力学会企业新闻策划的本领。

如何做好企业新闻策划

企业新闻策划必须遵循如下原则：

一、真实性原则。策划活动的内容必须是真实的，不能夸大，不能歪曲，更不能胡编乱造。

二、导向性原则。企业新闻策划自然要追求企业的经济效益，但必须和社会效益统一起来，应该有益于社会，起码应该无害。

三、不损他原则。不能利用策划进行不正当竞争。

企业新闻策划的成功要靠三个环节：

一、认识新闻价值。如前所述，新闻价值就是"普遍兴趣"。必须认识到你要传播的事实的新闻价值在哪里。必须抓住抓准。

二、抓住新闻机遇。时机的选择很重要。不同时期人们关心的事情不同，你抓住了当下人们最关心的问题，才会有比较好的传播效果。

三、有效的传播方式。传播方式是具体运作形式的问题。是新闻报道，是研讨会，是公益活动，是赞助某项社会活动？都要设计好。

最重要的是选好反映企业事实的新闻角度——最有新闻价值的角度。试举几例：

1. 发现和传播企业的亮点。

前面说的，发现鄂尔多斯是全世界最大的羊绒衫厂，就是抓住了"全世界最大"这一亮点。

2. 发现和传播企业行为对消费者的意义。

美菱电冰箱曾让《经济日报》为其开一个研讨会，因为他们的冰箱使用了十几种新的专利技术。专利技术消费者是不懂的，再多的专利一般的消费者也不感兴趣。笔者问企业，你们的专利技术集中解决的是什么问题？企业回答：过去的冰箱主要是解决食物不腐烂的问题，我们使用了这些专利，解决的是食物保鲜的问题。笔者说，那我们就召开第二代冰箱——保鲜冰箱的研讨会。"保鲜"这就是对消费者的意义，大家明白，也关心。

3. 发现和传播企业行为的宏观意义。

海信研制成功具有自主知识产权的电视机芯片，结束了我国没有自己电视机这一最关键性部件的历史。"信芯"成了中国人的"信心"。这就是它的宏观意义。

4. 发现和传播企业行为的政策意义。

海尔在美国设厂，联想收购IBM的个人电脑业务，都符合中央提出的"走出去"政策，符合"要形成一批有实力的跨国公司和知名品牌"的战略要求。

5. 发现和传播企业新闻的社会意义。

海尔的产业报国思想，长虹的"做中国人，创世界名牌"的口号，华为的专利数量超过美国的GE，成为世界第一，企业行为都超出了经济意义，而具有社会意义。上海振华港机产量占世界40%以上，为外国港口安装机械的时候，常常升起中国国旗，也具有政治意义。

6. 发现和传播企业行为和经验的理论意义。

总结春兰的经营管理经验，并把它上升到"资本运营"的高度，就属于这一类。

7. 发现和传播企业行为的创新意义。

TCL进入彩电行业采取"反贴牌"的部分——把别人生产的彩电贴上自己的品牌,创造了"以速度抗击规模"的发展战略。海尔的兼并采取的是"吃休克鱼"的战略,都有创新的意义。

8. 发现和传播企业行为的文化意义。

张裕葡萄酒110周年纪念,青岛啤酒100周年纪念,注解了中外文化融合的成功,注解了对外开放和自主发展相结合的成功。

9. 发现和传播企业行为的责任意义。

中国赞助公益事业出资最多的万达集团获得了"中国慈善示范企业"的称号就属于这一类。

10. 发现和传播企业行为的人物意义。

把企业的宣传和企业家的宣传结合起来。张瑞敏、柳传志等一批优秀企业家的出现和被人们所了解,是中国企业家阶层迅速成长的标志。

新闻策划的协同性和独创性

新闻策划的特点是协同性和独创性的统一。

任何一项策划,实际上都是一个系统工程。它要靠方方面面的协同才能很好地完成。一项新闻传播的策划,要靠媒体内部各个部门各个层次的协同。只有记者的积极性,没有编辑的参与,不行;只有记者的积极性,没有总编辑、部主任的支持,不行。一项社会活动的策划,要靠媒体、政府、企业、专家、社会群众的彼此协同和积极参与。一项企业的新闻策划也是如此。

协同性来自共同的认识和共同的利益。建立在共同认识和共同利益基础上的策划,才能出现各方协同的局面。因此,无论什么策划,都必须是共同认识和共同利益的操作。局部利益必须融合在全局利益之中,经济效益必须融合在社会效益之中,离开这一点是不能成功的。

但这种协同,不应该是"乌合之众"的协同,策划必须有主角,必须有总设计师,必须有灵魂人物,必须有主创人员。正像北京奥运会的开幕式,必须明确由张艺谋做总导演。一个策划能否成功，常常在于有没有、找没找到这样的灵魂人物。

作为记者，一定要有志气做这样的灵魂人物，要学习策划，要勇于策划，要善于策划。当然也必须明确，也要学会用协同去完成策划。

第四章　基本采访方法

第九节　十条基本采访方法（上）

内容提要：这一节介绍五种基本采访方法：（一）点面结合。（二）三个阶段。（三）两面挖掘。（四）寻找镜子。（五）抓取特点。

谈采访方法，是件危险的事情。采访方法非常繁杂，从表面上看，甚至是杂乱无章、无规律可言的。采访方法的繁杂是由这样几个因素决定的：

一、客观事物是复杂的，不同的事物应该用不同方法进行采访。采访炮火连天的前线同采访"鲜花"盛开的幼儿园，当然应该使用不同的方法。

二、采访对象是彼此不同的、差异很大的，不同的对象应该用不同的方法进行采访。采访著名的科学家同采访山区没文化的老农，自然不能使用相同方法。

三、采访的具体任务不同，采访方法也不尽相同。采访一篇人物通讯同采访一篇简短的消息应当有不同的要求。

四、记者个人的素养、水平、习惯各不相同，个人喜欢使用的方法也不相同。记忆力好的人同记忆力差的人在如何记笔记上就可能有不同的见解。

这四种因素交错在一起，便形成了各式各样的采访方法。老记者田流同志幽默地说：采访方法是"剃头使推子，一个师傅一个传授。"这的确是实际情况。因此，企图介绍采访方法的"模式"，当然是危险的事情了。

一般地说，"采访方法"包含的内容是相当广泛的。但可以概括为"五个环节"，"四种手段"：

从采访的环节和程序说，应该包括：明确报道思想，确定报道选题，做好采访准备，进行现场采访，反复提炼主题——五个环节。

从采访的手段和途径说，应该包括：口头访问、直接观察、采集资料、体验感受——四种手段。

这些内容，在新闻系的教材中，大都有过讲授。我们这里讲的基本方法，是在上述方法的基础之上，研究一些带规律性的、基本性和技巧性的方法。

在千变万化的具体方法中，能不能寻求出一些基本方法呢？所谓基本方法，就是采访方法的基本原则和要求。这些原则和要求在各类采访中是"通用"的，因而也是带有技巧性的。这些基本方法不是单独存在的，它们是通过具体方法表现出来的。凡符合基本方法的具体方法，在使用时就会顺利，容易达到采访的目的；凡违背基本方法的具体方法，在使用时就会遇到挫折，事倍功半，甚至很难实现采访的目的。

既然我们承认采访活动存在它固有的若干矛盾，那么，针对这些矛盾，必然存在着解决这些矛盾的方法。这不仅是逻辑上的推论，通过研究大量的记者采访的实例，我们的确可以找寻到这些基本方法。

那么，它们都是些什么方法呢？

点面结合——基本采访方法之一

"点面结合"是任何记者都必须使用的基本采访方法，包括那些不懂得这个理论、不承认这个理论的人，都必须如此。为什么？原因很简单：这是任何人认识任何事物的规律。采访当然也不能违背这个规律。

"点"和"面"这两个概念是习惯用语，它可以包括多种意思：个别和一般、特殊和普遍、局部和整体等等。在这里，这些意思我们都要用到，但是，最基本的是个别事实和一般事实这个意思。记者采访的基本方法之一，就是要善于把个别事实和一般事实联系起来，从而达到了解新闻事实的目的。

关于新闻工作所包含的矛盾问题，中国社会科学院新闻研究所戴邦、张德勤二同志曾有这样一段给人启发的论述：

> 一个是"新闻事实"，一个是"普遍事实"。新闻事实从普遍事实而

来，是普遍事实的"代表",两者是互相联系的,具有统一性;同时它们一个姓"新",一个姓"普","新"即不"普","普"即不"新",两者又有互相排斥、互相对立的一面;然而,新闻事实又是促进普遍事实发生变化的"酵母"。因此在一定条件下,普遍事实可以变为新闻事实,新闻事实可以变为普遍事实,两者又是可以互相渗透、互相转化的。这不是一对活生生的矛盾吗?这不是我们最经常、最大量、每天不知碰到多少次、既让我们烦恼也给无穷乐趣的矛盾吗?从记者、编辑一直到总编辑,面对着普遍存在的万事万物,每天焦思苦想的,归根到底是怎样一个问题:究竟哪些事实能成为新闻事实以及怎样用新闻事实去影响普遍事实?①

新闻事实和普遍事实的矛盾,当然要决定和制约采访方法。记者在采访中要"捕捉"的是新闻事实,怎样"捕捉"呢?新闻事实,是个别事实;但个别事实,并不全是新闻事实。记者必须把普遍事实和个别事实加以联系、比较,才能发现新闻事实,认识它、了解它、"捕捉"它。

具体说,点面结合有哪些方式呢?

"面上找题目,点上做文章"

这是我国新闻界的同志在实践中总结出的重要经验,是点面结合的一种方式,甚至可以说是点面结合的主要方式。

人类认识事物的次序,是从个别到一般,从特殊到普遍。记者当然也不例外,但从采访的要求看,记者必须首先解决报道思想问题,才便于解决报道的具体事实问题。也就是说,记者首先应该对一般事实有个普遍性的了解,对整个形势发展的趋向、矛盾的焦点、群众关心的问题、事物进展的程度等等,即人们常说的"面上的情况",有个了解,然后,他才能够得心应手地

---

① 见戴邦、张德勤:《新闻规律初论》,载陕西新闻研究所编辑出版的《新闻研究》,1980年第3期。

去发现和捕捉新闻事实。否则，就会是"瞎猫碰死耗子"，使工作带有极大盲目性和偶然性。

"面上找题目，点上做文章"。有了题目才好做文章。记者采访，无论是"战役性"的，还是"战斗性"的，一般总是要从了解"面"的问题开始。这其实是发现新闻价值的最实用的方法。新闻价值其实就在点和面的联系之中。

毛泽东同志在《反对党八股》这篇文章中，曾经转述了鲁迅先生答复《北斗》杂志社讨论怎样写文章的一封信的内容。鲁迅先生在那封信里列举了8条写文章的规则，其中第一条便是："留心各样的事情，多看看，不看到一点就写。"①——这里强调的是首先要有个"面"的基础，而不是仅仅立足于一点。

穆青等同志在总结《县委书记的好榜样——焦裕禄》采写经验的时候说：

怎样去正确地认识和判断一个典型呢？从这一次采访焦裕禄同志的事迹中，我们初步体会是：需要做到3个洞悉：

一、洞悉国内国际形势和全国宣传动向；

二、洞悉这一典型的全部材料；

三、洞悉有关的反面材料，作为正面宣传的放矢之的。

有了第一个洞悉，可以使我们了解这一典型的普遍意义；有了第二个洞悉，可以使我们了解这一典型的特殊意义；有了第三个洞悉，可以使我们了解这一典型对一般事物起什么作用。②

很显然，做到了这三个洞悉，记者才能知道某事情能否采、采什么、怎么采。而这三个洞悉中，第一个和第三个显然都是属于"面"的问题。

"行万里路，读万卷书。"这句话已成为我国关于写文章的一句格言。1960年下半年随同陶铸同志在广东做调查、并参加著名的《西行纪谈》采写工作的林里同志，曾经这样总结他们的经验：

---

① 见《毛泽东选集》四卷合订本，第844页。
② 见新华社兰考采访小组：《焦裕禄精神教育了我们》，载《新闻业务》，1966年第3期。

《西行纪谈》不仅看了许多，听了许多，而且还做了调查研究。他们虽然没有"读书万卷"，但确确实实地走了一万里路。他们一共下乡43天，遍访了湛江专区的13个县和市，游历了大半个海南岛，还在江门专区的好几个县、社做过逗留。他们沿途同地委、县委、公社党委以及基层干部广泛接触，还到群众中去做调查、访问。并且边听边看，边谈边写，到处同群众商量，如果没有这样遥远的行程，如果不同各级党委和广大群众广泛接触，哪能发现如此众多的问题？又哪能写出如此大量的文章？①

著名记者华山是这样形象地阐述点面关系的：

比如抓小鸡，老鹰总是先飞得高高的，在空中转上几圈，瞅准目标，然后一头猛扎下来——小鸡一下子就叫它抓走了。"飞得高，抓得准。"就是说的突破一点必须和了解全面结合起来。②

记者了解面上的情况，首先要靠自己留心，留心观察，留心收集材料，细心研究各方面的情况。要力争由点到面，达到对全局或某些全局性的问题有个概括的，全面的认识，做到"胸中有全局"。

记者了解面上的情况，在很多的情况下要靠学习领会党和政府的政策。记者要经常转换自己的报道方面、报道题材，情况又是在不断变化的。因此，光靠记者本人去直接掌握面上的情况、那是非常困难的，必须依靠组织和政府部门以及其他社会组织的力量。党和政府的政策是对面上情况调查了解以后制定出来的。一般说对面上的情况是有很强的针对性的。而且，政策不仅提出了问题，还提出了解决问题的方法。所以，学习政策、学习文件，是记者掌握面上情况的最重要、最经常的途径。这也是社会主义国家记者进行工作的有利条件之一。

记者还要不断地从编辑部获得面上的情况，作为自己行动的参考。许多

---

① 见林里：《从〈西行纪谈〉里学习些什么》，载《新闻业务》，1961年第4期。
② 见华山：《抓住特点，具体地说明特点》，载《新闻业务》，1953年第20期。

记者都有这样的机会，出去采访的时间长了，在一个地方蹲久了，就有些头脑不清醒了——因为不了解面上的情况了。记者如同远航的飞机，它自己的独立判断固然重要，但它离不开机场电台的地面导航。没有导航，飞行也会发生事故的。

在实际采访当中，了解面上的情况、从中提炼报道思想，同确定"做文章"的那个"点"，并不是截然分开的。在解决"面"的问题的同时，也可能解决"点"的问题。深入解剖到一个点后，又可能对面的情况加深了理解。但从侧重点来说，一般总是从面到点，从解决记者的报道思想，到选择并了解所报道的新闻事实。

有的同志在长期的实践中逐渐形成了自己特有的实行点面结合的采访方法。

如人民日报记者田流同志，他的采访方法可以形象地比喻成为"大张网、慢收缩、稳抓鱼"。他采访，很少由编辑部直奔一个具体的采访点，到那里一把抓回；除了出发以前，要看大量材料，了解全国性的面上情况以外，出发以后，他总是先到省里，再看大量的材料，接触各方面的人士，把省的有关的"面"再做了解，并从中初步选择报道的方向或单位；然后，再用同样的方法，到地区、到县，最后才到选定的报道点。整个采访过程，犹如捕鱼撒网一样，先把网撒得大大的，然后缩到较小的面，更小的面，最后完全收拢，抓到大鱼。一般说，这种方法有这样的一些优点：一、采访的准备工作是全面的、大量的、长时间的。在记者进入采访点、拿到报道直接使用的材料以前，都可以说是在做采访的准备工作。或者说，记者把武装自己头脑的过程大大放长了，这就使记者的认识有一个较为充裕的进入情况和深入理解时间，当记者直接动手"抓鱼"的时候，他已经是一个经过充分武装的"渔夫"，而不是头脑空空、赤手空拳的莽汉了。二、记者最后选定的点，是在足够广阔的面上，经过反复比较而产生的。这就较为能够避免片面性、表面性，不致一叶障目，不见泰山，也容易识别弄虚作假的情况。三、不容易犯人云亦云、被别人牵着鼻子走的毛病。因为记者形成报道思想和选定报道点，都是经自己独立思考的结果,这就容易发现新问题、提出新问题。四、较易避免根本上的不真实的情况。当然,这种方法也带有它强烈的个性,它同田流同志在中央报刊工作,长期搞农业报道,侧重工作经验的典型报道等等情况密切相关。因此,它也是基本方法和具体方法的辩证统一。①

当然,并不是所有的采访都必须人为地套上点面结合的模式。但是,其基本原则仍然是有用的。一次临时举行的记者招待会,某一个突发的事件,采访这类题材,事先是很难有目的地做面上情况的准备的。可是,了解不了解面上的情况和有关背景材料,采访起来、报道出来,会有很大差别的。有时记者为了不耽误采访时间,常常率先投入战斗,然后再补"面"上这一课。

会议报道——"面上找题目,多点做文章"

上面说的,"面上找题目,点上做文章"的"点"是一个点,有的报道不仅需要一个点,而是需要多个点。会议报道往往就是如此。

我国每年3月的全国人民代表大会和全国政治协商会议简称为"两会"。"两会"要讨论和决定当年国家宏观政策最重大的事宜,因此,"两会"的报道是各个新闻媒体每年的重点任务之一。各省也如此。如何报道好"两会"是值得研究的问题。

"两会"报道的矛盾点在于:一方面,它是一个决策性的大会,新闻报道必须把会议的最重要的精神传达给广大的受众。所以,它的内容不是报道某一件或某几件具体事实,而是指导思想。一方面,它又是一个体现民主和实现民主的大会,新闻报道必须把各位代表和委员的具体意见和建议反映出来。所以,"两会"报道要想成功必须是这两个方面的结合,必须采取"面上找题目,多点做文章"的办法。

所谓"面上找题目",就是把会议精神吃透(主要是把当年的总理的政府工作报告吃透),同时把其中最关键的问题和老百姓最关心的问题找出来,

---

① 据1980年3月19日田流同志同本书作者谈话。

由此来确定报道的题目。所谓"多点做文章"就是要寻找诸多的代表和委员，了解他们对这些问题的看法。一般不是找一个代表或委员，而是多个，所以叫作"多点"做文章。

例如，笔者写的《怎样认识6%？——1991年人大、政协两会纪实》就是这样写成的。

当年的两会一个最重要的决策，就是把今后10年我国国民生产总值的增长速度按照6%做出安排。这当然成为人们关心的一个大问题。记者学习和思考后认为，需要从三个方面深入报道这个问题，这就是报道的三个小标题："6%由来解"，"6%快慢说"，"6%难易论"。然后按照这三个小标题的内容，寻找合适的采访对象——代表、委员以及会外的有关人员。

"由来解"这部分，记者找了经济研究部门的采访对象，他们告诉记者，6%是按照从1980年算起到2000年实现国民生产总值翻两番的任务计算出来的。记者又找到了我国经济宏观决策部门（计划委员会）的采访对象，他们告诉记者，一个战略任务必须有量化的指标才能保证实现。记者又找到中国社科院研究人员，他们告诉记者，一个国家的经济发展速度，不仅要考虑需要，还要考虑制约因素。

"快慢说"这部分，记者找到了两位经济学家，一位是社科院数量经济研究所所长李京文，他说，中国经济增长速度不能低于5%。一位是社科院经济研究所研究员樊纲，他说，一个国家经济发展初期会快一些，中期会慢一些，现在中国是由初期转入中期。记者又找到了一些地方的代表和委员，经济不发达的湖北少数民族地区的一位代表认为，速度太高了不好，6%已经不慢了；来自经济发达地区的广东人大主任林若代表认为，今后10年，全国经济发展速度不会低于过去的10年（9%）。

"难易论"这部分，记者采访了政协委员、经济学博士林毅夫，人大代表、国务院经济发展研究中心主任马洪。他们从基数、质量、综合三个角度分析了实现6%的难度。

总之，这样一篇两千多字的述评，记者在两天左右的时间内，采访了2+4+2共8位采访对象，可谓"多点"，而且他们发表了多种观点，也可谓"多点"。通过这两个"多点",反映了各个方面的意见,也把报道的问题说得更全面更深入了。

由点看面,由点到面

点面结合,还有另一种形式,就是由点看面,由点到面。

所谓由点看面,就是我们经常说的"解剖麻雀"的方法。要了解一般麻雀的构造,不必要也不可能解剖所有的麻雀,只解剖一只,就可以了解一般了。这在较为深入的典型报道中,是经常用的方法。也是最常用的一般调查研究方法,无须多加论述。

由点到面的方法与由点看面的方法不同,也可以称之为"巡礼式"的采访方法,它是记者经常采用的实现点面结合的方法之一。有时,报道工作提出了这样的要求,需要向读者报道有关面上的一些情况,有些问题的解答,也需要拿出面上的材料来做依据。这类报道主要是形势报道。这时候,记者可以从有关领导机关采访一些统计数字、概括情况加以报道。但人们往往并不满足于此,因为这些材料总嫌抽象,而且并不直接来自生活的第一线。那么,记者到基层去,较为深入地了解一些单位的情况,用这些点,为读者组成一个面,就成为必要的了。

1979年秋后,1980年春初,在报纸上出现的反映农村实行责任制以后发生变化的报道,如《喜悦与希望》(1979年10月10日《人民日报》)、《从洛阳到南阳》(1979年12月5日《人民日报》)等等,都属于这一类报道。当时,中共中央十一届三中全会通过的关于农业的两个文件已经下达一年了。这些政策实行以后,效果究竟如何,这不仅是农民切身的事情,也是全国人民关心的问题。要回答这个问题,光是统计数字是不够的,光是一个点,哪怕是很生动的点,也是不够的。只有用若干足够的"点"组成的"面"来回答,才较为有力。《喜悦与希望》是用安徽省十几个县的若干社队,组成了面的情况。《从洛阳到南阳》是从河南省的两个专区、十来个县、几十个社、队,反映了面的情况。

由点到面，存在着"面"的圈定和"点"的选择问题。面，不宜过宽或过窄。过宽，记者的力量所不及；过窄，报道缺乏说服力。记者在确定《从洛阳到南阳》这篇通讯的报道面时，曾经考虑到这样的情况：1979年3月，《人民日报》曾经发表过一封加了编者按语的读者来信，这封信是一位回到洛阳地区探亲的干部写的，他抓住了贯彻责任制以后出现的某些现象，错误地估计了农村在贯彻两个农村文件以后的好形势。这封信反映的观点，并不符合刚刚召开过的党的十一届三中全会精神。当地党委顶住了这个压力，坚持贯彻执行责任制，并收到了好的效果。因此，选择这样一个曾经有过曲折的地区再加上临近一个地区作为一个面，是有说服力的。面确定了，还要注意选点。记者虽然在一个月的时间内，马不停蹄地跑了几十个点，但对于这两个专区的众多社队来说，仍然占少数。怎样防止以偏概全呢？这就要求，记者在选点的时候，必须从全局出发，考虑到各方面的代表性。例如，在这次采访中，记者既考虑到看农业的点，也考虑到看林业的点、牧业的点；既考虑到看一直顶住"四人帮"的压力坚持按经济规律、自然规律办事的点，也考虑到看被"四人帮"破坏比较厉害现在刚刚开始恢复的点；既考虑到看干部思想比较解放，党的政策落实比较快的点，也考虑到看干部思想顾虑尚多，党的政策落实较慢的点……总之，要全面地了解农村的情况，在占有大量的、各方面材料之后，再对面上的情况做出自己的概括。当然，选点的角度，可以根据报道的要求，灵活掌握，可以按山区、平原、丘陵选，也可以按先进、中间、落后选，还可以有其他的分类法，但是，这些点总要足够组成一个面。在数学上，要组成一个面至少要有3点。在新闻学上，也很类似。不过这3点必须是经过精心选择的，在认识上有独立支撑意义的3点。

这涉及按什么原则定面和选点的问题。一般而论，似乎采访的面越宽，点选得较多越好。其实，并非如此。记者的精力和采访的时间总是有一定限度的，贪多反而嚼不烂。为了把问题搞得更深一些，在足以说明问题的前提下，面应该控制在尽量小的范围内。因为，当面扩大到某种程度以后，即使你再扩大一些，花上更多的精力。例如，在上述的河南采访中，再多跑上一两个地区，效果并不会有什么显著的不同，而时间却要再花上一个月——报道时机的损失可能会超过扩大面得到的收益。有经验的记者总是注意研究并善于掌握这个范围的大小，或者谁掌握这个"度"，到这个"度"后，再投入多少劳动，其效果就变得不那么显著了。

同样，点的选择，也不仅是"韩信领兵，多多益善"。实际采访中就是有这种情况：有的记者采访了很多点，但到写作时，仍然构不成一个完整的面，而有的记者，采访的点可能比前者要少一些，但到写作时，却可以构成一个较为完整的面。这是什么原因呢？这里我们不妨观察一下那些修理收音机的人。会修的，他在低频部分选一个关键点敲一敲，再在中频部分选一个关键点敲一敲，最后再在高频部分选一个关键点敲一敲。只消选3个点敲一敲，就大体可以知道毛病是发生在哪个部分了。不会修的人，无目的地乱敲一气，也许他敲了7个点、8个点，可仍然判断不出毛病究竟发生在哪个部分。原因在哪里呢？原因就在于会修的人对收音机的全局——面，有一个科学的分析，懂得它由几个部分组成，因而就可以选到有代表性的点，不选那些毫无意义的废点或者意义相同的重复点。不会修的人则是正好相反。记者采访难道不是同样的道理吗？记者对所要报道的问题没有一个中肯的分析，不知它由哪些基本的部分组成，或者不知从哪几个侧面去剖析它，那么，采访时必然乱"点"一气，有的部分重复劳动，有的部分却被忽略了，精力、时间花费得并不少，但不能完整地反映那个"面"。对"面"的科学分析，对"点"的科学分类成了问题的关键。当然，在时间和精力允许的情况下，多采访一些"点"自然更好些，因为社会现象毕竟不同于自然现象。

点面对照，反复比较

点面对照，反复比较，是记者在采访中必须运用的辩证思维方法，也是记者在采访中认识事物的过程。

一个比较完整的采访过程——从记者的思维过程来看，大体是这样：

第一步，了解面上的情况，学习有关政策，明确报道思想。

——这是掌握"面""共性""一般""普遍"的阶段。

第二步，进入到采访点（单位或个人），记者面临的是了解"这一个"的任务。各个单位和各个人，都是不同的。不了解它们（或他们）的特点、特殊矛盾就等于没有认识某个具体单位或个人。而要认识这个单位或个人的特点，不用许多单位或个人来做比较，即用面和点对照、比较，是很难做出准确而深刻的判断的。

作家浩然在谈到写人物特写的体会时说：

> 写作用的材料，对作者来说，不过是从生活海洋里掏取的一瓢水；但是，在你写这瓢水的时候，你千万不可只满足懂得这瓢水，而是要了解海洋……你要写一个人，就必须对他做全面的了解……这还不够，还要了解许许多多的人、各种各样的人，这些对人的知识的积累，会帮助你深刻了解和把握你要写的这个人。①

——这是由"面""共性""一般""普遍"进入到"点""个性""个别""特殊"的阶段。这个阶段一般是采访过程中的最吃力的实质性阶段。要在这个阶段中对这个单位或个人的全部有关情况做准确的了解，并据此做出关于这个单位的特点、特殊矛盾的概括。

采访过程，到此并没有结束，还必须有：

第三步，对于所报道的单位或个人的特点、特殊矛盾等全面的分析，把它们分成两类：一类，包含有共性的个性，包含有普遍的特殊；另一类，纯属偶然的个性，毫无普遍意义的特殊。记者所注意的、报道出去能够发生较强指导作用的是第一类材料，第二类材料不是说报道中根本不用，但用的时候，只占辅助、次要地位，而且要把特殊条件讲清楚。

1979年夏天，在开始宣传"让一部分人先富起来"这个口号的时候，在报纸上曾发表了这样一条消息。说某城市郊区的某个社员，收入一年达到6000多万。消息发表以后，引起了纷纷议论。后经再次调查，发现事实有出入：一是收入没有那样多；二是他的收入并不是通过参加生产队劳动，也不是通过正常的家庭副业，而是采取某些特殊的手段得到

---

① 见浩然：《我写人物特写的体会》，载《新闻战线》，1959年第23期。

的。因此，他的富起来的道路带有极大的特殊性，很少普遍性（姑且不论其是否符合党的政策），不把那特殊条件交代清楚，只报道收入多少，当然会造成不良的反应。

在这里，分清个性和共性统一的典型材料同纯属个性的非典型材料，同样要通过点面相比较的方法。社会典型同自然典型是不同的。自然界的同类事物中，个体与个体之间在自然属性方面的差异不那么大，人们通过解剖一只麻雀，的确可以了解所有麻雀的基本构造。社会典型的代表性总是有着更大的局限性。人们解剖一个工厂，并不能了解所有工厂，解剖一个农村，并不能了解所有的农村。工厂与工厂、农村与农村之间的差异，要比麻雀与麻雀之间的差异大得多。因此，判别一个单位中哪些方面有代表性，是个较为复杂的工作。要解决这个问题，并不是靠什么现成的公式，只有靠对面上的情况的了解，并且善于把面和点相对照、比较，发现它们之间的相互联系。

——这是从"点""个性""个别""特殊"又提高到"面""共性""一般""普遍"的过程。当然，这时的"共性""普遍"等已不是第一步的较为笼统的那个"共性""普遍"了，它是记者经过独立的劳动，从具体事物中发现和总结出来的，含有新意的东西了。

概括这三步，记者在一次较为完整的典型采访中，一般都要经过共性——个性——共性（或普遍——特殊——普遍）这样的认识过程。有时是这样的一次循环往复，有时则是多次的这样的循环。贯穿于整个过程的就是点面对照、反复比较的方法。

总括的话：点面结合的基本方法，既体现在记者一个时期的采访工作中，又体现在一次采访活动中，还体现在记者采访时的认识过程中。在采访中运用辩证法，应首先从这里开始。

三个阶段——基本采访方法之二

对于刚刚从事采访工作的年轻记者来说，他直接感觉到的困难往往是：

一、采访时不知从哪里开始提问题。二、当采访对象谈了一气之后，他不能再提出新的问题，特别不能即兴地、有目的地提出新问题。三、双方谈了若干时间以后，记者心里没有底：不知自己了解的材料是否合用和够用，或者当时以为材料富富有余了，可到写作时，又缺东少西、捉襟见肘。

造成这些困难的原因很多，其中一个主要原因就是记者没有把握住认识事物的一般过程（即应该先后经过哪几个步骤），因而对自己采访的进程心中无数，掌握不了主动权。

在物质生产当中，从事某项事业，进行某项工程，开采某种矿藏，试制某种新的产品，等等，都是要经过一定的程序的。这些程序，不仅其中任何一项不可随意取消，而且它们的次序也不能任意颠倒。程序者，进程的次序也。例如，建设一座大的工厂，基本建设的程序是应该遵守的。首先是期前工程，要对施工地点的水文、地质、资源、交通、人口等情况进行详细的调查，做认真的研究；然后，进行可行性研究，对于此地是否适宜建设此工程做出评价，并提出若干可行性方案加以比较；然后，进行工程设计；设计完成以后再进行施工……前些年，在我国的基本建设中，片面强调速度，打破了这个程序，提出并实行所谓"边设计、边施工、边投产"的"三边"方针。期前工程这一步几乎完全取消了。结果，十几万人的工厂建在无能源、无水源的地方，工程设计改来改去，给国家造成巨大的经济损失。违背程序遭到了惩罚。程序，并不是某些人凭空捏造出来束缚人、吓唬人的，它是人们在生产实践中按照客观规律总结出来的。

在"精神生产"当中，规定某些程序、步骤，初听起来似乎是可笑的，难道说写小说、编剧本、撰论文还有什么固定的程序吗？细想起来，也不尽然。它不是要经过收集材料、提炼主题、形成提纲、撰写本文、加工润色等几个程序吗？只不过这些程序不像物质生产中规定得那样死板，每个人可以有更多的自由回旋余地而已。违背这些程序，也会受到惩罚的。只不过这种惩罚不总像物质生产中那样立竿见影地显现而已。

认识事物也是有"程序"分阶段的——例如，总是首先产生感性认识，然后由感性阶段发展到理性阶段，而后由理性认识"返回"实践。这个"实践——认识——实践"的过程，主要是说人的思维本身的发展进程，是从认识主体的角度阐明的，那么，是否可以主要从被认识的客体的角度，或者从客体作用于主体的角度，来阐发人的认识的较为顺利发展的几个阶段呢？应该说完全可以的。

一般说，这个进程应该包括三个阶段：

第一阶段，初步完成对某事物的横的认识，以达到对此事物现状的完整的了解。

第二阶段，在横的认识初步完成之后，进一步深入到对事物的纵的认识，即达到对事物的历史的完整的了解，在了解历史之后，当然又加深了对现状的了解。

第三阶段，在横与纵的两个大方向的认识完成之后，则要侧重于完成变的认识，即研究该事物所包含矛盾的各个方面是怎样转化的。

总之，这个程序应该是这样的：

①横的认识——把握现状，找出特点。

②纵的认识——抓住特点，深挖历史。

③变的认识——转化过程，总结经验。

记者采访，了解事实，很像开采石油的地质勘探过程：第一步是普查。在广大的地面上普遍进行勘测，以求了解哪里有开采价值的储油构造。这是横的认识。第二步是重点勘测。在重点储油区，打深井、多打井，以期彻底弄清这个地区的储油构造。这是纵的认识。第三步是油田建设的测量和设计，主要解决把地下的油弄上来。这是变的认识。记者了解一个较为复杂的事实（或事物）不也应该是这样的吗？第一步，了解大量的现实情况，从而确定自己了解的重点。这个重点，因具体情况不同，可能是这个事物的主要矛盾、主要特点、最有新闻价值的部分等等。普查找重点，解决横的认识。第二步，确定这个事物的主要矛盾（或主要特点、最有新闻价值的部分等等）之后，还要进一步深挖它们的发展历史。重点求纵深，以解决纵的认识。第三步，要了解那里发生的问题究竟是怎样解决的，有什么好的方法。从矛盾的转化过程中找经验，解决变的认识问题。

要了解一个事物或一个事实，也许我们必须提出十几个、几十个问题，但是无论多么众多的问题，归纳起来无非是这样三个问题决定了对该事物的

最本质的认识:

①这个事物的主要矛盾是什么?

②这个主要矛盾的发展历史如何?

③矛盾的两个方面是怎样互相转化的?

而且,认识问题也只能按照这个次序逐步加以解决,把它们的次序随意颠倒也是不行的。

(再说一句,记者采访不一定都抓主要矛盾本身,还可能是抓特点、有新闻价值部分等等,但横、纵、变的程序是不变的。)

掌握了这样的规律,记者就能够比较自觉和比较容易地掌握采访的进程。他可以知道先提什么问题,后提什么问题。他当场即可辨别和估量自己得到手的材料是否已经够用了。

现在,让我们剖析一位记者在采访时的思考过程。

1970年10月间,采写《从洛阳到南阳》通讯的记者,要在较短的时间内,跑较多的地方,在每一个县,一般停留两三天的时间。要在这样短的时间内,对一个县的主要情况做较为准确的了解,哪怕是极其概要的,也是相当困难的,正确的采访方法在这里就显得特别重要。

请看记者在××县的采访情况:

采访对象的谈话:	记者考虑:
①县委召集了各部门的四五个同志向记者介绍情况,第一书做了开场白以后,那几个同志便照着准备好的材料讲起县里的基本概况生产数字,落实政策情况……	听取县里全面情况介绍是必要的。应首先了解这里"有什么",而不是首先向对方"要什么"。所以,在介绍时没有打断对方的话。只在中间关照一下:"重复的情况不要再谈了。"主要注意力:这个县主要特点是什么?
②农业部门的同志介绍了这个县正在兴建的几个大的水利工程,这几年修建水平梯田的总数,招工和投资总数……	啊,这不就是这个县的特点吗?拿这个县的人力、物力、财力同他们农田水利基本建设的规模相比,已可以做出这样的判断:县领导全力以赴,大搞农田基本建设,看来是这个县的突出特点。 这个判断是否正确呢?应该即席检验一下。于是必问:"看来,你们县委这几年把主要精力是放在农田基本建设上面了?"

续 表

③县委书记回答:"是这样。我们要为库区人民、全县人民、为子孙后代,多做些好事。" 县委书记听到这些话有些激动,表示同意。	得到了证实。横的认识初步完成。怎样转向纵深?看采访对象准备的材料已经说完,而且谈话时间已长,不如暂告一段落,把纵的认识留在下次谈话完成。但要给对方以思想准备,于是说:"那你们工作中的矛盾、甘苦、经验、教训、很可能都集中在这上面了。今天大家已经谈得比较累了。是不是下次专门谈谈这几年的路子是怎样走过来的?" 记者闪念:他为什么有些激动?
④在另一次谈话中,县委书记没用什么稿子,一口气向记者讲了三四个小时,讲了县委成员的心愿,讲了怎样"大干",讲了怎样因工程太大把水库拆迁的款给挪用了,讲了中央关于减轻农民负担的文件下达以后,上级发现他们的问题,准备撤他的职……	挖到了泉源上,井会自喷的。明白了县委书记为什么激动。 因为是"自喷",记者较容易地初步完成了纵的认识。看来,这里的确受了"左"的影响,在农田基本建设方针上有偏差。但干部的错误是什么性质呢?
⑤县委书记回答:"没有。我们县委常委除我以外都是一人一间房,只有我是两间。全是普通平房。"(他的话经核对属实。)	记者问:"他们挪用拆迁费,是不是为县委盖了大楼或干部宿舍?" 可以断定,犯错误主要是认识问题。记者考虑可以转入下一阶段,了解他们怎样扭转过去的错误,问:"今年你们都采取了哪些措施?"
⑥他们回答:一、限制参加农田基本建设的人数;二、有几项工程下马,集中搞关键工程;三、领导力量侧重有所改变;……但资金的问题,一时还弥补不上。	
⑦	记者的结论:这里正在开始认识和扭转过去的"左"的错误,但成效尚不显著,目前报道,为时过早。也许可以选择县内的成绩显著的社队加以报道。

这个过程中的①②③属于第一阶段——横的认识。④⑤属于第二阶段——纵的认识。⑥属于第三阶段——变的认识。⑦最后总结。我们可以清楚地看到,由于记者按三步程序办事,得到了不小的益处。首先,在面的情况上,记者不是"面面俱到""条条穷追",而是抓住主要特点,

这就节省了大量的时间。其次,抓到点子上以后,挖纵深也变得容易些。因为在事情的焦点上,采访对象总是有很多话要说的,有时是非说不可。最后,记者没有忽略"转化"的情况,这就比较容易对这个事实的报道价值做出正确的判断。这难道不是"多快好省"之路吗?

总括的话:"横——纵——变",这是了解某事物(事实)一般进程的三个阶段,也是记者采访进程的三个阶段。但要防止把它变成僵死的模式,也并不是任何采访都需按这个程序进行,它更多地用于非事件性的报道,而较少用于事件性的报道。

两面挖掘——基本采访方法之三

两面挖掘也可以称为对立挖掘。任何事物都是对立统一。客观的辩证法决定了主观的辩证法,我们认识事物也应该在"对立"中进行。

一个典故——勾推法

相传唐朝有位太守,很善于问案。他问案有一方法:先不问原告,也不问被告,而是先去问原告和被告周围的人,调查原告、被告所处的环境。然后,再问原告和被告本人。他的这种方法,后人称为"勾推法",是一种调查情况的好方法。

这种方法好在哪里呢?就是因为它是一种符合辩证法的两面挖掘法,既从正面挖掘(问原告、被告),又重视从侧面挖掘(问周围的人),既了解活动的主体,又不忽视活动的环境。

许多记者在采访中实际上采用的就是这种方法。他们采访一个单位或一个人物,只要时间允许,常常是不先去找报道对象本身,而是先从侧面去挖掘,如找这个单位的上级机关和下级机关,找这个同志的周围同志,然后再去找报道对象正面挖掘。

北京晚报的顾行同志认为,这样做的好处是:一、等于事先核对了事实,用来和报道对象说的对照,便于掌握分寸,避免虚假。二、心中有了数,同报道对象谈话,能说到点子上。三、把报道对象放在周围环境之中,通过周围的人看他,把他立体化了。①

判断一个人,不能靠他自以为如何,更主要的是看他实际上如何;判断某人实际上如何,则需要了解周围人对他的反映。因此,报道对象本人谈话固然重要,他周围人对他的评价、议论,在某种意义上说更重要。这两面不能偏废。特别是遇到报道对象不愿谈、不善谈、不便谈的情况,更是如此。

北京日报记者林为民谈自己的体会说:

> 我们过去采访王学礼(北京市劳动模范)时,他很不善谈,只是问答式,收效不大。后来,我们就采用"抄后路"的办法,到他家去找他爱人谈,结果掌握了许多事,再跟王学礼聊的时候,只要稍一提醒,他就会回忆起来告诉你。因此,我们也要学会"抄后路"的办法。②

两面挖掘,并不只是指正面和侧面这两面,也可以是正面和反面、先进和落后、主角和配角等等两个方面,总之,构成矛盾对立的两个方面,都可以成为记者入手挖掘的角度。

> 例如,一位记者采访平谷县刘店公社胡店大队的领导班子廉洁奉公的事迹。记者通过同领导班子和群众座谈,了解了不少这方面的生动事例。但记者想:这些材料有没有"水分"?大队主要干部真没有一点这方面的问题吗?于是记者专门请了这个大队里最反对大队干部的5个社员来座谈。这5个人中,有人曾经到公社去告过大队干部的状。记者解除他们的顾虑,征求他们对大队干部的意见。果然,他们提了不少,但都属于作风简单生硬方面的问题,属于损公肥私的一件也没有。——记

---

① 见顾行:《灯下拾零》,载《解放军报通讯》专刊。
② 见林为民:《采写〈醒醒吧,长城〉的体会》,载《北京日报》编《新闻采访写作经验》,第128页。

者用这样的方法，从反面核实了他得到的那些材料：连那些长期待在村里，最反对大队干部因而整天瞪眼找他们岔子的社员都没有挑出什么毛病来，可见这个队的干部廉洁奉公确实做得不错。如果记者不是这样从对立面再挖掘一下子，那么，他就是再找更多采访对象谈话。花费更多的精力和时间，也不见得能够获得如此清晰的分寸感。

有些报道为什么带有片面性？发表以后为什么引起不良的反应？从采访方法上检查原因，常常是由于没有注意两面挖掘造成的。记者必须努力避免这种情况。

1979年春天，人民日报一位记者采访全国新长征突击手、北京特殊钢厂青年工人胡小弟的时候，首先找了同他一个技术革新小组的几个青工座谈。没想到，这几个人异口同声地说：情况不了解，没什么好谈的，显然，他们话外有音。经记者查问，他们说了实情：原来技术革新是几个人一起搞的，虽然胡小弟出的力气大，但是他们说："我们也应该提一提呀"；然而，领导专门表扬了胡小弟，提薪、受奖也是他。闹得胡小弟很为难，得了50元奖金，都买了烟、糖请客，结果自己还贴进了一些钱。——这另一面的"呼声"，使记者的头脑清醒多了。他在写报道的时候，既着重表扬了胡小弟（这一点，那些有意见的青工也是同意的），又肯定了他的同伴的努力，反应就比较好。设想，记者不注意两面挖掘，再片面听取领导部门的意见，其后果必然是"火上浇油"，不仅孤立了先进人物，而且会使领导、群众之间的关系紧张起来。

在采访所谓"有争议的人物"的时候，对立挖掘的方法尤其显得重要。

1986年春天，一位人民日报记者，很偶然地接待了来自沈阳的一位青年改革者，那位改革者向他说，他改革中有成绩，但也有些缺点，结果，被上级免了职。他认为这是有人在整他，可不知自己的看法对不对，因为他也确实有几条"小辫子"抓在人家手里。听了他讲的基本情况之后，记者初步判断，如果真如他所说，恐怕是对他处理得不公正，整得过分了。于是这位记者决定到沈阳去了解个究竟。按他的意图说，他是为这位青年改革者"翻案"的，他应首先找支持这位改革者的人，为他鸣不平的人采访。

但是他想，这样做不见得是上策。因为那些整他的人会说，记者来了就扎到某某堆儿里去了，记者偏听偏信。而且，记者当时也确实没有底儿，不知这位改革者究竟犯了多大错误——光是本人的申诉并不足为凭啊！于是，他采取了相反的办法，首先找反对这位青年改革者的人采访，让他们充分地、全面地谈这位改革者的缺点、错误以及非免职不可的理由。这样采访几天之后，问题就明朗了，因为这样能够端出的错误及其总和，也构不成非对这位改革者免职不可的充分理由。从否定方面的采访，却得到了肯定的结论。以后阶段的采访他就比较主动了。

这也可以看作是一种两面挖掘，或对立挖掘，从否定的挖掘中获得了肯定的结论。①

对立挖掘，挖掘对立

不仅要对立地去挖掘，还要挖掘事物中的对立。这是两面挖掘方法的另一层意思。

任何事物都包含着"对立"：一个人，有正确和错误、优点和缺点、成绩和不足；一件工作，有顺利和困难……记者在采访的时候，必须努力挖掘事物中的这些"对立"，绝不可只片面地追求某一个侧面。

注意：对立地挖掘同挖掘事物的对立，虽有联系，但它们是不同的。对立地挖掘，主要是指记者要从对立的两方面入手去了解情况，是指认识的途径问题。挖掘对立则是指记者要了解事物所包含的对立，是指认识的内容问题。从对立方面挖掘，更能挖掘出事物中的对立。从某一个侧面挖掘，同样

---

① 这次采访写出的报道《一场尚未结束的争议》载 1986 年 6 月 16 日人民日报第二版。

也应注意挖掘事物中的对立。

对这点缺乏自觉的认识，不注意挖掘对立，就会同不注意对立挖掘一样，也往往使记者不知不觉地陷入片面性。对于他要表扬的对象，他只愿收集肯定的意见和事实；对于他要批评的对象，他只愿收集否定的意见和事实。他们唯恐与自己本来意图对立的意见和事实完全否定了自己的采访计划，使已经花费的劳动付诸东流。其实，这种想法是不切实际的。

采访中遇到"对立"，不仅是正常的，而且它是记者深入挖掘的杠杆。

光明日报记者陈禹山采写《科技战线上的铁人——陈篪》时，就遇到了这种情况。他的体会是值得参考的：

> 我在采访过程中了解到对陈篪有两种截然不同的看法。一种意见认为，陈篪是一个又红又专的科技人员；另一种意见则认为，他是只专不红的人。后者虽是少数人，也必须认真对待。我请钢铁研究院党委安排我访问反对陈篪最激烈的同志。这些同志坦率地谈了自己的看法，说陈篪一贯重业务、轻政治，有时院政治部通知他去参加政治学习、开会，他也不去。我又访问了一些同志和陈篪本人。陈说："我对那些政治学习、会议不感兴趣是事实，那是形式主义的东西，像是开'神仙会'，不解决任何实际问题。搞形式主义等于自己欺骗自己。"通过这些访问，我弄清了问题，对陈篪同志有了更深的了解。[①]

记者采访深入不下去，常常是因为提不出什么问题。有了对立，有了矛盾，自然就有了问题，自然就容易深入下去了。

记者采访常常对是否抓到真实情况、是否抓到问题的实质，感到没有把握。有了对立、有了矛盾，并解决了这些矛盾，记者的把握就大了。单纯肯定的东西，总是没有既肯定又否定不了的东西那样肯定。

一位老记者这样谈自己采访体会：年轻时当记者，采访时就怕听到不同

---

① 见陈禹山：《我是怎样采写张志新等通讯的》，载《光明日报通讯》，1980年第8期。

的、对立的意见。心想，坏了，意见不一致，我照谁的意见写呀！干了多年记者之后，竟然反过来了，如果到哪个单位，采访某个问题，如果听到的都是一种一致的意见，倒是应该警觉了。这里面肯定有不正常的东西，压制着、妨碍着另一种意见的发表。

记者采访常常被片面性缠绕，有时是不自觉地钻进了这一个"圈套"。有了对立，有了矛盾，有不同的意见，就可以使记者更冷静一些，更能发现真实情况，也更全面一些。

记者采访常常为时间紧迫而着急，注意抓事物中的对立、矛盾，就可以直接触及事物的本质，而不必在琐碎的枝节上浪费许多宝贵时间。因为事物的本质是由矛盾决定的，而事物的矛盾则反映为事物中的对立。

总括的话：两面挖掘，既对立地挖掘，又挖掘事物中的对立。这是从采访方法上克服片面性这个大敌的重要途径。掌握这个方法，应该领会实质，灵活运用。注意："两面""对立"，这些概念，在这里都不是从政治立场、思想观点上说的，而是从哲学的意义上说的。每个记者都要善于从自己采访的具体情况出发，分析出适于当时当地情况的对立的两面，并根据自己的分析，进行这样的挖掘。

寻找镜子——基本采访方法之四

寻找镜子，实际上就是通过比较来认识事物的方法。它和点面结合不同，点面结合，是点和面相比，寻找镜子，是点和点相比。它和两面挖掘也不同。两面挖掘是对一个事物或事实从对立的方面去进行了解；寻找镜子，则是用不同的两个事物或事实进行比较。

寻找镜子有两种做法：

寻找认识事物的镜子

为了认识某一事物，首先去了解另一事物，把另一事物作为认识某一事物的镜子，这是一种聪明的认识方法，也是一种科学的采访方法。

人民日报记者田流同志1979年年初到四川农村采访的时候，他考虑到自己近年来曾经中断了记者生活，对农村情况不甚了解，如果直奔四川，必然会对许多情况难以做出准确的判断。于是，他先到浙江省农村去转转、看看。到浙江，不是为了报道浙江，而是把浙江当作一面镜子，用它同四川对照，这样就容易看出一些问题。

1985年，新华社记者周原写广东珠海市白藤湖联合开发总公司总经理钟华生，也是使用的这样的方法，他先采访了大江南北若干农民企业家，最后来到白藤湖，并把一路采访过的企业家同钟华生做了比较，而后写出了《白藤湖的高度》，对钟华生做出了"最少农民意识的农民企业家"的评价。

这是用同类的事物做镜子。

还可以用不同时期的同类事物相比。比如，记者采访农村集市贸易，如果对当地农村集市贸易过去的历史有一个了解，用它的历史同今日的现状对照，这样，记者就比较容易认识今天集市的状况，发现现实中存在的问题。俗语说："历史是一面镜子。"在采访中，我们同样可以自觉运用这个方法，去寻找"历史"，来作为我们认识今天这个事物的镜子。

也可以用对立的事物相比，把相反的事物作为认识某事物的镜子。记者在报道先进单位或先进人物的时候，有时对他们的最可贵的地方看不清，对他们的针对性把握不准。这时，记者最需要的并不是再了解一个先进单位或人物，而是最好解剖一个后进单位或人物。常常有这种情况：解剖一个后进单位之后，先进单位的可贵之处便豁然开朗了。在记者的口头上流传着这样一句话："后进单位出题目，先进单位找经验。"这是很合乎辩证法的。记者在后进单位发现了急需解决的问题（因为后进单位矛盾尖锐，问题最容易发现），然后再去先进单位寻找解决这些问题的方法。后进单位不是成了记者认识先进单位的镜子吗？

对比就是联系事物。事物与事物之间是有联系的。但这种联系又是复杂多样的。有的是直接的联系，如直接因果关系等等，有的是间接的联系，有的是在更大系统内的非常曲折的联系。也有这种情况，两个事实之间并无事实上的直接联系，但在认识意义上有着密切的联系。也就是说，在实际生活中，某个事实同另个事实并不发生直接的关系，但在对人的认识的作用上，它们却是密切相关的。

记者采访，就要善于联系。不仅要发现事实上的联系，把本来联系着的事物联系起来；还要联系事实，从认识意义上，把可联系的事实联系起来。前一个联系着重于搞清事实，后一个联系着重于认识事物的意义。

记者要了解联系，思考联系，感受联系。对事物之间的联系了解得透，思考得深，感受得强烈，那么，他对事实或事物认识，必然更加全面和深刻。所以，记者采访的本领，不仅在于他孤立地了解某一事实的本领，还在于他把某一事实同另一事实（或另一些事实）联系起来加以认识的本领。

穆青同志在《谈谈采写人物通讯中的几个问题》[①]一文中，举了这样一个例子：

> 吴吉昌的脚被打折了，胳膊被拧成残废了，仍然被勒令在村道上扫街。这个事实本身就是对林彪、"四人帮"的有力控诉。但是，孤立地写这件事，就不如这样写有力量：交代出背景——那村道两旁的白杨树就是他前几年领回的奖品！这样一交代，白杨树就成了无言无语却悲愤满腔的历史见证了："白杨在迎风呼号，那是老汉在呜咽，还是为这不平在愤怒？！"白杨树是吴吉昌为全村人赢得来的荣誉树。这个细节本来是不难从采访中获得的，但是，把它同吴吉昌被迫扫街的事实联系在一起，这就增加了它的感染力，使读者对吴吉昌的被迫害，更感到无比愤慨！

这里，记者的本领就表现在善于联系上。有些记者可能也了解到白杨树的事情，也了解到吴吉昌扫街的事情，但是，在他们的头脑中，没有把"杨树"同"扫街"两者联系起来，他们自己的认识和感受，也就较为肤浅。而

---

① 见穆青：《谈谈人物通讯采写中的几个问题》，载《新闻战线》，1979年第4期。

上述通讯的作者，在采访中把两者联系起来了，使两者互为镜子，互相反射——尤其用"杨树"反衬出让老模范"扫街"的毫无道理，效果就大不相同了。如果说记者应该具有什么"特异功能"的话，那么，他就应该具有这样的眼力，发现事实之间的那些人们一般不注意或看不见的、然而又是有重要意义的联系。不能发现这种联系，记者了解的材料再多、再细，他也不能形成对事实（事物）的完整而深刻的认识。

在50年代后期，常驻英国的人民日报记者潘非曾写过一些有影响的报道，《人狗之间》就是其中之一。这篇通讯之所以成功，很重要的就是它把英国阔佬们所豢养的狗的"生活"同英国普通工人们的生活做了强烈而鲜明的对比：

一幅推销狗饼干的广告写道："松脆又耐嚼的饼干，正好适合狗的牙齿和胃口，饼干包含如下成分以增进健康：小麦、鱼肝油、肝、鱼、肉，以及富有营养的脂肪"……

一个工人的妻子海伦·马宁，向我倾诉过她的愁绪和烦恼。她说："孩子们正在发育，他们应该吃一点水果。但是我买不起，橙子要四个半铜板一个！"……[①]

记者从狗的"生活"和工人生活的对比中，抓住了事物的本质。阔人养狗的奢侈，穷人生活的寒酸，在这里互相成为镜子。记者说：

我初到伦敦的时候，看到那些孤高沉默的"西伦敦人"，牵着狗散步，抱着狗接吻，感到十分厌恶。东伦敦的码头工人，中午就在人行道上打开饭盒，吃几块"三明治"。英国的绅士们却在大摆禽兽宴，把狗、猫、驴、猴子、鹦鹉，甚至鳄鱼，带到大餐桌旁，替它们披上雪白的餐巾，大嚼烤鸡和牛排。对于这种离奇的现象，谁都会感到愤怒的。我很想写

[①] 潘非的通讯《人狗之间》被收集在中国人民大学新闻系和解放军报社合编的《新闻通讯选》，第721页。

一篇关于养狗的通讯，揭露资产阶级荒淫无耻的生活和暴露英国社会中尖锐的阶级对立。因为这种反常的人兽关系，实质上正是反映了资本主义世界中人与人的关系。①

可见，找镜子是重要的，如果单纯地看英国工人的生活，吃夹馅面包，不是也不错么。如果单纯看养狗，那是个人爱好么。但是，把两者联系起来，问题的实质立即呈现在人们的眼前。

寻找表现事物的镜子

在《人狗之间》这个事例中，已经含有这方面的意思了，记者在寻找认识事物镜子的过程中，也找到了表现事物的镜子。

有时候有这种情况：记者通过一个时期的采访，对某事物的全体或本质已经有了比较清楚和深刻的认识。但是，要把这个事物的本质非常清晰、鲜明而又简练地表达出来，还缺乏那种"画龙点睛"的材料。读者读报时，一般不可能像记者采访时花那么多的时间，费那么多的脑筋。读者要求"一目了然"。于是，记者不仅要为自己能够对某个事物有正确的认识而采访，他还要为准确、鲜明、生动地传播这个事物而采访。为认识所做的采访同为表现所做的采访，有联系，又有区别。认识清楚，不见得表达得精炼，表达不好不见得是语言问题，首先是材料问题，是因为表现而做的采访还不充分造成的。

50年代初期，新华社记者沈容报道北京市爱国卫生运动时，就遇到了这个问题：

基本的材料我都有了，基本的思想也有了，但是总觉得这些材料还联不起来，难于铺排成篇；思想也还不够突出，想来想去，原来问题是这样：如果要说明社会主义制度在这方面的优越性，还必须知道资本

---

① 见潘非：《在英国采访》，载复旦大学《采写经验选》，第212页。

主义国家是怎样做的。因此我想到应该请教一下专家，听听他们的意见。于是我又去访问了公共卫生局的局长严镜清，请他帮助我解决这个问题。①

这实际上就是为表现所做的采访。这次采访收获很大。局长向他提供了这样一个材料：新中国成立前的反动统治者也曾想过搞北京卫生，但只是空谈一阵，随后便束之高阁。记者在她的《北京今夏的奇迹》这篇报道中，引用了这个故事作为"镜子"，这样，新中国成立后爱国卫生运动的深刻意义——很难用语言一下子表达清楚的意义，便非常清楚地呈现在读者的眼前了。

总括的话："寻找镜子"是借助另一事实来认识某一事实的方法。某一事实同另一事实，当然应当有某种联系，但并不一定是实际上的联系，主要应该是认识意义上的联系。记者在采访中寻找的镜子有两种：一种是为记者自己认识被报道事实用的镜子，一种是为读者认识被报道事实用的镜子。前一种镜子，一般并不非在稿件中出现，有时它在完成任务之后，便悄然消失了；后一种镜子，一定要在稿件中出现，一定要呈现在读者的面前，它才能完成自己的使命。记者容易犯的毛病是孤立地去了解某个事实，因而既不能迅速理解它，又不能深刻表现它。找镜子，是治疗这一毛病的良方之一。当然，"镜子"只是个形象的比喻，不应做机械的理解。

抓取特点——基本采访方法之五

著名记者华山同志把他的采访经验集中提炼成这样一句话："抓住特点，具体地说明特点"。②

现在，许多记者在谈经验的时候，也都常常提倡这个采访方法。这是有其深刻道理的。

任何事物都是有特点的，任何一个事物与其他事物的区别就在于它的特点。人的面孔如果不各具特点，照相就成为毫无意义的事情。要在众多的人

---

① 见沈容：《我怎样学习采访》，载新华社《我们的经验》，1964年版，第478页。
② 见《新闻业务》1953年第20期载华山的同名文章。

之间指出一个人，应该怎么办？抓他与别人的共同点吗？你说，这个人有鼻子、有嘴、有耳朵、有四肢、有……像这样说下去，说上半天，有谁能知道你指的是哪一个呢？但如果你说，这个人颧骨上长着一块黑迹，只此一句话，人们便可把此人寻找出来。

新闻，正是要在众多的事实当中报道某一个事实，而且要求迅速、简练、使人们容易"辨认"，那么，这就更需要抓取特点了。搞公安侦破、进行法庭调查、了解政策实施情况，光是突出抓特点，恐怕是不行的，但是新闻必须这样。所以也可以说，抓取特点是新闻个性很强的方法。

抓取特点才能解决采访的重点问题。

抓取特点才能对事物有具体、深入的了解，报道也才能够写得形象、饱满、引人入胜。没有特色的千人一面的报道谁爱看？

抓取特点才能"节省"采访时间。

抓取特点这个基本方法应该贯彻到采访的各个环节中去。

选有特点的事实

采访首先要注意选取有特点的事实。任何事物虽然各具特点，但情况并不相同。有的事物特点突出，有的事物特点不突出。生活中，有的人接触许多次仍记不清他的面孔，而有的人见一次面就给人留下深刻的印象。培养间谍，也许要选择前一类"面孔"；挑选演员则喜爱后一类人才了。新闻记者选择事实的标准，更近于后者。另外，这里所说的特点，也并不是任何一种特点，而是那些同共性紧密结合在一起的、具有新闻价值的特点。所以，有特点的事实是指那些具有突出的典型性特点的事实。一个"突出"、一个"典型性"，这两个因素是不可缺少的。

假如记者要了解落实农村政策以后的变化，反映正确的经济政策的重要性，是选择一个变化一般的生产队好呢，还是一个变化突出的生产队好呢？当然是后者。是选择一个"一帆风顺"的生产队好呢，还是一个几经周折、按正确政策办事生产就发展，破坏了这些政策生产就倒退的生产队好呢？当然还是后者。因为它所具有的曲折发展的特点，不仅突出，而且带有强烈的典型性。至于这个生产队是山清水秀、景色秀丽，还是穷山恶水、平淡无奇，如果与政策无干，那么这些特点是无关紧要的。

访有特点的对象

记者在确定采访对象的时候，同样应该选择那些具有突出的典型性特点的采访对象。

1980年春，刘少奇同志的冤案平反以后，记者要报道广大群众的反应。那么，是随便选择一个普通的人家呢，还是报道时传祥一家的感想？当然后面这类对象应成为重点。因为时传祥这位老清洁工人，就是因为同刘少奇同志握过手、并保存了会见时的照片，在"文化大革命"中被扣上"工贼"的帽子，受迫害致死。他一家的命运同刘少奇同志的命运是紧紧连在一起的。——记者在这里抓取的是同新闻事件有更多联系的这个特点，选择了具有这类特点的对象。

1979年，当集体所有制的企业刚刚有所发展的时候，究竟应该怎样认识有关政策？记者带着这个问题访问了国家计委顾问、经济学家薛暮桥。人们对这样的报道感兴趣，很大程度上在于记者选择的采访对象。——记者在这里抓取的是权威性这个特点。

……

记者选择有特点的对象，也可以从对方与新闻事件的某些特定的、不可替代的关系来考虑。如某事件的发起者、参加者、目击者、反对者等等。采访对象的这些有特点的地位和身份，使记者感兴趣。有些记者忽视采访对象的这种特点，更不注意根据这种特点来确定自己的采访对象。到某采访单位以后，他只向该单位领导讲明意图，然后完全由对方安排被采访的对象，记者又毫不根据采访的要求考查这些对象的特点。这种在采访对象选择上的不严肃认真态度，常常使记者在不合格的采访对象身上白白浪费许多时间，而拿不到真正有价值的材料。

抓有特点的部分

选择了有特点的事实,确定了有特点的采访对象,并没有完全解决抓取特点的问题,还必须注意抓有特点的部分。

采访一个人,报道他的事迹,并不是给他写传记——写传记也只是记述那些有意义的事情。记者则更应该只截取他的经历中的最有特点、最有现实意义、最有新闻价值的那个阶段来深入挖掘。抓不住这个最有特色的阶段,其他方面费功夫再多,也会是过犹不及的。抓住了这个阶段,深挖、细觅,就可以挖到最有特色的材料,以少少许,胜多多许。请读一下报道刘胡兰英勇就义的这条新闻吧:

新华社晋绥1947年2月7日电 文水县云周西村17岁的女共产党员刘胡兰,在上月12日被阎军逮捕,当众审讯。阎军问她是不是共产党员,她答:"是。"又问:"为什么参加共产党?""共产党为老百姓做事。""今后是否还给共产党办事?""只要有一口气活着就为人民干到底。"至此,阎军便抬出铡刀,在她面前铡死了70多岁的老人杨柱子等人,又对她说:"只要今后不给八路军办事,就不杀你。"这位青年女英雄坚决回答:"那是办不到的事!"阎军又说:"你真的愿意死?""死有什么可怕!"刚毅的刘胡兰,从容地躺在切草刀下大声说:"要杀由你吧,我再活17岁也是这个样子。"她慷慨就义了。全村父老怀着血海般的深恨,为痛悼这位人民女英雄决定立碑,永远纪念。①

记者下功夫采访和写作的是刘胡兰一生中最有特色的阶段——英勇就义。正因为如此,虽然只用了不多的笔墨,便为人们描绘了万古流芳的光辉形象。

采访反面人物,采访有问题的人物也应如此。

---

① 此篇《共产党员刘胡兰慷慨就义》新闻转引自中国人民大学、解放军报社合编的《新闻通讯选》,第116页。

1979年春天，人民日报记者到黑龙江采访王守信贪污集团案件的时候，并不是也不可能把这个人的全部历史均皆仔细了解，实际上只抓了她的经历和活动中的三个阶段：一、她怎样开始贪污的？——因为她的特点是贪污犯。二、她是怎样混入党内的？三、她怎样搞独立王国？后两条是她贪污的条件。挖透这三个阶段，就可以把王守信这个人物"掌握"住了。在采访其他犯错误的干部的时候，也是只抓最有特点的一两个片段。例如，省燃料公司副经理高玉斌，是这个案件中的重要角色之一。他的特点就是受贿。记者采访的时候就狠狠抓住他由一般的搞不正之风发展为受贿的这样一个阶段，情节、思想、细节都尽量搞清楚。——了解这样一个问题严重、延续时间长、涉及面广、瓜葛很多的大案件，记者要采访几十个重点采访对象，如果不是抓取有特点的阶段，必然会打一场旷日持久的消耗战，而这对新闻报道意味着什么是不言自明的。

采访一个大的事实，一个庞杂的事实，更要注意抓取有特点的部分。

笔者1994年在人民日报工作的时候，参加了《东西南北中》的系列报道，并分工负责《南》——广东的报道。编辑部只给了一个"南"的方向，没有提出任何具体题材和主题的要求。广东的改革开放很有成绩，经济发展也很好，走在全国前面，可以写的东西很多。那么，到底抓什么呢？省委书记谢非和我们的谈话中谈到了广东的产权改革。我们觉得这部分内容最有特点。第一，这方面的改革广东开始做了，其他地方还没有做。第二，这正是全国改革新突破面临的新问题，有全局性的意义。于是，我们重点请他谈了这方面的问题，并请他介绍几个这方面搞得好的地方，以便我们深入调查。后来我们到了基层，也就是只了解产权改革的问题。

由于深入地挖掘了这个最有特点的部分，获得的新鲜材料自然也是很多的。这篇题为《改到深处是产权》的报道的几个小标题是这样的：第一段——"新的视点是产权：改革是一步深化一步的探索过程，人们终于发现，深层问题就在这里。"第二段——"要素组合用产权：产权问题是发展生产力提出来的要求，在产权清晰的基础上，才能形成有活力的要素组合。"第三段——"解开难点靠产权：面临长期困扰人们的政企分开、两权分离的难题，《决定》给了我们一把开锁的钥匙。"第四段——"产权观念要更新：市场经济提出的新问题，需要人们在实践中加深理解，产权制度改革要积极谨慎。"从头至尾，都是紧紧扣住最有态度的产权改革的事实不放。

这篇报道当时产生了巨大影响。后来，2008年广东在总结改革开放30年的时候，还记起了这篇报道。

提有特点的问题

要进行一次生动而有成效的访问，记者善于提问是必要条件。要提有特点的问题，不要提泛泛的问题，是记者提问要则之一。

什么是有特点的问题？那些只有由这个采访对象来回答才最为合适的问题，就是有特点的问题。所谓有特点，即符合采访对象的特点。那些由谁回答都"合适"的问题，要少提；那些由谁回答都不合适的问题，当然不要提。

访问一位刚刚获得某项国际科学奖金的科学家，自然应该向他提出有关他对科学的新贡献的问题，如果问他一些科普知识，岂不大倒胃口？采访刚刚获得某项冠军的体育运动员，记者也许可以问："你有什么感想？"——这是个"通用"的问题。它不如一名美国记者采访一位赛马冠军时提出的第一个问题："你在拐弯的时候，左边的脚蹬比右边的长几个扣？"这样一个内行问题立刻把双方的距离大大缩短，使他们很快亲切地交谈起来了。如果宇航员第一次从太空归来，记者应该向他提哪些问题呢？

① "飞上太空以后你有什么感觉？"
② "你看到了什么？"
③ "你看到的地球是什么样的？"

——这几个问题都是有特点的，只有由宇航员回答才最为合适。假若问"飞船离地球那么遥远，怎样保证地面同你的联系一刻也不中断呢？"——

这个问题当然也是广大群众关心的问题,是应该做报道的。但这个问题向科学家、设计师们提出,要比向宇航员提出合适得多。

在中国工作的外国专家艾泼斯坦说:

"要问的是只有他本人才能告诉你的问题,或者他能陈述他的观点的问题。这样你就进行了一次丰富多彩的采访,充分利用了时间,给了人家一个好印象。"①

要做到这一点,就有一个"合理分配问题"的工作。为了搞清某个事实,总是要提一些必不可少的问题。记者应该把这些问题分配妥当:对某个人提出哪些,对另个人又需提出哪些。

有两位年轻记者,他们一起去进行参加工作后的第一次采访——报道秋季大白菜丰收。北京郊区白菜收获时节是非常紧张的,收、储、运、销,都要在很短时间内完成。不然,"立冬不砍菜,必定要受害"。这两个记者,到了生产队以后,"抓"住大队长,"按"在办公室就采访。因为记者根本不懂蔬菜生产,所以不仅要向对方问及他们丰收的经验,还要问到许多蔬菜生产的基本常识问题。访问一气进行了3个小时,被访问者因为还有紧迫的生产指挥工作等待着他,边说边向地里看,但又脱不了身,急得直冒汗。记者因听不懂对方的介绍,又看到对方的表情,也同样着急,同样冒汗。谈话结束以后,这位大队长以委婉的语气向记者提出了批评:"您二位就是不懂生产,不然,咱们今儿谈的,半小时就说完了。"

这两位年轻记者的采访能否另一个样子进行呢?也许回答说,不行,因为不懂就是不懂么。但是,如果他把问题做这样一个恰当的分配呢:一些问题向书本和材料提出;一些蔬菜基本常识向当地的老农提出(老农是不那么忙的,他可以仔细地给记者讲);当年生产措施可以向队里的技术员提出;只把一些非由大队长才能回答、或回答最合适的问题,留给这位当时最为繁忙的大队干部。这样,记者和采访对象双方都会高兴,采访也会深入得多。

---

① 见艾泼斯坦:《记者的笔记本》,载《新闻战线》,1979年第5期。

有的记者，受不必要的自尊心的支配，到一个地方或单位，总愿上来就"揪住"第一把手，以不同形式重复着上述那两位初次上阵的记者的做法。这样的记者常使人感到"害怕"。不合理的"税务"谁也怕，记者为什么没有想到采访也要"合理负担"呢！

挖有特点的细节

记者都知道，细节是可贵的。但是，并不是指所有的细节，而是指那些有特点的细节。挖细节是困难的，挖有特点的细节尤其困难。

有特点的细节在报道中（特别是在通讯、特写、报告文学之类的体裁中）所起的作用，有时真可谓是"一细顶千粗"。《长沙日报》上曾有一篇写工业劳动模范巫雪兰的通讯。其中有这样一个细节：巫雪兰在长沙开会，她发现前排的一位同志穿的蓝制服是次布做的，有根线头吊在布上。她感到难过，认为工厂里出了次布，有她一份责任。——这就是一个很有特点的细节，一个织布女工，天天跟布打交道，而且非常喜爱她的工作，日常注意人家身上穿的衣料的质量是很自然的事。作者用这个细节表现这位劳动模范的品质，是很有说服力的。

作家黄钢在《亚洲大陆的新崛起》这篇报告文学的开头部分，就描绘了主人公李四光的这样的细节：

> 当他穿过英伦海峡的迷雾，迎着海风走上甲板的时候，可以看见他的脚步稳重、矫健；他每一步的跨度，总是 0.85 米——这是他多年从事地质工作、长期在野外考察养成的习惯：他平时迈开的每一步，实际就成了测量大地、计算岩层距离的尺子。[①]

这个细节不仅是一般的有特点的细节，它可以称为特征性细节，因为它

[①] 摘自黄钢：《亚洲大陆的新崛起》，收集在中国人民大学、解放军报社合编的《新闻通讯选》，第 337 页。

已成为这个人的特征。

人民日报记者白夜、柏生在《风云壮图》这篇通讯中，也描绘了主人公竺可桢的这样的细节：

> 竺可桢有个习惯，每天六时起床，把那支用了几十年的钢笔式的带有白铜套子的温度计拿到院子里，然后做早操。做完早操以后，再把温度表拿到屋里去，把当时量得的气温记在日记本上……长期的锻炼，使他成了对气温最敏感的人。①

这也是特征性细节。李四光和竺可桢同样都是有名望的老科学家，但是，通过这样的特征性细节，不仅把两人所从事的不同的学科表现出来，同时更重要的是展现了两个人的不同性格——一个人博大、豪放，一个人细腻、严谨。当然，本质又是共同的——献身科学的精神。

> 著名记者柏生是很善于利用细节勾勒人物的。她在《高士其的韧性》这篇通讯中，几处写了高士其的手。开头写他得病时写道："病毒在他的左手上落了脚，接着便选择它的路线，进入左耳膜，开进了他的小脑安家。"后来写到遭受"四人帮"迫害时又写了手："他的电话被拆掉了，让出了房子，冬天暖气也没有了。他坐在椅子上，戴上了厚厚的棉手套。这多么像他在《我们的土地妈妈》中说的：'冰雪的冬天，把她冻坏了。'"这样细节的挖掘，是需要相当的观察力的。②

发现有特点的细节，挖掘那些特征性细节，是一项艰苦的劳动。这需要记者有过细的作风，敏锐的观察，坚韧的耐心。如果说"倒踢紫金冠"是芭蕾舞中的高难度动作的话，那么挖细节，可以说是采访中的"倒踢"。记者功夫的深浅，常常在此见分晓。请看一位年轻记者随同老记者采访后写的心得：

---

① 摘自白夜、柏生合写的通讯《风云壮图》，载山西人民出版社1978年出版的《攀登科学高峰的人们》一书。
② 柏生写的《高士其的韧性》被收进她的作品选《晚晴集》，群众出版社，第103页。

那是一个冬天,我跟老记者采访一位大队副支书——赵玉芳。她给我们讲:有一天,夜里下雪,她冻醒了,联想到社员安排过冬有没有困难。第二天,她访问了几个缺儿少女的老社员,帮他们安排了过冬生活。

书记说的就是这样简单的几句。

那位老记者悄悄对我说:"你看,这点材料,没情节,没细节,怎么写也写不生动。"说完,他转脸提出一系列问题:你怎么冻醒的?冻醒以后又睡着了没有?想了些什么问题?清早起来洗脸了没有?天气怎样?你先访问哪一家?叫什么名字?家有几口人?住什么房屋?说了些什么话?……[1]

细致的提问,只是挖掘细节的一种方法。有的记者像一个高明的"导演",善于通过自己的话语,把对方引导到"戏"(采访对象向记者叙述的事实的情景)中去,使对方在激动下淋漓尽致地叙说出动人的细节;有的记者主要靠一双"明察秋毫"的眼睛,尽力从对方的一举一动中捕捉有特色的东西;有的记者则善于闯入对方的生活,和对方一起工作、劳动,在体验中挖掘细节。

这里特别要提出观察对捕捉细节的重要性。许多细节是记者在采访中直接观察出来的。靠问去抓细节,当然也重要,但是,问要靠别人说,而别人往往并不像记者那样留意细节,所以他们往往提供不出来。同时他们不熟悉新闻的要求,提供出来的,也不一定"符合要求"。而记者的观察,主动权握在自己手里——眼睛长在自己身上么!人民日报记者阎晓明在他的春节特写中有这样一个细节:过去妇女手指上戴的顶针,今日被金戒指代替了。这富有含义的细节,就是靠记者观察来的。

必要的知识对挖掘细节,也是相当重要的。没有知识,记者将难以辨别某些细节是否是有特点的细节。《陕西日报》曾刊登过一篇特写:《大巴山区的一个红色收购员——记先进工作者朱以德同志》,特写中有一个细节:这个收购员的鼻子尖上总是出汗。鼻子尖出汗,这是很容易被忽略的,即使细心

---

[1] 摘自田培植:《采访偶记》,载《新闻业务》,1962年第11期。

些，看到了，也可能以为这是一般的生理现象，放过去了，但是这篇特写的作者知道，鼻子所以出汗，是因为久嗅麝香得的职业病，于是就把它作为一个有特点的细节写进去了。①

当然，一些细节的分量，常常不是在采访的当时就掂量得清楚的。记者要注意的是不要轻易放过它、抛弃它，而要像对一块玉石一样，反复地捉摸它，识别它真正的价值。

穆青、陆拂为在采写《没有写完的报道》这篇通讯时，曾经碰到这样一个细节："老坚决"潘从正在他的理想根本无法实现时，变得暴躁不安，甚至打了老伴一拳。当时，陪同采访的同志对记者追问争吵时的情景有些奇怪：这样的材料也有用吗？英雄还能打老婆？但随着采访的深入，这个细节的重要性越来越显露出来了。它对表现"老坚决"在当时处境下的十分痛苦的心情是十分形象有力的。记者后来把它写进了通讯。②

总括的话：抓取特点，即要选有特点的事实，访有特点的对象，抓有特点的部分，提有特点的问题，挖有特点的细节。这五个方面都做到了，才是彻底地抓住了特点。只选择了有特点的事实，不注意访问有特点的对象，事物的特点也难以了解清楚；注意了访问有特点的对象，但不抓有特点的部分，不善于提有特点的问题，就会眉毛胡子一把抓，在不必要的地方浪费过多的时间，而真正要下功夫的地方却没有精力了。而有特点的细节，常常成为一篇报道最生动、给人印象最深的部分，因此，挖掘细节，也就成为一个记者本领的标志之一。

抓取特点，对于任何报道都是必要的。特别对那些带有例行公事性质的活动，或者形式上完全雷同的重复性的活动，更是如此。有些事实，如果不突出其特点，很难成为新闻。今年的足球联赛与去年有什么不同呢？今年的

---

① 参见《新闻业务》1961年4期上《谈人物特写》文章的举例。
② 见穆青：《谈谈人物通讯采写中的几个问题》，载《新闻战线》1979年第4期。

升学又有何特殊的地方呢？……没有任何新的信息，谁去读这样的消息？新的信息常来自与以往历次同样活动不同的特点。

第十节　十条基本采访方法（下）

内容提要： 这一节继上节之后，继续介绍五条基本采访方法：（六）抓关节点。（七）协同作战。（八）体验感受。（九）短仗长打。（十）常备不懈。

抓关节点——基本采访方法之六

事物的结构是不"均匀"的，即使一张渔网，它也有网眼部分和网结部分。事物的发展也是不平衡的，如竹子，长起来是一节一节的。于是，我们可以把任何一个事物分成两种性质的部分：一种是关节部分，一种是一般部分。特别应该引起我们注意的是关节部分，这类部分我们也可以把它们称为"关节点"。这些关节点，在事物的结构和发展中起着独特的、关键的、突出的作用，与一般部分有显著区别；因此，这些关节点也成为人们认识事物的关节点，在了解事物的时候，决不可将关节点与其他部分一般看待。这就好像是竹节地方，它不仅标志着竹子发育的一个个阶段，而且它特别结实坚硬，枝、芽都从这里滋生。平时说的"势如破竹"，关键是要把竹节破开，竹节一破，其他部分迎刃而解；竹节不破，破竹之势难成。

当然，自然界和社会上的事物要复杂得多，并不都像竹节这样直观，但是，都存在着不同类型的关节点，却是肯定无疑的。

关节点，这是总的概念，具体化起来，它又可以包括：突破点、疑问点、凝聚点、焦点、显现点、基本点、转化点、联结点、引发点、爆发点、消融点……

下面具体讨论在新闻采访当中经常要遇到的几种关节点，从中可以看出抓关节点的一般方法。

突破点

突破点是军事术语。在攻坚战斗中，攻方总是选择对方防守最薄弱的地带作为突破点。突破点一经突破，突击部队插入敌军腹部，整个战斗形势就立即会发生很大的变化。

在一次采访、一次访问当中，记者也有一个选择好突破点的问题。突破点选得好，可以很快进入情况，深入实质；选得不好，就要在"外围"打消耗战，费许多时间和精力，拿不到实质性的东西。

选择突破点的要求是：寻找最容易攻入的地方。这里包括两方面：容易攻，而且要攻入。因此，要选择"敌人"防守最"弱"，而又通向"要害"的地方。——当然，在采访中我们仅仅是借鉴这个原则。

例如，领导同志接见一些基层来的先进人物，开始的时候，气氛常常是相当拘束，甚至有些紧张的。被接见的同志很怕回答不出领导同志提出的问题，或者回答错了。如果领导同志上来就提很复杂的问题要人回答，那么，对方很可能由于紧张而思路紊乱、结结巴巴，不能把有用的情况精彩地表达出来。我们看到，有经验的领导同志常常从这样的"平淡的问题"开始谈话："你叫什么名字？""多大年纪了？""家乡是哪里？"总之，围绕着对方的个人的自然状况提问。这就是选择了比较好的突破点。因为任何人对自己的自然状况总会是对答如流的。从表面上看，这些问题也许与要谈问题本身无关，但它一下子就突破了紧张情绪，所以，也可以看成是个突破点。

在采访中，有时如何突破的问题变得很重要。作家浩然在谈自己采访体会时，介绍了他的这样的经历：

> 全国青年建设社会主义积极分子大会上，我去访问王永吉同志。他是一个测量员，是一个具有共产主义风格的人，在大雪山战斗了几年，有很多惊人的事迹。访问的时候，他捧着一叠材料讲，我抱着一个本子低头记。两个小时过去了。我记了满篇地名、人名、数字和工作过程。他讲完了，我自然不满足，请他再讲一些生动的故事，于是他又把材料上的几个干干巴巴的例子，如上山替人家背东西呀，节省国家资金多少

元哪,重复地讲一遍。他很疲劳了,我也很灰心,甚至于觉得典型选错了,采访失败了。

——许多记者不都是有这样的经历吗?对方也讲了不少,自己也记了不少,但是,就是没有突破,没有深入,没有拿到真正有价值的材料。这是非常恼人的时刻。

后来,我提议休息一下,他放下材料,我丢开本子,和他闲谈起雪山的景象。料不到,他对雪山是那么熟悉、那么有感情,他谈大风雪,谈老林,谈那边的野兽,谈宿营的生活,谈得津津有味,有声有色,一下子把我带进了大雪飘飘的雪山上去了。这时,我忽然想起材料上这样一句很空的话:"王永吉同志自动下山取粮,保证完成任务。"我问他:"你下山取粮的时候,也是这样的大风雪吗?"他用手拍着大腿说:"别提了,那一次好险哪!对,我还忘了说这件事儿。"于是,他生动地给我讲起这个事件的经过:因为这件事,又引起一大串有意义的故事和情节。后来,这个事件和这些情节,成了我那篇人物特写的主要题材。(这篇文章发表在《中国青年》1958年23期)①

为什么突然打开了局面?就是因为记者抓住了"雪山"这个突破点。一提雪山,采访对象肚子里的话,就倾吐出来了。表面上看,这是碰巧,实际上这里面包含着必然,体现着规律。

采访中的突破同战斗中的突破毕竟不同,采访对象不完全是"守方",他也可能扮演"里应外合"的角色。这时候,机敏的记者就要马上看到对方给自己让出的空子,迅速突破进去。

人民日报记者白夜访问埃德加·斯诺的前夫人路易斯·海伦的时候,双方见面,海伦第一句话就说:"我这次来中国,一共拍了13英里长的胶

---

① 见浩然:《我写人物特写的体会》,载《新闻战线》,1959年第23期。

卷。"——海伦是位很有经验的记者,她自己首先开门见山,如果记者不懂这点,还要按照常规客套一番,就会坐失良机。但白夜同志也是老手,他抓住这句话,紧追过去,立即进入了采访的主题:她这次来中国的观感。后来他写的访问记中,就用这个细节作为开头:"我见到海伦的时候,她拿出13英里长的胶卷来款待我。"①

当然,有时采访对象对记者采取不合作态度,特别是在进行批评性报道的采访时,对方确实是采取了严密的防守策略,这时,选择好突破口就更加重要了。美国哥伦比亚大学教授麦尔文·曼切尔所著的《新闻报道与写作》一书中,曾经举了这样一个采访事例:

  1974年4月29日上午,尼克松总统发表电视演说,谈水门事件,并宣布他将把他和顾问就水门事件的谈话录音交给国会法律委员会。第二天上午,又把谈话录音副本摘要发表了。尼克松的这个做法,给记者们出了难题,如果不按尼克松的说法进行报道,就要查阅那厚厚的几十册录音副本。但是,谁又能在很短的时间内把它们查完呢?《华尔街日报》的一位记者卡罗尔·福克想出了一个办法,她手中有一本水门事件大事记,她知道1973年3月21日是个关键性的日子,那一天总统会见他的两个亲近的顾问约翰·迪安和R·霍尔德曼,讨论了给因水门事件被捕的人送"堵嘴钱"的问题。所以,她拿到副本以后,专门就查这一天的记录。果然,她发现了问题,并及时地发了稿。1974年5月1日她写的报道是这样开头的:
  尼克松总统关于水门的谈话录音副本远不像白宫竭力向美国人民说的那样,它不能表明尼克松是清白的。②

记者之所以拿到了主动权,就是因为她正确地选择了突破点。

---

① 引自白夜同志1980年4月23日在中国社会科学院新闻研究所对研究生的讲课。
② 见麦尔文·曼切尔:《新闻报道与写作》中译本,第14~16页。

疑问点

"记者要善于发现问题。"——这个经验谈应该从两方面理解,从大的方面说,这指的是记者要善于深入到事物的内部,抓住关键之所在;从具体方面说,记者要善于发现事物中的疑问点。有疑问,才有问题;有问题,才能深入,疑问是深入的动力。

要善于从看来极普通的现象中发现疑问点。

1960年春天,我国还处在三年自然灾害的可能时期,那个时候,由于"左"的指导思想,农村怎样种地,农民说了不算,而由上面的干部说了算。《人民日报》副总编辑安岗为了搜集写一篇社论的材料下农村去调查。他到了村里,从普通的吃饭中,他发现一个疑问点:这个村的社员为什么有豆浆喝?当时困难时期还没有过去,能喝豆浆是不容易的。社员对他这个问题的回答是:"我们种豆子,所以就有豆浆喝。"后来他又到了牲口棚,在饲料槽里,他又发现了疑问点:这个村的牲口为什么有谷草吃?当时有的村连一般饲草还不足呢?社员对这个问题的回答是:"我们种谷子,所以牲口就有谷草吃。"平常的现象,平常的问题,平常的回答,但是,安岗同志从这里面提出了一篇社论的很有针对性的思想:生产队在安排种植计划的时候,既要考虑到生产的需要,也要考虑到生活的需要;在生产上,既要考虑农业发展的需要,也要考虑到牧业、林业等方面的多种需要。在这个看来极普通的采访中,记者正是把发现事物的疑问点同发现事物的本质,巧妙地结合起来了。[①]

采访中,要在采访对象的谈话中发现疑问点。采访对象因为谈的是本身经历过的事情,因此,他对什么地方别人会存在疑问已经失去敏感。一些重要的地方,有价值的地方,很可能"一笔代过"。记者就是要盯准这种地方,发现以后,紧追不放。人民日报记者田流,采访植棉模范吴吉昌的时候,他

---

① 引自1961年春安岗同志在中国人民大学新闻系的一次讲课。

和老吴都喜欢喝两盅，于是二人边饮边谈。吴吉昌信口随便说道："我教姑娘种棉花，教着教着，她们不来了……""她们不来了！"这几个字，立即成为记者的疑问点，她们为什么不来了？记者抓住这点追问，于是才引出老吴的一段有趣的故事来。这段故事成为田流同志后来写的通讯《银树金花》的主要情节。①

采访一个人物，也要善于发现他身上的疑问点。人们对陈景润这个人物有疑问点：他究竟是不是白专？他为什么有如此独特的内向的个性？不解开这些"谜"，采访怎样深入？《光明日报》记者理由采访我国妇产科专家林巧稚的时候，促进他不断深入发掘的正是疑问点。他这样叙述自己采访的过程和想法：

> 我先搞了外围采访，找了她周围的人。我脑子里老在动一个问题：她为什么不结婚？……当我了解时，几乎所有的人都说：她事业心非常强，为了事业甘愿做出这样的牺牲。我进一步想：这样写究竟有多少人能够接受？……林巧稚年轻的时候，有无一般的女性特征？我很爽直地向她提出了这个问题。于是我听到了一些情况，很符合人之常情……②

正是从这个疑问点出发，记者发掘出了林巧稚独特的而又是有代表性的生活道路和在这条道路上形成的独特性格的材料，这些就成为他的报告文学《她有多少孩子》的主要内容。

疑问点来自哪里？来自采访前的思考，来自采访时的发现，来自记者的观察，来自对方的谈话……不管怎样，记者应该在采访进行过程中，始终使自己的头脑中保持有疑问点，旧的疑问点消失了，又产生新的疑问点；一个个具体疑问点的解决，促成大疑问点的解决，疑问点消失了，就失去了追踪的目标。善于在复杂的事物中，抓住能触及事物本质的、又为大众所关心的疑问点，是记者分析能力的体现，是记者的新闻敏感的一种表现。一些年轻

---

① 载人民日报出版社出版的报告文学集《春天的报告》。
② 引自理由 1980 年 2 月 25 日在中国社会科学院新闻研究所对研究生的讲课。

的记者也许可以这样练习这方面的基本功：他在街上转上一圈，看能发现几个疑问点，同人谈一次话，看能发现几个疑问点。有些外国记者常常从一些疑问点出发，"分析"出一些新闻来，他们的这种本领，是值得我们加以借鉴的。

凝聚点

事物的结构总是有若干凝聚点。总的凝聚点就是事物的焦点。

语言也是有凝聚点的。说某个人的话"一句顶一万句"是不对的，但是，人类的语言的质量的确是相差悬殊的。精辟的语句，一句可以顶上许多句普通的话，更不用说同废话相比了。那些格言、警句，是人类经验和智慧的结晶——如果它们是正确的话；一个地方的谚语和歌谣，也常常高度概括了当地某些特点或当地人民独特的经历，它们的"密度"要比一般的语言高得多。在一般的谈话中，有的话包括丰富的内容，而有的话则是内容空泛的。

记者，既要善于抓住事物中的凝聚点，也要善于抓住采访对象谈话中（以及有关文字材料中）的凝聚点。有一个记者采访一个山区生产队，座谈林业生产情况。谈话中有位社员说了这样一句话："咱们村树少，有些人总怪老辈人不争气。"记者听到以后，马上断定，这句话是"话中有话"。于是在适当时机插进话去，提出这句话，让大家讨论这个说法到底对不对。问题一提，会场立刻活跃了。有的老农回忆过去地主霸占山场，农民根本无权种树，说明不是老辈人不争气，是社会制度问题。有的说，解放这么多年了，树为什么还没种植起来，主要是政策问题。现在，再不造林，后辈人埋怨我们，可就没的说了……为什么一句话可以把全场的人调动起来呢？就是因为抓住了凝聚点。

开调查会最好的方式自然是讨论式。但是怎样讨论得起来呢？由记者主观地提出一些问题，总不如记者从对方的生活中、谈话中及时发现一些凝聚点让大家讨论更好一些。这样的议论，往往是生动活泼、虚实结合的，记者可以获得许多有用的东西。

显现点

有些事物像洋白菜,全部现象都摆在表面,本质也容易挖掘;有些事物像萝卜,地面上露几片叶子,"大头"埋在地下;有的事物像海中的暗礁,海面上只露出很小的一点,还不时被风浪淹没,但下面是山一样庞大的身躯。海面上显露的漂浮的冰山,是整个冰山的3%,庞大的冰山在海水里。事物暴露在表面的部分,可以称为它的显现点。显现点有很大不同,有的只暴露很少。但记者应该着力发现的正是暗礁这类的显现点,起码也要挖萝卜。记者的任务,就是抓住显现点,深入发掘到那被隐藏起来的事物的全体。

基本点

基本点,也可以称为"基本线"。无论在自然界里,还是在社会领域中,人们总用几条基本的指标,来廓清不同事物之间的界限,确定某一个事物的基本性质或范畴。例如,半导体三极管,它要有几个基本参数,如截止频率、放大倍数、噪音比,等等,这些基本指数,决定了这个管的性质和功用,是高频管,还是低频管,是起电压放大作用,还是起功率放大作用。在社会问题领域中,毛泽东同志分析农村各阶级时,曾经用剥削量占总收入的25%以上还是以下,作为划分富农和富裕中农的界限。这个25%,就是基本点。又例如,在60年代,对我国北方农村的普遍调查之后,发现了凡每年每人平均收入在60元以下的社队,社员生活就相当困难。因此,便把人均年收入60元作为划分是否困难队的基本点。当然,在社会科学领域内的一些基本点是不如自然界那样稳定的。"25%"的基本点会因剥削阶级的消灭而失去其现实作用;年收入60元的标准,也会随着生产的发展而变化。再例如,了解一个企业的基本经营情况,主要是这样几个基本点:资产价值,销售额,市场占有率、利润率等。了解一个国家的经济状况和在世界上的地位,主要是GDP总量及其在世界上的排位;人均GDP数量及其在世界上的排位。了解一个国家的经济发展速度,主要看它的GDP年增长速度。判断经济形势是热还是冷,主要看物价指数,包括生活资料的物价指数和生产资料的物价指数。总之，任何事物都存在着廓清它性质的基本点，有时是一个，有时是数个，却是确定无疑的。

记者在采访中，决不可忽略了解被采访事物的基本点，甚至应该首先力图搞清这些基本点。如果一个村或县，你还不了解它的收入水平是否属于困难村或县，你怎么能对这个村或县做出中肯的评价呢？如果一个企业你判断不出在同行中它属于经营好的还是经营差的，你怎样进行采访和报道呢？

这就是说：记者心中要装有划分或确定某类事物性质的基本点，同时，又必须用它来对照被采访的那个事物，以首先了解该事物的基本点。只了解基本点，当然还不能说全面、深入地了解了某事物；但是，具体的细节了解得再多，而不了解基本点，就像你认识一个人，只分别看出他的皮肤、手指、头发，而根本没有察看过他的高矮、胖瘦、相貌一样，绝不会形成一个完整的统一的认识。

转化点

事物矛盾着的双方在互相斗争的过程中，一定条件下，地位就要向着自己的对立面转化。转化点常常是报道中最精彩的部分。

这种转化的现象是相当普遍的。从某种意义上说，记者采访的最主要内容就是了解某些事物的矛盾转化过程——主要是从不利于人民到有利于人民的转化过程。当然，少数情况下，也要了解和报道有利于人民到不利于人民的转化过程，以让人们从反面吸取教训。不管怎样，真正的有价值的经验或教训，往往主要是从转化的过程中总结出来的。一个队如何由穷变富的？一个人如何由后进变为先进的？一个企业如何由亏损变为盈余的？用记者的行话说，"干货"就"出产"在这个"转化"里面。转化过程是质的飞跃的过程，往往最精彩，最生动，最富有戏剧性。

请看通讯《刮刀落地》（载1979年9月16日《天津日报》）的开头：

事情发生在河北区墙子街一家职工宿舍里。

今年5月23日晚7点多钟，屋里坐着8个青年人，像发狠似的抽烟，大口大口地喷吐着烟雾……"嗒、嗒嗒、嗒嗒。"突然有人轻轻地敲门……没等里面答话,就随着门响闪进一个人来。来人身高 1 米 80,杏核眼,剑字眉,二十五六岁年纪,虽身着便服,却有一副军人风度。"你来得正好!正要到厂里去找你,你送上门来了!"说话的人,霍地从椅子上跳下来窜到门口,左手持 7 寸三角刮刀顶住来人胸口,右手高举菜刀照准来人的头。"今天我就把你撂在这里……"

但是谁又想到,这场面是这样的结局:

边锋刚(被威胁的人,他是来做后进青年工作的团的干部)高高挺起胸脯,心地坦然、声音平和地说:"小方同志!请你冷静一下,这是干什么?我是代表党团组织找你谈心的,不是找你打架的!"……

……小方的心激动地抖动起来,手上的刮刀"当啷"一声,落到地上,两行热泪夺眶而出……他"扑通"一声,跪在了边锋刚面前,用手狠抽自己的嘴巴。

这些精彩的转化点可以使人读后不忘。难怪记者像下海采珍珠一样地采挖它们。

抓住转化点,报道才能深刻、生动,才能有说服力。采访中最常见的毛病之一,就是反面材料搜集得很多,也很生动;正面的材料,也多少有一些。但最重要的转化材料却非常少。

总括的话:上述各种关节点只是一些举例,它们之间也不是并列关系;人们根据需要,还可以从不同角度提出其他种种关节点。总之,善于将关节部分与事物的一般部分区分开,着重抓关节点,这是认识事物——也是新闻采访的重要方法。关节点与特点不要混同,特点是指一事物和它事物的区别,是某事物的矛盾的特殊性;而关节点涉及的是一个事物的一些部分和另外一些部分的区别,一些发展阶段和另一些发展阶段的区别,是事物本身结构和发展上不平衡的问题。

关于关节点这一概念,在中国的哲学著作上,至今还没有出现过。在苏联有的哲学著作中，曾经顺便提到过，但是把它当成一个很普遍的概念，并未给予足够的重视。其实，关节点这一概念，不仅应成为新闻学概念，也应当成为哲学概念，而且应成为很有用的、重要的哲学概念。它在认识论中，是其他概念不可替代的。

"协同作战"——基本采访方法之七

现代化的战争是立体战争，海、陆、空协同作战，还要加上导弹、卫星等等兵种和武器。

卓有成效的采访，也应该是"协同作战"。记者不应该只使用单一的"武器"，而应该是眼、耳、鼻、舌、身、脑并用，直接观察、口头访问、亲身体验、查阅资料等等方法结合。

不要忘记带眼睛

初做记者的人常常不会协同作战，只是呆板地使用一种"武器"：口头访问。而其他的"武器"，特别是最基本的"武器"——眼睛，对不起，却忘记带去了。

最基本的武器，却是最容易忘记带去的武器。这不能不引起注意。

关于眼睛的重要，许多著名的作家都有过论述。意大利文艺复兴时代的艺术大师达·芬奇曾经说过："眼睛叫作心灵的窗子，它是知解力的主要工具；耳朵处在其次……"[①] 许多作家正是从锻炼观察力开始获得成功的。法国作家莫泊桑刚露头角的时候，有一次去请教大作家福楼拜，给他讲了几个故事。福楼拜听了以后，不主张他写这些故事，而是希望他先做这样的锻炼：骑马出去跑一圈，一两个钟头之后，回来把自己所看到的一切记下来。莫泊桑按照这个办法锻炼自己的观察力达一年之久，后来终于写出了一篇有名的小说：《点心》。

---

① 见达·芬奇：《笔记》卷二。

在记者采访中,眼睛——观察力,就显得更加重要了。作家可以骑马跑一圈,把他看到的东西写下来,至于是否完整、真实,要求并不总是那么苛刻的,文学允许想象;记者在生活中却是经常要"走马观花"的,而当他把看到的东西写下来的时候,却必须真实,不许有误差,这要求何等的眼力啊!著名记者穆青同志说:"人身上最灵敏的器官是眼睛,记者偏偏不会用眼睛。十八般武器,眼睛是最锐利的武器,偏偏不用它。"①——这自然是指那些"武艺"不甚高强的记者说的。

眼睛——观察,对记者为什么如此重要呢?

首先,通过记者观察,可以拿到第一手材料。第一手材料在新闻中的重要性,决定了记者观察的重要性。

其次,直接观察较容易取得细节材料。访问当然也可以获得细节,但通过观察获得的细节更直接、更真实、更有把握,而且可以做到有自己独特的东西。法国印象派画家莫奈,在一幅伦敦教堂画的背景上,把雾画成了紫红的颜色。英国人认为他画错了,雾自然应该是灰色的么!但是,后来,伦敦人在大街上仔细地观察了雾的颜色,发现莫奈是对的。伦敦的雾所以是紫红色,是因为雾太多和房屋多是由红砖建造的。②如果画家不是通过自己观察,而是靠访问别人——包括那些长年住在英国伦敦的人,能够得到这样正确的、真实的细节吗?显然是不能够的。一般人在生活中由于他没有那个需要,常常是并不认真注意这些细节的,因为雾究竟是红色的还是灰色的,跟一般人又有多少关系呢?一个作家、艺术家、一个记者,怎能把对细节的描写完全建筑在这些人的观察的基础之上呢?对事物的细节的了解必须是独立地下功夫的。

新华社军事记者阎吾曾经这样回忆他同一位老记者在前沿阵地进行观察的情景:

有一次我们在前沿阵地看敌人打炮,他指着炮火对我说:"文化人

---

① 见穆青同志 1978 年 3 月 4 日在部分国内分社社长座谈会上的谈话,载《新闻业务》活页版,1978 年 3 月 27 日一期。

② 见吴松亭:《要善于观察》,载 1980 年 7 月 2 日《人民日报》第五版。

写文章，常常爱说'炮弹击起缕缕青烟'，这是站在老远地方看到的情况。站在近处，你看到的是滚滚的尘土。战斗越激烈，尘土越浓。"他的采访本上记下了许多战争现场的情景，有关炮弹落下后冒烟的情况，就记了十几条。①

只有自己直接观察，记者才能拥有这种"独家细节"。

第三，通过观察，记者可以把一些第二、第三手材料，变成第一手材料，把死材料变成活材料，如在前面第三节说过的，范长江在《中国的西北角》的采访中，常常是这样做的。

第四，眼睛、观察，是记者随时随地可以使用的武器和方法。访问，发出"串珠炮"式的问题，这需要面对着采访对象才能进行，没有对象时，便无从访起。观察则不然，他在访问前、访问中、访问后，在各种场合下都可以进行。侦察、搜索、强攻等等作用，都可以发挥。它是最方便、对方也最不好防御的"武器"。会使用这种武器，在似乎很偶然的场合下，也能发现重要的材料。

黄钢同志回忆他早年在延安当记者的时候，曾有过这样的一次经历：

> 1939年春天，我第一次从延安到达晋东南抗日根据地八路军总部。刚到总部，行军的背包刚刚放下，我就在晚饭后指战员们休息娱乐的篮球场遇见了一桩新闻：当时我们总部的人员在一个新修的篮球场上围观战士们打篮球，好多小鬼、勤杂人员、通讯员、警卫员、年轻的参谋人员、政工人员，都在轮番进行球战。因为打球人太多了，一场只能打15分钟，打完就得换上10人，那就再排队。一排10个人，最后一个年龄挺大的，50多岁，站在那儿，他排到11个，很不凑巧，就刷下去了。有一个小鬼想让他上球场，这位年长的军人拒绝了："你们来吧，这场不该我。"……于是15分钟又排一次队，又没有轮到他。这一位年老的军人却用了一种非常自然的步伐，退出了球场，然后蹲在球场之一角。这

---

① 见阎吾：《在火热的战斗中》，载《解放军报通讯》，1978年第7～8期。

就是八路军最高级的军事指挥员——我就是在这样的情况下,第一次见到朱总司令的。①

是的,面对面的访问还没有开始,但是,记者通过观察,已经获得了极其宝贵的材料。

第五,眼睛、观察,也可以说是最不易被"剥夺"的武器。有的时候,其他一切采访方法都不能使用了,唯一可用的就是观察。

20世纪50年代初期,我人民解放军解放大陈岛时,有7名记者随军采访,其中有一名人民日报的女记者金凤。她随着军队,冲上岛子。扫雷兵在前面走,她在后边紧跟。金凤同志回忆当时的采访情况说:

岛上的居民全都被国民党军队胁迫走了。要想找人采访,根本没有人。这种情况下,我只能用观察了。我看到田地里扔着锄头,我看到饭团子插在筷子上,我看到沙滩上的——在敌人逃走方向的沙滩上的片片血迹……这些情景,表明敌人在逃走的时候,用武力威逼着岛上的居民同他们一起撤走。凭着这些观察到的东西,我写了《大陈在控诉》这篇报道。②

另一位老记者曾经讲过这样的故事:她去采访某钢铁公司的一位女工程师,打算报道她的先进事迹。但是这位工程师拒绝接待记者,不愿向记者吐露一点自己的情况。在这种情况下,通过访问来了解情况的门是被堵上了。最后,经过记者力争,达成这样的协议:工程师可以不向记者介绍自己,但要允许记者跟在她的身边。早晨记者同这位工程师一起起床,上班。一到焦化厂,炼焦炉发生了故障。这位女工程师把工作服一穿,一下钻到发生故障的地方,抢修完毕的时候,她满脸全黑了,只有牙齿是白的……晚上下班以后,这位女工程师并不回宿舍,而是给工人上技术夜校。讲课前,工人同她

---

① 见黄钢:《采写〈亚洲大陆的新崛起〉的回顾》,载复旦大学新闻系编《采写经验选》,第392页。

② 引自1980年6月9日金凤同志对本书作者的谈话。

亲切交谈着……记者被"剥夺"了访问的权利，观察的权利却是不能被"剥夺"的；就用这些观察得来的材料，记者写了一篇很生动、很真实的报道。一些年轻的记者当他们碰到类似上述境遇的时候，往往一筹莫展，他们忘记了，他们还有不可剥夺的武器——眼睛，他们仍可使用不靠采访对象就可发挥作用的方法——观察。

忘记带眼睛的这种毛病，同不重视现场采访是互为因果的。因为不重视观察，所以就不努力及时赶到新闻事件发生的现场，在事件进行中就进行观察；如果事件已经过去，也不注意到现场做追补性的观察。反过来，不注重现场采访，特别不努力追求当场采访，记者就把事后采访作为理所当然、件件如此的事了。而事后的采访，在他们看来则主要是依靠采访对象的介绍，似乎事过境迁，观察已经无能为力了。这种循环，使某些记者不自觉地形成了这样一种糊涂观念：只有那些别人说的、记到本子上的才是真正的材料，自己亲眼看到的东西，反而不认为它是采访到的材料了。

能当时赶到现场采访，就应在事件进行中观察；能事后赶到现场采访，就争取在事后对事件的有关实际情况进行现场考察——考察也包括观察；现场已不存在，记者也应争取搜集一些物证材料，亲自过目。总之，凡是能够使用观察的时间、地点和场合，都应该毫不吝啬地使用它。

记者的观察力

不同的工作，要求具有不同的观察力。

政治家的观察力在于他善于洞测政治风云，及时识别各种人物的倾向和本质，以高瞻远瞩、深刻博大为其特征；

公安人员的观察力在于他善于分辨真伪，排除假象，明察秋毫，跟踪求索，以机敏奇巧为其特征；

文学艺术家的观察力在于他善于捕捉事物的形象，发掘人物的性格特征及其表现形式，以形象、细腻、长于美感、丰富多彩为其特征；

哲学家的观察力在于他善于发现事物的内在联系和最一般的规律，以精辟、深邃、高度概括为其特征。

那么，对记者的观察力应该提出些什么要求呢？

记者的观察力则应该包括这一切内容。他的观察力是综合的。在某一方面，他或许比不上那方面的人，但他应该同时具备各方面的观察力，并且善于利用他人的成果，把它们结合起来。他虽然不及政治家那样高瞻远瞩，但可以比他们更机敏、更灵活、更随便地观察；他虽然不及公安人员那样机警、明察秋毫，但他可以比他们观察得更全面、更形象；他虽然不像文学家那样细腻，那样具有"人情味"，但比他们更迅速、更及时、更简洁、更直接；他虽然没有哲学家那样的概括力，但他可以比他们更有生活气息，更易被一般人所理解……这似乎是对记者观察力的夸大，不，一个出色的记者确实应该具有这样全面的观察力，否则，他们对自己的工作不会是胜任愉快的。

记者观察力的这种特点，是由于他的职能和任务所决定的。并不是每次采访都要求这样全面的观察力，随采访任务、采访类型的变换，对记者的观察力也不断变换着要求。报道经验，更多地要求概括力；写报告文学，更多地要求捕捉形象的能力；调查一些反面事例，常常更多地要求机警、明察秋毫……——事实上，每个记者由于他报道的题材不同，他经常使用的体裁不同，他在实践中锻炼出来的观察力也是有自己特色的。但总的来说，同从事其他工作的人相比，仍然是以综合为特点的。

对记者的观察力，还有另一种角度提出来的要求。美国哥伦比亚大学教授麦尔文·曼切尔所著的《新闻报道与写作》一书中说：

"记者必须学会用孩童般的眼睛观察世界，他把每件事都看作是新鲜的、各具特点的；同时，他必须用聪明长者的眼光洞察世界，能够区分出有意义的东西和无意义的东西。"[①]

这个要求是有一定的现实针对性的。首先，记者要注意保持自己的孩童般的眼光。记者工作做久了，容易得一种职业性的疲劳症：许多新鲜事儿都

---

① 见麦尔文·曼切尔：《新闻报道与写作》中译本，第197页。

见过了，因此再见到什么新鲜事他也不感到新鲜了。这样的记者不仅在平凡的事件中发现不了新鲜的因素，而且往往把新鲜的事情也看成是陈旧的。——就这种意义上说，记者的职业是"青春的职业"，它要求记者永葆青春的活力；老气横秋，意志消沉，怎么能当记者呢？同时，记者又不能仅仅满足于此。孩童般的眼光的一个最大弱点，就是缺乏深刻的识别力。他刚刚到这个世界上，对他说来，一切都是新的或新鲜的。但对记者来说，他决不能把人们已经司空见惯的东西，作为新东西送给人们。"炒剩饭"也只能偶尔为之。年轻人的弱点是轻信和不稳重。而记者恰恰容易犯青年人的毛病。他整天处于"急急忙忙"的状态之中，整天求助于别人提供情况。这种工作状态，即使是稳重、不易轻信的人，也容易被迫变得轻信和不稳重了。因此，记者必须时时要求自己，要老练，要持重，不要动不动就激动起来，要防止钻入会"引诱"记者的老手布下的圈套……总之，他应该具有聪明长者的眼光。孩童般的眼光，聪明长者的眼光，这两者是对立的，又是相反相成的。两者的对立统一，构成了记者的锐利目光。

对记者的观察，还可以从另一个角度提出要求。人类为什么发明了望远镜和显微镜？是为了弥补人的肉眼观察力之不足，对宏观世界和微观世界之奥秘进行深入观察。记者采访在绝大多数场合是不需要望远镜和显微镜之类的东西的，但是，宏观的观察力和微观的观察力，这两种观察力，记者却是需要的。

所谓宏观观察力，是指记者进行"大面积"观察的能力。面对着宏大场面的记者，是只能看见杂乱无章的"黑鸦鸦"的一片，还是可以概括出其中存在的某种内在联系，取决于记者的宏观观察力。宏观观察力强的记者，即使是面对本身毫无组织的场面——如突然发生灾害的现场，他也能把现场情况清楚地描绘出来，而缺乏宏观观察力的记者，即使是面对有组织的场面，也会把它描述得杂乱无章。

所谓微观观察力，是指记者进行过细观察的能力。微小的差别，细小的变动，统统逃不过记者的眼睛。从某种意义上说，微观观察是更重要、更困难的事情。

观察和询问相结合

一种武器再好也有局限，多种武器配合才能取得全面的"战果"。

观察和询问，是需要密切配合使用的。观察可以为询问提供材料，询问可以深挖、印证、核实看到的东西。反之，询问也可以为观察提供方向和线索，观察又可以印证、核实听到的东西，进一步扩大"战果"。观察和询问要互相交替，也可以双管齐下，同时进行。这里要求的是机动灵活，密切协同。

新华社记者朱继功曾经叙述了这样一段采访经过：

记得有一年"五一"节，我参加天安门观礼台的采访。到了现场以后，觉得观礼台上的情形和以前差不多：有的外宾激动地向台下游行的人群招手，挥舞着鲜花，有的赶紧拿出画笔来画速写，有的用摄影机拍下了精彩的镜头……

（这是"宏观"的观察，粗略的观察。许多事物，进行宏观的观察是看不出什么新东西来的。游行是如此，体育比赛、集会等等，都是如此。记者的观察决不可停留在宏观阶段上——虽然宏观的观察也是必要的。——引者插话）

起初我想，把这些材料组织起来也就够了，可是又觉得一般化，缺少新鲜内容。我在台上兜了几圈，突然发现人丛中有一位满头银丝的老太太，不断地抚摸着一只包在手绢里的小鸽子，满面笑容地向周围的人讲着什么。

（这是微观观察，发现了新鲜的事情。）

于是我走过去，同她攀谈起来。（由观察转入询问。）原来她是一位美国进步作家，冲破美国国务院设下的层层障碍，特地来的。路过广州的时候，一位刚复员的解放军战士送给了她一只鸽子。战士对她说："中国人民热爱和平，永远是世界和平的保卫者！"这件事引起了她的感触，她一直随身带着鸽子，当孩子们在广场放鸽子时，她也解开手绢："乖乖地飞吧，在新中国的首都自由地飞翔吧。"……[①]

[①] 见继功：《锻炼我们的观察力》，载《新闻业务》，1961年第12期。

显然，记者不进行观察，当然不会发现那位有特色的美国进步女作家；同样，记者不及时地从观察转入询问，也不会获得有关鸽子的生动材料；观察到的材料，也可能因为不完全、底数不清，而无法使用。

这种询问必须是及时的，不失时机的。在一些"走马观花"的采访，特别是在国外采访中，更须如此。

作家黄钢第三次访问朝鲜的时候，呈现在记者眼前的是战后建设的新面貌。但要把它们写得细腻，却是不容易的。因为在国外采访，很多时间是在汽车上度过的。

> 有一天很晚，从平壤的近郊农村深夜赶回平壤，经过大桥的时候，我看见一队队青年男男女女都是肩头背着步枪，另一个肩头背着书包，成群结队地唱着歌，从这个平壤大桥上过去。他们是什么人？是军事院校的新学员吗？还是普通大学生？必须马上问清楚。呵，原来都不是，他们是上夜校放学的工人、是共产主义大学夜班的走读生。青年女工的衣服非常鲜艳。火红的绸头巾非常鲜丽，可是，她们一律白色的上衣短衫是什么料子的？女同志下身深蓝色的裙子又是什么料子制成的……这就必须立即问朝鲜的翻译同志……后来我写报告文学《朝鲜——晨曦清亮的国家》，就不仅写了服装的颜色，而且写了它的料子，这些料子是朝鲜纺织工业和维尼纶工业的新产品。①

在做了这样的叙述后，黄钢得出的结论是："重要的细节要立即提问、立即采访清楚、立即牢记在心。"

在观察和询问同时使用的时候，记者不仅应该观察将要报道的事实，还要注意观察采访对象的言行、表情，这就是访问的"察颜观色"。

某记者在一位县委书记的陪同下坐车参观这个县的农田水利建设情况。记者在车上注意到，田野里水利工程的确不少，但是明显地存在着不配套的问题：一部分工程未完工，相当多的土地不平整，浇不上水。（这是记者的观

---

① 见达·芬奇:《笔记》卷二。

察。）后来，他们来到一座大型扬水站前，县委书记请来了站负责人。于是由观察转入了询问：

县委书记：这位同志是××日报记者，你向他介绍一下扬水站的情况：

站长：（望了一下书记）我们这个扬水站可以浇地5万亩。

记者：（观察到了站长的犹犹豫豫的表情——这是询问中的观察。）是已经浇地5万亩，还是可能浇地5万亩？（"已经"是事实，"可能"是计划。对于新闻报道来说是不容含混的。必须"穷追"清楚。况且对方的表情提供了疑点。）

站长：（他望了望县委书记，他不知道应该怎样回答，不知道县委书记曾怎样向记者介绍，以及应否说实话，但他没有能够得到明确的反应。）啊，5万亩，浇地5万亩……

记者：（观察到他的很不自然的表情，知道他有顾虑，没有说实话。沿途之上的观察和询问中的即兴的观察都可以说明：浇地面积没有这么多。不必再穷追了。）啊，好吧。

这是一个极其简单的采访细节，它说明了观察和询问结合起来，包括在询问时进行观察，有多么重要。

刘少奇同志1961年4月28日在谈报纸宣传工作时，曾经谈到调查访问时要注意观察的问题。当时中央派了调查组，在一些大队了解情况，但在当时的左的路线的压力下，许多群众不敢讲真话，调查很难拿到真实的材料。刘少奇同志提出，调查询问时，要看对方的表情：

这次我提出四个问题和群众谈，谈了两次，就摸到一点风向。我提了公共食堂八大缺点，一提大家就活跃了。你提出问题，要看群众是笑脸还是苦脸，是鼓着眼睛还是眯着眼睛，是昂着头还是低头，群众的真意是可以摸到的。这样，你就可以了解他们的心理。[1]

---

[1] 引自刘少奇同志1961年4月28日关于报纸宣传工作的谈话，载北京新闻学会编印的内部材料。

观察和资料相结合

新华社记者戴邦同志,在解放战争期间,曾进行过一次他称之为"一个问题没有提"的采访,采访的成果就是人物特写:《射击英雄魏来国》。[1] 戴邦同志当时是新华社华东总分社采访部主任。在他采访之前,曾经有两位记者采访过魏来国,并写了稿子,送到总分社,但都因为没有抓住特点而失败了。戴邦同志看了这些稿子,对魏来国的情况有了个大体了解。有一天,魏来国为到后方医院治病,到第三野战军总政治部来转组织关系。戴邦得知这个消息后,立即跑到政治部来采访。他没有访问魏来国,甚至也没有要求介绍同对方相识,只是在政治部的人同魏来国谈话和晚上魏来国看戏的时候,他在一边悄悄地进行观察。总之,在魏来国进行各种活动的时候,通过反复细致的观察,记者终于发现这位战斗英雄的眼睛很有特点,于是决定从眼睛写起,并获得了成功。——由于记者没有直接访问采访对象,所以报道发表以后,魏来国还不认识写自己的记者,直到建国以后,还在打听这位记者。[2]

记者在这次采访中所以能够一个问题没有提,是因为记者事先已经掌握了报道对象的基本资料——从别人的报道中,从上级有关部门的文件、报告中。这样,记者所欠缺的是消化和深化这些资料,并在此基础上,发掘出报道对象的特点。记者在这次采访中所以不去直接访问报道对象(要这样做是完全有条件的),是因为他认为这样做的好处有:一、记者可以专心致志于观察。估计到再问也不过是已知的那些材料,关键在于挖出特点,所以专心的观察就显得格外重要。二、不至于由于记者采访的"干扰"而使对方处于紧张状态,让报道对象仍然像平时那样自然地活动,记者的观察不仅可以更客观,而且也可以更从容。

在这次采访中,表面上看记者只用了观察,实际上并非如此。这是在掌

---

[1] 见中国人民大学新闻系、解放军报社合编的《新闻通讯选》,第 211 页。
[2] 引自 1980 年 3 月 8 日戴邦同志同本书作者的谈话。

握了必要的资料之后把观察作为一个消化和提高、发掘和印证的过程。在现场不能询问采访对象的采访活动中,尤其要注意运用这种方法。

收集与思考相结合

缺乏经验的记者容易犯的另一个毛病是,把收集材料的过程和消化材料的过程截然分开。他们在采访阶段,只是一股劲地"搂"材料,只到采访"结束",写稿之前,才坐下来冷静地思考这些材料。这种做法的弊病是明显的:它影响到写作,未消化的材料只能被罗列、堆砌起来,不能组成有机的整体;它也直接地影响到采访。不消化、不思考的采访是带有很大盲目性的采访,是缺少底数和具体要求的采访。有经验的记者则不然,虽然,在采访以后他们也要整理材料,但是,在采访过程中,他们就进行反复的思考。所以,当收集资料完成并同时进行分析、研究、思考以后,如何写作也基本上有一个大概的轮廓了。甚至可以不需再加思索就提笔成篇了。

在采访过程中的思考,就像副食品、蔬菜入库前的初级加工一样必要。这项工作可能有两种做法:一种是凡采购来的东西,不管是活猪、活鸡、青菜、萝卜,不经加工,一律杂乱无章地往库房里堆,里面形成了一个"大杂烩"。想要提某种货,因为埋在大堆里了,根本找不到。过了不很久,它们便腐烂在一起了。另一种做法,凡入库的东西都经过加工,猪、鸡都经过屠宰,冷冻入库,蔬菜都经过选挑整理,去掉泥污烂叶,分类存放,这样,仓库里有什么货、多少货,一目了然,随时可以提取任何一种。有经验的仓库管理人员懂得,与其急急忙忙但乱七八糟地堆进仓库,还不如入库慢些,加工得好一些。有经验的记者有时也是这样,当时间允许的时候,他总是根据自己的消化能力,有条不紊地收集,而不愿一下硬吞很多东西,把自己的脑袋搞浑。他像一个模范管理员一样,随时可以说出自己的存货情况。

采访,一定要把采集资料、研究资料的工作放在足够重要的地位。轻视这方面的工作,是许多记者写不好报道,并且不能在工作中不断有所积累、有所提高的重要原因之一。

记者的格言应该是:每次采访都是上一次学或上一堂课;采访对象就是

老师，而资料，就是记者自编自选的教科书。如此持之以恒，真可谓"坚持数年，必有好处"。

1981年，国家中央机关进行机构改革的时候，人民日报一位记者接受了这方面的报道任务之后，他所做的一件工作就是收集资料。他找到了中华人民共和国成立以来历届中央政府——国务院（政务院）机构的变迁资料；他找到了美国、日本等资本主义国家中央政府机构的资料；他找来了苏联、东欧一些社会主义国家中央政府机构的资料。对这些资料进行了认真的研究之后，他获得了如下认识：在当时的领导人讲话中，"机构改革"同"精简机构"这两个词儿是在相同的含义上使用的。记者认为，更准确的说法应为"机构改革"，"精简机构"容易发生歧义，而且容易把人们的认识引入歧途。首先，社会主义国家干部总数是不能减少的（或称干部总数不减律），其次，按人口比例算，中国干部人数并不算多。在美国，中央政府的文职官员为900万人。按此比例，中国10亿多人口的国家应有4500万干部，何况，我们的"干部"所包含范围要比他们的文职官员大得多，因为国有企业的厂长、经理、科技人员，在我国算干部，在美国是不算干部的。第三，并不能一般地说"干部越少越好"。从社会发展看，总是脱产的人，离开生产第一线的人越来越多……因此记者认为，一般地提精简人员或机构，是不能完成，也不应笼统提出的任务。"文革"期间把干部"下放"成"普通劳动者"，实际上是一种社会倒退的行为。因此，记者的报道应该只使用"机构改革"的概念。机构改革的实质，只是人员的合理配套和干部素质的提高和发挥。实践证明，记者的看法是正确的，他写的报道经受住了时间的考验，党的十三大文件也肯定了上述对机构改革的理解和提法。

在采访时还必须想到写作。正如到市场上买菜必须想到做菜一样。做什么菜，自然要看市场有什么菜；而从那样多的蔬菜挑选什么品种，又不能不考虑到要做什么菜。会做菜的人，买到羊肉以后，就去再寻找萝卜，清蒸羊肉可以配在一起，不会做菜的，可能去买芋头，买来以后，两个品种不搭配，难以成菜。

请看人民日报记者陈有为同志的这样一段叙述：

  我访问韩素音，到了北京饭店她的房间，恰好她没有在屋里。我发现她的房间有一个特点，中文书籍很多。于是我想，访问记的开头就应该从这里写起。访问一个人，而这个人不在，观察了她居住的环境，正好可以衬托出这个人。有了这个想法，我马上就把桌上的书籍的名字记下来，如果当时没有这个想法，不记下书名，不做认真观察，事后写的时候再想起来，再查问桌上有什么书，就不可能了，起码是不好办了。[①]

这是一个很有说服力的事例。

当然，我们说的思考，首先是要思考被报道的事实，以求全面认识和正确理解它；同时，也要思考写作，即怎样表现我们要报道的事实。因为记者的任务是要传播，所以，不仅自己要认识、理解，而且要使广大的人们都能认识、理解。这样，表现、表达的问题就显得重要了。表现与表达绝不只是语言和技巧的问题，它首先是个材料问题，而材料则取决于采访。

总括的话：所谓"协同作战"，当然不止于上面几点，但通过这几点，可以说明这个基本方法的内容和它的重要性。

观察和询问，是两种最基本的"武器"，但是，从容易被遗忘、从重要性、从可以单独作战、从能够最经常地同其他武器配合等角度看，观察是更应引起重视的"武器"。

记者的观察力应该是综合的，是孩童的眼光和聪明长者眼光的结合，是宏观观察力同微观观察力的结合。

记者应该把采集和研究资料放在极为重要的地位来加以重视，资料是记者的教科书。

善于使用多种武器，善于从一种武器迅速地转换到另一种武器，善于根据实际情况创造适合的"协同作战"的形式，是记者成熟的表现。

[①] 引自陈有为同志1979年12月在中国社会科学院新闻研究所对研究生的讲课。

体验感受——基本采访方法之八

体验感受，是记者重要的基本采访方法。所有的采访方法，从记者本人同事实的关系来看，无非是两大类型，一种类型，记者"超然"于事实之外，除"了解事实"这一纯属采访关系外，同事实不发生其他任何关系；另一种类型，记者"介入"了、参加了被报道的事实，成为这项活动中的一员，在参加活动的过程中进行"活"的采访。人民日报记者金凤同志曾说过一句精辟的话："采访，不仅需要从外边向里边看，有时候需要从里边向外边看。"所谓"从里边向外边看"，就包括记者要进入到事件里面去，也就是做亲身的体验和感受。

体验感受，可以包括两方面的意思："大"的概念和"小"的概念。新华社副社长海棱在很早就向记者提出过"事实"与"生活"的关系。他说：

> 深入生活是新闻写作的基础和源泉。深入生活就是要贯彻深入实际，深入群众的采访路线。有的同志不理解这一点，片面地认为作家才需要生活，记者只要有"事实"不一定要有"生活"。可以断言，脱离生活的记者一定写不出好的作品……如果我们深入了解劳动人民生活，体验了他们的生活、思想感情，那么我们的新闻就会写得生动活泼、有血有肉，能反映出人民群众的思想感情……[①]

这里所说的就是广义的体验感受，是大的概念。生活与事实，有联系，又有区别。生活里充满了各种各样的事实，生活是由各种各样的事实有机组成的不断变化着的现实，但事实并不等于生活。事实是生活的激流中已经发生过的、确定的东西。只孤立地了解事实，而不了解生活，就像只舀了几瓢水，而看不清汹涌的江河一样。从个人的角度看，事实和生活的区别在于它们同这个人有不同的联系，只有一个人实际地参加了某项活动，同它发生了有血有肉的实在

[①] 见海棱：《深入生活，培养记者的政治观察力》，载新华社编《我们的经验》1964年版，第104页。

的联系，才算有了某方面的生活。别看记者整天同各种材料、各种事实打交道，他仍然可能成为一个生活贫乏的人。这初看起来，似乎是难以理解的。深入想一想，这不仅是可以理解的，而且是许多记者身上存在着的现实。因为记者尽管接触很多事实，但绝大多数毕竟是通过口头和纸面，毕竟是旁观者而不是参加者，一句话，记者的工作是一个"了解"接着一个"了解"，很少亲身经历。这不能不说是记者的一大弱点。从这点来看，记者应该同作家一样，深入生活，体验生活。——这应该是记者的总的工作路线，总的指导方针。

我们将要详细讨论的是体验感受的"小"的概念，即专指一种基本的采访方法。这种采访方法的特点，不是事后了解，也不是从旁了解，而是记者亲身参加到被报道的事实中去，通过自己的体验和感受，了解必要的情况。

这是许多记者经常采用的方法，特别是那些勇于到第一线去采访的记者，更经常使用这种采访方法。

体验感受的优点

一、采访是一个认识过程，而通过亲身体验和感受，记者的这个认识过程就会更扎实、更自然、更合情合理。人要认识某种事物，就要和那个事物接触，就要生活在那个事物之中，从感性认识上升到理性认识。亲身体验，就是记者直接地接触那活生生的现实，而不是通过别人的转述。记者有时要报道完全生疏的事情——不仅对读者是完全生疏的，而且对记者也是完全生疏的事情，记者只有争取同那个事情直接接触，亲自实践，才能切实了解那个事物。

1960年，我国运动健儿第一次从北坡攀登珠穆朗玛峰的时候，记者也去采访这个活动。攀登海拔那样高的山，一般人是没有亲自做过的。如果记者完全没有这样的亲身体验，那么他写出的报道有极大可能是苍白无力的。所以，参加这次采访的记者，都尽自己的体力可能，亲自体验了登山的滋味。体育报记者夏小友这样描述了他体验的收获：

登山队员每人背30公斤，记者背15公斤，但是仍然跟不上。大概只走了一公里多，背包就压得喘不过气来。直不起腰，抬不动腿。原来想在途中采访，自己喘气连话都说不出来，运动员也不想说话……到6400米就不行了，吃不好，睡不好，不得不被送下来。

但我有了体会，采访就方便了。譬如，第三次适应性行军回来，队员们向我谈起了从北坳向7400米高度进军的时候，遇到了暴风雪，站着行走都有刮倒掉进冰川的危险。我参加第一次行军时，也遇见过暴风雪，尝过暴风雪刮来像卡住脖子一样难受的滋味……所以写起来就有切身体会，不会隔靴搔痒。①

读者在读报道的时候，不仅需要了解认识某事物的结果，而且更愿意知道认识某事物的过程。记者的体验感受过程，也可以看作是代表着读者去体验，去感受，去认识的过程。假如没有自己的体验，记者怎样写出这个过程来呢？

二、记者的亲身体验，常常是深入到采访对象的生活中去，这就便于同采访对象打成一片，从他们那里获得更多的帮助，了解到更深入的情况。如果采访对象所从事的工作，从传统观念上看，是被人瞧不起的、肮脏的工作的话，那么记者亲身体验一下，其反应就更为强烈。

1964年，北京市两位党员市长参加清洁工人的劳动，同掏粪工人一起背粪。新华社北京分社记者采访掏粪工人的时候，也学习这个样子，首先参加掏粪劳动。掏粪那天，清洁工人们老早就迎他们来了，见了面，把准备好的工作服、粪勺、粪桶交给他们，让记者和自己一起掏粪。路上，工人们向记者介绍了掏粪的规矩：坑边溅上粪，算是工作中出了事故；走到住户厕所前，先有礼貌地问一声："有人吗？"……记者第一次背粪，走路不得法，一颠一跛的，粪稀有时从桶里溅到脖子上、头上。走在旁边的工人就用手给记者拭干净……通过一天的劳动，工人就和记者混得很熟了，第二天开座谈会的时候，大家见了格外亲，会开得十分

---

① 见夏小友：《珠穆朗玛采访三月》，载《新闻业务》，1960年第4期。

活跃。①

一些记者有这样的体会：采访时，当你经过努力仍然不能从口头上获得什么有用材料的时候，你不妨先参加到采访对象的生活中去，在实践活动中同他们打成一片，也许会出现新的局面。

三、人们对事物的了解有这样一个规律：听过不如见过，见过不如亲自干过。听过，可以说"知道"，见过可以说"了解"，亲自干过才能有深切的"感受"。记者写一般的新闻报道，也许并不需要多少亲身感受，但是，他若想写出打动人心的东西，那是非有自己强烈的感受不可的。自己没有感动的东西是决计不会感动别人的。——而亲身的感受，与亲身体验密切相关。许多写过深切动人的新闻作品的能手，都强调过这一点，都主张，记者采访时，要用自己的五官，全副身心地去感受。

作家魏巍在谈《谁是最可爱的人》这篇著名通讯时也说：

现在回过头来看这篇稿子，使我更加明确了这一点：在现实生活中的深入感受，对写作的人是多么重要！你感受得深了，写出来，也就必然有那么一股子劲，人家读了，也就感受得深；你感受得浅，人家从你这儿感受到的，也就浅……这儿，我还要强调一句，就是深入的感受跟深入群众火热的斗争是联系在一起的……②

四、亲身体验式的采访有的时候可以了解到其他采访方法了解不到的情况；有时候，可以增加报道的可信性和说服力。例如，你报道一个饭馆的服务质量好，是进门就找服务员开座谈会听他们介绍好呢，还是先当一名顾客，不亮出身份，在餐厅里吃顿饭，亲身体验一下好呢？恐怕是后者。使用这样的采访方法，如果该单位是徒有虚名或假报成绩，就比较容易发现；如果是名不虚传，那么这样的方法本身就在了解中带有检验的成分，原原本本写出

---

① 见张耀梁、郭礼华：《掏粪与采访》，载《新闻业务》，1965年第1~2期。
② 见魏巍：《我怎样写〈谁是最可爱的人〉》。

来，读者就会破除"为宣传而做作"的怀疑。美国作家杰克·伦敦，在他当记者的时候，也曾打扮成美国水手，住进英国贫民棚，采访那里的下层人民的生活。这也是一种值得学习的亲身体验的方式。在第一章中，我们曾经讲过记者应该防止受不合理的宣传性现象欺骗的问题。记者采取亲身体验的方式，有时甚至采取类似"微服私访"的方式，可以大大减少由记者而引起的宣传性现象，更多地看到事物的本来面目。

感受法的技巧

还可以这样说，感受是一种较高层次的、成熟的采访方法和技巧。

记者采访当然首先是要提问，口头访问是最起码、最常用的采访手段。从不会问到会问，这是记者采访技巧成熟的第一步。有时光靠问问不出来，就要靠观察，靠用眼睛看。从学会问到学会看，这是记者采访技巧成熟的第二步。有时既问不出也看不明白，就要靠感受，感受到更深刻的东西。从会问、会看到会感受，这是记者采访技巧成熟的第三步。一个记者如果会问、会看、会感受，那么他就可以算是比较成熟的记者了。

1982年夏天，人民日报一位记者到湖北省襄樊市采访那里落实知识分子政策的经验。他通过问和看了解到这里的领导者一直十分重视知识分子。"文革"期间，别的地方把知识分子看成"臭老九"，而襄樊市却乘此机会，"引进"了不少知识分子。1970年正是批"臭老九"的时候，他们这里却评专业职称。"文革"以后，他们更是以"三顾茅庐"的精神，到处去寻觅人才，想方设法将他们请到襄樊来。（襄樊市所属的隆中，就是三国时期，刘备三顾茅庐请诸葛亮的地方。）正是因为有了较多的人才并发挥了他们的作用，襄樊的工业才在短时间起飞，这个市也成了全国著名的明星城市。

但是，这个市的领导为什么能够这样做呢？他们从理论上，从认识上解决了哪些问题才自觉地重用知识分子呢？记者通过向领导者们提问，通过采访中的各种观察，一直在探求这个核心的经验。但是，很遗憾，时间已过两周，采访就要结束的时候，仍旧没有获得满意的答案。他有些灰心了。

就在他即将离开襄樊的时候，一直在当地工作的一位老副市长，出差之后从外边归来了。记者想最后找这位副市长谈谈，看看会不会有所收获。但是知情者劝道，这位副市长人是好人，工作也勤勉，但理论水平并不高，不会谈出什么新东西来的。听到这种说法，记者也有些心灰意冷。

当时，恰逢多家新闻单位的记者云集该市。这位副市长召集了一次记者招待会，拟向记者一并介绍情况，这样可以节省大家的时间。人民日报这位记者因为来得较早，情况已基本了解，本不打算参加这次招待会。但出于礼貌，还是出席了。他坐在沙发上，拿出小本子，实际上什么也没有记。因为果然不出所料，这位副市长确实没有说出什么更新、更深的东西来。这时，一种事先没有想到的情况出现了。由于这位记者已了解了情况，他就从紧着听、赶着记的状况下解脱出来了，他的头脑就有了闲暇去品味——实际上也就是去感受这位副市长的谈话了。这位副市长说道："文革"中间造反派揪斗我，说我重用资本家。确实有这么回事儿。50年代我们搞造纸厂，由于不懂技术，蒸球爆炸，伤了不少人。我只好到上海把懂技术的人请来，他搞过造纸厂，有人说他是资本家……副市长非常自然、非常平淡地说着，似乎是说他所做的是理所当然的事情。这里，记者头脑里突然迸发出了这样的感受，并当场把它记录在自己的采访本子上：

"为什么要重视知识分子？生活展示给他们的逻辑如此简明：为了人民利益必须发展生产——为了发展生产必须运用现代科学技术——为了运用现代科学技术必须充分发挥知识分子的作用……如何对待知识分子，是关系'四化'全局的事。它检验着我们每个人的现代化觉悟。"

这段话，被原原本本地写进了通讯，那篇通讯的题目就叫《现代化的觉悟》。①

---

① 通讯《现代化的觉悟》发表在1982年8月17日人民日报。此篇通讯连同采写体会收进艾丰新闻作品集《思考的笔》一书，可见该书第170页。

从体验感受的角度看，记者的采访可分两类：一类，外界情况通过记者的眼、耳、鼻、舌、身，进入大脑，然后写出来。中间虽有思考，却没有"动情"；另一类，外界情况不仅通过感官进入大脑，而且那动人的东西震开了心扉，过了心，动了情，被激动得"惶惶不可终日"。这后一种采访，就是使用了感受法的情况。这样，不仅可以把通过体验的东西更真实、准确、形象、生动地写出来了，而且有了更深的感受，往往给人以巨大的感染力量。

亲身体验的局限

感受应该说较为自由，但亲身体验作为一种了解情况的方法则有它的局限。因此，在看到亲身体验这种采访方法的优点的同时，还必须对这一方面有必要的估计。

一、亲身体验必须在事件进行过程中才能实行，而记者采访的许多新闻事件，是已经过去的事实。这种情况下，最多也只能进行补课式的体验。

二、记者亲身参加的活动，一般只能按活动本身的安排进行，而不能按照记者采访的要求安排，这样，要体验的话，就要花费较长的时间，记者"陪不起"。

三、有相当一些新闻事件或事实，记者是不能亲身体验的，如一些灾祸性的事件，反面的事实，等等。

四、有些活动，由于记者本身的体力和技能，是不能体验的。

五、记者的体验也不见得准确、全面，它同样要受到记者思想、业务、心理等各方面条件的影响，记者对自己的体验也必须采取审慎的态度。

总括的话：体验感受是重要的采访方法，当条件允许的时候，应该争取多使用这种方法。它不仅有利于记者正在进行的这次采访，而且有利于记者的总的生活体验和生活积累。这样坚持做下去，就可以使记者避免成为了解事实很多而生活却很贫乏的人。经常进行各种体验感受，就使记者同生活保持有血有肉的联系，同社会上的人们保持着息息相通的联系，避免仅仅从记者角度看问题而产生的许多"职业病"。这方面的作用，也不可忽视。

短仗长打——基本采访方法之九

绝大多数的采访必须是速决战。这里通行的"战争"法则是：不速决，便失败。

为什么必须速决？因为在新闻报道中，事实应该是新近发生的，报道必须是迅速的。采访时间过长，新闻便可能在采访过程中死于"娘胎"之中了。如果考虑到各个新闻单位和新闻手段之间的竞赛和竞争，那么，速决就显得更加重要了。

但是，速决是不容易的。采访一个简单的事实，也许好办；如果采访一个较为复杂的事实，或者了解情况难度很大的事件，做到速决是相当困难的。

为了解决这个问题，不仅要求记者具备机敏的头脑，训练有素的业务能力，必要的设备条件，新闻单位各个部门之间的和谐的配合，还需要采取正确的采访方法。"短仗长打"，就是这样的基本方法之一。

所谓"短仗长打"，就是把短时间要完成的任务安排到较长的时间内去完成，而不影响采访的质量；或者用较长时间的准备工作为短时间完成现场采访任务打好基础。

在新闻同行之间，常听见这样的说法：某某是"快手"。意思说，某某记者采访快，稿子出手快。对"快手"的解释，不应该从人脑的构造中去寻找，应该从记者的功夫、方法中去探求。

长期积累资料

长与短，慢与快，持久与速决，是能够互相转化的。记者可以通过长期的努力，一点一滴地慢慢地积累，持久不懈地研究，使自己具备在短时间内迅速完成某一项采访任务的能力。

长期的积累资料是整个记者工作的不可分割的一部分，也可以说是记者采访的有机组成部分。

周恩来同志，在他指导记者工作的时候，就要求记者积累、掌握大量的材料。曾经在重庆《新华日报》工作过的陆诒同志，回忆当年的情况时说，周总理规定每周要向他汇报情况，而且问得很具体、很细致，往往使他答不上来。有一次周恩来同志问他："听说你跑过国民参政会消息，你能不能分析一下这个或那个参政员属于何党何派，他们历来的政治态度如何？"如果平时不重视调查研究，不在采访实践中注意积累材料，就无从答复。

> 当我答不上来时，周恩来同志也并不责备，而是循循善诱，劝我读毛泽东同志关于整顿三风的报告，劝我平时在采访工作中要做有心人，随时记上材料，积累材料，然后加以分析研究。①

鲁迅先生写作也可以说是很"快"的。他写杂文，构思完毕，挥笔而就，稿面上修改不多。引用的材料好像随便信手拈来一样。实际上，这是在大量"笨功夫"基础上练就的高超技巧。正像鲁迅自己说的，这些购置参考书的财力、和自己的精力加起来，是"并不随便"的。

> 马克思的头脑是用多得令人难以相信的历史及自然科学的事实和哲学理论武装起来的，而且他又是非常善于利用他长期脑力劳动所积累起来的一切知识和观察的。无论何时，无论任何问题都可以向马克思提出来，都能够得到你所期望的最详尽的回答，而且总是包含有概括性的哲学见解。他的头脑就像停在军港里升火待发的一艘军舰，准备一接到通知就开向任何思想的海洋。②

这是多么生动而形象的描述啊。这不正是记者所追求的"理想境界"吗？记者也应该像"停在军港里升火待发的一艘军舰"，准备一接到通知就开向任何材料的海洋，去打胜任何一场战斗。

长期的积累、足够的情况，可以帮助记者迅速理解某个事物，对某个事实的新闻价值，迅速做出判断。在体育报道中，这种情况更为直观。记者王

---

① 见陆诒：《周总理教我怎样做记者》，载《新闻研究资料》第1辑，第37页。
② 见拉法格：《忆马克思》，载《回忆马克思恩格斯》，第9页。

元敬说：

> 体育报道中数字之多，为其他任何一项新闻报道所莫及，至今还举不出任何一个运动项目的竞赛结果不用数字来表现的。这些难以记忆的数字，都有着它的特殊意义，有些数字和纪录在新闻报道中要反复使用，因而它们也就成了体育记者手头资料的重要内容之一。比如，国家体委每年年初都要公布截至上一年年底的各项运动的全国纪录。这些纪录，每一项都可以做成卡片，把各项运动的全国纪录创造者、运动会名称、创造日期和地点等，用红笔写成一行，作为这一年这项运动的"基点"……有了这样的卡片资料，自然就使得我们在采访体育稿件时，能有更多的"发言"。①

想想看，如果一位体育记者，他的手头没有积累下这类资料，他的采访将怎样进行？他的采访任务又怎能迅速完成？

长期的资料积累，可以使记者在很短的时间内寻找出写某个报道所必需的参考资料、背景材料，可以使记者迅速而顺利地引证某些资料。不然就会拖延时间，结果不是把报道拖"死"，就是让报道低质量发出。记者一定要经常有一些题目，在自己的头脑里慢慢地积累和酝酿。现在有些记者工作情况常常是报社要得很急的题目，因为平时没有积累和酝酿、临时赶凑，结果生产得很慢。要改变这种情况，就要做到心中早有准备。记者要能写出"叫座"的文章，就一定要注意平时的积累，依靠自己长时期的多方面的观察和思考。

采访所以不能速决，有时同新闻事件的意外性有关。记者如果事先能预计到某类事件将要发生，将要在什么时间、什么地点发生，并根据这种估计做好准备，那么，事情一旦发生了，他就可以立即做出"反应"，迅速投入"战斗"。事情的发生有其偶然性，但偶然性中包含有必然性。掌握大量的资料，就有助于记者了解事物的本质，掌握必然性，应付偶发或突发事件的采访。

---

① 见王元敬：《体育记者的手头资料》，载《新闻业务》，1962 年第 4 期。

新闻记者的资料积累是有自己的特点的。第一，广泛性。记者与科研工作者不同，科研工作的资料积累是非常专的，因为他们花费很长时间，甚至一生的时间，只研究一个问题，沿着一个方向不断地深钻下去；记者很少有可能花上半年时间，毫无旁顾地死啃一件事情和一个问题。他要不断地、上下毫无必然联系地从一个课题"跳"到另一个课题。只在一个专门问题上占有大量的资料，对记者是不合算的，也做不到的。如果说科研人员是主动地确定主攻方向，并为此准备弹药的话，那么，记者却是要被动地为应付不知来自什么方向的何种"进攻"做好准备。

第二，记者的资料虽全面，但仍有其侧重点，这就是涉及当前最迫切问题的、群众普遍关心的那些方面。记者要紧紧围绕这些方面积累资料。这也可以称为记者资料的"新闻性"吧。

第三，记者收集资料是为了传播事实和意见，它的首要目的是传播，而是不像科研人员那样，首要的目的是探索新的奥秘。这样，记者资料的内容，主要应该是使人们了解某个事物，而不一定达到掌握它。比如，一种特殊的材料试制成功了，记者关心的是它的性能、用途等等，至于制造它的那些具体数据，业务术语，记者一般是不必深究的。所以，记者的资料偏重于概貌、历史、基本数据、趣闻、细节等等易于"通行"的东西。

关于如何积累资料，许多记者介绍过许多宝贵经验，这里毋需重复。需要强调的是，必须建立起这样的明确的认识：积累资料是采访的有机组成部分。不懂得积累资料，就是不懂得"短仗长打"。采访也可以分为这样两类：直接了解新闻事件的采访；为采访而进行的采访。后一类采访像军队中的后勤工作，表面上它没有直接参加战斗，但离开它战斗必定失败。记者应该有目的、有计划地进行这种为采访而进行的采访。一次采访的内容和成果也可以分为这样两部分："消费"部分——在目前的这次报道中将要使用的材料；可积累部分——对未来的报道将会有用的材料。据一些有经验的记者粗略地估计，一次比较深入的采访所捞到的材料，当时能够"消费"的约占20%～40%，其余部分就放在本子里了，之所以称它们（包括一部分已用过的材料）为可积累部分，是因为放在本子上的这些材料仍然有两种前途：或者稍微加工，把它们积累起来；或者放置不顾，久之，没有消费而是浪费掉了。在采访中注意积累,把采访作为积累的重要手段,记者才能"扩大再生产",也才能逐渐变成一个"富"记者,而不会终生受"穷"。

分解任务,预制构件

在现代建筑技术中,有这样一种快速施工方法:先以工厂生产方式制造成预制构件,然后在施工现场用很短时间把楼房安装起来。记者在采访中,同样可以使用类似的快速施工法。可以把一次采访任务,分解成两部分,一部分,必须或只能在采访现场完成,另一部分,可以在其他时间、其他场合完成。这样分解以后,记者在采访现场只完成那些必须在现场完成的任务。任务减少了,集中了,而且在现场只是"组装",其余任务在其他地方已完成了,自然就快得多了。

请看新华社记者在报道世界乒乓球锦标赛时,所采用的一些"短仗长打""分解任务"的具体战术。由于记者和其他工作人员密切合作,也由于采取了正确的方法,这次比赛的许多报道,新华社记者的消息抢发在世界其他国家记者的前面。

填表式的报道法。

记者们根据比赛的情况,事先打印好一种发表成绩公报的表格,这项表格存放在总社发稿组。每当一项比赛刚刚结束,记者就用直通电话把比赛结果传回总社发稿组。由于事先有了表格,只是按照项目,把人名、国名、比分往上一填,就可以了。一两分钟的时间,总社就能够向外发稿了。

——表格就是事先预制的重要构件。它使采访写稿变得异常简单了。

备而待用,宽打窄用。

乒乓球决赛以后要产生冠军,对冠军,在发表成绩的同时,最好一并发出人物介绍或人物特写。如果等到冠军产生以后再动手写这样的报道,即使是"神手",恐怕也来不及了。于是,在决赛进行以前,编辑和记者就一起分析,选出了14个可能获得冠军的运动员,然后分头为每个人写一篇材料。这些材料写好后，也事先送回总社审阅。冠军决赛出来了，冠军的介绍已早等在那里了，马上可以发出。这里面有个宽打窄用的问题。他们写了14篇，实际只用了8篇。事先把面揽得宽一些有好处，因为当时还是根据"可能"办事，必须打出富余，防备它的变化。这要多费一些精力，但这却换来了主动和时间，是完全值得的。

分段采写，"熟一口，吃一口"。

乒乓球决赛的特写是不能事先预制的，因为它必须根据现场的情况写出。为了抢时间，他们决定分段采写，男子决赛由3个人写，女子决赛由3个人写。比赛进行得很快，第一场男子单打决赛只进行了半个小时便见分晓。负责采写这部分的记者，在这场赛完以后，立即进行写作，一刻钟以后，整个特写的开头和男子单打的决赛部分已在现场写出、编好、审过。就在这位记者写稿的同时，第二名记者又在采访接下去的比赛了。然后他再写作，第三名记者跟上采访……发奖和宣布锦标赛胜利闭幕的热烈场面持续了20分钟，到夜里11点30分才结束。一刻钟以后，这篇特写全部完成。所有的稿件在12点以前都完成了。①

以上不过是在一次体育比赛报道中使用的一些具体方法。在更广泛的采访活动中，记者创造了更多的这类方法。例如，许多会议的消息，记者为了抢时间，常是事先向有关部门了解情况，"预制"好一篇草稿，等到活动（如国庆招待会等）真正进行时，记者只是拿着已写成的稿子，对照现场实际情况，核对细节，核对出席人名单而已。这样，采访也变得简单得多了。活动一结束，甚至活动尚在进行的时候，即可将稿件发出。

浓缩问题

有些采访活动中，记者可以用来提问题的时间很短，而事先采访活动和预制构件的工作又很难进行，这时记者就必须采取浓缩问题的方法。

---

① 见新华社记者：《决赛的那一天》，载《新闻业务》，1961年第4期。

1960年6月新华社记者郭超人，采访我国运动员登上珠穆朗玛峰之后，在西藏写给《新闻业务》的一封信中，就谈到了这样的困难：

> 由于登山活动本身具备的特点，决定了记者这次采访常常是没有节奏的，突击式的。登山队员们上山以后，记者在大本营基本上空闲无事，他们下山以后，记者才能采访。而队员们在山下时间常常是非常短促，而且他们刚经过艰苦的行军，还必须照顾他们的休息，因此，记者的采访时间只有一两个小时。例如，第3次行军，到达8500米高度以上的只有5个人，这5个人中的3个汉族队员都因冻伤需要下山后立即送到离大本营200多公里以外的地方去疗养（两个藏族队员又因语言不通无法交谈），因此，只能利用他们在医务室进行简单包扎和治疗的那一个多小时的时间进行采访，既不能妨碍医生治疗，也不能过分增加队员的疲劳。再如，突击顶峰的经过，也由于同样原因，只是在医生一面治疗的同时一面采访的，而且时间只有两个小时，这就是《英雄登上地球之巅》（载1960年6月3日《人民日报》）一文的全部采访时间。

这样一篇详细描述登上世界最高峰的通讯，访问的时间——直接访问采访对象的时间只用了一两个小时，而且是那样的一两个小时。记者为什么获得了成功呢？重要原因之一就是他采用了正确的方法：

> 在这种情况下，记者的采访就要求必须做到事前有充分准备。这次访问的时间虽然只花了两个小时，但我事先准备却花了4个多小时。我阅读了大量资料，研究了他们预定的突击顶峰的计划，拟定了一个详尽的采访提纲，把报道所必需的材料和细节一共列成20多个小问题，逐条请被采访的队员们回答。现在从效果看，只要事先有充分的准备，采访时间的长短并不是决定的因素。①

---

① 摘自郭超人：《和英雄的登山队员们在一起——从珠穆朗玛峰归来后写给〈新闻业务〉的一封信》，载新华社出版的《新闻业务》月刊，1960年第6期。

记者的准备工作主要是做了"浓缩工作"：把复杂的、生动的登山过程，"浓缩"成20多个简单的问题。记者容易提问，对方便于回答。这就大大节省了采访对象谈无用材料所用的时间，节省了采访对象为组织自己的思路所花的时间。而且，不会忙中有"漏"。

记者必须学会浓缩的本领，把某些很复杂的问题，浓缩进一个或数个简单的问题里面。简单与简单不同，有初级与高级之分。譬如摄影，初学者拍照时，也是一按快门，"咔嚓"一下子；摄影大师拍照时，同样是这样的"一下子"。但后面的这"一下子"就包含着他多少年的经验和技巧。因此，同是"一下子"，相差却很大。前者是初级简单，后者是高级简单。记者所追求的就是要提那些高级简单的问题。高级简单是靠浓缩而成的。在高层政治活动的采访中，记者能够使用的采访时间更加短暂，不是一两个小时，常常只有一两分钟。两个国家领导人在会见前的短暂时刻，首脑人物会谈中间的休息瞬间，访问途中，飞机场上……记者经常只能利用这样的稍纵即逝的场合采访，而采访的内容一般总是重大的。那么，记者必须事先把"针"准备好，才能"见缝插针"，达到目的。

总括的话："不打无准备之仗，不打无把握之仗"，这条军事原则的前半部分，对记者是完全适用的。记者不可能有十足的把握才去采访，但可以尽量做到有充分准备。所谓"短仗长打"，实质上是研究采访的时间分配和从时间的角度来研究采访的准备工作问题。准备工作应该是多种多样的，有长期的准备，有"临战"的准备，有事前的准备，也有事后的"弥补"（这也可以看成特殊的"准备"——达到和准备同样的目的），可以是为采访事先"备料"，也可以是对现场采访任务的合理分解，还可以是为现场采访准备更尖锐的"武器"。在采访实践中，记者应该机智灵活，从实际出发，创造出多种"短仗长打"的具体方法。

常备不懈——基本采访方法之十

有人说："新闻记者除了睡觉时间以外，应当都在工作。"

是的，按时上下班可以成为好工人，但绝对成不了好记者。原因很简单：

工人的劳动场所、劳动工具、劳动对象、生产任务，都是相当固定的；而记者的采访任务、采访对象、采访时间、地点等等，却是相当不固定的。它不取决于记者，也不取决于编辑部，主要取决于新闻事件本身。新闻事件在何时何地以何种方式发生，不是记者所决定的，恰恰相反，记者的工作要由它来决定，来"摆布"。凡是从事过采访工作的人都有这样的体会：有新闻价值的线索，不一定在上班时间碰到；重要的情况，不一定在重要的场合获得；有时，最妙的采访恰恰是在"非正式采访"的情况下进行的，"踏破铁鞋无觅处，得来全不费功夫"。

因此，记者不仅应当是搜索雷达，主动地去搜寻目标——新闻，而且应当是一个永不关机的"常设雷达站"，一旦外界有什么情况发生，它能够立即发现，立即做出反应。

"副产品有时比正产品还起作用。"有的记者这样说，这里说的"正产品"是记者计划采访的题目，"副产品"是指记者在采访过程中，意外碰到的题目。人民日报记者金凤，1980年春天到辽宁省沈阳市，本来是采访有关经济调整问题的，采访了一段以后，身边带的钱不够了，向报社发电要来了经费。她到银行取款的时候，听到取款的群众在谈：前几天，在这儿抓住一个偷黄金的人。这些谈话，立即引起了记者的注意，她很快到工商行政管理处具体了解这件事，并决定马上进行采访。只经过5天的紧张采访，她和一位通讯员合作，写了一篇通讯《黄金梦的破灭》。（见1980年5月26日《人民日报》）[①]看，谁会事先想到在取款的时候发现这样重要的新闻线索呢？新华社四川分社记者，在粉碎"四人帮"以后，曾写过一篇很有影响的新闻述评《打倒闹而优则仕》。这篇文章的中心思想，就是记者在某次会上"顺手"从一位领导谈话里"拣"来的。四川分社孙振同志回忆说：

在那些日子里（指"四人帮"横行时），四川省委常委每次开会，差不多都要研究如何对付"四人帮"煽动的"闹"字。在一次常委会上，一位书记气愤地说："现在有些人闹而优则仕，我看比孔老二鼓吹的学

---

① 引自金凤同志1980年6月9日对本书作者的谈话。

而优则仕还要坏,闹得简直不成世界了。"他说了这句话以后,似乎轻松了一些,转过头来对我开玩笑说:"老孙你可不要告我的状啊!"我会意地笑了,对他说:"你说得好,有文采。"此后,我不断琢磨这句话。这句话后来就成了写新闻述评的题目。①

在当时,如果记者不留心,这句精彩的话——语句中所包含的深刻思想,很容易就被轻轻地放过去了。

记者只能以自己的常备不懈来对付新闻线索发现和新闻事件发生的偶然性。——要把它作为规律来看待,不只是责任心的问题。一些没有经验的记者,总是自觉不自觉地给自己画了许多框框,我要采访什么,不采访什么,什么时候采访,什么时候不采访。初次上阵的记者,总认为采访对象坐好之后,说声"开始谈吧",才算采访开始。当他把采访本一合,就算采访结束。记者必须从这类的框子里解放出来。否则,他将对很有价值的东西视而不见。

我国五届政协开会前夕,中国新闻社的几位记者到代表报到处——友谊宾馆去采访。这次会议是经过"文化大革命"动乱以后召开的第一次政协大会,许多被"四人帮"打击、迫害相当长时间不能参与政治活动的著名人士又恢复了活动。这自然是很有新闻价值的事情,记者也看到了它:

> 那天的报到处,有那么多的欢声笑语,有那么多的激动的热泪。我们目睹了这动人的情景,可是,当时却没有想一想:这些可不可以报道呢?于是,许多生动场面,就在我们熟视无睹的情况下"溜过去"了。第二天,当我们忽然意识到这些是很有意义的报道题材时,已经事过境迁了。我们只好回头向工作人员进行间接采访,写了《政协委员报到处见闻》一稿,连夜发出。由于这篇报道运用了比较活泼的形式,又因为第一次透露了包括班禅额尔德尼·却吉坚赞、包尔汉等人的活动,港澳几家报纸都以大字标出,受到了读者的关注,外国通讯社也做了评述。②

---

① 见孙振:《采写〈打倒闹而优则仕〉回顾》,载《新闻业务》活页版,1979年7月18日一期。
② 见中国新闻社报道组:《运用生动形象的事实来说话》,载《新闻业务》活页版,1978年6月26日一期。

——若不是记者"醒悟"得早，这篇有价值的报道就不会降生了。就是这样，没有随时准备采访的意识已经造成了损失，本来可以用第一手材料写报道，只好靠间接材料了，而且，花费的时间和精力都要比前者多。

　　记者的专业分工也常常成为限制采访范围的框框。一个记者，当然要有自己侧重活动的领域，但是，遇到"分外"的好东西，也不该置之不理。

　　1979年开始，《天津日报》编辑部鼓励记者"抓活鱼"。记者要"抓活鱼"，首先应该注意的是不是活鱼，至于是哪种鱼，倒在其次。有一位农业记者，在天津北郊采访，午饭以后在马路上溜达，看到远处围着一伙人，跑过去，原来是民警和群众抓住两个歹徒，正要押上汽车。他挤进人群，说明自己是记者，一起赶到派出所，旁听了预审，又做了些补充采访，当场就写了一篇报道《两歹徒昨光天化日路劫手表，群众民警协力作战当场抓获》。由于记者目睹了大部分事实发展过程，全文虽只520字，但写得生动具体。第二天清晨见报以后，另一漏网歹徒的家长觉得这么快就登了报，说明现在打击刑事犯罪很坚决，就动员儿子当夜向公安机关自首。——这个记者的机动性是值得肯定的。

　　记者限死自己的采访"范围"，常常会误了大事，有位同志曾经讲过这样一件事：

　　　　1946年，由于蒋介石反动派破坏国共两党的协议，爆发内战的可能性大大增长，全国人民对局势很关心。这时，某中间报纸的记者向在重庆工作的周恩来同志提出几个问题，要求给予答复。周恩来同志借此机会，召开了一个记者招待会，逐条回答了那个记者提出的问题，然后又发表了一些重要见解。记者招待会结束以后，周恩来同志对《新华日报》的工作人员说，这个记者太笨了，他提的几个问题并不是关键问题，所以在回答他提出的问题以后，专门又讲了一段，这才是问题关键之所在。但是，这个记者记完了对自己问题的答复之后，讲后面的话时，却合上笔记本，不记了。——这个记者的"笨"，固然首先在于他的政治水平，但如果他树立了正确的采访观念，不自己限定采访范围，不是认为得到自己问题的答复就万事大吉了，那么，他也许会把那段最重要的讲话记在本子上，终于发现它的重要，或者带回去由编辑部别的人发现它的重要，不至于造成如此重大的遗漏。

总括的话："常备不懈"这四个字，也许并不能很全面、很准确地概括这一条所包括的基本内容。这条基本方法的意思是：记者不要人为地为自己的工作设置种种限制：时间的限制（上下班）、题材的限制（专业分工）、方式的限制（"正式"座谈）、预想范围的限制（我只要捞到什么就够了）等等。对他最重要最权威的"命令"来自新闻事实，无论什么时候，以什么方式，碰到什么方面的新闻事实，也不管这些事实是否符合自己主观的要求，那么，就应该用最适合的方式，以尽快的速度，"抓"到它。

这样做不是很辛苦吗？

记者就是辛苦的职业。

结束语

在探讨了新闻采访方法论的基本内容之后，仍然有一些值得重视的问题需要说明。那就是世界观和方法论的关系问题，如何借鉴西方记者的采访技巧问题，采访方法的多样性和采访方法的发展问题。这些问题解决不好，方法论的研究成果在很大程度上还会落空。

世界观同方法论的一致性

马克思主义哲学认为，世界观和方法论是一致的。这种一致性，起码应该包括这三方面的含义：

一、有什么样的世界观就会有什么样的方法论。唯物主义者当然要采取调查研究、一切从实际出发的方法，唯心主义者必然会喜爱先验的方法。

二、方法论是世界观的重要组成部分。世界观是对世界的基本看法。方法论是认识世界的基本方法。认识世界的方法同对世界的认识，两者当然是密不可分的。马克思主义哲学认为，辩证法是世界万物的发展变化的总规律，人的认识自然也要遵循这个法则。主观辩证法是客观辩证法的反映。

三、方法论对世界观有重要的反作用。只有运用正确的方法，才能对世界有正确的认识，使用错误的方法，是不可能正确认识世界的。

在我们探讨新闻采访方法论的过程中，我们已经看到，一方面它概括了、系统化了采访方法；另一方面，它也同时丰富了一般认识论。新闻对哲学有贡献是理所当然的，因为新闻记者天天同认识论打交道。

当然，我们所探讨的新闻采访方法论，毕竟不是哲学上的一般的方法论，而是试图用唯物辩证法对采访活动进行分析概括，是唯物辩证法在新闻采访领域中的运用。正像一个人的业务观常常体现一个人的世界观一样，一个人的业务上的方法论，也常常体现一个人的总的方法论。作为一个记者，如果他不能树立起正确的世界观的话，那么，他也就不能全面坚持正确的方法论，也不会全面坚持正确的新闻采访方法论。

首先，坚持正确的采访方法论，不仅仅是认识问题、理论问题，它常常会涉及记者的基本素质和品德问题。记者如果没有正确的世界观和人生观，如果没有为国家和人民利益，为正义事业而奋斗的事业心，如果没有彻底唯物主义者的大无畏精神，那么他能够坚持正确的方法吗？他敢于实事求是讲真话吗？他能够为弄清真相、深入事物的本质而坚持不懈地艰苦努力吗？显然是不可能的。新中国成立前反动统治年代说真话不容易，新中国成立后"四人帮"横行时期说真话不容易，那么，今天说真话就那么容易了吗？恐怕也不是。在改革开放年代，在进入市场经济体制以后，记者遇到更多的是物质利益的考验。一类，获得非法利益者对讲真话的记者进行封锁和打击。非法经营者和有问题的干部迫害记者的事件屡有发生就是证明。一类，行为不正当的人用金钱收买记者，让记者用夸大甚至捏造事实的"拔高"办法为他涂脂抹粉、制造业绩，用歪曲事实掩盖真相的"摆平"办法帮他们渡过难关、逃避惩罚。一类，记者利用手中的报道权以"敲竹杠"或"钱换稿"的办法谋取不正当的利益。如此等等，对记者都是一个考验。记者是一种独立性很强的职业，能否坚持职业道德，虽然也要靠别人监督，但更主要的是自律，靠自身素质和品德的自我约束。

记者是一种"入门容易深造难，出类拔萃犹如登天"的工作。要想业务水平能够提高，做一个出色的记者，必须靠多年持续的努力。持续的努力就需要持续的动力。名利权位虽然也是动力，但不持续。最可持续的动力是记者的事业心，是记者的社会责任感。许多智商很高的记者半途落荒而走了，就是因为缺少持续的动力。

其次，优良作风是贯彻正确采访方法的保证，而作风是世界观的表现。有的同志说："和采访对象打交道，态度、作风是主要的，方法是次要的。"否定方法的重要，自然是片面的。但他强调态度、作风的重要性是正确的。本书是专门研究方法论的，自然主要是讨论这方面的问题，但这不应引起误解。如果说一个记者的采访方法表现了他的业务水平的话，那么他的作风就表现了他的品质和思想水平。

一个记者，由于自己的作风不正，给对方一个油滑、不可靠的印象，那么，他提问的方法再巧妙，也是无济于事的。这种"巧妙"很可能帮倒忙，在对方的坏印象上面加一个"更"字。相反，优良的作风，常常可以弥补方法上的欠缺。一个初出茅庐的年轻记者，去采访一个老同志，由于没有经验，不知怎么提问。但他没有装腔作势，不懂装懂，而是以小学生的态度，向对方交了自己的底儿，请采访对象多帮助。这位老同志看这个年轻人态度诚恳，很受感动，宁肯多花些时间，耐心地向他介绍情况，使他顺利地完成了采访任务。俗话说"勤可补拙"，在采访中，常常有"诚可补拙"的情况。

更多的情况是：正确的方法只有好的作风的"支持"才能见效。有一位在农村采访的记者，他想亲身体验一下春耕劳动的滋味，就挎起粪箕子同农民一起去撒粪。但他怕脏怕臭，撒粪的时候，脸扭到一边去，还用手绢堵着鼻子。农民看了很反感，记者一走，人们就说："这样的记者，最好别来！"这种没有好作风"支持"的体验，恰恰取得了相反的效果。一位老记者还常讲这样一个事例：有位记者采访一个长年在野外工作的水文勘测员。当采访对象说到，在一个狂风暴雨天，他为了搞到水文资料，把绳子系在腰上，一个人从悬崖下到河面去测量水速时，记者认为这个是重要的细节，便追问："你测量时脸上是什么表情？"那人当然回答不上来。当时那样紧张，有生命危险，谁还会想到脸上的表情，况且，有谁能看见自己表情呢？但记者在思想感情上并未与采访对象息息相通，甚至可以说格格不入，所以仍然追问这个问题。忽然，那个采访对象转过脸来，用愤怒的面孔对着他："就是这个表情！"——采访失败了，失败根源在于记者的不端正的态度、作风。

第三，正确的采访方法并不是从书本上读到几个条条就可以真正理解的，要靠在不断的实践中去掌握。有的通讯员以为采访有什么窍门。内行和外行只隔着一层窗户纸，一捅就破。这是幼稚的想法，世界上从来没有这种便宜事。再好的教练，也不能代替运动员的苦练。每一个技巧的掌握，每一项成绩的创造，都必然包含着一番苦功。记者采访，掌握采访方法和技巧，更是如此，如果说运动员可以在不变的器械上反复练习一个动作的话，那么记者却要在多变的条件和紧迫的任务下，不断变换采访具体方法，并摸索其中的规律。不下苦功是不行的。

这里的基本线索是：实践——思考——学习——实践。"思考"是思考和总结自己在实践中遇到的问题，"学习"是学习书本，把自己遇到的和思考的问题和书本上的论述加以对照。然后再把学习的心得通过实践加以落实和检验。

伟大的精力是为着伟大的目的产生的。没有强烈的事业心，没有高度的责任感，也就是说没有正确的世界观，就很难有毅力在几十年的新闻实践中不断锤炼自己的采访技巧。

当然，我们强调了世界观对方法论的决定作用，并不是否定方法论的相对独立性，否定方法论的重要作用。果真那样，本书的全部论述都可以认为是废话了。前面所列举的事例也足以证实这个问题，此处无须重复了。

借鉴外国记者的采访方法

周恩来同志曾经要求新华社研究一下"我们的记者能向西方记者学习什么？"[①]

有一个时期，人们只把外国记者，主要是西方记者作为批判的"靶子"。他们认为，无产阶级世界观和资产阶级世界观是根本不同的，难道可以向他们借鉴采访方法吗？难道还要向他们学习吗？

新闻，作为一种社会事业，对于掌握它的主体来说，对于它所传播的内容来说，是一种手段，即新闻手段；新闻，作为一种社会现象，它又是一个独立的社会范畴。既然是一种传播手段，一种独立的社会范畴，总有它特有的规律。正如马克思所说的，"要使报刊完成自己的使命，首先必须不从外部为它规定任何使命，必须承认它具有连植物也具有的那种通常为人们所承认的东西，即承认它具有自己的内在规律。这种规律是它所不应该而且也不可能任意摆脱的。"[②] 每个掌握新闻媒介的集团的确想利用新闻手段来达到自

---

① 转引自上海分社张少峰：《日本记者的可借鉴之处》，载《新闻业务》活页版，1979年7月23日一期。

② 引自《马克思恩格斯全集》第2版1卷397页，人民出版社1995年版。

己的目的，为自己的利益服务。他们的记者当然也不例外。但是，新闻既然是一种社会现象，那么，这些集团在追求自己利益的时候，也不能不为社会服务，或者在一定程度上为社会服务。即使像商业企业，老板要赚钱，也要要求他的职工改进服务态度。所以，任何掌握新闻媒介，任何掌握政权者，都不可能以他们的"专横暴戾"使新闻手段的"内在规律""丧失掉"。他们也只能研究这些规律，并尽量利用这些规律为自己的目的服务。当然，有时为了自己的目的，他们也会不顾这些规律，企图改变或"消灭"某些规律，但这毕竟是局部的、短暂的，而且总是以得到这些规律更大的惩罚和报复而告终。"四人帮"控制我国舆论工具时期的倒行逆施给我国新闻媒介造成了巨大危害，就是一个证明。

新闻规律本身是没有阶级性的。它以不依掌握媒介者的倾向为转移。例如，新闻必须真实这个基本原则，不管是资产阶级，还是无产阶级，谁违反了，都会遭到惩罚的。它并不偏向哪一方。资产阶级为了使用新闻手段，当然它要研究和掌握这个手段的规律。而且，由于资产阶级新闻事业有着很长的历史，他们积累了更多的实践经验，进行了较为充分的新闻理论研究，所以他们不仅较为熟练地掌握了一般的新闻手段的技巧，而且掌握了在一般技巧中塞进他们的"私货"而又不被他人察觉的技巧。他们写的新闻，手段相当"巧妙"，在貌似公正下面隐蔽地贯彻自己的意图。我们这样说，绝不是对西方记者采取简单否定的态度。这是一种简单化的思维。同时我们也要看到，在新闻史上，在今天，他们中间的确出现过一些进步的、正直的、对社会产生过进步作用的记者。

西方记者的采访技巧中，既然包含着一般技巧的成分，我们当然可以加以吸收。例如，西方新闻学中，关于提问中闭合式问题和开放式问题的论述，就反映了访问谈话中的一般规律，任何记者在采访时都可以运用。那些塞进"私货"而不被人觉察的技巧，看来是"卑鄙"的技巧，同样应该拿来加以借鉴。因为它是一种新闻技巧，正像资本家经营企业有一套经营办法可以借鉴一样。这些经验，不是特定某人的财富，而是人类社会发展创造的精神财富。拒绝这些财富是愚蠢的。例如，他们非常善于把记者自己的观点借着别人的名义以客观报道的形式表达出来，使读者不知不觉地受其影响。有些人对此简单地嗤之以鼻是容易的，但真正聪明的办法是：从中吸取必要的经验，借鉴其某些技巧，拿来为我宣传正确的观点服务。难道那种标语口号式的宣传，那种强加于人的报道，反倒是我们应该坚持的吗？

对西方新闻学和西方记者的采访技巧，抱着绝对化的虚无主义态度是不对的；推崇备至，全盘照端，也是不妥的。正确的态度应该是用辩证的方法，对它们加以分析，分辨出哪些是带有规律性的东西，哪些是特定背景下特有的东西，取其精华，弃其糟粕。在下述三个问题上，尤其应该引起我们的注意：

一、西方记者的韧性是值得借鉴的，但他们为达到目的，不择手段，不讲道德的做法，是应该摒弃的。例如，西方新闻界中，有这样一种理论，认为"只要目的正确，采取什么方法都可以"。"从前门赶出来，从后门钻进去"。相当多的记者正是按照这种"哲学"和"道德"办事的。有个记者冒充共和党的地方代表，混进了这个党的全国代表大会的秘密会议，偷听了该党关于竞选总统的秘密策略，然后予以公布。有个记者，为了报道同性恋者们的活动，自己也假装成一个同性恋者，参加同性恋者的活动，在活动过程中了解情况。有的记者采取窃听的方法进行采访。有的躲在门外或隔壁，偷听、偷看，搞什么"钥孔新闻"（通过门上钥匙孔看到的新闻）。有的为了出名，干脆造谣。这类事例是不胜枚举的。西方新闻学中还介绍了许多如何买通一些处于关键性岗位的人以获得新闻的方法。社会主义国家的记者理所当然地应该抛弃这类货色。他们应该形成诚恳朴素、坚韧机敏、严肃亲切、落落大方的采访风格。他们应该利用自己国家的某些有利条件，开通自己的采访渠道，而不必模仿邪门歪道。这种风格，这类正道，比那类"鸡鸣狗盗"的方法，具有大得多的内在力量。

二、西方记者的活动，主要靠个人奋斗。社会主义国家的记者是有组织的集体中的一员，他除了个人努力之外，还要自觉地依靠组织的力量。新闻工作的特点是"个体创造，整体完成"。采访，写稿，编稿，主要是靠个体方式的劳动，但新闻报道的完成，是经过一个完整的系统的，新闻作品又总是在版面上，在广播、电视节目中，以组合作品的面貌出现。这一点，无疑要求记者在尽力发挥个人才智时，有整体观念。人民的记者现在迫切需要增强独立活动能力，提高自己独立思考、独立负责精神，又要防止不顾全局的擅自行动。应该看到，在社会主义条件下活动的记者，有许多有利的地方。记者的工作是受到尊重的，这不仅是由于记者本人的工作，更大程度上是由于派他出来执行任务的媒体和主办这一媒体的那一个或那一级组织的威信；记者可以从各级组织那里随时获得消息来源，可以获得对采访工作的各方面（包括物质方面）的支持……权利和义务总是相应的。"享受"到这些有利条件的记者，自然应该遵守必要的组织纪律。他们应该既发挥自己的优势，又吸取别人的长处。就是说：完全消极的"驯服工具"是要误事的。个人为所欲为，目无组织纪律，也是不允许的。

不过，从总的情况看，目前我们记者队伍存在的主要问题是独立活动的精神和能力不够。本来是有利条件，但记者躺在上面，等着给精神，等着给线索，等着安排好采访对象，总之，等着吃现成饭。于是，记者的眼力、笔力衰退了；飞翔的翅膀也萎缩了。这是很不利于记者队伍成长的。

人民记者同群众的关系也是需要注意的一个根本问题。在资本主义社会，群众对相当一些记者是基本上抱着不信任的态度的。这一点连西方新闻学者们也是承认的。在社会主义条件下，人民的记者不仅应该代表群众，反映群众的呼声，他还要帮助群众中的通讯员写好新闻报道，在新闻工作中，同群众实行结合。

三、西方记者为了在竞争中获得生存，拼命提高自己的工作效率，拼命地抢新闻。他们的进取精神，他们的高效率，是值得借鉴的。但是，资本主义条件下的竞争，在一定条件下，又可能促使不断改进的新闻技巧发生异化，走向它的反面。例如，时间性问题，毫无疑问，新闻工作同其他工作比较起来，最大的特点之一，就是它的时间性强。同样，也毫无疑问，从目前状况来看，我国新闻工作同西方通讯社相比，在时效性方面，的确存在着差距。这是个综合性的问题，必须经过多方面的改进和努力，才可能赶上去。但是，也必须看到，在时间性方面，在西方新闻事业中，已经发生着异化。本来，时间性是为了使传播工具更好地为人们服务，它应该服从于客观实际的需要。现在，时间性已在相当大的程度上成了服从于传播工具本身的需要了，为它击败竞争对手，保证自己的生存服务了。例如，有些报道为了抢时间，只草草发出一句话的消息，然后又分段加以报道。如果实际生活需要这样强的时间性，那也未尝不可，但实际上，他们这样做，有时唯一的目的就是为了抢在对手的前面。而对读者来说，早几分钟或晚几分钟是毫无意义的。相反，有时读者却因为需要看几条新闻才能了解一件完整的事情而浪费了更多的时间。在很多情况下，这种时间性也把记者变成了疲于奔命的奴隶，而不能认真深入地了解实际情况。当然，任何人把上述说法解释为替我们的新闻工作时效性差做辩解，那是一种误解。我们的意思只是说：学习西方记者的技巧，必须加以分析，不可机械地模仿。没有自己独创的模仿，永远赶不上对方，还会走偏方向。

采访方法的多样和发展

前两节列举了十条基本采访方法。在实际采访当中，这些基本方法变成具体方法的时候，是丰富多彩，多种多样的。一个记者的采访本领，绝不在于他死记住了若干"基本条条"，到时候拿着它们硬套。他的水平表现在他能够把这些基本方法和原则，根据实际情况，"化"为更适用的具体方法。记者应该是相当灵活机动的。死抠采访方法的条条去采访，就如同死啃兵书条文去指挥打仗一样可笑。

具体采访方法，不仅允许而且应该提倡多种多样，强求一律既行不通，也不必要。具体方法之争，是难辨优劣的。因具体情况不同，可能它们都是可取的，不是互相排斥的。应该允许同时存在，相机而用。

同时，采访既然被看成是一种"艺术"，那么也应该允许有个人的风格存在。事实上，由于记者个人的素质不同，工作环境不同，服务对象不同等等，他们的采访风格是不会相同的。有的热情豪放，单刀直入；有的亲切细腻，娓娓而谈；有的注重于感受，善于摄取形象材料；有的侧重于解剖，着力于概括事物的规律。这种独特风格的发展，有时看来简直是违反常规的，但由于记者本人运用纯熟，有自己的独创，仍能取得良好的效果。例如，在一般的采访规则中常有这样的规定：不要向采访对象提过于生硬的问题。但是意大利女记者奥埃琳娜·法拉契，专门以提强硬的问题而出名。这种对

"常规"的违反,恰恰成了她的独特的风格。由于她的问题尖锐,提高了她访问的新闻价值,反使那些想显示一下驾驭局面能力的政治家们,愿意在她的面前"露一手"。因此,如同文艺上应该提倡百花齐放一样,在采访的风格上,也同样应该这样做。从我国现状看,有独特采访风格的记者不是多了,而是太少了。没有独特采访风格,也很难形成独特的新闻写作风格。

采访方法是随着社会的发展而发展的,包括经济的发展,科学技术的发展,新闻媒介体系的发展(比如互联网的出现),都对采访方法的变化,发生着很大的影响。现在有些记者借用统计学的方法,借用社会学的方法,借用民意测验的方法,都取得了一些好的成果。

目前,采访方法发展最显著的应该是在广播、电视和互联网上的采访。以主持人代替记者(主持人也可以看作是一种特殊的记者)和采访对象直接对话,再加上现场和场外的听众和观众的"互动",而且往往采取直播的形式,这就把记者、采访对象、受众,把谈话、资料、现场几种要素更紧密地联系在一起了,改变了过去采访时它们往往处于分离或阻隔的情况,这就必然对采访方法提出了新的要求。

例如采访现场的状况和进程的掌控就成为十分重要的问题。主持人必须能够把握住整个采访的进程:主题要集中,怎样把跑题的话拉回来,不被它们叉开;各方谈话的分量和时间要均衡,不能采访对象滔滔不绝,而主持人没有几句话,当然更不能反过来;各种采访对象之间、各种素材(谈话、文字材料、影像材料)之间怎样组合;整个采访时间如何控制在栏目允许的时间范围之内……虽然解决这些问题还有导演在指挥,但其实现则主要靠主持人(记者)。文字记者采访,现场有嘈杂的声音,没有什么关系;采访对象一次说不清楚,可以再谈;甚至过后发现缺什么材料可以再问。但这些情况,对于广播、电视、互联网的直播采访,都是致命的问题。

例如,在文字记者的采访中,记者的口才和形象并不太重要,但对广播特别是电视采访来说,特别是对主持人来说,口才和形象就变得非常重要。

本书作者,曾经做过广播记者,但没有做过电视记者,也没有做过主持人,既缺少这方面的实践经验,更没有做过专门的研究。相信会有人写出这方面的专门著作来,使感性经验更快地上升到系统的理论概括。

在采访的基本思维方式上，也出现了若干新的研究成果，有的提出，将顺向思维的"证实"方法辅之以逆向思维的"证伪"方法，有的提出要破除存在于人们思想中的若干"思维定式"。

在采访手段上，有些记者更注意利用现代化的特技手段，特别广播电视记者更是如此。录音机的出现和小型化，可以在很大程度上代替记者的记录。电子计算机在采访中的使用，使一些原来由于数字过于庞杂的事实也可以及时进行报道。在美国，有些记者利用电子计算机采写揭露偷税漏税的报道和对社会舆论进行较为广泛的调查。这些发展动向是值得人们注意的。①

采访学仍然是一门正在发展着的学科，在我们国家尤其是如此。本书的目的并不是想总括这方面的研究，而只是想更多地从哲学的角度构造一个研究采访活动的框架。它是不完善的，有些方面仍难以避免片面和肤浅，它有待于发展和丰富。

我们相信，艰辛地从事采访实践，认真地进行采访理论的研究，勇敢地开拓新的领域，大批的德才兼备的记者必将从中涌现，我国的新闻采访理论也必将获得长足的发展。

---

① 可参考美国麦尔文·曼切尔所著《新闻报道与写作》一书中译本，第83~85页。